新时代金融支持农村发展问题研究丛书
湖南省社科基金重大招标项目（项目批准号：14ZDA09、15WTA24）

社会资本参与基础设施建设与运营研究

陈银娥　王　丹　著

中国财经出版传媒集团
经济科学出版社
Economic Science Press

图书在版编目（CIP）数据

社会资本参与基础设施建设与运营研究 / 陈银娥，王丹著. -- 北京：经济科学出版社，2023.5
（新时代金融支持农村发展问题研究丛书）
ISBN 978-7-5218-4634-8

Ⅰ.①社… Ⅱ.①陈… ②王… Ⅲ.①社会资本-关系-基础设施建设-研究-中国 Ⅳ.①F299.24

中国国家版本馆 CIP 数据核字（2023）第 067217 号

责任编辑：吴　敏
责任校对：齐　杰
责任印制：张佳裕

社会资本参与基础设施建设与运营研究
SHEHUI ZIBEN CANYU JICHU SHESHI JIANSHE YU YUNYING YANJIU
陈银娥　王　丹　著
经济科学出版社出版、发行　新华书店经销
社址：北京市海淀区阜成路甲 28 号　邮编：100142
总编部电话：010-88191217　发行部电话：010-88191522
网址：www.esp.com.cn
电子邮箱：esp@esp.com.cn
天猫网店：经济科学出版社旗舰店
网址：http://jjkxcbs.tmall.com
北京季蜂印刷有限公司印装
710×1000　16 开　24 印张　420000 字
2023 年 6 月第 1 版　2023 年 6 月第 1 次印刷
ISBN 978-7-5218-4634-8　定价：96.00 元

目　　录

第一章　导　　论

第一节　研究背景和意义

一、研究背景

基础设施是指一个国家、地区或企业的基本物理系统，因而是支撑经济结构的基本系统。这些系统往往是资本密集的，需要高成本的投资，对一个国家的经济发展和繁荣至关重要。从经济角度来看，基础设施往往涉及支持自然垄断的公共产品的生产或生产过程，如交通系统、通信网络、污水处理、供水和电力系统。其中，交通基础设施投资对城市形成、扩张起着十分重要的积极作用，其投资具有“乘数效应”，因而是城市化进程及其发展水平的主要标志，也是物质生产和劳动力再生产的重要条件，在一国社会经济发展中意义重大。2018 年 12 月召开的中央经济工作会议根据新时代新发展理念的要求，提出了新型基础设施建设（简称新基建）的要求，并将 5G、人工智能、工业互联网、物联网等作为新型基础设施建设的内容，强调要以信息基础设施建设为重点，以技术创新为动力，加快发展新型基础设施建设，促进国民经济高质量发展。受新冠疫情影响，在线交易、在线教育、云服务等蓬勃发展，人工智能技术得到广泛应用，数字技术越来越普及，新型基础设施建设变得更加重要。工业和信息化部、交通运输部先后提出要加快 5G 发展和新型基础设施建设。目前，我国新型基础设施建设主要涉及 5G 基站建设、特高压输电、城际高速铁路和城市轨道交通、新能源汽车充电桩、大数据中心、人工智能、工业互联网七大领域。

由于基础设施往往涉及公共产品或自然垄断产品的生产，通常采取政府直接生产或严格监管、法律认可的生产形式。我国的基础设施一直以来主要由政府主导建设。而随着城镇化进程的加快，尤其是2014年发布的《国家新型城镇化规划（2014—2020年）》详细阐述了我国实现新型城镇化的各项具体内容和政策措施，专门提出要“创新城镇化资金保障机制”“鼓励社会资本参与城市公用设施运营”。新型城镇化以人的城镇化为核心，强调生态文明建设提升城镇化的质量，同时保持经济持续健康发展的强大动力。因而，在新兴城镇化过程中，对铁路、公路等交通设施，以及电力、燃气、自来水和污水处理等基础设施产品和公共服务的需求将大大增加，但各级政府受财力制约，难以满足数额巨大的基础设施建设资金需求，所以解决新型城镇化建设中的资金需求问题十分迫切且相当关键。据测算，2015～2030年15年间我国新型城镇化建设的资金需求为我国现有所有社会财富的66%，是我国M1的215%，是美国M2的125.4%。显然，实施《国家新型城镇化规划（2014—2020年）》所需要的资金量巨大，仅依靠财政资金拨付难以满足。以交通基础设施建设为例，由于其周期长、资金需求量大，目前面临的最大问题就是资金问题，尤其是农村地区。“十三五”期间，交通扶贫建设总投资达到1.8万亿元，其中大约1万亿元资金需要通过多渠道采用多种融资方式来解决①。“一带一路”倡议的提出也增加了对资金的巨额需求。这些都需要进一步拓宽投资渠道，多方筹集资金，如《国家新型城镇化规划（2014—2020年）》就提出了财税资金、地方债券、政策性金融、股权融资、公共基金、保险资金、社会资金等新型城镇化的资金来源渠道。在新型城镇化实践中，各地也不断创新基础设施投融资模式，寻求新的融资渠道，吸引更多的投资主体参与城市基础设施建设。目前，各地大力推广运用公私合作制融资模式（即PPP模式），鼓励社会资本通过合资、独资、特许经营等方式参与基础设施建设和运营，以此破解基础设施建设中存在的投融资困难。PPP模式是指政府与私营部门为提供公共产品或服务而建立的合作关系，最初由英国政府于1982年提出，以解决其保障性住房建设面临的政府长期财政拨款困难的难题②。此后，PPP模式逐渐发展成为英美等发达国家和菲律宾等发展中国家用于解决基础设施等公共服务领域最普遍的项目融资模式（贾康、孙洁，2009）。

---

① 参见 http：//finance. people. com. cn/n1/2017/0227/c1004－29111038. htm。

② 参见陈建伟、陈银娥（2016）。

近年来，我国倡导并鼓励社会资本参与基础设施建设与运营。尤其是2014年5月我国首批推出80个鼓励社会资本参与基础设施建设运营的示范项目以来[①]，基础设施领域社会资本参与范围不断增加，具体涉及交通、新一代信息产业、清洁能源及油气管网、现代煤化工和石化产业等多个方面。这对于加快基础设施投融资体制改革、推进基础设施投资主体多元化具有重要的意义[②]。此后，国家发展改革委、财政部等先后设立了相关工作领导小组，制定和颁布了一系列鼓励社会资本或民间资本参与基础设施和公用事业等政策文件，鼓励采取多种融资方式多渠道筹集资金推动基础设施建设和公共事业领域市场化改革已经成为共识，并以此作为脱贫攻坚的重要保障；同时，促进乡村振兴。在此过程中，应强化政府主导，同时充分发挥市场机制的作用，鼓励社会资本参与农村公共基础设施管护[③]。

但在城镇化建设投资中，由于社会资本进入垄断行业存在"玻璃门""弹簧门""旋转门"等体制性障碍，民间资本进入基础设施领域仍然艰难，因而涉足最少（辜胜阻、刘江日、曹誉波，2014）。如何破解基础设施建设中存在的投融资困难，鼓励社会资本参与基础设施建设与运营，不仅在实践中还存在诸多障碍，而且在理论上还存在若干需要深入研究的重大问题。本书立足于新型城镇化建设所带来的基础设施建设的资金需求，对社会资本参与基础设施建设的理论与机制进行深入系统的理论研究与实证分析，具有非常重要的理论意义和现实意义。

二、研究意义

本书以问题为导向，着力探讨社会资本参与基础设施建设与运营所面临的问题、障碍，探究社会资本参与基础设施建设的机理及模式，借鉴国内外社会

① 根据《国家发展改革委关于发布首批基础设施等领域鼓励社会投资项目的通知》，在这首批推出的80个项目中，对于已经开工建设及明确了投资者的项目，应加快建设运营进程；对尚未确定投资者的项目，应创造条件进一步落实鼓励和吸引社会资本参与投资、建设及运营；对80个项目之外的符合规划布局要求、有利转型升级的基础设施项目，要加快推进向社会资本特别是民间投资开放。鼓励和吸引社会资本，特别是民间投资，以合资、独资、特许经营等方式参与建设及运营。

② 参见 http：//www. gov. cn/guowuyuam/2014 - 04/23/content - 2665259. htm。

③ 参见《国家发展改革委、财政部关于印发〈关于深化农村公共基础设施管护体制改革的指导意见〉的通知》，https：//www. ndrc. gov. cn/xxgk/zcfb/tz/201911/t20191104_1196297. html。

资本参与基础设施建设和运营，以及PPP模式运用的成功经验，提出适合我国社会资本参与基础设施建设和运营的相关对策建议，为该问题的理论研究及实践提供参考和借鉴，从而具有重要的理论意义和现实意义。

（一）理论意义

本书试图在理论上厘清基础设施投融资改革的理论依据，探寻社会资本参与基础设施建设和运营的机理及影响，构建社会资本参与基础设施建设与运营的理论分析框架。因此，本书的理论意义主要体现在以下两个方面。

第一，丰富和发展金融理论，尤其是基础设施投融资理论等相关问题研究的理论研究成果。本书通过对城乡基础设施建设水平的综合测度，以及社会资本参与基础设施建设，包括社会资本参与农业综合开发及社会养老等公共基础设施建设与运营的理论与实证研究，探寻基础设施建设投融资体制和运营机制改革的路径，在理论上可以丰富公共物品理论、公共选择理论、竞争理论、投融资理论、产权理论与委托代理理论、新公共管理理论等的相关理论研究成果。

第二，进一步丰富和发展社会资本相关问题的研究，同时拓宽社会资本参与基础设施建设与运营等相关问题研究的视野。本书通过对社会资本促进基础设施建设的机理及影响因素的深入分析，从理论上进一步厘清城乡基础设施建设的影响因素，以及社会资本参与基础设施建设与运营的机理和方式、社会资本参与农业综合开发及社会养老等公共领域的模式，为研究基础设施建设与运营以及新型城镇化建设中的金融问题提供全新的理论视角，对激活社会资本、释放市场能量，以及提升新型城镇化质量等理论研究的进一步深化，具有重要的理论价值和学术价值。

（二）现实意义

本书通过实地调研，综合采用规范分析与实证分析相结合等多种分析方法，对我国城乡基础设施建设水平进行综合测度，分析社会资本参与基础设施建设与运营的现状、影响及其效果，以及社会资本以PPP方式参与节能减排、社会养老等公共领域的成效，提出积极引导社会资本城乡基础设施建设与运营的相关对策建议，以期对我国社会资本参与基础设施建设与运营的实践有所裨益。因而，本书的研究具有以下现实意义。

第一，有助于解决基础设施建设与运营中的资金难题。基础设施建设最核心的问题在于合理配置各类资金，解决“钱从哪里来”“钱该怎么用”等问题。本书通过深入探讨社会资本参与基础设施建设与运营的模式及相关政策，对于妥善处理政府和市场、政府和企业的关系，科学评估社会资本参与基础设施建设和运营的方式、效率和贡献，坚持市场化运作、多元化投资、专业化建设、规范化经营的发展方向具有重要的实践指导意义。

第二，为社会资本参与基础设施建设和运营的实践提供参考和借鉴，为应对我国经济新常态提供新的思路。我国经济在实现高质量发展过程中，基础设施建设在培育新的增长点、促进就业等方面具有重要的作用。本书通过案例研究，系统分析国内外社会资本城乡基础设施建设和运营成功模式的实施背景、环境、具体做法等，揭示社会资本参与基础设施建设和运营的基本条件、参与方式及发展规律，为促进社会资本参与基础设施建设和运营的政策与机制体系提供参考借鉴依据；同时，有助于进一步理解基础设施建设在经济新常态下稳定增长、促进供给侧结构性改革中的关键作用。

第三，为促进宏观经济的稳定及新型城镇化的快速推进提供现实依据。我国新型城镇化建设中资金需求问题的有效解决不仅直接影响到新型城镇化的进程，而且对宏观经济的稳定具有重要的意义，而我国宏观经济因对世界经济的贡献巨大成为影响全球经济稳定的重要因素。本书通过系统提出社会资本参与基础设施建设和运营的运行机制及保障体系，提出引导和鼓励社会资本参与我国基础设施建设和运营的政策建议，不仅对促进我国“一带一路”倡议，以及京津冀协同发展、长江经济带、粤港澳大湾区等战略的实施具有重要意义，而且可以为促进我国基础设施建设和运营的转型升级提供参考，同时为我国新型城镇化发展及其可持续发展提供决策依据，对于促进宏观经济的稳定发展、深化对当前世界经济局势的认识具有重要的现实应用价值。

第二节　国内外文献综述

亚当·斯密（Adam Smith）在阐述国家职能时曾探讨了政府在基础设施建设中的作用，将建设并维持某些事业及公共工程当作政府的重要职责之一。他将公共工程分为便利一般商业的公共设施（如道路、桥梁、港口、运河等，以及银行、保险公司、邮局、自来水公司和学校），以及便利特殊商业利益的公共设施（如进行殖民地的贸易机构），认为像运河等基础设施的建设与运营可以由政府和私人分开进行，即私人可以参与基础设施经营，而私人不愿意承担、难以承担的部分，则由政府来承担。他在《国富论》中指出，“建设并维持某些公共事业及某些公共设施（其建设与维持绝不是为着任何个人或任何少数人的利益），这种事业与设施在由大社会经营时，其利润常能补偿所费而有余，但若有个人或少数人经营，就决不能补偿所费”，因而私人难以承担这种事业与设施的建设与运营，需要政府来建设和维持。此后，诸多经济学家从不同角度论述了政府在基础设施建设中的重要作用。例如，德国财税学家阿道夫·瓦格纳（Adolf Wagner）阐述了“社会国家”的职能，认为政府应主导相关基础设施建设进行，增进社会福利。尤其是自凯恩斯（John Maynard Keynes）于1936年提出政府干预经济并分析了基础设施投资模式后，理论界就政府干预经济的手段、作用及政策，尤其是政府在基础设施建设中的作用、投资方式、运作模式及相关政策等诸多方面进行了探讨，形成了比较系统的政府干预理论与政策；而且，政府通过投资于基础设施建设等方式干预经济的政策主张在第二次世界大战后在许多国家得到了广泛实践。“政府失灵”则引发了理论界关于政府干预成效的诸多思考，再次引发了“政府干预与自由经营”的争论及市场化取向改革的实践，形成了诸多基础设施领域市场化改革的理论。

一、国外理论研究动态

国外理论界关于社会资本（民间资本）参与基础设施建设与运营的研究成果主要集中在以下几个方面：一是探讨了在公共领域引入民间资本的必要性；二是分析了基础设施投融资机制改革；三是阐述了民间资本参与基础设施建设的影响因素；四是对PPP模式进行了相关研究。

（一）在公共领域引入社会资本（民间资本）的必要性

由于像国防、执法和道路建设等这些服务是为了所有公众的利益并为所有公众提供，其消费具有竞争性和排他性。一般来说，不同的个人消费者都可以使用或消费公共物品，但不能根据其偏好调整其使用的数量，公共物品供给受制于集体或政治需求，而不是个人需求。

根据公共物品竞争和排他程度的差异可以分为纯公共物品、纯私人物品和准公共物品三大类。由于纯公共物品不能由私营企业生产并将其销售盈利，因而应由政府税收来支付公共产品；而准公共物品兼具排他性和竞争性，其提供方式可以多元，既可以由政府提供，也可以由私人提供或社会提供。早期经济学家主张基础设施应该由政府来主导建设，20 世纪 70 年代开始流行的新自由主义经济学则主张在基础设施建设等公共领域引入社会资本，并引发了各国在公共领域的市场化取向改革。

1. 政府应该提供基础设施等公共产品

亚当·斯密等早期西方经济学家主张基础设施应该由政府来建设，一国政府完全负有国内基础设施建设的责任，“建设并维持某些事业及公共工程”是政府的重要职责之一。此后，诸多经济学家都从不同角度论述了政府在基础设施建设中的重要作用。凯恩斯于 1936 年在其代表著作《就业、利息和货币通论》中提出了政府干预经济的主张。他认为，由于私人投资不足导致有效需求不足，政府扩大公共投资（如投资基础设施建设），可以增加有效需求，减少失业，刺激经济增长。理查德·阿贝尔·马斯格雷夫①在其 1939 年发表的《财政自愿交换论》一文中论述了公共经济中的自愿交换理论。他认为，公共财政理论的目的是解释经济活动的合理性，确定公共支出项目总量及不同纳税人的税收份额；税收是个人为换取公共经济提供的服务而自愿支付的款项，较早论述了公共产品问题。发展经济学先驱者之一的罗森斯坦·罗丹（Paul N. Rosenstein Rodan）于 1943 年提出大推进理论，指出发展中国家或地区通过国家干预，对相互补充的各个部门同时进行大规模投资，实行宏观经济的计划化，可以促进这些部门的平均增长，从而推动整个经济的高速增长和全面发展。华尔特·惠特曼·罗斯托②等也肯定了政府在基础设施建设及经济增长中的主导作用。他们认为，由于基础设施建设需要大量资金投入，其资金需求的积聚性特征决定了市场机制难以提供合适的供给，因而需要政府投

① 理查德·阿贝尔·马斯格雷夫（Richard Abel Musgrave，1910—2007）是现代财政学的开拓者。萨缪尔森在 1954 年发表的《公共产支出的纯理论》一文中对马斯格雷夫关于公共经济中的自愿交换理论加以吸收并发展，提出了“公共物品”的概念并将其规范化。

② 华尔特·惠特曼·罗斯托（Walt Whitman Rostow，1916—2003）是发展经济学先驱之一，其最重要的学术贡献是用历史的、动态的方法提出了经济发展的历史模型，研究各国经济发展的过程、阶段及存在问题。他在其代表作《经济成长的阶段》中将人类社会经济划分为传统社会、为起飞创建前提、起飞、成熟、高额消费和追求生活质量六个阶段，认为政府干预经济有助于经济增长。

资。保罗·萨缪尔森（Paul A. Samuelson）在其《公共支出的纯理论》（1954）一文中进行了进一步的论述。他指出，由于基础设施具有非排他性、非竞争性，而且其供给具有较强的规模经济和外部性，因而私营部门一般不愿或不能提供有效供给，需要政府提供。迈克尔·泰勒（Michael Tyler，1987）认为政府的职责之一就是为公众提供某些特定的公共物品，如承担基础设施建设的主要任务。莱斯特·梭罗（Lester Thoreau，1997）明确指出，政府对基础设施的投资可以将发展中国家的经济开发引向新领域，而且还需要建立一种融合公私投资者的有效机制，以便能以低成本提供高效率的基础设施服务。

上述学者普遍认为，由于基础设施公共产品的特性，即消费的非排他性，导致“免费搭车”现象普遍存在，因而政府投资基础设施建设更为有效。总之，自凯恩斯正式提出国家干预经济的理论与政策主张之后，理论界就政府干预经济的手段、作用等，尤其是政府在基础设施建设中的作用、投资方式、运作模式及相关政策等诸多方面进行了探讨，形成了比较系统的政府干预理论与政策。而且，政府通过投资于基础设施建设等方式干预经济的政策主张在第二次世界大战后在许多国家得到了广泛实践。

2. 基础设施建设等公共领域有必要引入社会资本

“政府失灵”引发了理论界关于政府干预成效的诸多思考，再次引发了“政府干预与自由经营”的争论及市场化取向改革的实践。尤其是，20 世纪 70 年代凯恩斯主义经济学受到越来越多的挑战，新自由主义思潮影响越来越大，并对公共产品供给制度进行了相应研究。新自由主义者普遍认为，古典经济学“看不见的手”的原理仍然是正确的，市场依然是配置资源的最有效方式；市场失灵是政府干预的结果，克服市场失灵在于明晰产权；政府干预存在一定缺陷，即“政府失灵”（或公共失灵）。例如，科斯（Ronald H. Coase，1990）通过对灯塔的分析指出，只要政府明晰产权，以私有制为基础的市场经济就能自发地消除外部性，解决公共产品生产与消费中的“免费搭车”问题。具体到基础设施建设领域，则应引入社会资本，由社会资本参与基础设施建设与运营。以此为依据，西方发达国家在公共管理领域引入竞争机制，开始了一场“新公共管理”运动，以提高政府公共管理水平及公共服务质量。

哈罗德·德姆塞茨（Harold Demsetz，1968，1970）较早开始对公用事业进行研究，提出在基础设施领域应引入社会资本。以弗里德曼（Milton Friedman）

为代表的货币主义强调减少政府干预的观点为基础设施行业市场化改革提供了强有力的理论支撑。例如，被称为“公共选择理论之父”的邓肯·布莱克（Duncan Black，1948）最先对集体行动中的理性选择问题进行了探讨，奠定了公共选择理论的基础。随后，布坎南等人从社会经济组织的角度分析了自由社会的政治组织；同时，基于政府与社会的关系，认为一致同意的要求在实践中是行不通的，因而政府提供公共物品的外部决策成本较高，更有可能达不到帕累托最优社会福利状态。也就是说，从理论上并不能证明政府必须提供公共产品与服务，政府干预有可能导致企业的寻租活动，因而应该减少政府干预（Buchanan，Tullock，1962）。布坎南等人的理论引发了一些经济学家关于基础设施建设中政府作用和市场机制作用的思考。20 世纪 80 年代以来，随着凯恩斯国家干预主义的影响渐弱，基础设施建设中应充分发挥市场机制作用的观点逐渐受到重视并产生了广泛影响。例如，认为城市公共基础设施融资因财政紧张正变得越来越困难，因而需要创新融资方式，鼓励公共部门引入社会资本参与基础设施建设（Kirwan，1989）；政府可以通过引入竞争机制和选择来改善公共服务，美国越来越多的地方政府开始与私人机构进行合作以提供公共服务（Savas，2002）。发展中国家基础设施领域虽然存在市场失灵，但政府干预也产生了诸多问题（Ramamurti et al.，2004）；一些学者提出在基础设施投资等研究中加入市场、竞争、商业化等因素，完善基础设施投融资体制机制并以此促进经济增长。此后，一批学者先后研究了基础设施领域是否应该引入社会资本、社会资本参与基础设施建设的方式及具体措施等。大推进理论、自然垄断理论、政策科学理论、贫困恶性循环理论、公共物品理论、竞争理论、公共选择理论、产权理论与委托代理理论、可销售性理论、新公共管理理论、交易成本理论、项目区分理论等诸多理论在基础设施领域市场化改革过程中得到广泛运用，并逐步形成了独具特色的诸如产业组织理论、空间经济学、城市经济学等范式的基础设施领域市场化改革理论。

20 世纪 90 年代以来，一些学者综合前人的研究成果，强调公共管理领域必须充分发挥市场机制的作用，在政府适当干预的前提下实行民营化。例如，以胡德（Hood，1991）和欧文·休斯（Owen E. Hughes，1998）为代表的新公共管理学派主张在政府公共部门引入竞争机制，降低政府运行成本，提高公共服务效率和服务质量。日本产业经济学家植草益（1992）提出以经济总体战略发展为导向，选择相应的战略加强规制改革，即在某些特殊领域有选择地引入竞争，同时加强政府的管控。由于政府规制效率不高，因而应放松规制，由市场来决定公共服务的价格（Stephen K. Vogel，1996）。也有学者提倡将基础设施产业交由私人经营，以提高公共产品因垄断而导致的低效率（John Cable，1984）。有学者基于美国航空、铁路和卡车运输业中管制和放松管制影响研究（John. R. Meyer，1959），提出了基础设施领域可以采用 BOT、TOT、ABS 等方式实现民营化；新公共管理是一个多元开放的系统，政府的作用主要是提供服务，市场则起主导作用（斯蒂芬·奥斯本，2016）。

（二）关于基础设施投融资机制改革

理论界围绕基础设施投融资机制改革问题进行了诸多研究，代表性研究成果主要包括基础设施投融资改革的动因及绩效、基础设施投融资方式与类型、影响因素及风险等。

1. 基础设施投融资改革的动因及绩效

20 世纪 80 年代以来，一些学者基于基础设施产业政府投资效率低下及政府失灵等原因，提出了基础设施民营化的思路，并进行了进一步的研究。受此影响，英国、美国等一些发达国家开始了基础设施民营化的改革实践，取得了一定成效。

一些学者主要基于产权、交易成本及效率等，通过对公共有产权和私有产权效率的比较分析，提出积极推动基础设施民营化改革。例如，德·阿莱西（Louis De Alessi，1983）认为国有公用事业部门的公有产权必然导致“免费搭便车”行为和低效率，因而应对基础设施产业进行市场化改革。瓦伊宁等（Vining et al.，2008）对国有、私有、混合所有等不同类型企业的经营绩效进行了对比分析，发现私有企业的经营绩效好于国有企业，因而提出应对基础设施等国有企业进行私有化改革，并提出了基础设施的替代模式以及政府管理公私合营企业基本原则。也有学者认为，由于基础设施产业的自然垄断性特征导致企业缺乏必要的激励和约束，企业经营绩效与其努力程度不相关，必须积极推行基础设施产业的民营化改革（Jasinski，Brezinski，1996；Yarrow，1996）；在公共管理领域，由于政府失灵，应明确政府角色并重新进行职能定位，充分发挥市场价值的作用，实行公共服务的市场化（Savas，2002），或者实行政府与私营部门合作等（Sabol and Puentes，2014）。

一些学者分析了基础设施民营化改革的绩效。瓦尔斯特恩（Wallstern，2001）关于非洲和拉丁美洲30个电信行业的实证研究结果表明，电信行业的民营化有效降低了电信产品的费率和价格，刺激了使用量，因而改善了消费者福利。加斯纳等（Gassner et al.，2009）对发展中国家及转型国家社会资本参与城市供水和供电企业的绩效进行了实证研究，比如关于1975—2006年中国电信业改革与企业绩效关系的实证结果表明，相对于国有或其他类型企业而言，社会资本参与的企业经营绩效更优。一些学者（Crampes，Estache，1996）关于社会资本参与公共领域其他项目（如污水处理等）绩效的研究表明，社会资本参与城市基础设施建设有利于降低成本，提高产品质量，改善企业经营绩效。卡洛斯和迪克等（Carlos，Dieke et al.，2007）基于DEA模型对意大利机场的运营效率进行了分析，发现运输资源要素的投入及运输资源结构等都是影响运营效率的主要因素。一些学者，如旺克（Wanke，2012，2013）以及达马斯纳等（Damacena et al.，2016）则基于2009—2012年全球285个城市的交通运营数据，对城市不同运输方式及其模式的效率进行了分析，发现地铁的运营效率较高，提出应通过公共融资的方式发展高质量地铁。也有学者分析了社会资本参与基础设施建设可能的负面影响。例如，柯克帕特里克和帕克等（Kirkpatrik，Parker et al.，2005）考察了国家监管自主权与WTO框架下水服务关贸易总协定自由化之间的关系，对社会资本参与发展中国家供水服务的影响进行了实证分析，发现低收入国家供水私有化产生了交易费用上升、管理效率低下等问题，发展中国家在公共产品服务自由化过程中谨慎行事。也就是说，社会资本参与基础设施建设不仅不能带来绩效的改善，而且还有可能提高产品价格，导致社会矛盾。

另一些学者基于宏观层面探讨了公共投资对经济增长的影响，大多数研究发现公共投资的增加有助于经济增长。例如，H. 钱纳里（1989）对发展中国家基础设施投资的作用进行了研究，发现当一国人均收入处在140～1120美元的发展阶段时，基础设施的全要素生产率的产出增长将达到30%。G. 英格拉姆（1996）的研究发现，公共投资与经济增长之间存在十分密切的关系，一国或地区基础设施存量每增长1%，GDP也会增长1%。爱伦伯里（Erenbury，1993）探讨了政府公共投资增长与私人投资之间的关系，其短期实证研究结果表明，公共基础设施和政府投资支出每增加1%，私营部门设备支出约增加0.6

个百分点，即私人固定资产投资每年大约增加0.4个百分点。如果公共资本存量的增长速度能继续保持，私人固定投资也会继续增长且会高于实际增长率；公共政策对实际产出具有永久性影响，公共基础设施对私人投资活动有积极的刺激作用。

2. 基础设施投融资方式与类型

国外学者探讨了基础设施分类、融资工具、投融资方式等。

一些学者将基础设施分为可收费项目和不收费项目，认为公共项目的类别不同，其投融资主体与渠道也不相同。不收费公共项目一般由政府投资，其资金来源于政府的税收、银行借款及公债融资等。可收费公共项目的投资主体既可以是政府，也可以是受政府控制的公用事业企业，其资金来源于企业利润、银行借款、公债、税收等（DeLong and Summers，2001）。城市基础设施投融资的方式和途径具体包括向用户收费、征税和租金、贷款、市政债券和政府之间的转移支付等。一般来说，对于那些具有外部性的公共物品，需要通过上级政府转移支付或征税等方式来融资；而那些只具有外部性的服务则可以通过定价并收费来进行（Sadka，2007）。私人资本进入基础设施的方式和途径主要包括：一是政府通过招投标的方式与私人资本签订合作承包合同；二是政府将一些特殊产品和服务授权由私营企业提供；三是对一些排他性但具有公益性和外部性的产品和服务，政府给生产者实行补助，准许企业定价并收费；四是针对一些特定物品和特定消费群体实行补贴（Savas，1999）。

一些学者对作为城市基础设施融资工具之一的市政债券及其相关问题进行了研究。例如，丹尼尔斯等（Daniels et al.，2001）考察了商业银行进入市政债券市场的影响，发现商业银行承销的债券与非银行投资公司承销的债券相比，其承销利差较低且收益率较高，对商业银行承销市政债券限制性条款的放松产生了有益影响；同时，论述了全球发行市政债券的特征及成功市政债券的条件。埃贝尔和伊尔玛兹（Ebel and Yilmaz，2002）分析了市政债券的作用，认为地方政府为了城市基础设施建设发行债券进行融资，有利于促进当地居民的就业，提高其收入水平。发行市政债券具有风险，查默斯（Chalmers，1988）关于美国政府担保的市政债券收益率及其风险的研究表明，市政债券风险相对更大，但选择权相对也更多。有学者（Myers and Majluf，1984）基于其优序融资理论及投资决策模型指出，在不完全信息条件下，外源融资中债券融资相对更有优势，从而为企业融资方案评估提供了有价值的见解。城市基础设施融资虽有多种模式，但没有一种模式是完美无缺的，需要探寻适合各国经济发展的模式。

3. 基础设施融资模式的影响因素及风险

一些学者分析了影响基础设施融资模式的相关因素，具体包括宏观经济政策、资本市场的发展程度、投融资体制、制度环境、一国经济发展水平、企业自身发展程度，以及对公共基础设施融资和准入费用监管等多个方面。赫克曼等（Hoekman et al.，2004）分析了向发展中国家技术转移的政策选择，发现金融生态环境（如制度、财政补贴、知识产权、管理体制等）会影响投融资成本，进而对融资模式及政策的选择产生影响。佩雷斯等（Perez et al.，2012）在研究转型经济体的外国直接投资时发现，东道国的税率、治理、腐败，以及国家之间的文化差异等因素会对投资决策及投资方式产生重要影响。叶韦等（Yehoue et al.，2006）的研究发现，购买力平价及宏观经济稳定的影响、制度质量（即更少的腐败和有效的法治）、资本密集度、市场竞争程度、技术及产品或服务的“杂质”程度等都会对基础设施融资模式产生影响。弗里曼等（Freeman et al.，2003）分析了一些国家和地区灾后基础设施重建策略，指出基础设施投资可依靠事前融资工具（如保险、巨灾债券和其他风险转移工具等）和事后借贷或信贷等提高经济的偿付能力和稳定性，此外将发展中国家或转型国家的基础设施视为可产生回报的非多样化投资组合，可为评估其他融资选择提供依据。

一些学者对基础设施项目融资模式的风险进行了分析。忠和杨（Tiongh and Yeo，2000）分析了发达国家项目融资风险管理的现状，从风险能否被投资者控制的角度将项目风险大致分成可控制风险和不可控制风险，同时提出了化解和降低 BOT 项目风险的对策措施。塞朗（Ceran，2002）分析了私营部门参与能源开发长期合同 BOT 方式的风险和效率，将项目风险粗略划分为技术风险、金融风险和政治风险，并分析了政府给予项目公司特许权期限所产生的不同风险。经过研究，发现 BOT 项目不是促进私营部门参与基础设施建设的有效途径，特许协议妨碍了市场自由竞争，扭曲了市场条件。一般来说，如果特许权期限较短，为了偿还债务并获得合理收益，项目公司往往会提高项目产品价格或服务费率，并将负担转嫁给消费者，从而带来技术风险和金融风险；

如果特许权期限较长，则容易产生寻租及腐败等现象，带来政治风险。拉纳辛哈（Ranasinghe，2010）基于财务和风险分析方法，以斯里兰卡供水项目为例，对私营部门参与新基础设施项目的可行性进行了分析。研究发现，供水项目的公共融资因成本高和需求的不确定而具有较高风险；对于公用事业来说，最好的选择是通过私营部门的参与来增加公共项目的供应和分配。摩尔（Moore，2017，2019）以及其他一些学者认为私人资本参与公共项目存在风险。他们采用成本收益方法对公共项目的风险进行了评估与测算，并基于 17 个拉丁美洲国家的数据提出了用于公共项目评估的社会贴现率新估计值。

大多数研究发现，许多国家的政府用于基础设施的公共资金受到限制，不得不与私营部门合作，就公共项目的融资、建设和经营签订长期合同协议；在合作中，公共部门和私营部门都面临项目风险，各国都在积极探索新的公私合作方式（Grimsey and Lewis，2002）。内维特等（Nevitt et al.，2000）分析了项目融资的条件，包括金融顾问和银行的选择、股权和债务融资的类型与来源、风险类型和风险评估、租赁、信用评价、政治风险、担保及风险管理、利率期货等诸多方面，重点讨论了政府和多边担保、基础设施融资、公私伙伴关系、私人融资倡议、BOT、风险分配、资本市场融资一体化等。格里姆塞等（Grimsey et al.，2007）通过对澳大利亚、加拿大、欧洲大陆、英国等国家和地区私营部门与政府机构合作进行公共基础设施建设的实践经验的分析，考察了政府与私营部门合作融资建设和管理公共基础设施问题。他们认为项目融资和公私合作制融资等是一种比较有代表性的融资模式，也是基础设施民营化的主要趋势。例如，萨米等（Samii et al.，2002）基于私营和公共部门伙伴及最终受益者（中小企业）的角度论证了公私合作关系的有效性，指出公私伙伴关系作为一种新的发展方式正日益受到欢迎。施皮尔曼等（Spielman et al.，2004）的研究发现，公私合作伙伴关系为发展中国家农业扶贫问题的研究提供了潜在的重要机会，但国际农业研究磋商小组（the Consultative Group on International Agricultural Research，CGIAR）的研究中成功的公私合作关系案例不多，因而建立和维持公私合作伙伴关系既有机遇，也存在挑战。在许多发展中国家，公私伙伴关系可能是开展扶贫农业研究的重要手段。公共研究机构和私营跨国公司之间的合作伙伴关系会受到诸如高成本、高竞争和高风险等方面的约束，因而需要创新组织机制，制定促进公共和私营部门合作用于扶贫农业研究的公共政策（Spielman et al.，2006）。公私合作伙伴关系（public-private partnerships，PPP）已经成为基础设施建设和运营的主要方式之一（Stephenson，2009）。英国、澳大利亚等国都将公私合作作为提供公共服务和基础设施的关键战略之一。库瓦克等（Kwak et al.，2009）论述了基础设施领域采用PPP模式的优势，包括减轻公共部门的金融负担，使风险从公共部门转移到私营部门，降低基础设施服务的成本并提升高效、可靠的服务等。萨博尔和普恩特斯（Sabol and Puentes，2014）认为，由于政府失灵、政府财政困难、基础设施项目的复杂性及其巨大需求，迫使各国政府积极探索新的基础设施投融资方式，各级政府开始与私营部门合作以提供、融资和维护一系列公共基础服务，这些投资和运营可以促进经济增长，而且公私合作可以使双方获得利益分享和分享分担的好处。公共私营部门伙伴关系为解决传统基础设施公共采购方法中存在的大量成本超支等问题提供了一种在签约伙伴之间建立适当激励机制的方法，而随着公私伙伴关系不断发展，公共部门需要改组以适应新的公共管理和行政管理的要求。英国、加拿大、日本、韩国等有专门机构负责公私合作制投融资项目的协调工作（Grimsey and Lewis，2004）。此外，也有学者认为基础设施市场化或私有化改革存在潜在威胁（Megginson et al.，2001）。

（三）社会资本参与基础设施建设的影响因素

社会资本参与基础设施建设会受到诸多因素的影响，既有利影响因素，也有不利影响因素。

1. 社会资本参与基础设施建设的有利影响因素

影响社会资本参与基础设施投资的积极因素主要包括：合理定价、证券市场的发展、研发投入及技术创新、投融资机制的完善、政府支出的增加、合理的财政税收政策（如税收减免）等。

甘斯（Gans，2001）研究了竞争性条件下基础设施的最优定价问题，重点分析了完全信息监管下的投资激励问题，认为放松对具有自然垄断性质基础设施产业的管制，引入竞争机制，政府对价格进行适当调节，有利于私人资本参与基础设施建设。夏尔玛（Sharma，2012）利用1990～2008年发展中国家基础设施建设中私人资本参与的相关数据分析了影响基础设施公私伙伴关系的因素，指出市场规模、项目收益以及宏观经济稳定性、政府监管和治理等是影响基础设施领域PPP项目的重要因素。德拉姆（Durham，2002）分析了发展中国家证券市场发展对私人投资的影响，发现证券市场的发展对人均GDP的增长、国家信贷水平风险的降低、法制的健全等有积极作用，因而对宏观经济增长及私人投资会产生重要的促进作用。巴盖里·穆加达姆等（Bagheri Moghadam et al.，2012）关于伊朗电力部门产学研关系的分析表明，在发展中国家电力部门等基础设施产业增加研发投入及非营利的研发管理和技术开发组织等十分必要，有利于促进技术创新。古尔等（Ghura et al.，2000）分析了亚洲、撒哈拉以南非洲以及拉丁美洲各国影响私人投资及社会资本参与基础设施建设的因素，主要有实际GDP的增长、政府投资的增加、金融中介的改善、政府信贷的减少，以及国际市场利率的下降等。卡西尼等（Casini et al.，2017）关于印度农村地区公共产品供给的研究表明，小额信贷自助组织在印度农村地区公共产品的供应中起着十分重要的作用，尤其当公民采取集体行动并协调其对同一物品的自愿供给时，以最大化连任机会为目标的民选官员会在提供公共物品方面做出更大的努力。拉奥波迪斯（Laopodis，2001）分析研究了军事和非军事公共支出对总私人投资的影响，发现二者与其他政府支出对基础设施、消费的影响存在差异。希腊、爱尔兰、葡萄牙和西班牙四个新兴欧洲国家的经验证据表明公共支出的增加刺激了投资，而在另一些国家则抑制了投资，因而政府军事开支对私人投资的影响尚存在一定争议。恩朱鲁等（Njuru et al.，2014）关于肯尼亚政府投资的研究表明，肯尼亚政府鼓励私人投资的政策收效甚微，公共支出改革遏制了私人投资者活动，政府应在促进私人投资的领域进行财政改革以更好地激励私人投资者。贝内特（Bennett，2019）的研究发现，基础设施投资会带来环境变化，既可能激励企业进入，也可能抑制企业的发展；私人基础设施投资有利于推动企业创业，增加就业，而公共基础设施投资则会阻碍企业创业。

2. 社会资本参与基础设施建设的不利影响因素

影响社会资本参与基础设施建设的不利因素具体包括：宏观经济不稳定、腐败、政府监管不到位、进入门槛过高、资本市场不完善、信用风险等多个方面。

沃斯（Voss，2002）对加拿大和美国公共投资与私人投资之间的关系进行了实证研究，发现政府债务与公共投资的增加会减少私人投资，从而对社会资本参与基础设施建设产生不利影响。基础设施建设中采用 PPP 模式存在风险，具体包括技术与建设风险、运营与回收中的风险、不可抗力所带来的风险、政策法规不完善、环境及项目缺省、金融体系不健全等，这些风险都是影响社会资本参与基础设施建设和运营的不利因素（Grimsey and Lewis，2002）。阿马米等（Hammami et al.，2006）对跨国及跨行业公私合作模式（PPP）的决定因素进行了实证分析，发现宏观经济不稳定、腐败、法制不健全等会阻碍 PPP 项目的实施，私营部门是否参与 PPP 项目取决于市场预期、所需技术及产品或服务的“杂质”（impurity）程度。库瓦克等（Kwak et al.，2009）的研究发现，政府对其实施的基础设施项目和服务所要达到的目标不明确、法律法规不健全、过多和过高的进入门槛、行业监管复杂等，尤其是资本市场发展不完善且缺乏竞争、信用缺失、融资风险无担保等，都会对社会资本参与基础设施建设和运营产生抑制或不利影响。林克（Link，2012）对德国铁路部门公共基础设施融资模式及收费监管等问题进行了研究，发现德国在铁路等公共基础设施领域的控股导致财政赤字，阻碍了铁路行业的竞争及私人资本的进入。尤其是，新监管法的一系列管制措施虽然提高了收费的透明度，但也提高了准入门槛和私人投资成本，因而不利于社会资本的进入。阿玛尔等（Ammar et al.，2013）基于美国基础设施建设现状，运用 1983～2011 年美国不同行业（公用事业、电信和运输）基础设施股票构建了一个 9 因素模型，用于分析基础设施投资的异常回报。他们发现，市场风险、规模、价值、动力（momentum）、现金流波动性、杠杆、投资增长、期限风险、违约风险等都是影响私人资本投资基础设施建设的重要不利因素。巴尔等（Barr et al.，2017）基于斯里兰卡小农户的实验发现，个人从公共物品所获收益的异质性也是影响公共物品投资的重要因素。

一些学者考察了公共支出对私人投资的影响，发现政府支出增加会产生挤出效应，使私人投资减少，不仅对私人消费和投资产生了负面影响（Furceri et al.，2011），而且会对企业销售及就业产生不利影响（Kim et al.，2012）。

（四）关于 PPP 模式的相关研究

国外理论界对 PPP 模式及其相关问题进行了诸多研究，具体涉及 PPP 模式的含义及其特点、PPP 项目风险等诸多方面。

1. PPP 模式的含义及特点

不同学者、不同机构从不同角度对 PPP 的含义进行了界定。私有化研究先驱者萨瓦斯（Savas，1999）长期从事私有化问题研究，将公共部门和私营部门共同参与生产和提供物品及服务的安排称作 PPP 模式，即政府与私营部门之间达成的一种合作协议。哈诺姆（Khanom，2010）则从多个角度定义了 PPP，认为 PPP 既是一种管理和管理组织的方式，也是一种金融关系的制度安排，是一种发展战略，也是一种语言游戏，因而对 PPP 可以说没有明确的定义，但有关部门治理、管理和政策设计等已被确定。他在研究孟加拉国的贫困问题时发现，为了实现国家发展目标，孟加拉国采用公私合作方式（PPP）促进弱势群体的发展，而且该方式在医疗卫生、养老等领域具有广泛的应用前景，有助于缓解贫困。福雷尔等（Forrer et al.，2010）在研究公共责任时指出，PPP 是政府与私营部门之间为提供公共产品和服务进行合作，私营部门提供部门公共物品与服务，以确保公共部门的有效性，实现效率和公平目标，公共部门和私营部门共同承担风险、成本和利益、政治和社会影响、专业知识、合作和绩效等。德克莱尔等（De Clerck et al.，2013，2014）基于博弈论框架，将竞标方式的异质性纳入分析范围，指出 PPP 是私人承包商与政府之间的长期合同安排。

一些学者分别从政府与私人合作的必要性、目的等不同层面对 PPP 进行了界定。例如，弗林德斯（Flinders，2005）认为，由于政府政策或政治策略的失败，国家管理人员在公共事务管理与服务中更多地采用可自由支配的政策工具，因而 PPP 就是公私部门为了实现合意的公共政策结果而采取风险共担的方式进行合作，PPP 可以在一些政策领域带来效率的提高和服务的改善。凡汉姆等（Van Ham et al.，2010）认为，由于公共部门与私营部门之间在文化、制度及其他方面存在一定差异，两者之间进行一定期限的合作，即采用 PPP 的方式共同开发产品或提供服务，共同承担产品生产或服务的成本及风险，共享产品生产或服务相关资源。佩索阿（Pessoa，2010）对发展中国家 PPP 研究的相关文献进行了总结，指出 PPP 是公共部门和私营部门为了实现其公共利益和共同目标（如缓解公共财政赤字、消除贫困等）而进行合作。这些公私伙伴关系不同于外包，适用于范围更广的项目，需要不同的合同管理和责任，更需要利用私营部门的专业知识以确保能提供高质量的基础设施和服务

（Yusuf，2006）。巴杰拉查尔亚和黑斯廷斯（Bajracharya and Hastings，2015）提出了一个 PPP 的分析框架，用于澳大利亚应急及灾害政策研究分析。该框架包括三个层面：部门类型（公共部门、商业部门和社区）、合作安排（立法、正式和非正式协议）、合作的作用（战略、灾后重建、回应和恢复）等。在应急和灾害管理中，公共部门和私营部门共同合作，积极采取预防或应对措施，取得了较好的成效。一些学者认为，公私伙伴关系有助于政府在面临借贷限制时筹集资金，提高效率，同时有利于政府改善基础设施项目的供给机制（Klein，2016）。公私伙伴关系涉及政府机构和私营企业之间的合作，可用于资助、建设和运营公共交通网络、公园和会议中心等项目；通过公私合作方式为公共基础设施项目提供资金，可使项目建设成为可能或尽早完成。公私合作关系是公共基础设施项目（如新电信系统、机场或发电厂）的一种融资模式，由政府代表与私营企业、公共公司或具有特定专长领域的企业联盟进行合作。PPP 的广义含义既包括短期管理合同，也包括资金筹集、项目规划、项目建设与运营、项目维护及资产剥离和退出等在内的长期合同①。公私伙伴关系是涉及公共和私营机构的组织形式，旨在提供在很大程度上与公共利益相关的资产、货物或服务。或者，同样的任务（例如，建筑、操作、维修、筹资）可以由正式的公共组织来执行。任务和相关机构（如营利性企业、非政府组织、政府机构）的性质和合作伙伴之间相互作用的约束（如合同或信息不完全）决定了合作伙伴之间的风险和收益分配，以及配置效率方面的不同影响（Greco，2018）。

根据大英百科全书的定义，公私伙伴关系（PPP）是指政府机构与私营部门在向公众提供商品或服务方面的伙伴关系，实施公私伙伴关系的公共政策领域包括广泛的社会服务、公共交通、环境和废物处理服务②。联合国发展计划署（United Nations Development Programme，UNDP）指出，PPP 是指政府、营利性企业和非营利性组织在公共基础设施建设领域就某些项目进行合作，双方共同承担责任和融资风险，以达到比任意一方单独行动时更有利的效果。世界银行集团国际金融公司（IFC）认为，公私合作关系可以利用私营部门的潜

---

① 参见 https：//whatis. techtarget. com/definition/Public-private-partnership-PPP。
② 参见 https：//www. britannica. com/topic/public-private-partnership。

力，增加公共服务的可及性，提高公共服务（如电力、水、卫生和教育等）的质量和效率，有助于政府实现长期经济增长，增进社会福利①。世界卫生组织认为，公私伙伴关系是一种利用公共和私营部门各自相对优势来解决疾病等方面问题的有效方法，其中，公共部门贡献基础科学和资金，私营部门在药物发现、试验并获得监管批准等方面具有优势，因而 PPP 可以解决发展中国家所需的特定产品或技术②。美国国家 PPP 委员会（The National Council for Public Private Partnerships，2002）认为，PPP 是指政府与私营部门之间进行合作，以更少的代价为公众提供更好的商品、服务和公共基础设施，并提出应利用 PPP 模式来满足美国公民的基本需要。其他一些机构或组织也对 PPP 模式进行了探讨，如认为 PPP 是政府公共部门与私营部门为了实现共享目标进行合作，共同参与公共基础设施建设③；公私伙伴关系是政府与私营伙伴之间签订一个长期协议，私营伙伴利用资本资产提供公共服务并为其提供资金，政府和私营伙伴双方共同承担相关风险。该模式可用于提供公共服务，包括诸如桥梁、道路，医院、公用事业、监狱等公共基础设施建设④。

总而言之，理论界关于 PPP 含义的观点尽管存在较大差异，但大多数都认为 PPP 强调公共部门和私营部门多主体参与并进行长期合作，同时共同分担风险、成本和利润，以实现经济、社会、环境的可持续发展，即公共部门与私营部门合作实现利润（profit）、人（people）和地球（planet）PPP 目标（Koppenjan et al.，2009）。

2. PPP 项目评价及风险

一些学者对 PPP 项目的评价方法及其实施风险进行了研究。科彭简（Koppenjan，2005）对交通基础设施领域九个公私合作的案例进行了研究，认为 PPP 可以采取多种模式，但无论哪种模式，都存在一定风险，这些风险包括在一些主要问题上公共部门和私营部门能否形成一致意见并相互信任，公共部门

① 参见 https：//www. ifc. org/wps/wcm/connect/REGION__EXT_Content/Regions/Sub-Saharan + Africa/AdvisoryServices/PublicPrivatePartnerships/。

② 参见 https：//www. who. int/。

③ 参见 http：//nccic. org。

④ 参见 http：// www. oecd. org/gov/budgeting/oecd-principles-for-public-governance-of-public-private-partnerships. htm。

单方面制定公共规划导致合同谈判停滞，市场机制是否完善等，这些都是影响PPP项目成功与否的关键因素。拉文德·雷迪等（Ravinder Reddy et al.，2008）基于亚洲半干旱热带地区中雨生态区的研究发现，农村地区可以采取PPP模式，以提高和维持亚洲半干旱地区中、高水容量土壤的生产力，但PPP项目的实施面临着诸如基础设施落后、无良的中间商、农民缺乏生产技术、市场体系不健全等诸多风险。杰弗里斯等（Jefferies et al.，2013）关于社会基础设施项目（如学校、医院、监狱等）尤其是医疗卫生项目的研究发现，由于社会基础设施项目相对经济基础设施项目（如高速公路、桥梁、隧道等）规模小且需求更复杂多样，导致私营部门的参与会面临诸多风险，如运营风险、政府政策风险等。

PPP基础设施资源中心（2016）分析了PPP面临的潜在风险，主要有以下几个方面：PPP项目的开发、投标和运营成本可能比传统的政府采购成本要高；私营部门的债务融资是有成本的，成本一般由客户或政府补贴来承担；对于一些技术相对成熟或私营部门的义务和责任比较清晰的项目，相对更容易融资，而本地金融市场的限制可能对产生不利影响；如果现有公共部门的劳动者担心与私营部门合作而被转移到私营部门工作，或者该项目的实施需要提高税收或存在土地置换或人员安置问题，则这些项目的实施更具有政治和社会意义；私营部门会谨慎考虑各种风险，尤其是超出其控制的风险，如汇率风险，而且还会考虑政府对合作规则的重视程度和态度及其对风险的控制；私营部门会根据其权利来承担责任，因而需要明确合作各方的责任、权利及绩效，其中绩效尤为重要；政府必须继续对公共服务质量负责，因而政府需要具备足够的专业知识，以便在PPP项目中更好地履行自己的职责；私营部门拥有更多的专业知识，拥有与项目相关的数据优势，需要加强对私营部门的监管，因而明确的法律和监管体系对于PPP项目的成功实施相当重要。由于PPP项目实施的时间一般较长且较为复杂，因而需要在合同期内考虑所有可能出现的意外，有时可能需要重新谈判合同以适应一些突发事件，如政府政策的变化、私营部门破产，以及一些不可抗力等。

柯永建等（Ke et al.，2010）对中国PPP项目的研究发现，中国PPP项目存在14类风险，由公共部门和私营部门共同承担。其中，征用和国有化风险一般由公共部门承担，私营部门主要承担项目层面的10个风险，但所有风险基本上都由公共部门和私营部门共同承担。许叶林等（Xu et al.，2010）关于中国PPP项目风险评估的研究表明，中国PPP项目风险主要包括宏观经济风险、建设经营风险、政府到期风险、市场环境风险、经济可行性风险、政府干预六类，而中国PPP公路项目的总体风险水平较高。陈等（Chan et al.，2011）的研究表明，PPP项目的实际风险及其目标的实现与不同政党之间的风险分配机制有关。他们关于中国PPP项目的实证研究发现，影响PPP项目的主要风险因素是政府干预、政府腐败及不良的公共决策过程。产生这些风险的主要原因是中国有关公私合作项目的立法和监督体系效率低下。

奥塞-基耶等（Osei-Kyei et al.，2017）以加纳和中国香港为例，对发展中国家和地区与发达国家和地区的PPP项目风险进行了比较分析。实证研究发现，加纳PPP项目的最大风险是腐败、通货膨胀、汇率波动、项目延迟及利率的波动等；而中国香港PPP项目的最大风险是土地征用、运营成本过高、建设成本超预算、项目延时及政府干预等。西蒙等（Simon et al.，2020）基于2003~2019年发表的67篇PPP文献分析指出，PPP项目招标阶段复杂、工期长、费用高，可能会对竞争和货币价值产生负面影响，因而构建了一个理论框架，即在每一个阶段或者领域都确定了一些有利于提高项目投标阶段成功可能性的因素，以便增加整个项目的货币价值。

总的来看，影响发展中国家PPP项目实施的因素主要包括五大类，即政治、经济、立法、财政和管理（Kang et al.，2018）。阿金托伊等（Akintoye et al.，2003）重点对建筑行业PPP项目中私人融资计划项目的风险进行评估，同时对医院、学校、废物管理和住房等方面的PPP项目管理进行研究，提出应加强项目风险管理。可见，任何国家和地区的PPP项目实施过程及其项目管理充满了挑战（Kavishe et al.，2018），项目参与者应采取适当措施预防和缓解风险。

二、国内理论研究动态

国内学者关于社会资本参与基础设施建设的研究起步较晚，主要研究了基础设施民营化的动因及影响因素、社会资本参与基础设施建设的现状及其模式、农业综合开发资金使用效率等。

（一）基础设施民营化动因及影响因素

改革开放以来，国内学者就对外开放与对内搞活国有经济、提高公共部门运营效率等一系列问题进行了讨论，包括基础设施民营化及影响因素等问题的讨论，但关于该问题的大量研究则始于21世纪初，主要涉及公共事业改革的方向及社会资本参与公共基础设施建设和运营的必要性、影响因素等。

1. 社会资本参与公共基础设施的必要性

学者们分别讨论了公用事业改革的方向及社会资本参与公共基础设施的必要性。樊纲（1990）较早提出应该开放政府垄断市场，鼓励社会资本参与公共基础设施投资，改善投资结构。政府投资公共基础设施项目存在较多局限，如政府投资多依赖发行国债，而公共基础设施投资项目一般周期较长，资金在短期内难以回收，偿债压力大；此外，政府投资数量有限，难以带动民间投资和解决就业，因而可以通过发展公共投资基金（如产业投资基金、风险投资投资基金、证券投资基金）等多种方式鼓励社会资本参与公共基础设施建设（厉以宁，1999）。政府经营自然垄断企业存在较多弊端，如成本高、效率低、因价格管制而导致的普遍亏损等，因此应鼓励民营企业参与公共事业，以降低成本，提高效率，弥补政府资源的不足（盛洪，2003）。由于政府经营公用事业效率低下、浪费大且服务质量差，因而凡是能收费的公用事业（如电力、电信、邮政、公路、铁路、供水设施等），都可以由民营企业去管理（茅于轼，2003）。从西方公共管理改革方向及其趋势来看，应打破公共部门的垄断，引入竞争机制，可以实行经营范围分割、合同出租等多种方式（周志忍，2002）；同时，应鼓励民营经济参与公共投资，形成多种所有制经济共同发展的格局（吴敬琏，2002）。由于政府财政收入不足以提供能够满足社会经济发展需要的公用事业及服务，而且基础设施投资大、建设周期长、见效慢、具有较高的投资风险等特点（邓淑莲，2001），解决这一问题的出路在于推行公用事业市场化改革，在公用事业部门引入竞争机制，建立政府特许经营制度等（秦虹，2003），基础设施私有化的效果非常明显。非国有经济参与基础设施建设是一大趋势，因而应鼓励以股份制为基础的非国有经济参与基础设施领域的投资，推动基础设施领域的改革与发展（迟福林，2000）。实行政企分离是公用事业民营化改革的关键，而引入竞争并促进有效竞争是提高公用事业效率的根本途径（王俊豪，2006）。一些学者提出了基础设施民营化效果的评价方法，以此检验了中国基础设施投融资及效率（林晓言，2005）。例如，严成樑等（2014）基于中国36个直辖市、省会城市和计划单列市2006~2012年的数据，分析了民间资本参与基础设施建设的效率。他们的研究表明，基础设施由民间资本完全提供或者由政府与私人共同提供的效率更高，从而为民间资本参与基础设施建设提供了依据。当前，在我国城市基础设施建设中，投资主体单一、政府财力不足依然是主要障碍，因而应借鉴发达国家的先进经验，形成多元化的投融资主体，积极引导和鼓励民间资本参与基础设施建设（董普等，2017）。

一些学者对民间资本参与农村基础设施建设与运营的必要性进行了分析。方芳等（2004）基于1985~2000年我国农业基础设施投资现状的实证分析发现，我国农业基础设施投资总量不足、结构不合理，资金短缺、供给不能满足需求、效率低下等已经成为影响农业生产及农村经济发展的瓶颈，解决这一问题的出路除了增加政府投入以外，关键在于扩大投资渠道，鼓励民间资本投资等；应转变观念，引入市场机制，为民间资本进入农业基础设施领域创造条件（张志英等，2004），鼓励民间资本参与农业基础设施建设与运营（杨天荣、陆迁，2009）。农村基础设施领域投资环境不佳导致民间资本投资不足，政府应采取积极措施改善投资环境，控制风险，完善规范（甘娟、朱玉春，2011），引入民间资本，如采取公私合作（PPP）的方式来增加农村基础设施（贾康等，2006）。农村基础设施建设的资金来源主要有政府资金投入、民间资本、以土地换取农村基础设施建设资金，其中引入民间资本十分重要，是突破资金瓶颈的一个有效途径（闵秀珍等，2007；王昭军，2008）。

2. 社会资本参与基础设施建设的影响因素

一些学者分析了社会资本参与基础设施建设的影响因素，以及进入基础设施领域主要面临的阻碍，包括社会观念、行政制度、政府信用和市场机制不健全（王丽娅，2004）、金融体制、制度约束（王俊豪，1997）、税费压力、投资环境不佳、信用和市场准入障碍（陆迁等，2006），农村基础设施产权界定不清和政府规制缺乏（占纪文，2008）、融资和权益保障不全、市场退出机制不全、投资者自身素质等一系列问题，尤其是行政审批体制障碍、市场准入障碍、政策环境障碍、融资障碍、权益保障障碍等（石亚东、李传永，2010）。樊丽明等（2006）认为，政府政策倾向是影响民间资本参与基础设施建设的前提及保障，具体包括管制政策、税收政策、政府购买与捐赠政策等；另外，私人资本的规模及融资制度的创新等都会直接影响私人参与公共品供给的程度；由于公众对公共事业的需求规模及其偏好具有多样性，因而民间资本投资应“量体裁衣”。影响民间资本参与基础设施建设的因素包括：政府在基础设施投资中的边界清晰，各级政府分工明确；各级地方政府基础设施的投资规模适度；基础设施投融资平台构建达到市场认可的标准等。我国基础设施投融资模式的主要特征是“政府主导、市场运作、政策支持、多元参与”，政府制定的相关政策会对民间资本参与基础设施建设产生影响（彭清辉，2011）。一些学者关于农户参与农村公共基础设施影响因素的研究表明，农户家庭特征及其收入状况、家庭成员健康状况、农村公共基础设施状况、现有在建农村公共基础设施项目的公平程度、农户参与村民自治程度等都是其主要影响因素（钱文荣等，2014）。借鉴金钟范（2007）基于韩国农村发展政策的研究，韩国政府通过专项事业开发的探索与实践，建立起一套促进专项事业开发、促进农村经济可持续发展的政策系统，其中政府通过投资引导、购买服务等政策和方式，可以引导并影响民间资本参与基础设施投资。因此，应进行体制创新，尤其是管理体制创新，引入市场竞争机制，实现投资主体多元化（石亚东、李传永，2010）。

总的来看，影响社会资本参与基础设施建设的因素主要包括政府对市场的干预程度、资本市场及融资机制的完善程度、一国经济发展水平、企业自身发展程度等。

（二）社会资本参与基础设施建设的现状及其模式

国内学者从不同角度对社会资本参与基础设施建设的现状及其模式进行了研究，同时探讨了推动社会资本参与我国基础设施建设的建议等。

1. 社会资本参与基础设施建设的现状

一些学者分析了我国基础设施投融资现状，普遍认为存在以下问题：单一政府主体提供公共产品导致财政负担过重，公共资源配置效率低下，公共品供给不足（卢洪友，2002）；各级政府供给的财权、事权划分不清，公共产品供给的筹资渠道单一（董明涛、孙钰，2011）；资本市场不健全，资金约束导致政府主导的农村社区公共产品供给总量不足，供需失衡（徐立成等，2015）。

针对民间资本进入基础设施领域所面临的种种障碍，学者们提出了相关对策建议，具体包括以下几个方面：一是要转变观念，拓宽融资渠道，吸引民间资本进入基础设施领域；二是改革政府管制体制，实行政企分离（王俊豪，1997）；三是调整和转变投资政策，形成多元化的投资体制，努力营造一个公平竞争的投资环境（李立，2005）；四是进一步完善投融资体制、机制和相关法律制度，保护私有产权（刘星，2003）；五是深化行政管理体制改革，进一步建立健全垄断性行业的政府管制制度（肖兴志，2002）；六是进一步深化产权制度改革，充分发挥市场机制的作用，重建垄断产业规制体系，实现中国经济高质量发展（肖兴志、韩超，2018）；七是加强地方政府诚信建设，建立健全民间资本服务体系，为民间资本建立融资诚信机制（潘彬等，2015）；八是加强银政企协同合作，进一步建立和完善中小企业信用评估和担保机制，发展供应链金融（邓黎桥、王爱俭，2019）和共享金融，缓解中小企业融资约束，拓宽民营企业的融资渠道（张玉明、赵瑞瑞，2019）；等等。

2. 基础设施投融资模式及体制

利用政府职能投融资、国内债务融资、外资投融资以及股权融资等是我国主要的传统的基础设施投融资方式。一些学者认为应对基础设施投融资传统模式进行改革，采用 BOT、TOT、PPP 等项目融资方式实现投资主体多元化。例如，余佶（2006）认为，由于农村基础设施具有公共品或准公共品和俱乐部品性质，因而可以积极引导农民参与供给社区性基础设施，吸引民间资本参与营利性基础设施供给，建立政府、社区与市场供给多方供给模式。

一些学者主要基于资本市场对基础设施投融资方式进行了创新研究，提出了资产证券化（何小锋等，2002；张传明等，2009；崔健等，2012；刘晓娜等，2014；孟艳，2017）、信托融资（沈富荣，2002；吴青华，2003）、融资租赁（李丽华等，2005）、产业投资基金融资（王彬生，1998）、集合委托贷款（郑立均，2000；华坚等，2015）等创新投融资方式；城市基础设施投融资模式主要有租赁、产权权益证券化、股权转让、土地融资、发行产业基金和短期融资券、PPP 等（崔健等，2012）。由于农村水利基础设施供给严重不足，因而应采取多种激励方式促进农村水利基础设施的供给（华坚等，2015）。

也有一些学者对北京、广西、广东、山西、湖北、湖南、内蒙古、浙江及珠江三角洲等区域的实践进行了理论与实证研究（沈纬莹，1995；冯柳江等，1994；张朝祥等，1997；王国定等，2000；郑春美等，2009；宋安平，2010；杨寅，2011；俞云峰，2013；卢扬帆等，2014）。从目前我国城镇化发展实践来看，民间资本虽已参与基础设施建设的部分领域，但公共私营合作制的不健全削弱了民间投资的效果（辜胜阻等，2014）。

3. 社会资本进入基础设施领域的模式

一些学者探讨了社会资本进入基础设施领域的模式，普遍认为基础设施领域采用PPP、BOT、TOT、ABS等项目融资模式具有较好的发展前景（吴家梅等，2000；赵连章等，2001；贾康，2006；黄永明等，2004；周密等，2018），可以通过发展公共投资基金（如产业投资基金、风险投资基金、证券投资基金）等让民间资本进入国家垄断的非竞争性领域。

一些学者重点对社会资本参与基础设施建设的PPP模式及相关问题进行了研究。由于公共部门公用事业供给能力不足以满足日益增长的需求，因而可以采取以效率为导向的公私合作制，其特点是多方参与、结构复杂，具体形式主要有合同承包、租赁、特许经营（如BOO、BOT）等，通过公私合作方式可以充分发挥公共部门与私营部门各自禀赋优势。一般来说，公私合作制具有以下三个基本特征：PPP是以效率为导向的一种制度安排，公共部门与私营部门在资源互补和有效制衡的基础上进行合作，以实现效率的最大化；政府对公用事业的直接管理模式转变为间接监管模式（曹远征，2005）；PPP模式是助推地方政府投融资创新的一种方式。但这种融资模式也存在诸多风险，如财政风险（温来成等，2015）、政治风险、社会风险、环境风险、政策风险、法律风险、建设风险、金融风险、市场风险等几大类（余晓钟等，2017）。一些学者分析了影响PPP项目风险的主要因素，如法律风险、行政审批及政治决策风险、市场风险及不确定性风险等（亓霞等，2009）；一些学者（李妍等，2015）构建了PPP项目风险评价模型并对其进行了分析。

总的来看，目前PPP模式已经成为世界各国基础设施领域普遍采用的项目融资模式之一，其既是一种发展战略，也是一种金融关系的制度安排，更是一种管理和管理组织的方式（Khanom，2010），但这种模式存在一定的风险。

（三）农业综合开发的效率

我国于1988年开始设立专项资金，对农业资源进行综合开发利用。农业综合开发项目自实施以来，学者们对此进行了理论与政策研究，研究成果主要集中在农业综合开发的作用及其资金使用效率、社会资本参与农业产业化项目的方式及政策优化等方面。

1. 农业综合开发的作用及其资金使用效率

我国自1988年开始设立政府专项资金用于农业综合开发项目以来，农业综合开发在促进“三农”工作的顺利开展、推进乡村振兴战略的实施、新农村建设、提高农业综合竞争力，以及增加农民收入等诸多方面做出了重要贡献。学术界对此也进行了诸多研究，尤其是集中研究了农业综合开发资金利用情况，如农业综合开发资金对农村经济、农民收入的作用，以及农业综合开发财政资金效率等。一些学者的研究发现，农业综合开发资金投入对于农民增收具有促进作用，并且农业综合开发不同来源的资金投入对农民收入增加的作用存在一定差异，其中财政资金促进农民收入增加的作用最为显著（郭海丽等，2012），其次是自筹资金，而银行贷款的作用较弱（杨安文等，2013）。也有研究发现，农业综合开发不同来源资金投入对农民收入增加作用存在地区差异，财政资金投入在我国粮食主产区的使用效率较低（汪厚安、王雅鹏，2010）。大多数学者的研究发现，农业综合开发有利于提高农业生产效率（赵京等，2013），同时促进农村经济增长，但不同地区之间的投资效率存在一定差异，资源丰富的西部地区以及经济较发达的长三角和京津冀地区农业综合开发财政资金效率比较高（李俊杰等，2016）。尤其是，农业综合开发中政府财政资金投入对农业综合开发水平的提升具有重要影响，但不同地区之间存在较大差异（刘安学等，2009）。

2. 社会资本参与农业产业化项目的方式及政策优化

社会资本参与农业综合开发以来，在不同地区形成了不同的模式，主要有“公司＋农户”“公司＋基地＋农户”“公司＋专业合作组织＋农户”“公司＋专业合作组织＋基地＋农户”等①。一些学者认为，农业综合开发中的农业产业化项目采取“公司＋基地＋农户”和“公司＋专业化合作社＋基地＋农户”组织模式的龙头企业的技术效率要高于采取“公司＋农户”模式的龙头企业（万伦来等，2010）。在农业综合开发实践中，财政支持不足、金融支持和社会筹资缺乏，一些学者建议采取BOT模式或PPP模式多渠道筹措资金，但要完善配套法律、政策制度和监督机制（张悦、李志铭，2009）。

---

① 参见安徽省财政厅“支持农民合作组织发展”课题组，《积极支持农民实行新的联合与合作——安徽农民合作组织调研报告》，载于《财政研究》，2003年第12期。

一些学者就如何进一步优化农业综合开发相关政策进行了深入分析，提出应优化农业综合开发财政支出政策，进一步改进和完善农业综合开发项目各项制度（范明泰，2016）；同时，优化金融支农政策，进一步完善农村金融支农体制机制、创新农村金融产品、健全抵押担保制度和风险防控机制等（张峁，2016），进一步健全和完善农业综合开发投融资体制机制，充分调动农民、农村中小微企业的积极性（周学武，2005）。

三、简要评述

自20世纪70年代末和80年代初开始，主要发达国家出现了国有企业的私有化改革浪潮。尤其是新自由主义的兴起和盛行，以及全球经济竞争加剧、信息革命、财政危机、政府信任危机等多种因素结合在一起，使西方各国不得不重新定位政府的职责，并开始了大规模的行政改革，这些改革的一个重要特点是更多地发挥市场机制在公共服务领域的作用，引入私营资本及其管理技术和方法，提升公共服务能力及质量。这些改革实践创新了新公共管理范式，为当代公共管理尤其是政府行政管理提供了一种新的实践模式，进一步推动了公共管理领域的相关理论研究，包括公用事业民营化改革等问题的理论研究。

理论界关于社会资本参与基础设施建设与运营、基础设施投融资的投资主体、交通基础设施建设投融资方式改革的必要性、基础设施融资方式和投融资效率等问题进行了比较深入的讨论。创新发展基础设施建设和运营的投融资体制已经得到重视，应引导并鼓励社会资本参与基础设施建设和运营并进入农业综合开发领域，而PPP是一种新型公共事业管理模式且在基础设施领域具有广阔的发展前景，这些已经成为学术界的共识。将准确定位农业综合开发战略作为解决“三农”问题、实现乡村振兴的核心政策已经得到重视和认可。在公共事业领域尤其是基础设施领域引入社会资本（民间资本），主要采取PPP方式以及如何完善制度、创造条件进一步推动PPP模式的运用等相关问题的研究，已经成为当前基础设施领域重要的理论热点。许多学者和研究机构对此进行了研究，包括从理论层面论证基础设施建设和运营可以引入社会资本的规范分析，从实践层面论证某些基础设施具体项目中社会资本参与建设和运营的绩效、风险等，以及不同国家和地区社会资本参与基础设施建设和运营的比较分析及成功经验介绍。由于分析视角、实证方法及具体案例等多方面的差异，关于PPP的风险评估及影响因素的研究仍存在一定争议。没有对交通基础设施现有融资方式的优缺点进行系统分析，更没有提出适合当前交通基础设施建设的最佳投融资方式。社会资本参与基础设施建设和运营的必要性、PPP的内涵与特点，以及社会资本进入农业综合开发战略的发展内涵等问题的研究呈现百花齐放的局面。关于社会资本参与基础设施建设和运营的理论、作用机理、效果评价、运行机制及政策等方面的研究还有待进一步深入。

第一，关于新公共管理理论是否是一种典范并在全球流行存在争议。毫无疑问，随着公众对公共服务的需求不断增加，政府财政支出需求增加使财政压力加大。新公共管理理论为有效解决这些问题提供了一种新的思路，因而对改进当代公共管理实践中所产生的问题具有重要的实践价值。但是，一些学者批评新公共管理理论过多注重管理效率的提高，而忽视了公平、正义价值的实现。尤其是，新公共管理改革强调引入市场机制，通过与私营部门合作的方式或民营化将公共部门的部分职责外包给私营部门，削弱了政府及公共部门应该承担的责任。也有学者认为，这种政治责任的削弱不会产生太大的影响。虽然强调公共部门与私营部门合作提供公共服务的新公共管理理论遭到了各种批评，在各国的政府改革实践中也遇到了一些问题，但各国公共部门改革所取得的巨大成绩却不容忽视。

第二，关于基础设施投融资机制改革的研究虽取得了较多成果，但关于城市基础设施投融资模式、影响因素以及风险的研究还有待进一步完善。学者们基于基础设施纯公共品、准公共品、俱乐部公共品等不同性质，分析了基础设施的融资渠道和方式，但忽视了对融资结构的研究，更没有提出合理的融资结构标准。尤其是，关于基础设施投融资影响因素及其风险，以及相关问题的研究不够系统，没有形成完善的理论体系，导致提出的相关对策建议缺乏系统和完善的理论支撑，从而难以对基础设施投融资实践进行实际指导。

第三，关于社会资本参与基础设施建设与运营的绩效仍然存在争论。一些学者认为，在基础设施领域引入社会资本可以降低成本，提高公共服务的数量和质量，改善企业经营绩效，同时增加就业，促进经济增长。但也有一些学者的研究发现，社会资本参与基础设施建设可能导致公共服务产品价格上升，私营部门可能将所承担的负担或风险转嫁给消费者，从而有可能引发社会矛盾，产生政治风险，因而基础设施领域引入社会资本存在一定风险。

第四，关于 PPP 的理论研究在不同国家各有侧重。英国比较关注私人主动融资（private finance initiative，PFI），将民间资本与私营部门的管理方式引入基础设施的建设和运营。该方式在 BOT 模式的基础上，集项目策划、融资、设计、建设、运营和转移于一体，政府将项目风险转移给私营部门，私营部门通过从政府部门或接受服务方收费的方式回收成本。美国比较强调在政策层面而不是项目层面的公私合作，更多关注 PPP 在教育、交通、技术政策、城市改造等领域的应用。澳大利亚注重对 PPP 模式风险分担机制及融资模式的研究，关注 PPP 在城市收费道路和隧道等的运用。法国虽然很早就采用了 PPP 模式，但相关理论研究很少。一些学者认为，PPP 应该是一个系统化的方式或者是公私合作进行新公共管理改革的一个过程，因而它可以有不同的模式而不应该统一模式。尤其是，2004 年以来出现的“混合型”PPP 模式模糊了传统 PPP 的界限。这进一步说明了 PPP 在不同国家和地区、不同项目及项目的不同阶段可以采用不同模式。而公众对基础设施服务多样性的需求及不同的风险偏好也说明了难以制定一个统一的标准或规则来明确采用 PPP 模式的条件。因而，在基础设施领域推行 PPP 存在一定困难。尽管如此，PPP 作为基础设施领域的一种制度创新，在世界各地的应用越来越广泛，并且产生了深刻的甚至是革命性的社会影响（格里姆赛和刘易斯，2016）。

第五，关于社会资本进入农业综合开发的效率及相关问题的分析有待进一步深化。目前大多数研究主要集中在农业综合开发投入资金效率，尤其是政府财政资金支持农业综合开发效率的分析，关于社会资本参与农业综合开发效率的研究较为缺乏且分析比较简单，不够深入系统。有关完善体制机制及相关配套政策，采取切实可行的措施鼓励社会资本参与农业综合开发并确保社会资本的投资回报等方面的研究还有待深入。

第三节　研究思路、主要内容与方法

一、研究思路

本书以问题为导向，通过实地调研、统计分析及理论研究和比较研究相结合的方法，首先分析社会资本参与基础设施建设与运营的理论依据，阐述社会资本参与基础设施建设与运营的作用机理，深入了解我国基础设施发展状况及社会资本参与基础设施建设以及农业综合开发项目的现状及其影响因素，探究我国当前基础设施投融资体制存在的突出问题、原因和发展趋势；分析社会资本参与基础设施建设和运营以及其他公共领域的贡献及经验；在借鉴国内外社会资本参与公共基础设施建设和运营成功经验的基础上，提出适合我国社会资本参与基础设施建设和运营的对策建议。

二、主要内容

根据上述研究思路，本书将从以下几个方面展开研究。

第一章阐述了本书的研究背景及研究意义，以及国内外研究现状。国内外研究文献综述表明，对于动员和鼓励社会资本参与基础设施建设这一重要课题，目前不仅在理论层面上还有若干重大问题亟待深化研究，而且在实践层面上也存在诸多政策障碍必须清除。同时，导论部分还介绍了本书的研究框架、研究思路、研究内容、研究方法、创新点及不足等。

第二章阐述了社会资本参与基础设施建设与运营的理论依据。本章在对社会资本、基础设施的概念和定义进行介绍的基础上，首先对马克思的社会资本理论进行了追溯和归纳，然后对西方诸多经济学相关社会资本的定义及其理论进行了介绍，阐述了基础设施的基本内涵与特征。相关理论回顾发现，公共产品理论、公共管理理论、产权理论与委托代理理论、可销售性理论、交易成本理论等诸多理论在基础设施领域市场化改革过程中得到广泛运用，并逐步形成了独具特色的诸如产业组织理论、空间经济学、城市经济学等范式的基础设施领域市场化改革理论。这些理论从不同角度对政府在基础设施建设中的作用、投资方式、运作模式及相关政策等诸多方面进行了有益探讨，为后面的研究夯实了理论基础。当前，如何创新发展社会资本投融资理论，引导社会资本参与公共工程和基础设施建设与运营等已获得国外理论界的普遍认可和足够重视并呈现百花齐放的局面，但关于社会资本参与基础设施建设和运营的理论及政策创新在我国还有待进一步深入。

第三章探讨社会资本参与基础设施建设与运营的机理。首先对基础设施所需资金进行供求分析，阐述了基础设施建设的资金需求特点，以及社会资本参与基础设施建设与运营的作用；然后，对社会资本参与基础设施建设与运营的影响因素进行了理论与实证分析。研究发现，对于建设基础设施这一“准公共品”，资金需求量大，项目周期长，传统金融的逐利本性使其不愿参与，而财政投入难以满足资金需求，因而必须动员和鼓励社会资本积极参与建设与运营；社会资本参与基础设施建设与运营有助于促进产业结构调整升级，助推新型城镇化建设，并对区域经济增长和城乡一体化发展水平产生长远影响；社会资本参与基础设施建设和运营受基础设施的公共物品属性这一自身特性以及社会经济环境等因素的影响，具体包括观念、体制机制及技术等因素的影响，其中，市场机制对我国基础设施建设及发展具有关键作用，其他因素的影响也较为显著，经济发展对基础设施建设有正向激励作用。

第四章对我国城乡基础设施水平进行了综合测度。本章基于熵权的灰色关联分析法，首先构建了我国城乡基础设施水平评价指标体系，据此对我国城乡基础设施水平进行测算，总结出我国城乡基础设施建设水平的总体特征、省域特征及各区域特征；同时，综合测度了我国城市交通基础设施发展水平，分析了我国城市交通基础设施发展水平的基本特征。研究发现，一国经济增长对基础设施建设水平影响很大，二者之间存在较强的相关性，我国城乡基础设施总体水平呈上升趋势，其中道路交通水平最高；从空间分布来看，各区域基础设施发展水平不平衡，呈现由沿海向内陆，由东部向中西部递减的格局，具有明显的“俱乐部收敛”现象。而且，我国城市交通基础设施建设受到公共交通客运能力、路网建设等因素的影响，其水平在 2010 ~ 2015 年波动较大，呈先升后降趋势；全国各省（区、市）之间城市交通基础设施发展水平存在较大差异，地区之间发展不平衡，东部沿海地区水平高于西部地区；各地区城市交通基础设施水平呈现一定的路径依赖性，以北京、广东为代表的东部沿海地区城市交通基础设施综合评价值一直保持较高水平，而中西部地区城市交通基础设施综合评价值则长期处于中等及以下水平。

第五章阐述了社会资本参与我国基础设施建设与运营的实践。首先分析了我国城乡基础设施建设与运营投融资现状、存在的问题及其原因。同时，对交通基础设施建设不同融资方式进行了比较分析，探讨了我国交通基础设施建设长期债券融资面临的主要障碍。其中，重点对我国不同领域 PPP 模式的运用进行了分析，阐述了 PPP 模式在我国基础设施领域的发展演变历程、PPP 的分类及其在基础设施建设与运营中的优势和应用前景；探讨了我国社会养老事业发展中 PPP 模式的运用及其面临困境；对节能减排中 PPP 模式的运用现状进行了分析。研究发现，与我国着力推进供给侧结构性改革以推动经济再上新台阶的总体要求相比，基础设施建设与运营依然存在一些问题，社会资本参与城乡基础设施建设和运营受到诸多制约。我国交通基础设施建设融资方式单一，发行长期债券仍面临诸多问题。PPP 方式在我国基础设施建设与运营中具有其独特优势，主要包括减轻政府财政支出压力、拓宽收入来源渠道、优化资源配置、有效提升公共服务水平、提高效率等，可以实现政府与私营部门两者的优势互补，互利共赢。因而，PPP 模式在节能减排以及能源环保、教育、卫生医疗、交通、农村基础设施建设等诸多领域都具有广泛的应用前景。

第六章对社会资本参与我国基础设施建设与运营的影响及其效率进行实证分析，以期对之前理论研究所得到的结论进行检验。实证研究表明，社会资本参与有助于提升城乡基础设施建设水平，但在不同地区存在一定差异：东部地区和中部地区社会资本参与对城乡基础设施建设具有正向效应，西部地区则具有负向效应。社会资本投资城乡基础设施建设与运营效率年平均水平整体有所下降，但在不同地区存在较大差异：西部地区基础设施领域社会资本投资效率最高，东部次之，中部最低，而且各省之间存在不平衡现象。社会资本参与能显著地推动城市交通基础设施建设，而过多的政府干预则不利于城市交通基础设施发展；人口聚集程度提高、地区经济发展在一定程度上有助于促进城市交通基础设施建设。实证结果进一步验证了在基础设施领域进行市场化改革、鼓励社会资本参与基础设施建设的必要性。养老服务需求者支持养老事业发展中推广 PPP 模式，但认为 PPP 养老项目价格偏高，服务质量有待进一步提升；养老服务供给者则认为，现阶段养老产业发展中 PPP 模式的应用投入不足，而且民间资本收益较低，价格制定尚不够合理，人力资源投入也需要加强。养老事业发展中应用 PPP 模式仍存在资金不足和价格不合理等方面的问题。这一调研结果与前面理论分析发现的问题基本一致。这些问题的存在毫无疑问制约了养老事业发展中 PPP 模式应用进程。

第七章对社会资本参与农业综合开发的效率进行了实证分析。首先，分析了社会资本参与农业综合开发现状、影响及其面临的主要阻碍；然后，主要运用超效率 DEA 模型、动态面板 GMM 模型测算农业综合开发项目财政支出效率，分析农业产业化经营不同资金来源与农民收入增长之间的关系。研究发现，农业综合开发既有属于准公共物品性质的项目，又有属于私人物品和纯公共物品性质的项目，仅仅依靠政府或者市场一方进入农业综合开发都会出现“失灵”现象。而社会资本的参与则有利于扩大资金来源，降低交易成本和项目风险，促进技术进步，从而提高农业综合开发效益。目前，我国农业综合开发范围不断扩大，农村基础设施条件得到改善，主要农产品生产能力有所提升，农村人均收入不断增加。但是，社会资本参与农业综合开发面临着诸多问题，主要表现为项目盈利性不足；金融体系不健全；农村信用制度不完善，信贷环境差；保险和风险补偿机制不健全；法律法规不完善；等等。我国农业综合开发资金投入—产出效率在“十二五”期间均比较高且呈现波动上升趋势；2017 年投入—产出效率最高，但当年全国农业综合开发效率的两极分化也最明显。总体来说，2003 ~ 2014 年全国社会资本与金融资本参与农业综合开发程度不够深，对农业综合开发的效率没有实质性的提升作用。此外，农业综合开发效率可能与不同地区的社会经济发展情况以及相应的经济特征密切相关，具有地区性差异。农业综合开发资金主要来源于财政投入、银行贷款和自筹资金（社会资本），其投入增加都有助于农民实际人均纯收入的增加，但各影响因素的贡献率存在一定差异。其中，财政投入的增加是影响农民收入增加的主要因素，自筹资金的作用也不可忽视。而农业综合开发项目自筹资金的增加离不开金融资本，银行贷款增加是推动自筹资金（社会资本）参与农业综合开发的主要因素。

第八章主要对国内外社会资本参与基础设施建设与运营的典型案例进行剖析，以期对我国社会资本参与基础设施建设与运营实践提供有益参考和借鉴。本章通过筛选国内外具有代表性和开放示范性的社会资本参与城乡基础设施建设和运营的成功模式、国内外 PPP 模式运用的典型案例，以及社会资本参与农业综合开发的国内外典型经验等，比较研究得到了国内外社会资本参与基础设施建设与运营的启示与借鉴，主要包括转变政府职能，提高政府治理能力，规范政府行为；加快构建灵活有效的基础设施投融资制度体系，创新基础设施投融资方式；依靠和整合社会组织和团体的力量参与基础设施建设；强调 PPP 项目参与的权利共享、风险共担；拓宽社会资本参与项目收益来源；构建规范化的进出机制；实现多方共赢；进一步完善农村金融体系，不断创新社会资本参与农业综合开发模式，建立健全社会资本参与农业综合开发的可持续机制；等等。这些经验为促进我国社会资本参与基础设施建设和运营的政策与机制体系提供借鉴。

第九章为提高社会资本参与基础设施建设与运营绩效的对策建议。主要包括：进一步放开基础设施投资领域和范围，广泛吸纳社会资本参与城乡基础设施建设和运营；深化公共事业领域投融资体制改革，发行长期债券，为我国交通基础设施建设融资；优化促进 PPP 模式发展的政策体系，健全和完善节能减排 PPP 模式发展的运行机制及保障机制，努力提高公共基础设施领域 PPP 模式运用绩效；深化农业综合开发投资管理体制改革，改善农业综合开发投资支持政策与配套服务，健全和完善农业综合开发项目投资机制和风险控制体系，提高社会资本参与农业综合开发效率；等等。

三、研究方法

本书主要采用多种分析方法，对社会资本参与基础设施建设与运营进行全面系统的理论分析与实证研究，主要包括文献分析法、计量分析方法、社会调查与统计分析方法、比较分析和案例分析等。

（一）文献分析法

在理论研究部分，尤其是第一章、第二章、第四章、第六章、第八章中，主要通过中国期刊全文数据库（CNKI）、百度学术、Science Direct 等国内外文献数据库，收集社会资本、民间资本及基础设施相关文献并进行分析、归纳和提炼，对相关最新研究成果进行文献梳理总结，分析社会资本参与公共基础设施建设和运营的作用机理及其影响因素，为后续研究提供相关理论支撑。

（二）计量分析法

本书先后使用不同软件和计量方法，对社会资本参与基础设施建设与运营等相关问题进行实证分析。一是利用 Matlab 软件构建熵权法与灰色关联理论相结合的评价模型，对我国 30 个省（区、市）城市基础设施发展水平进行综合测度，利用 SPSS 软件对社会资本参与城乡基础设施建设的影响因素进行分析和排序，分析社会资本参与城乡基础设施建设和运营的现状和主要影响因素。二是利用数据包络分析、联立方程组模型、面板数据模型、空间面板数据等，对社会资本参与城乡基础设施建设与运营的影响及其效率进行定量分析。

三是运用超效率 DEA 模型、VAR 模型，测算农业综合开发项目财政支出效率，分析农业产业化经营不同资金来源与农民收入增长之间的关系。

（三）社会调查与统计分析方法

通过问卷、抽样调查及深度访谈等，采用趋势分析、时间数列分析及回归分析等，研究城乡基础设施投融资体制存在的问题、原因及发展趋势，社会资本参与基础设施建设和运营的贡献和作用等。主要采用社会学的方法，通过调查问卷及访谈的方式对武汉市社会养老院 PPP 项目实施及使用情况进行了调查分析。

（四）比较分析和案例分析

本书选取国内外具有代表性和开放示范性的社会资本参与城乡基础设施建设和运营的成功模式，国内外 PPP 模式运用的典型案例，包括武汉市社会养老 PPP 项目，社会资本参与农业综合开发的国内外典型经验等进行比较分析和案例研究，为社会资本参与基础设施建设与运营提供参考和借鉴。

第四节　主要创新与不足

一、主要创新

本书试图在以下几个方面进行突破或创新。

第一，研究视角的创新。目前，理论界关于社会资本参与基础设施建设与运营的研究比较零散和分散，有的侧重于基础设施投融资体制改革方面的研究，有的侧重于 PPP 模式的运作方式、风险及法律障碍等相关问题的研究，尚未形成一个完整的理论体系。本书尝试对社会资本参与基础设施建设与运营的理论与实践进行系统的理论与实证研究，构建了一个较为完整的社会资本参与基础设施建设与运营的理论分析框架，为相关问题的深入系统研究提供参考。同时，本书分别对影响基础设施发展的因素、我国城乡基础设施建设的水平、社会资本参与基础设施建设与运营的影响及其效率、社会资本参与基础设施建设与运营的 PPP 方式及其效果、社会资本参与农业综合开发的效率等进行实证分析，克服了现有理论研究仅局限于某个方面进行实证研究的不足，而且为社会资本投资基础设施建设与运营的实际工作提供了现实依据。基于上述理论与实证研究结果，本书立足于我国社会资本参与基础设施建设与运营的现实，借鉴国内外的成功经验，有针对性地提出了社会资本参与基础设施建设与运营的相关政策建议，研究视野独特，研究内容丰富，研究体系完整。

第二，学术观点的突破。本书尝试性地提出了一些创新性观点。一是应大力引进社会资本，加快基础设施建设。由于我国城乡基础设施建设投资需求巨大，需要健全公共私营合作机制，鼓励社会参与公共服务的供给。社会资本参与基础设施建设及运营，有利于更好地协调政府与市场、政府与企业之间的关系，推动融资渠道的多元化，发挥市场机制配置资源的决定性作用，促进产业结构调整升级和区域经济增长。当然，社会资本参与基础设施建设和运营会受到观念、体制和机制及技术等因素的影响，其中，市场机制对我国基础设施建设及发展具有关键作用。二是应发行长期债券，以此作为缓解交通基础设施融资困境的主要手段。长期债券具有成本低、信用风险小、偿债安全性等特点，或将成为我国交通基础设施建设融资的主要方式。三是认为 PPP 模式在节能减排及能源环保、社会养老服务、教育、卫生医疗、交通、农村基础设施建设等诸多领域都具有广泛的应用前景。由于目前我国社会资本参与基础设施建设和运营受到诸多制约，融资方式单一，而 PPP 模式却具有其独特优势，可以实现政府与私营部门两者的优势互补，互利共赢。四是应鼓励社会资本积极参与农业综合开发。农业综合开发既有属于准公共物品性质的项目，又有属于私人物品和纯公共物品性质的项目，仅仅依靠政府或者市场一方进入农业综合开发都会出现“失灵”现象，而社会资本的参与有利于扩大资金来源，提高农业综合开发效益。但社会资本参与农业综合开发离不开金融支持。

第三，理论方法的推进。首先根据面板数据回归模型对基础设施发展的影响因素进行了实证分析；同时，对我国基础设施建设水平进行了综合测度；利用空间面板模型对社会资本参与对基础设施建设和运营的影响进行了实证检验；采用超效率 DEA 模型、VAR 模型等测算农业综合开发项目财政支出效率，分析农业产业化经营不同资金来源与农民收入增长之间的关系。通过这些实证研究，进一步证明了公共基础设施建设与运营中应该大力引进社会资本的基本论点。

第四，政策设计的创新。本书立足于我国社会资本参与基础设施建设与运营的现实，提出了鼓励社会资本参与基础设施建设和运营的运行机制及相关政策建议。例如，形成可持续的“融资—使用—偿还”机制；推进市政公用事业价格改革，建立良性投入产出机制；健全完善法律制度，建立相适应的监管体系、多元可持续的资金保障机制、社会信任体系、合理的利益共享和风险分配机制等，兼具微观指导性和宏观战略性。

二、不足之处

本书的不足主要表现在以下几个方面。

第一，数据获取存在一定困难。我国社会资本参与基础设施与建设是在近几年才开始大量出现的，目前的统计数据不多且多为宏观数据，有些数据难以获得导致数据缺乏，尤其是微观数据不足，因而关于社会资本参与基础设施建设与运营影响的实证分析可能不够全面。

第二，评价指标体系的设计及其方法的运用还存在改善余地。比如，本书所设计的基础设施建设水平评价指标值如果突然变动很大，则其权重赋值可能会不准确，从而导致据此测算出来的城乡基础设施水平会产生一定的偏误。

第三，一些实证结果还有待进一步检验。由于我国社会资本参与基础设施建设与运营的时间不长，对其影响及其效率进行实证分析所使用的时间维度有限。近些年来，我国深化经济体制改革，促进经济高质量发展，实行了“一带一路”倡议等系列政策，鼓励社会资本参与基础设施建设与运营，有效促进了我国城乡基础设施建设，但社会资本参与基础设施建设与运营也面临巨大挑战，因而其影响及效率的实证分析结果还有待时间的进一步检验。

第二章　社会资本参与基础设施建设与运营的理论依据

本章基于社会资本、基础设施等的含义界定，从理论上厘清社会资本参与基础设施建设的依据，具体包括公共产品理论、委托代理理论、新公共管理理论、投融资理论等。

第一节　相关概念

本节主要对社会资本、民间资本及基础设施等相关概念进行阐释，以便为之后的分析提供依据。

一、社会资本的含义

社会资本（social capital）一词来源于经济学中的“资本”概念，首先是作为经济学术语出现的。不同学者从不同学科范畴、不同层面及不同研究范式对其进行了研究，但至今尚未形成统一概念。一般认为，从经济学科范畴来看，社会资本可以从社会总资本和集团资本两个层面来理解。而从其基本内涵来看，社会资本与金融资本和人力资源一样有价值，是指人类互动的积极产物，积极的结果可能是有形的或无形的，包括有用的信息、创新的想法和未来的机会等。它可以用来描述一个组织的成功归因于个人关系和网络的贡献，包括组织内部和外部；也可以用来描述公司内部的人际关系，有助于在员工之间建立信任和尊重，从而提高公司业绩。因而，社会资本是指个人、企业、社会和国家等组织之间形成的内部人际关系和外部社会网络及其所体现的规范、信任、相互尊重、权威、共享的价值观及社会道德，等等（林南，2005）。

（一）马克思关于社会资本的定义

马克思将资本分为社会总资本和单一个人资本，认为社会资本就是社会总资本，即无数相互联系、相互制约的个别资本的总和。单一个人的资本是一种私人资本，两个人及其以上的资本就是社会资本。例如，单个的股份资本是个别资本，单个国有企业的资本也是个别资本，只有各单个资本加总才成为社会资本。因此，社会资本=单个资本（包括股份资本；如果政府在采矿业、铁路等上面使用生产的雇佣劳动，起产业资本家的作用，那也包括国家资本）之和。社会总资本反映了个别资本相互联系、相互制约的关系。也就是说，个别资本价值增殖过程中是互相竞争的关系，但在社会总资本的运动中又相互依存、相互交错、互为条件。

在有些场合，马克思又从资本社会化的角度，即与私人资本相对称的集团资本的角度，来理解社会资本。从这一意义上来看，社会资本包括股份公司和资本主义国有企业的资本，即那些直接联合起来的个人的资本，它与私人资本相对立。这种意义上的社会资本是随着生产的快速发展，以及生产规模和企业规模的急剧扩张而出现的。个别资本家因资本数量不足，一般不会投资于铁路、邮电这类交通运输和公用企业以及规模巨大的企业，而利用股份公司或以国有企业形式出现的国有资本，则可以在较短的时间内集中大量资金，有效解决这一困难。马克思指出，那种本身建立在社会生产方式的基础上并以生产资料和劳动力的社会集中为前提的资本，在这里直接取得了社会资本（即那些直接联合起来的个人的资本）的形式，而与私人资本相对立，并且它的企业也表现为社会企业，而与私营企业相对立。

（二）其他学者关于社会资本的定义

20 世纪 70 年代以来，不同学科（包括经济学、社会学、政治学等）的学者都开始关注社会资本，并以此揭示经济增长和社会发展。

社会资本词可以追溯到哈尼凡（Hanifan，1916）关于农村学校社区中心工作的论述。他在讨论诸如善意、友谊、同情和社会交往等概念时，最早独立使用了社会资本这一概念。但他的社会资本概念比较模糊，没有与其他形式的资本进行明确区分，只是用社会资本这一概念说明了社会交往对人力资本形成的重要意义。

社会学家、经济学家洛里[①]（Loury，1977）在论述种族不平等问题时对新古典经济学理论过于强调人力资本作用而忽略其他影响因素的做法提出了批评，并同时提出了一个与物质资本、人力资本相对应的新概念，即社会资本。他所说的社会资本，是一种存在于家庭关系、社区社会组织中的社会资源，为人力资本的形成及其发展提供了有利条件。但他并没有展开系统研究。皮埃尔·布迪厄（Bourdieu，1986）克服了当时经济学家将资本仅看成经济资本的局限，扩大了资本的内涵，提出了资本的三种形式，即经济资本、社会资本和文化资本，并同时在社会学领域研究中率先使用社会资本这一概念。他将社会资本视为一种资源和社会网络，在个体与社会网络的互动中，个人有可能获得收益并实现其目标。也就是说，社会资本是一种公共的、集体的资源，主要表现为社会网络。因而，个人所拥有的社会资本量由其所拥有的社会网络决定，并受其所拥有的社会网络中与其有联系的人所拥有的资本量影响。布迪厄关于社会资本的这一定义后来被广泛运用到社会学相关问题的分析。詹姆斯·科尔曼（Coleman，1988）主要从政治学的角度，对社会资本的内涵及功能进行了定义。他指出，社会资本与其他形式的资本一样，也是生产性的，是与某些具体活动联系在一起的具有各种形式的不同实体；社会资本是一种行动资源，由构成社会结构的各要素组成；社会资本可能在社会经济地位与教育相关的生活质量之间起到中介作用，对青少年的生活质量也会产生影响；信任通常被视为社会资本的一个方面，作为一种嵌在人际关系中的资源，促进社会中的合作和协作行动。美国社会学教授罗伯特·普特南（Putnam，1993）则从集体层面来定义社会资本，认为社会资本是指作为个人资源使其能够实现个人目标和利益的社会结构和组织，其实质是善意或感恩、信任、相互尊重等；在人际关系中信任程度高的地方，个人更有可能建立和从事合作交换关系。这一定义引起了学术界的广泛关注并被普遍应用，促进了社会学领域社会资本理论的形成和发展。弗朗西斯·福山（Fukuyama，1995）将社会特征与经济发展相联系，认为社会资本与物质资本一样重要，社会资本是一种非正式规范，

① 格伦·洛里（Glenn Loury）是布朗大学社会科学教授和经济学教授，在福利经济学、收入分配、博弈论、产业组织、自然资源经济学和劳动经济学等领域做出了开创性的贡献。他关于种族不平等和社会政策的论文在学术界和公共领域具有重要影响。

这种规范有助于人与人之间相互合作；社会资本水平对一国经济发展起着十分重要的作用，只有那些拥有高度信任的社会才能在新的全球经济竞争中能够创建灵活的、大规模的商业组织，从而获得更多的利益。也有一些学者基于结构、关系和认知等不同维度来定义社会资本，认为社会关系网络的社会资本具有人格化和非人格化特征，这有利于智力资本的获取与创造；组织作为制度设置，有利于发展高水平的社会资本；企业集聚了较多的社会资本，更有优势创造和共享更多的智力资本（Nahapiet and Ghoshal，1998）。

林南（Lin Nan，2001）以马克思关于资本的定义为依据，综合吸收了舒尔茨、布迪厄、科尔曼和普特南等的人力资本、社会资本概念，强调社会资本的社会结构性及人的行动的能动性，认为社会资本是投资于社会关系并希望获得回报的一种资源，是一种镶嵌在社会结构之中的资源。该定义主要基于个人主义视角，综合前人的研究成果，强调社会资本的行为目的及其关系性、生产性，进一步完善和发展了社会资本理论。以此为基础，学者们进行了广泛研究。例如，有学者认为社会资本是一个广泛的术语，包含社会网络和规范，这些社会网络和规范产生了共同的理解、信任和互惠，为互利合作和集体行动奠定了基础，并为经济繁荣创造了基础（Dinda，2008）。社会资本由信任和基于信任的网络组成，促进了经济主体之间的合作和信息共享；而且，社会资本通过一种自我强化机制，刺激创新活动，导致更高的垄断利润和更高的社会资本，因而是创新活动的基础（Thompson，2018）。

总的来看，关于什么是社会资本，20 世纪 80 年代前后学者们的观点存在一定差异。20 世纪 80 年代以前，社会资本被等同于公共设施或泛指影响个人经济回报的社会环境质量，之后逐渐成为社会学领域的一个主要概念。

当前，我国经济进入新时代，尤其是 2020 年以来受新冠疫情影响，我国经济出现了一些新的特征。一方面，经济增长速度放缓，总供给扩张能力下降，需求增长乏力，经济出现“滞涨”特征；另一方面，新型城镇化建设尤其全面建成小康社会需要大力促进城乡基础设施的建设，而这又需要巨大的资金。显然，这种巨额资金需求靠单一的财政资金投入难以满足。因而，基础设施领域投融资体制改革势在必行，而促进投资主体多元化、鼓励社会资本投资于基础设施领域显得十分必要。于是，在我国，社会资本概念以另一种意义的形式出现。世界银行（1994）将社会资本当作为补充出于个人利益追求出现投资不足而进行的投资[①]。因为，如果投资完全委托给个人，个人基于自身利益，可能不会考虑国民经济的总体需要，从而有可能出现投资存量不足，为弥补这一不足而进行的投资即为社会资本。或者说，民间资本无力投资的领域，或可以提供公共物品、具有非竞争性和非排他性特点、存在外部性的领域，就是社会资本可以投资的领域。

在我国，目前所使用的“社会资本”概念是中国所特有的，其没有与民间资本概念相区分，很多场合实际上就是指“民间资本”[②]，即指民营企业或私营企业以及个人或家庭的流动资产、金融资产等。国内学术界一般认为非政府拥有的资本即社会资本或民间资本，具体包括企业和居民存款中以货币形式存在的资本、民间借贷市场中存在的资金、游离于银行业金融机构以外的民间资金等（陈时兴，2012）。在统计上，民间资本是指非国有经济资本中扣除外资和港澳台投资的部分，包括集体、个体、股份制、联营、私营和其他经济类型的资本。

由上可知，国内理论界关于社会资本的概念有时与民间资本概念混同，并没有形成完全统一的定义。因此，本书根据世界银行的定义，将社会资本大致等同于具有公共品性质的“基础设施”领域投资的资本，而不是社会学领域所使用的社会资本。

二、基础设施的内涵与特征

基础设施属于发展经济学研究的内容，是指一个企业、地区或国家的基本物理系统。这些系统对一个国家的经济发展和繁荣至关重要，具体包括交通系统、通信网络、污水处理、供水和电力系统等市政公用、公共服务设施，以及包括教育、科技、医疗卫生、体育、文化等社会事业（即社会性基础设施）在内的生活基础设施，是国民经济发展的先决条件。

（一）基础设施的内涵

不同学者对基础设施的内涵进行了不同定义。著名发展经济学家罗森斯

---

① 参见 World Bank Staff，World Development Report 1994：Infrastructure for Development. Oxford University Press，1994。

② 有学者根据资本是否直接具有生产能力而将资本分为社会资本与民间资本（洪亮，2001）。社会资本包括社会公共投资，能够提供公共物品，因而只是间接提高生产资本的生产力；而民间资本则具有直接生产能力，提供私人物品，因而具有竞争性和排他性的特点，一般由居民或企业投资。

坦—罗丹最早探讨了基础设施在一国经济增长中的重要作用，他将一国（或地区）的社会总资本分为社会分摊资本或社会先行资本（social overhead capital，SOC）和私人资本（private capital，PC）两大类。社会分摊资本即基础设施，是指可以为其他行业投资活动创造机会的资本，包括交通运输系统、能源电力、邮电通信等所有基础行业。这些基础行业必须先于直接性生产投资，是社会经济发展的基础与总体经济的分摊成本。随后，罗根纳·纳克斯（Nurkse，1953）对基础设施范畴进行了补充，将教育、医疗、卫生等纳入了基础设施范围。阿尔伯特·赫希曼（Hirschman，1958）在其不平衡发展战略中将社会总资本分为社会分摊资本（SOC）或直接生产性活动（directly productive activities，DPA），其中，社会分摊资本是指所有那些为了保证第一、第二和第三生产活动正常运行的基本服务，具体包括交通和通信、教育、公共卫生、灌溉、排水等。但他们认为交通和动力仍是基础设施的核心。钱纳里（Chenery，1975）和赛尔昆进一步将社会生产部门分为直接生产部门和非直接生产部门两大类，其中，直接生产部门包括初级产品部门和制造业部门，制造业部门对经济发展起主要作用，又可分为初期产业、中期产业和后期产业；非直接部门包括建筑业，运输业及通信业，水、电和煤气业等社会基础设施，以及服务业；基础设施的发展大致上应与直接生产部门同步发展（钱纳里和塞尔昆，1988）。

根据韦氏词典的定义，基础设施是一个国家或地区经济的基础结构，是其运行所需要的固定设施，具体包括道路、桥梁、水坝、供水和下水道系统、铁路和地铁、机场和港口，以及永久性军事设施等。这些固定设施通常由政府建造，属于公有。广义的基础设施还包括智力基础设施或科学研究的基础设施，但这些概念的含义还比较模糊。① 根据美国《经济百科全书》的定义，基础设施一般指公共工程基础设施（public works infrastructure），包括高速公路、机场、电信和供水等功能模式，以及由这些元素组成的组合系统，可以分为IT基础设施、作为资产的基础设施（如涉及交通或水利基础设施的基金）、公共基础设施的私人投资等，具体包括卫生保健系统、金融机构、政府系统、执法和教育系统在内的软基础设施，道路、高速公路、桥梁及运营等硬基础设施，

---

① https：//www. merriam-webster. com/dictionary/infrastructure.

住房和供暖、电信、公共卫生、农业等关键基础设施等，以及有序的政治体制等。①

总的来看，基础设施是指为向所有商业部门提供基础服务的部门，包括交通运输、能源、通信等公共用服务设施，以及科研技术、医疗教育、文化体育等社会性基础设施。其中，交通基础设施是社会生产和人民生活水平提高的先决条件，因而其作用尤为重要。

（二）基础设施的基本特征

从基础设施的内涵可以看出，基础设施的重点是其基础性，属于准公共物品，具有非竞争性和非排他性等基本特征，同时由于基础设施前期投入大，整体不可分且不可贸易。这些特点决定了基础设施一般主要由政府提供。因交通基础设施作用重要，本部分重点分析交通基础设施的基本特征。

总的来看，交通基础设施主要具有以下基本特性。

一是社会公共性。交通基础设施主要为整个社会生产和居民生活服务，并不仅仅为单一的机构、部门、企业或居民服务；并且交通基础设施在全社会、全地区、全时间供应，并不为单一的个人或机构的不使用而停建。交通基础设施既服务于社会生产，也服务于居民生活，是面向全社会提供服务。

二是交通基础设施的经营管理具有垄断性。交通基础设施建设攸关一个国家国民经济的命脉和整体战略的实施，其建设与发展程度与一个地区的兴衰息息相关。因此，交通基础设施通常由政府垄断经营，其各个部门之间本身是一个完整、协调、统一并独立的运行系统，整个系统都服从统一的调度、管理和指挥，以完成整体的生产、输配送、存储和使用过程。也就是说，交通基础设施各部门之间实行统一管理、统一经营、统一调度。

三是公益性。政府部门利用所得税款投资于交通基础设施建设，同时交通基础设施又为社会公众及纳税人自己所享用。经济理论中将对购买者以外的人产生的作用称之为外部性，而交通基础设施具有较强的正外部性。

四是边际使用成本较低。这也是所有基础设施所共有的特性，即每增加一个基础设施使用者，几乎不会引起其边际使用成本的增加。交通基础设施运营周期长，其投入使用后的管理运营成本基本是固定的，因此每增加一个使用

① https：//www. investopedia. com/terms/i/infrastructure. asp.

者，基本不会对运营成本产生很大影响。

五是配套建设的超前性。交通基础设施的配套完善是所有生产生活的前提条件，其超前性主要体现在时间上的超前性和容量上的超前性，以解决资源浪费和基础设施供不应求的问题。

第二节 社会资本参与基础设施建设与运营的相关理论

基础设施的准公共物品性质及其整体不可分性决定了基础设施的建设不仅需要大量的资金投入，而且其资金投入回报率不高，具有公益性和共用性，一般由政府投资。而随着经济社会不断发展和进步，对基础设施水平及其质量的要求也越来越高，政府投资越来越显得不足，因而需要多方筹措资金。社会资本参与城乡基础设施建设在发达国家早已有之，许多学者对此进行了研究，形成了诸多理论，主要有公共产品理论、委托代理理论、新公共管理理论、投融资理论等。这些理论成为社会资本参与城乡基础设施建设和运营的重要理论基础和依据。

一、公共产品理论

公共产品理论是转变政府职能、正确处理政府与市场关系、推动公共服务市场化的重要理论依据，因而也是社会资本参与城乡基础设施建设的基础理论。

公共产品思想最早可追溯到托马斯·霍布斯（Hobbers，1651）关于社会契约的论述。他认为人生而平等，国家凌驾于个人之上，其所具有的强制性权力来自人民的自愿授予，这种以共同和平、实现生命自保愿望为基础的权利放弃与相互转让就是所谓的契约。在这样的契约社会中，君主必须负责提供防止外敌入侵、保护公民权利等个人无法提供但可享用的公共品（霍布斯，1985）。大卫·休谟（Hume，1740）基于人的利己本性及共同需求的“搭便车”心理，指出公民共同需求的供给需要由政府提供（休谟，2009）。自亚当·斯密（Smith，1776）明确提出政府应发挥“看得见的手”的作用，即应该负责提供最低限度的公共事业及公共服务以后，一些经济学家，如大卫·李嘉图（David Ricardo）、约翰·穆勒（John Stuart Mill）、马歇尔（Alfred Marshal）、庇古（Arthur Cecil Pigou）等早期经济学家不同程度地论述了公共服务问题，阐述了公共产品思想。此后的一些学者基于市场失灵、政府失灵等多个角度，对公共产品问题进行了论述，形成了多种公共产品理论。

（一）基于市场失灵的公共产品理论

林达尔均衡（Lindahl Equilibrium）的提出被认为是公共产品理论最早的成果之一。林达尔均衡①是一种经济的理论状态，在这种状态下，生产公共产品的最优数量和公共产品的成本由每个人公平分担，即个人通过讨价还价在公共物品供给及其成本分配上实现了均衡。实现林达尔平衡需要实施林达尔税，该税根据每个人获得的利益，按比例收取一定数额的费用。在林达尔均衡提出之前，边际学派运用边际效用价值论对政府通过财政手段干预市场的合理性问题进行了分析，对公共产品供给问题进行了初步分析。一般认为，当个人提供公共产品的成本低于社会成本时，个人才会提供公共产品。林达尔均衡的意义在于从理论上阐述了所有人消费相同数量的公共物品但在林达尔税下将面临不同的价格。也就是说，公共物品因其非竞争性和非排他性特点与私人物品价格在决定上存在一定差异。林达尔价格可以被看作是一个经济体集体税收负担的个人份额，这使人们在公共产品的供给问题上达成了共识，即个人根据他们所获得的边际效益为公共物品供给支付费用，以确定每种公共物品的供应效率水平。

萨缪尔森（Samuelson，1954，1955）基于市场失灵提出了一个迄今较为明确、逻辑完备且被理论界普遍接受的关于公共产品的定义。他认为，公共产品是指每一个人对这种产品的消费并不减少其他人对这种产品的消费，即存在消费的非竞争性和非排他性。因而，当公共产品由私人提供时，个人有“搭便车”的动机，从而会出现市场失灵。受此启发，一些学者从公共产品的关联性角度，明确提出公共产品具有两种属性，即非竞争性和非排他性，而公共

① 林达尔均衡由瑞典经济学家埃里克·罗伯特·林达尔（Erik Robert Lindahl）于1919年提出并以其名字命名。参见 The New Palgrave Dictionary of Economics（2018 Edition），Macmillan Publishers Ltd.，https：//link. springer. com/。

物品的这两个属性容易导致市场失灵。例如，蒂布特（Tiebout，1956）指出政府的公共服务对移民有显著影响，即“用脚投票”理论，也就是在正常情况下，在能够有效提供满足其消费偏好的公共产品和服务的地方，会有更多的人口流入；相反，不能有效提供这些产品和服务的地方将面临人口外流。“用脚投票”理论修正了公共财政导致市场失灵的传统观念，将空间概念引入金融理论。马斯格雷夫（Musgrave，1959）也对政府能否有效提供公共服务提出质疑，认为中央政府主要承担收入再分配和稳定两项重要职能，而基层政府应承担提供公共物品的责任，以使社会福利最大化。私人提供公共物品导致搭便车行为，从而产生市场失灵的典型例子有“公地悲剧”①、“囚徒困境”② 和“集体行动的逻辑”③ 等，分别从不同角度证明了市场机制会出现失灵，进一步阐述了由市场自发提供公共物品必然导致低效，从而为政府提供公共产品提供了依据。

（二）基于政府失灵考量的公共产品理论

在现实生活中，私人组织和政府组织都提供公共物品。例如，工会为它所代表的工人提供的服务或游说团体为它所代表的群体获得的利益都是公共产品

① “公地悲剧”由英国学者哈丁（Garrett Hardin）于1968年在《公地悲剧》（*The tragedy of the commons*）一文中首先提出。他假设某个乡村有一块公共土地归村民所有，每一个村民都拥有该公共土地的使用权（如用于牧羊），且无权阻止其他人使用。每个村民都是理性的经济人，为了追求自身收益最大化，会增加个人牧羊的数量，结果导致公地被过度使用，造成资源枯竭。这就是所谓的“公地悲剧”。哈丁指出，必须改变人类的价值观及其行为，才能解决人类面临的“公地”或土地、水和燃料等自然资源的可用性危机（参见 Garrett Hardin，The Tragedy of the Commons. Science，Vol. 162，No. 3859，December 1968，pp. 1243 - 1248.）。

② 囚徒困境（Prisoner's Dilemma）是现代博弈论中最著名的概念之一，最初由美国学者弗拉德（Merrill Flood）和德雷希尔（Melvin Dresher）于1950年提出。之后，加拿大裔数学家和运筹学家塔克（Albert William Tucker）与美国学者库恩（Harold W. Kuhn）合作扩展了线性规划与博弈论，塔克以囚徒为例对博弈论进行了系统论述，为一个非零和、非合作的双人游戏做了一个经典描述。囚徒困境是指这样一种情况：两个人因同样的违法行为被起诉，并被当局分别拘留。每个人都被告知，如果一个人坦白，而另一个人不坦白，前者将得到一个单位的奖励，而另一个人将得到两个单位的惩罚（如额外的监禁时间）；另一方面，如果他们都坦白，则将受到同样的惩罚；而如果双方都不坦白，则双方都将获得自由。参见 https：//www. informs. org/Explore/History-of-O. R. - Excellence/Biographical-Profiles/Tucker-Albert-W。

③ 集体行动的逻辑由美国经济学家和社会学家曼瑟尔·奥尔森（Mancur Lloyd Olson）提出。他认为，理性的经济人在追求个人最大利益时并没有如古典经济学家所说的那样促进公共利益；相反，个人的自利行为往往导致对集体不利的结果，拥有共同利益的个人并不能代表其共同利益行事，出现市场失灵。参见 Mancur Olson，The Logic of Collective Action：Public Goods and the Theory of Groups. Harvard University Press，1965。

(Olson, 1973)。私人提供公共物品存在市场失灵，政府提供公共物品也存在诸多问题。而随着政府提供公共物品所产生的问题越来越多，理论家们又开始思考公共物品究竟是由政府提供还是私人提供才更有效。

事实上，政府生产和提供一些商品是出于国家的利益，寻求建立自己的财富和政治权力。在这种背景下，公共产品及其推广的理论本身被解释为制度体系的一部分，以确保国家在社会中的权力和影响力得以保存和扩大（Holcombe, 1997）。

布坎南提出了俱乐部理论。不同于萨缪尔森将商品只分为纯私人物品和纯公共物品，布坎南将不同类型的商品区分为私人商品、公共商品、俱乐部商品和公共商品。他认为，对于俱乐部商品，一个成员消费一单位的俱乐部商品在一定程度上减少了俱乐部其他成员的消费，即俱乐部商品的特点是排斥非“俱乐部”成员，而在消费上存在非竞争或部分竞争，因而俱乐部商品在一定范围内是“公共物品”。俱乐部可以被解释为控制资产和在共有人或成员之间分配使用权的联合管理制度（Buchanan, 1965）。布坎南俱乐部理论的提出被认为弥补了萨缪尔森纯公共产品理论的不足。布坎南认为，俱乐部是一种手段，或者是一种技术设计或制度安排，以实现俱乐部产品的私人供给；同时，由于俱乐部的组成是自愿的，其特有的激励和约束机制使得公共物品和服务可以实行个性化的价格，并允许每个人支付其想要支付的数额，从而可以保证俱乐部的稳定和可持续并有效提供公共物品。在布坎南看来，俱乐部是准公共物品供给的一种有效和理想方式，俱乐部商品或准公共物品可以由市场来提供（布坎南，1988）。

布坎南俱乐部理论的提出引发了学者们关于公共产品有效供给主体的进一步思考，一些学者对政府提供公共物品的有效性提出了质疑，一些学者开始更多地关注准公共产品的提供，提出公共产品市场化供给的新思路，进而形成了一种公共产品供给的新公共管理模式。

一般认为，灯塔是最不可能由私人提供的、具有消费非排他性和非竞争性的公共物品。而制度经济学的主要代表科斯对灯塔这一公共物品在英国的供给进行了制度分析，认为某些“捆绑安排”（tying arrangement）可以减少“搭便车”问题的程度，从而使私人提供类似灯塔的公共物品成为可能（Coase, 1974）。在科斯看来，只要国家建立并强制执行财产权利，灯塔所有者就可以向受益于港口灯塔的船只征税，因而灯塔这一典型的公共产品完全可以由私人生产和提供。科斯灯塔经济学分析是对传统公共产品理论的巨大挑战，其直接影响是彻底否定了公共产品政府供给方式，并引发了关于公共物品多元供给主体的思考和研究，从而推动了公共产品理论的完善和发展。

（三）重塑政府与市场关系的公共产品理论

公共产品由政府提供还是由私人提供的问题实际上反映了理论界关于经济活动中政府干预与市场经营思想的争论。以凯恩斯主义为代表的政府干预主义者主张公共产品由政府提供，而新古典主义强调市场机制的作用，主张公共产品由市场提供。20 世纪 70 年代以来，凯恩斯主义政府干预的理论和政策遇到了巨大挑战，新自由主义经济学逐渐流行并越来越受到重视。尤其是美国总统里根和英国首相撒切尔上台后，为了缓解财政困境、提高效率，先后进行市场化改革，在公用事业领域引入市场竞争机制，掀起了一股公用事业民营化、私有化改革浪潮。此后，公用事业由市场提供逐渐成为一种公共产品供给的新公共管理模式被普遍接受。

在公共产品供给的实践中，只要政府支出必须通过税收来提供资金，公共产品供应的最佳水平就会低于最佳水平，也就是说，政府提供公共物品效率低下。而私营部门出于利润最大化考虑，在提供公共物品过程中容易因信息不对称而产生“契约失灵”问题。契约失灵（contract-failure）最早由美国法律经济学家亨利·汉斯曼（Henry Hansmann）提出。汉斯曼使用经济和法律理论解释了非营利实体在市场社会中的作用，特别是考虑到经济中各种市场和合同失败（信息不对称）。他认为，公共产品的供给中，由于消费者和生产者之间的信息不对称，当需求者购买了劣质产品时就会发生契约失灵。如果不注意公平的竞争环境，稀缺的资源就会以不理想的方式分配，从而限制经济增长。但总的来说，免税、非遗产税、志愿服务等非营利组织对社会福利和经济福祉做出了积极的贡献（Hansmann，1980）。实际上，汉斯曼低估了企业和非营利组织中信息不对称或代理问题的作用，那些处于行政职位的人无论在哪个行业都比消费者拥有更多的信息，如果他们利用这些额外信息获利，则会导致公共产品供给的低效率（Boettke and Prychitko，2004）。随着新技术对旧工业的影响、社会价值的改变对消费者行为的影响以及市场的国际化，公共产品的范围也发生了变化，因而有必要重新厘清并规范公共产品供给中政府与市场的关系，防止公共产品供给中的政府失灵和市场失灵，实现公共产品供给主体的多元化（Drucker，1969）。

公共产品供给主体的多元化改革经历了不同探索和发展阶段。20 世纪 80 年代开始，西方发达国家越来越意识到第三部门组织在实际政策中扮演着越来越重要的角色，可以在一定程度上弥补政府的功能缺失，从而在公共产品供给中引入第三部门，构建了政府和第三部门共同供给的二元供给模式。第三部门是指包括各种类型的实体，如公共企业、特定的非营利组织、合作协会、社会企业等在内的志愿机构、基金会和非政府组织等，在一国经济中，第三部门类似于非营利性的卫生或教育机构，其既不是公共机构，也不是商业机构。由于第三部门结合了“商界效率和专业知识以及公共利益、问责制和政府更广泛的规划”等（Anheier et al.，2015），因而有助于改善社会福利，有效、公平地提供公共产品（Fyfe，2005）。私营非营利性机构（最常见的有教育、研究、卫生保健、媒体和艺术等）在经济活动中所占的份额相当大且在不断增长，但这些部门在公共政策方面存在一些困难（Hansmann，1980）。第三部门组织存在一些固有缺陷，如目标转移、缺乏问责、寻租等。也就是说，政府与第三部门组织之间既存在利益一致性，在意识形态等方面也可能发生冲突，从而使政府与第三部门共同提供公共物品的模式可能缺乏效率。

20 世纪 90 年代，一些发达国家（如英国）为了解决与新自由主义相关的经济两极化和社会排斥的社会成本和政治影响，开始进行政策实验，其中之一就是新社群主义，强调第三部门对改善社会福利和重振公民社会的贡献。第三部门在当时政策话语中的重新定位是工党政府福利改革计划和布莱尔首相的“第三条道路”政治哲学的结果，它试图结合新自由主义和新社群主义的立场，强调公民社会对社会凝聚力的重要性，其核心是在国家和地方各级政府建立志愿部门“契约”（Fyfe，2005）。通过发挥政府、企业和第三部门各自的优势和作用，建立一种政府、企业和第三部门（志愿部门）公共产品的三元主体供给模式，实现各参与主体的“多赢”（Wuthnow，1991）。在公共产品供给实践中，该模式因不能完全反映绝大多数公众的利益而备受批评。

由于公共产品本身的特殊性，使公民对其价值进行评估存在一定难度，也就是说，公共部门绩效包括效率、公平等之间存在冲突，而且公共部门绩效评估受价值取向影响，因而如何最大限度地满足公众的利益是公共物品供给必须要解决的问题。而随着公共行政领域反政府情绪越来越激进，一些学者探讨了公众对公共产品供给中政府行为不满的根源，认为政府工作人员虽然无法控制整个经济或官僚机构，但他们可以采取实际措施来改善与公民的互动，提出政府的首要任务是做好服务而不是进行控制（King，Stivers，1998）。管理主义的目的是使人们能够利用私人资源，提高效率。公共管理人员应将所提供的服务与其使用者相联系，并努力确保服务的持续性，以及在真正的服务提供和机构的优先事项之间取得平衡（Denhardt，2000）。民主治理的前景取决于培养出更多参与公民管理的新的管理者。也就是说，通过下放政府权力、精简政府职能，更多发挥公民、社会及市场等多个主体的作用，同时调动社区、民间志愿机构等非营利机构及第三部门的积极性，实行公共产品的多元主体供给，构建一个利益共享、风险共担的体制机制，共同解决公共产品问题。

21 世纪以来，信息通信技术的快速发展对整个社会特别是对公共行政的性质、范围、理解和实践都带来了巨大影响，进而对公共管理提出了新的挑战。有学者提出构建电子政府，认为电子政府如能妥善推行，可提供更优质的服务，提高效率，并加强与市民的联系，更好地实现公共利益。为此，需要有特定的政策和机制，如承诺守信、适当的规划、合理的投资战略、适当的管理框架、宣传以及公共行政人员的能力建设等。接受电子政务没有单一正确方法这一观念对于避免出现常见的失败是至关重要的（Islam and Ehsan，2012）。

总的来看，自 20 世纪 80 年代以来，世界各国都试图提高政府效率并使公共部门更有效率，如借鉴私营部门的管理模式，强调作为公共部门服务接受者或顾客的公民的中心地位，提出了更分散的资源控制和探索其他提供公共服务的模式以取得更好的结果，包括准市场结构、公共和私营服务提供者相互竞争等。

二、委托代理理论

委托代理理论基于委托代理关系和信息不对称，以非对称信息博弈论为基础，其目的是解决信息不对称问题，在信息经济学中发挥着越来越重要的作用，为信息与经济的关系研究提供理论依据。委托代理关系实际上是一种制度安排，即一个实体依法委托另一个实体代表其行事的制度设计。从其所拥有的信息来看，代理人一般具有信息优势，而委托人处于信息劣势。委托代理理论的主要代表包括迈克尔·詹森（Michael Jensen）、威廉·梅克林（William Meckling）、威尔逊（Wilson，1969）、斯宾塞（Andrew Michael Spence）和泽克豪森（Richard Zeckhauser，1971）、阿尔钦（Armen Albert Alichan）和德姆塞茨（Harold Demsetz，1972），以及罗斯（Stephen A. Ross，1973）、米尔利斯（James A. Mirrless，1974，1976）、霍姆斯特姆（Bengt Holmstrom，1979，1982）、格罗斯曼（Sanford J. Grossman）和哈特（Oliver Hart，1983），等等。

委托代理理论试图解释和解决委托人和代理人之间关于各自优先权的争议。由于委托人和代理人之间信息的不对称，委托人一般通过薪酬等激励手段或契约等约束手段使代理人按照委托人的要求和预期目标来执行某些交易，解决预期差异，即“减少代理损失”，实现二者的“双赢”。

（一）委托代理理论的主要内容

委托代理理论假设委托人和代理人代表各自的利益主体且其利益不一定一致。该理论主要解决两个关键领域的争端：目标的差异及风险规避的差异。一般来说，代理人更着眼于短期盈利和高薪酬，可能更希望将业务扩展到新的高风险市场。但这可能会给股东（即委托人）带来不合理的风险，委托人最关心的是收益的长期增长和股价升值。另外，委托人和代理人之间对待风险的态度也存在差异，如银行的股东（即委托人）可能会反对管理层（即代理人）对贷款审批设置过低门槛，从而承担太大的违约风险。同时，由于委托人和代理人之间信息的不对称，代理人一般比委托人更了解自己的才能、工作努力程度及影响结果的外部经济环境等，因此当委托人和代理人之间利益出现不一致时，代理人有可能利用自身的信息优势追求自身利益最大化而损害委托人的利益，从而产生“道德风险”。

解决委托代理问题就是“减少代理损失”。代理损失是指，代理人违反委托人利益而造成的损失。减少代理损失最主要的策略是向公司经理（即代理人）提供激励，如授予公司高管的股票期权；或者将部分高管薪酬与股东收益挂钩，推迟支付部分高管薪酬并根据其长期目标完成情况来决定；要求代理人缴纳保证金或者解雇等。

无论委托代理关系是通过书面合同明确表示，还是通过行为默许，委托代理关系在当事人之间都是一种信用关系。这意味着代表委托人行事的代理人执行委托任务时必须以委托人的最佳利益为首要目标且不会故意损害委托人的任务。一般认为，委托代理关系的建立需要具备以下三个条件：一是代理人从其委托人所获报酬的效用不低于其从事其他事务所获得的最大期望效用，即参与约束；二是在信息不对称情况下，委托人采取一种使代理人的激励与委托人激励相一致的方式来签订契约，实现激励相容；三是委托人要求代理人定期向他们报告契约执行情况，或者聘请外部监察员或审计员来跟踪信息，以实现其最大期望效用。也就是说，委托代理理论研究的是在参与约束、激励相容约束及委托人期望效用最大三个条件下寻找委托人设计的最优契约，以使代理人的努力水平符合委托人的利益。

（二）委托代理理论的应用

委托代理理论具有广泛的实际用途，被用于企业内部的委托代理、企业间的委托代理，以及政府与企业间的委托代理等方面。

托马（Toma，1986）以大学理事会为例，基于委托代理理论，对公共机构和公司的代理部门的委托代理关系进行了研究，发现外部因素对组织的内部结构，进而对组织的产出会产生影响，从而对政府参与的委托代理关系进行了较早的系统研究。温加思特（Weingast，1984）分析了国会与官僚体系中的委托代理问题，认为有连任意向的国会议员有很强的动机确保机构为其选民提供利益，各机构对相关监督委员会中的少数国会议员心存感激，这些议员主要通过听取选民的意见来评价机构的业绩，在国会官僚体制下，各机构有强大的动机为国会利益服务，这是由于联邦机构与其国会委员会和小组委员会之间存在一种共生关系。格罗宁迪克（Groenendijk，1997）提出了一个腐败的委托—代理模型，将委托代理理论运用到代议制民主国家的政治腐败、预防腐败的成本与收益等问题的分析，认为委托—代理模型并不局限于官僚腐败的分析，还可以用来分析其他诸多类似问题，而解决这些问题需要联合行动。

总之，委托代理理论可以用来分析现实中的许多问题，如委托代理过程中的非协作、低效率问题，投资机构与风险企业之间的代理问题，工程建设监理制度中业主与监理单位之间的代理问题，国有企业中政府、股东与管理层之间的委托代理关系，科技项目管理中的代理问题，等等。

2014 年，国务院印发《关于进一步优化企业兼并重组市场环境的意见》，明确了将兼并重组作为推动国企改革进程的重要举措，这意味着我国开启了新一轮国企改革。这一轮改革的一个重要特点是民营化与打破垄断同步进行，主要措施是在国有企业中大力引入社会资本（民间资本），加强政府与私人的合作，如目前在各地试行的 PPP 模式，以增强竞争性。PPP 模式是指，政府机构与私营部门之间进行合作，为其合作项目提供资金，可用于资助、建设和运营公共交通网络、保障性住房、公园、政府会议中心等。20 世纪 80 年代，英国为解决其保障性住房建设面临的财政拨款困难，最先提出了公私合作模式来筹集建设资金。此后，PPP 模式逐渐发展成为英美等发达国家和菲律宾等发展中国家用于解决基础设施等公共服务领域最普遍的项目融资模式（陈建伟、陈银娥，2016）。

政府与私人之间的合作关系（即 PPP 模式）实际上也是一种委托代理关系。由于双方之间的信息不对称，在 PPP 合约签订前，政府因掌握的信息不充分，有可能选择劣质企业而排除了优质企业，从而产生“逆向选择”问题；在 PPP 合同履行阶段，私营企业基于自身利益最大化的考虑，有可能损害作为委托人的公共部门的利益而产生“道德风险”问题。也就是说，委托代理理论可以用以分析 PPP 项目中政府规制及激励设计的必要性，并据此提出激励兼容方案。

三、新公共管理理论

20 世纪 70 年代以来，美国等主要发达国家出现了“滞涨”，财政赤字大幅度增加，“福利国家”难以为继，出现了一系列经济、政治和社会问题。而倡导“福利国家”的凯恩斯主义经济学对此难以在理论上做出合理解释并提出切实可行的办法。尤其是，经济的全球化趋势不断加强，信息技术的进步带来了社会结构的变革，新古典经济学所倡导的“经济自由主义”开始流行，并形成一种“新自由主义思潮”。西方发达国家开始对公共行政管理进行改革，推动了“新公共管理”运动①。

（一）新公共管理理论的主要内容

新公共管理（New Public Management，NPM）这一术语最早由政治学家克

① “新公共管理”运动始于 20 世纪 70 年代末 80 年代初，并在 90 年代席卷全球各国公共部门管理变革，又被称为“管理主义”“新公共管理”“以市场为基础的公共行政”“后官僚制典范”“企业型政府”。其核心是引入竞争机制，提高政府公共管理水平及公共服务质量。

里斯托弗·胡德（Hood，1991）提出，指的是通过使用私营部门规范和技术来纠正“旧”公共管理明显缺点的努力。公共部门推行的改革主要包括七个方面：实际操作的专业化管理，明确的业绩标准和衡量标准，产出控制与奖励激励相结合，提供公共服务单位的分散化，强调私营部门的管理方式，引入竞争机制，资源使用方面的纪律和节俭。此后，不同学者从不同角度，如基于新制度经济学视角或政府政策制定视角等，对新公共管理问题进行了研究。

目前理论界关于新公共管理概念界定还比较松散，其核心内容主要包括注重财务控制，提高效率；是一种命令执行和控制模式，即确定目标，监测业绩，并将权力移交给高级管理人员；引入专业财务审计，采用透明手段进行业绩考核，制定标准并用协议改善职业行为；以客户为导向，扩大非公共部门提供者的作用范围；放松劳动力市场监管；抑制自我监管权力，提高监管质量；鼓励更多的创业型管理；引入新的公司治理形式和董事会运作模式，加强组织的战略核心地位；等等。

在公共管理实践中，新公共管理的内容也发生了一些变化，主要包括在公共部门引入一种更加精细和进化的准市场体系；从层级管理向契约管理的转变中，在地方一级建立更分散或松散的公共部门组织；对战略核心、组织外围、市场和非战略职能外包等进行区分；机构扁平化和精简；引入如影响力管理、为组织创建网络、在组织之间创建战略联盟等新的管理理念；从标准化的服务形式转向更加灵活多样的服务形式等。

总的来看，新公共管理理论强调政府与公民社会的协商与合作，强调消费者主权，引入竞争机制，简化政府职能，重塑政府与公众之间的关系，提高公共服务效率及质量。其基本理念是强调政府部门管理权力下放，实行职业化管理；强调个人和机构的业绩，明确绩效标准，实行绩效评估；强调组织的使命或长远目标，实行项目预算与战略管理；强调公共物品和服务提供的多样化以及公民参与管理，实行回应性服务；建立分散化和小型化的公共服务机构，通过“一步式商店”（“一站式服务”）提高公共物品和服务供给的效率；引入新的公司治理形式，改造政府。总的来说，新公共管理是一种试图改革传统公共行政管理，使公共部门更有效率和提高政府效率的尝试，也是一种新的公共行政模式。

（二）新公共管理运动

20 世纪 80 年代以来，新公共管理作为一种减少政府作用、提高公共服务的提供质量和效率的全球性运动出现。西方发达国家开始了一场“改革政府”“重塑政府”的“新公共管理运动”，进行了多种形式的行政管理领域的改革。各国政府采取多种方式提供公共服务绩效，如一些国家将卫生、教育和福利服务等公共服务供给权力下放或私有化，并引入问责制以提高绩效（Kettl, 2000）；同时，将改革动力与治理结合起来，重构政府与公民社会之间的关系。英国、美国、荷兰等国家先后在公共部门管理领域进行了权力下放、业绩管理等改革。1979 年，英国首相撒切尔夫人上台后，为了提高公共部门服务效率，推行了一系列政府改革计划，主要包括精简政府机构、在公共部门引入市场机制，采用更多的商业管理手段来改革政府。1981 年，美国总统里根上台后大规模削减政府机构，减少公共服务支出及范围。1993 年，克林顿上台后继续精简政府机构，放松政府管制，“重塑政府”，强化市场导向的绩效管理，提高公共服务效率。荷兰在 20 世纪 80 年代初期开始了“社会更新活动”，对公共部门进行改革，如放松管制、裁员和精简机构、私有化等，同时引入市场机制，提倡和鼓励公民、社区等积极参加公共事务管理活动。这些国家的这些改革都具有明显的新公共管理特征。

公共管理领域的这些改革引发了公共管理领域研究范式的转变。各国在公共管理领域推行的新公共管理改革的核心是，基于经济的考虑，提高政府效率和效益，因而新公共管理改革又被称为“3E”改革即经济（economy）、效率（efficiency）和效益（effectiveness）改革。公共部门改革创新的方式主要包括更积极地使用技术，加强与外部的合作、沟通，采用更人性化的管理方法，关注公民的不满并对其诉求迅速回应等；同时，改革政府，使政府更简单、更精简、更灵活，变得更加透明和积极主动。

各国新公共管理改革的做法虽有一定差异，但有其共同点。其基本做法包括：一是对原有科层制为核心的公共行政制度进行重新审视和评估；二是充分利用经济学、管理学、行政学等所学科的理论和方法，从技术层面提高公共部门的绩效；三是重塑政府与市场、政府与社会的关系，提高公共部门内部效率及管理水平，提高公共部门对社会的反应程度，缩小公共部门与公众之间的距离。这些改革被认为有助于淡化特权，使原有行政体系的主体边缘化，进而防止行政权力的腐败；有利于增加行政行为的透明度，改变国家与社会、政府与市场的关系，建立一种以公共利益为中心的管理体制，兼顾管理行政中的公平与效率问题。

随着新公共管理运动的兴起，私人资本不断参与到公共管理中，而且其参与方式不断创新，PPP 逐渐成为提供公共物品的主要方式，并且也是新公共管理典型的政策工具，对重塑政府起着十分重要的作用。因而，新公共管理理论不仅可以为社会资本参与城乡基础设施建设提供理论依据，还可以不断创新参与方式，推动新公共管理理论的进一步发展及其实践。

四、基础设施投融资理论

随着理论界关于公共产品研究的不断深入，人们关于基础设施投资主体的认识也在不断深化。早期经济学家认为，基础设施作为公共产品应由政府提供，而政府失灵尤其是“福利国家”的危机，使人们开始反思政府干预特别是作为公共产品唯一提供者的合理性，一些新自由主义者对私人提供公共物品的可能性进行了探讨。20 世纪 80 年代以来，一些经济学家将市场竞争、商业化原则、民间资本参与等因素引入基础设施领域的研究，拓宽了基础设施投融资问题的研究，形成了基础设施投融资理论，其内容主要涉及融资主体及渠道、融资方式及影响因素等方面。

（一）基础设施投融资主体与渠道

20 世纪 70 年代末 80 年代初以来，随着新公共管理理论的兴起，人们开始重新审视基础设施等公共产品与服务的建设与运营中政府与市场的关系。许多学者从不同角度对基础设施建设与运营的投融资主体与渠道进行了理论研究，对各国基础设施建设与运营的实践产生了重要影响。

一般认为，发达国家的基础设施项目根据其性质可分为可收费项目和不收费项目，这两类项目有不同的融资主体和渠道。不可收费项目一般由政府通过税收、发行公债和借款等方式筹措资金来进行投资。可收费项目可由公用事业企业投资或政府投资。基础设施项目涉及政府、负责建设和管理的私营企业，以及提供融资的外部投资者等多方主体。私营企业需要激励措施来有效地执行和维持这些项目，政府部门有可能缺乏承诺，这一双重道德风险问题限制了外部投资者为基础设施项目提供资金的意愿。因此，基础设施融资需要政府对投资者的项目失败进行担保，同时将项目发展权捆绑给私营部门和投资者，同时对私营部门进行税收补贴等（Acharya，2020）。因而，基础设施融资方式主要有一般债务融资、银行借贷、税收和租金、用户收费等。

税收和政府借款是发展中国家基础设施投资的重要来源。这种融资方式使政府债务规模不断扩大、商业银行的融资风险增加，既制约了基础设施的发展，同时也不利于现代投融资体制的建立和完善。因此，发展中国家的基础设施投融资体制应综合考虑公共财政、私人债务和私人股本组合，逐步向以市场为基础的体制转变；同时，深化国内资本市场改革，多方筹措基础设施建设资金，如动员民间资本和外资进入，充分发挥社会投资者的作用。

（二）基础设施投融资模式

随着融资工具的不断创新，各种新型融资工具在基础设施融资中得到了很好的应用，学者们对此进行了较多的理论研究，如结合诸如数学建模等各种技术方法开发和创新金融产品以解决金融问题的研究，结合相关技术以多种不同的方式引导社会资本（包括民间资本、外资、各类企业的资金等）进入基础设施领域等的研究，这些研究直接推动了基础设施领域投融资模式的发展和创新。

目前，基础设施领域具有代表性且比较成熟的投融资方式主要有三种。一是债权模式，主要包括银行贷款、信托融资等；二是混合模式，主要有股权信托、可转换债券、融资租赁等；三是股权模式，具体包括项目融资（ABS、PFI、PPP）、专项基金等。

资产证券化（asset-backed securitization，ABS）是一种以项目所属的基础资产为抵押的金融投资，这些资产通常从贷款、租赁、信用卡余额或应收账款等债务中产生现金流。资产证券化以债券或票据的形式在一定期限内以固定利率支付收益。该融资方式的特点是风险小、成本低，且募集的建设资金期限长、规模大，比较适合于投资规模大、资金回报慢的基础设施项目，如电信、电力、供水、排污等领域项目。投资者如果主要以收益为目标，则资产证券也可以作为公司债券或债券基金等其他债务工具的替代品。21 世纪初期以来，资产证券化逐渐成为一种重要的融资工具而获得快速发展。私人融资活动或私人主动融资（private finance initiative，PFI）是指，政府部门基于社会对基础设施的需求，在 BOT 模式的基础上，通过招投标的方式将项目整体及其实施过程特许给私营部门，私营部门通过从政府部门或接受服务方收费的方式回收成本，并承担运营风险。该方式的特点是项目主体单一、管理方式开放、合同期满后项目经营权的处理方式灵活，因而逐渐成为一种新的基础设施投融资、建设和运营管理模式。公私合作关系（public-private partnership，PPP）是指，政府公共部门与私营部门在基础设施等公共服务领域进行合作，共担风险、共享利益、平等合作。该融资方式将市场机制引入基础设施领域，有利于政府转变职能，多方筹措基础设施建设资金，同时合作双方可以实现优势互补。尤其是，该模式突破了引入社会资本参与公共基础设施领域的多种限制，被认为是基础设施和公共服务提供的一种创新性制度安排，在各国得到广泛运用。因而，基础设施投融资理论，尤其是 PPP 理论，不仅是社会资本参与基础设施建设和运营的重要理论依据，而且对于促进我国基础设施民营化改革，促进 PPP 的进一步发展具有重要的意义。

第三章　社会资本参与基础设施建设与运营的机理分析

各国基础设施建设与运营的实践表明，政府作为基础设施等公共物品和服务唯一投资人的单一投资主体，越来越难以满足基础设施等准公共产品所需要的巨额资金投入，这种投融资体系的弊端日益凸显。正因为基础设施建设需要的资金量大，仅仅依赖私人投资，也会存在严重的不足。因此，在实践过程中，各国都积极引入社会资本，并将公私合作伙伴关系（PPP）视为一种比较理想的模式。在基础设施领域引入社会资本并采取公私合作方式，有利于将政府部门的宏观调控、社会责任、远景规划以及私人机构的民间资金和管理效率的优势都发挥出来，实现互赢。也就是说，社会资本参与基础设施建设与其资金需求特点有关，并且会受到诸多因素的影响。因而，本章从基础设施建设的资金需求特点入手，分析社会资本参与基础设施建设与运营的作用，探寻社会资本参与基础设施建设与运营的影响因素及其机理。

第一节　社会资本参与基础设施建设与运营的作用

基础设施按其用途不同，大致可以分为硬基础设施、关键基础设施和软基础设施等不同类型。硬基础设施主要包括道路、公路、桥梁及其运营所需的资本、公共交通、车辆、石油钻井平台等；关键基础设施包括住房和供暖、电信、公共卫生、农业等，这两类基础设施又称市场性基础设施。软基础设施主要包括卫生保健、金融机构、政府系统、执法和教育系统等，主要是指社会性基础设施。本书主要研究生产性基础设施，探讨社会资本参与基础设施建设与运营的作用。本节在论述基础设施投资供求特点时会涉及社会性基础设施，同时本书的其他部分也对社会性基础设施部分进行了专门讨论。

一、基础设施资金供求特点

基础设施作为一种准公共物品，其供给具有一定的非竞争性和非排他性，因而其使用不可避免会产生免费搭车行为。而基础设施的不可贸易性和整体不可分性又决定了基础设施投资具有其自身特征，具体体现在以下几个方面（陈银娥、叶爱华，2015）。

（一）基础设施投资需求量大

基础设施产品和服务的供应能力是一国城市化进程及水平的主要标志，因而在我国积极推行新型城镇化过程中必定要加强城乡基础设施建设。

新型城镇化伴随着大量人口向城市集中，城市新移民需要住房、教育、医疗和工作，这些公共服务需要有更多的投资；而新型城镇化要求集约、智能、绿色、低碳，实现生态、绿色、可持续发展，这些都需要投入大量资金。同时，需要采取多种措施，强化综合交通运输网络支撑等，由此带来的城镇基础设施建设投资支出约为21万亿元，年均新增资金需求为4.76万亿元。1978年以来，我国城镇常住人口不断增加，由1978年的1.7亿人增加到2021年的9.1425亿人，常住人口城镇化率从1978年的17.9%提升到2021年的64.72%[①]。根据国务院的人口长期规划，我国2030年的城镇化水平要达到70%，即我国城镇化率还需要提高5.28个百分点，平均每年提高0.59%左右。而我国基础设施建设相对较慢，赶不上城镇化发展，无论是城市设施水平还是基本公共服务都明显滞后于人口城镇化率。

从城市市政公用设施水平来看，截至2020年末，我国城市用水普及率为98.99%，比上年增加0.21个百分点；燃气普及率为97.87%，比上年增加0.58个百分点；城市集中供热面积988209万平方米，比上年增长6.4%；城市建成轨道交通线路长度为7597.94千米，比上年增长20.26%；城市污水处理率为97.53%，比上年增加0.72个百分点；人均公园绿地面积14.78平方米，比上年增加0.42平方米。总的来看，2020年末，我国城市用水普及率、

① 参见国家统计局，《中华人民共和国2021年国民经济和社会发展统计公报》，http://www.stats.gov.cn/tjsj/zxfb/202202/t20220227_1827960.html。

燃气普及率、城市建成轨道交通长度、城市污水处理率、人均绿地公园面积等均有所增长①。但与人口城镇化率的增长速度及其要求相比，这一增长速度难以满足城镇化发展的需要。

不同学者从不同角度测算了目前我国基础设施建设所需要的资金缺口。世界银行相关研究表明，发展中国家城镇基础设施建设投资支出应占 GDP 的3% ~ 5%，占全社会固定资产投资的 10% ~15%。2021 年，我国全年全社会固定资产投资、民间固定资产投资都有不同程度的增长，分别增长 552884 亿元、307659 亿元，比上年分别增长 4.9%、7.0%；基础设施投资和社会领域投资也在不断增长，分别增长 0.4% 和 10.7%②。我国基础设施投资占比虽然在世界银行界定的合理范围内，但投资内部结构失衡问题还比较突出，交通、水利、能源、信息、管网等领域仍然存在较大缺口，东西部基础设施水平差距较大，而且基础设施人均资本存量较低（为发达国家的 20% ~30%）③。

总之，从当前我国基础设施建设所需要的资金量来看，一方面，新型城镇化发展尤其是人口城镇化率的提高新增了对资金的巨大需求；另一方面，由于我国基础设施建设长期滞后，留下了一些需要弥补的历史欠账，从而增加了基础设施建设所需要的资金量，使其数量巨大。比如，2018 年全国城市市政公用设施固定资产投资 20123.2 亿元，县城（截至 2018 年末，全国共有 1537 个县）市政公用设施固定资产投资 3026 亿元，村镇建设（截至 2018 年末，全国共有建制镇 21297 个，乡 10253 个）总投资 18013 亿元，全年新增投资 36762.5 亿元。即使不弥补基础建设投资的历史欠账，每年按新增约 3.6 万亿元投资额计算，加上新增城镇人口年均财政支出 1.76 万亿 ~2.6 万亿元，每年需新增资金 5.36 万亿 ~6.2 万亿元④。而 2018 年我国一般公共预算收入 183352 亿元，全年一般公共预算支出 220906 亿元。近年来，我国公共预算收

① 参见住房和城乡建设部，《2020 年城乡建设统计年鉴》，http://www.mohurd.gov.cn/xytj/tjzljsxytjgb/index.html。

② 参见国家统计局，《中华人民共和国 2021 年国民经济和社会发展统计公报》，http://www.stats.gov.cn/tjsj/zxfb/202202/t20220227_1827960.html。

③ 参见《基础设施投资仍有巨大潜力》，载于《经济日报》，2018 年 5 月 17 日，http://www.ce.cn/xwzx/gnsz/gdxw/201805/17/t20180517_29158888.shtml。

④ 因政府债务还本付息的数据不全，所以未将债务及利息等相关数据计算在内。如要考虑此项支出，其数额将更大。

入虽然一直在增加，但公共预算支出也在增加，财政缺口不仅没有减少，还略有增加。例如，2021 年全年，全国一般公共预算收入为 202539 亿元，比上年增长 10.7%，全国一般公共预算支出 246322 亿元，比上年增长 0.3%。公共预算支出超过公共预算收入所形成的累计缺口越来越大。因此，基础设施建设与运营必须拓宽融资渠道，以弥补资金缺口。

（二）基础设施建设资金供求失衡

由前可知，我国基础设施建设所需资金缺口巨大，财政资金不足以弥补这一缺口。实际上，我国金融市场资金总供给比较充足。截至 2021 年末，广义货币供应量（M2）、狭义货币供应量（M1）、流通中货币（M0）较上年都有所增加，其余额分别为 238.3 万亿元、64.7 万亿元、9.1 万亿元，分别比上年末增长 9.0%、3.5%、7.7%。按可比口径计算的全年社会融资规模增量和存量分别为 31.4 万亿元、314.1 万亿元，与上年相比增量有所减少（少 3.4 万亿元），而存量增长 10.3%；年末全部金融机构本外币各项存款比年初增加 20.2 万亿元，余额为 238.6 万亿元，其中人民币各项存款增加 19.8 万亿元，其余额为 212.6 万亿元①。如果加上各类再融资，发行新股、各种债券、保险资金及其他形式的资金等，资金数量更多。一方面，我国基础设施建设资金严重不足；另一方面，金融市场上充足的资金难以顺利进入基础设施领域，这既有行政体制方面的障碍，也有政策不配套的原因，还有市场准入障碍等原因，其结果是基础设施建设所需资金供求难以实现有效匹配。

（三）基础设施建设投融资渠道少

为了弥补政府投资基础设施建设资金的不足，大多数国家的做法是放开基础设施投资市场，引导社会资本参与，多方筹措资金，实现投资主体多元化。当前，我国基础设施供给不足，以政府为主体的投融资模式效率低下，基础设施投融资方式单一、渠道狭窄，这些问题并没有得到有效解决，不仅制约了基础设施建设，而且成为新型城镇化的主要障碍。

近几年来，政府放开了部分基础设施领域并积极引导和鼓励社会资本进入，取得了一定成效。但是，由于基础设施建设项目所需资金量大、建设周期

---

① 参见国家统计局，《中华人民共和国 2021 年国民经济和社会发展统计公报》，http：//www.stats.gov.cn/tjsj/zxfb/202202/t20220227_1827960.html。

长、沉淀成本高、需求弹性小、资金回报率偏低，使许多企业不愿意进入。长期以来，我国基础设施领域融资渠道单一。银行一直是我国社会融资的主要力量，资本市场发育不完善且对间接融资高度依赖，债券市场不够成熟，机构投资者严重不足，各类基金（如社保基金、住房公积金等）进入基础设施领域的渠道缺乏，地方政府的投融资平台仍然起着主导作用。据统计，交通运输、邮政、水利、环境和公共设施管理等公用事业领域的私人固定资产投资占这些领域全部投资的比重均只有10%左右。

我国基础设施融资高度依赖间接融资，直接融资比重低。我国债券融资比重自2002年至今最大值仅为14.31%，股票融资比重最大值为7.26%，二者合计（即直接融资）比重最高也只有15.9%，近几年更是持续走低。2016年，直接融资比重只有13.11%①。在G20所有国家中，基础设施直接融资比重最低，与发达国家的差距大。例如，美国政府财政投资基础设施的资金占比只有5%～10%，主要靠债券融资，最主要的工具是市政债券，占比高达90%～95%。而我国市政债券融资（城投企业所发行的“准市政债券”）才刚刚起步，占GDP的比重不足2%，无法满足日益增长的基础设施建设资金需要。

另外，开发性金融对商业性金融的引导作用也十分有限。在新型城镇化过程中，单纯依赖某一类资金已不能满足其持续推进的需要，必须发挥开发性金融的“先锋、先导、先进”作用，调动各方资金共同参与城市基础设施建设，实现开发性金融的“以点带面”作用。但长期以来，开发性金融的这种引导作用不显著，重项目建设、轻市场和信用建设，导致以市场化方式实现政府目标的发展模式进展缓慢。一方面，城镇化建设项目一般所需资金量大、建设周期长、沉淀成本高、需求弹性小，这些特点都与商业性金融追求短期盈利的目标不吻合，直接导致金融机构对这些项目缺乏提供资金支持的动力。另一方面，农村市场的资金回报率偏低，导致金融机构对农村领域的各项投入偏少，直接表现是金融产品单一、金融服务落后，其后果是农村经济发展缓慢，而落后的农村经济又反过来阻碍了金融业的发展，从而形成了农村经济和农村金融发展不断恶化的格局。

目前，我国城市基础设施建设资金主要来源于土地财政，即通过出让土地

① 根据《中国统计年鉴》相关数据计算得出。

使用权所获得的资金。据统计，我国地方政府基础设施建设项目资金来源中，土地出让所获得的资金加上银行以土地、物业抵押贷款等获得的资金占比高达80%～90%。在我国城镇化及经济发展过程中，土地融资起到了独特作用，但也带来了诸多限制和风险。这是因为土地不可能无限供给，而且随着对土地需求的增加，土地价格不断上涨，导致融资成本上升，进而会增加基础设施建设资金需求；尤其是政府利益如果与土地结合会产生寻租与腐败行为，同时加大金融风险。因此，必须拓宽基础设施投融资渠道，推动直接融资金融创新。

二、社会资本在基础设施建设与运营中的作用

社会资本参与基础设施建设和运营的作用，依据参与的时间维度可以依次分为社会资本的短期参与、社会资本的中期参与、社会资本的中长期参与和社会资本的长期参与四个维度，从不同层面推动产业结构调整、产业结构升级、新型城镇化建设以及经济增长与城乡一体化，从而对推进城镇化进程和经济社会发展发挥积极的作用①。

（一）社会资本参与促进产业结构调整升级

从社会资本短期参与的维度来看，社会资本参与基础设施建设和运营对产业结构调整的影响显著。基础产业和基础设施是现代经济社会正常运行的基本保证和重要条件。国民经济产业发展所必需的能源、交通、水利等基础设施的建设与发展，对经济发展具有直接的拉动作用；基础设施的投资金额越大，投资周期越长，对相关产业的拉动效果越显著，基础设施投资的乘数效应比较大。社会资本投资基础设施建设和运营可以增加基础设施的存量，当社会资本的投入能够满足产业结构调整的需求时，社会资本的参与可以促进产业结构的调整和优化。当然，如果社会资本的投入不能满足产业结构调整和优化所需要的资金需求且成反比时，产业结构调整将受到影响并发生改变，甚至会偏离原来的目标。

从社会资本中期参与的维度来看，社会资本参与基础设施建设和运营对产业结构升级产生明显的效果。产业结构升级是在产业结构调整和优化到一定程

---

① 参见湖南省社科“为改革攻坚献策”重大项目“我省鼓励社会资本参与城乡基础设施建设和运营的政策与机制研究”（项目编号：14ZDA09）最终成果；以及陈银娥、王丹（2017）。

度后实现的，总是伴随着产业结构的调整和优化而实施推进，因此可将产业结构升级看作一种特殊的产业结构调整和优化过程。产业结构升级的关键是提高产业持续创新能力，而其背后的根本推动力则体现为要素和体制机制的双重转换。国际经验表明，一个国家或地区要真正确立产业竞争优势，应逐渐摒弃建立在低端劳动力、土地、一般性设备等初级要素禀赋上的比较优势，转而培育高素质的人力资源、现代化的基础设施等高级要素，并以此形成产业竞争优势。社会资本的逐利性、灵活性和高效性会促使其不断提高管理运营技能、更新生产技术，以达到自身利益最大化的目标。社会资本本身所具有的管理高效性与技术先进性能更好地提升现阶段基础设施建设的效率和质量，同时增加基础设施存量，进一步实现带动产业结构调整升级的作用。比如，社会资本通过调整对不同城市交通基础设施在不同领域投入资金的比例，即对城市的市政道路、港口、高速公路、轨道交通、停车场等领域的投资进行调整与侧重，也会相应地影响所投资城市的交通基础设施功能定位。例如，社会资本投入大量资金用于城市轨道交通的建设，将一定程度上改变城市居民的出行方式，同时也将对所投资城市的轨道交通地位的提升产生积极影响。

（二）社会资本参与助推新型城镇化建设

从社会资本中长期参与的维度来看，社会资本参与基础设施建设和运营可以助推新型城镇化建设。在新型城镇化建设过程中，大量人口的市民化、产业结构的转型升级，以及城市基础设施的更新改造与新建将会产生大量的资金需求，其中长期稳定的资金保障是积极稳妥地推进新型城镇化建设的必要条件。现阶段，资金供求不平衡是新型城镇化顺利推进的瓶颈（陈银娥、叶爱华，2015）。新型城镇化建设必须拓宽融资渠道，以弥补资金缺口。社会资本通过投资基础设施的建设和运营，能够有效满足城镇化建设和人口集聚的需求，满足城乡居民对更加宜居、更加智慧和更加幸福的现代城市生活的需求。随着基础设施建设的不断改善，城乡居民的生活质量及生态环境将逐步得到改善，从而进一步加快新型城镇化的进程并使新型城镇化进入健康发展轨道。城镇人口和用地规模的扩张必然影响基础设施的结构、数量和形态。这是因为社会资本的积极参与使公共服务领域的竞争性加强，从而使基础设施服务能力和运营管理水平不断提高。社会资本的参与若能使基础设施服务达到甚至优于原有的服务质量和水平，将会推进新型城镇化建设，逐步实现城乡基础设施一体化和公共服务的均等化。此外，由于每个城市或乡镇的地理环境、文化底蕴、经济基础等方面存在差异，各城市或乡镇的建设和发展功能定位也不相同。社会资本按照投资比例，对城市和乡镇的经济、教育、科学、文化、卫生、交通等领域或行业的投资进行调整和有所侧重，将会影响城乡基础功能的实现。

从社会资本长期参与的维度来看，社会资本参与城乡基础设施建设和运营可以促进经济增长与城乡经济的一体化发展。新型城镇化过程中，城乡基础设施建设不足会带来城乡发展、区域发展的不平衡。特别是，东部地区和中西部地区之间、城乡之间、城乡自身内部之间，城乡基础设施和公共服务仍然存在显著差异，其中东部地区基础设施发展总体水平高于中西部，中西部地区道路交通系统、生态环境系统发展相对较好，东部地区生态环境系统则较为完善。加快投融资体制改革，不断创新投融资模式，引入市场竞争机制，鼓励社会资本参与基础设施建设和运营，将为经济增长添加活力，成为稳定经济增长的重要因素。社会资本参与基础设施建设是我国基础设施领域投融资体制改革的重要体现。社会资本的投入将加大城乡基础设施供给力度，使城乡基础设施配置更加合理；提高城乡基础设施投资效益，促进基础设施建设的改革及制度创新，加快促进城乡基础设施建设的广度和深度；此外，还可以促进城乡基础设施领域公路建设、房屋建设等劳动密集型产业以及大型水电枢纽建设、通信设施建设等资本密集型产业对初级劳动力和技术人才的需求，创造大量的就业机会，间接带动与基础设施建设和运营有关的其他行业就业及技术进步，进一步推动城乡基础设施一体化和公共服务均等化。

综上所述，社会资本参与基础设施建设和运营的作用机理是，社会资本对基础设施的投入在短期内影响产业结构的调整，中期影响产业升级，进而在中长期内对城镇化和新农村建设的协调推进产生影响，最后在长期影响经济增长和城乡一体化发展水平。

第二节　社会资本参与基础设施建设与运营的影响机理

随着经济发展和社会进步，我国发达地区借鉴国外发展经验，逐渐引进公私合作伙伴关系这种利益互换的机制，使得投融资主体更加多元化，利益实现形式更为灵活。私营机构凭借体制、技术、管理及资金优势，进入城镇化建设，有效减少政府资金的大量投入，从而分散市场风险。例如，公私合作伙伴关系中政府公共部门通过特许权协议授权私营部门项目，私营部门进行项目设计、融资、建设、经营和维护，并在特许期内向该项目的使用者收取费用，获得报酬。政府政策的目标是促进基础设施服务供应的效率、公平和问责制。并不是所有的公共服务项目都可以授权私营部门经营，因而政府需要确定一些标准来确定各基础设施项目是否存在市场条件。这些标准包括商品或服务的性质；生产条件，即规模经济在多大程度上创造了自然垄断，是否存在会阻碍新供应商的高沉没成本，如果没有，则这种活动被称为“可竞争的”；生产中需要多大程度的协调才能提高效率；外部性和社会目标；用户需求特征，如特定种类服务替代品的存在。根据这些标准，政府可以判断将哪些基础设施项目授权给私营部门经营。一般来说，公共物品或准公共物品、自然垄断或具有高沉没成本的资本活动，如网络、干线设施的提供以及供水和卫生管道、港口设施等由公共部门提供；对于大多数低沉没成本资本的活动（如道路货运），可以引入市场竞争，交给私营部门经营，政府主要负责确保公平竞争。也就是说，对于市场竞争程度越强的基础设施项目，私人进入的可能性越大，更有可能采用公私合作；相反，市场竞争程度不强的基础设施项目，私人进入的可能性越小（Kessides，1993）。世界银行为此提出了基础设施可销售性评估理论，并据此判断公私合作的基础设施项目①。那么，社会资本参与基础设施建设与运营要受到哪些因素的影响？其主要影响因素有哪些？本节主要对此进行理论与实证分析。

一、社会资本参与基础设施建设与运营的影响因素②

社会资本参与基础设施建设和运营受基础设施的公共物品属性自身特性及

---

① 《1994年世界发展报告》提出了对不同类型基础设施评估和体制改革的政策建议，世界银行认为，产品可销售性越高，私人物品的属性就越强，私营部门提供的可能性就越大。世界银行选取竞争潜力、货物与服务的特征、以使用费弥补成本的潜力、公共服务义务和环境的外部因素五个指标做出了可销售性评价，最后给出了可销售性的综合评估值。

② 参见湖南省社科“为改革攻坚献策”重大项目“我省鼓励社会资本参与城乡基础设施建设和运营的政策与机制研究”（项目编号：14ZDA09）最终成果；以及陈银娥、王丹（2017）。

社会经济环境等因素的影响，影响因素主要包括以下几个方面。

（一）观念因素

由于基础设施具有公共物品属性，因而容易使人们产生一些认识上的误区。一些人认为，允许社会资本尤其是民间资本进入基础设施领域，进行适度竞争，将成为诱导基础设施项目转向经营性垄断行业的直接原因，并带来一些敏感的社会问题，如增加公众对基础设施的使用费用等；而且社会资本有着资本主体不够明确、资金流动性较大、资金无担保渠道等发展制约因素，容易导致公众对经营主体能否保障有效的社会供给、是否会出现垄断等问题的担忧。因而，基础设施项目应实行国家财政拨款投资建设和维护、政府垄断经营、不计成本赢利的发展模式。这些认识上的偏差及观念上的不适应无疑会影响各地政府吸引社会资本参与基础设施建设和运营的进程及其开放程度。

（二）体制机制因素

基础设施的建设和运营资金投入较大、回报周期较长，因而社会资本在要素资源配置、合作利润分配、融资模式及方式选择、有效话语权和管理权等方面，需要优化市场准入的审批机制，完善政府投资管理体制监管机制；建立健全社会资本进入机制及国有资本退出机制；构建政府与企业的协调合作机制，引入竞争机制、加快重点垄断行业和领域的开放；等等。目前，我国社会资本参与基础设施建设和运营的基本方式是特许经营权，投融资实行项目审批制度，但项目投资审批制度不健全，存在行政审批前置、中介服务不够规范、市场监管不够完善等现象，同时基础设施用户使用收费制度不完善，难以成为吸引社会资本投资的制度保障。社会资本参与基础设施建设和运营相关配套政策及制度的不完善或缺乏使投资者有特许权，却无相应的特许制度，存在较高的政策性及制度风险。

（三）技术因素

基础设施属性可分为经营性、准经营性和非经营性三类，但其区分并不是绝对的，通常会随着技术因素的变化而改变。例如，燃气表、水表、电表、有线电视等计费装置的广泛运用将增强基础设施的可排他性，减少偷水、偷电等违规行为。而科技进步可以改变基础设施的属性，如使基础设施的自然垄断性和排他性属性降低，同时使其经营性属性提高，从而增强基础设施市场化融资的可能性，进而为社会资本参与基础设施建设和运营提供充分条件，因而技术是影响社会资本参与基础设施建设与运营的一个硬性制约因素。

另外，基础设施建设和运营的产业链较长，从投资、建设、运营、管理到资本回收，周期较长，需要有稳定的专业人才和健全的管理制度作为支撑。由于我国民营企业经济实力和风险抵抗能力受到限制，其对基础设施的投资可能会出现随意性和非持续性，从而制约了社会资本参与基础设施建设和运营的规模和效果。

二、影响基础设施发展因素的实证分析

影响基础设施建设与运营的因素很多，各地基础设施建设水平及规模呈现出较大差异。要明确影响基础设施建设及发展的主要因素或关键因素，探明基础设施差异发展的驱动机制很有必要。城市基础设施建设与城市经济密切相关，根据城市经济理论，国家经济发展政策、经济发展能力与经济的外向性影响城市的整体发展水平，因而基础设施建设也受这些因素的影响。在计划经济时代，政府负责基础设施建设的全部环节，不仅包括规划与投资，还包揽经营管理等环节，实质上政府是唯一的投资主体。随着社会进步，我国逐渐受欧美发达国家的影响，效仿其对基础设施建设进行市场化改革，并实施投资主体多元化政策。近年来，国外资金也开始逐渐进入我国水电、能源等经营性基础设施建设领域。与此同时，基础设施的发展与地区经济发展水平密切相关。由此可见，政府、市场、开放性及内在经济发展都将影响基础设施发展建设水平，也就是基础设施发展具有系统性、概括性、抽象性的驱动机制，其影响机制主要包括政府机制、市场机制、外部机制和内在机制等（郑思齐等，2014）。本部分主要采用各省份 2009 ~ 2019 年面板数据来探讨这些因素对基础设施发展水平的影响①。

（一）变量选取与数据来源

为将抽象变量进行具体化，选取合理的代理变量分别表示上述抽象性驱动

---

① 参见湖南省社科“为改革攻坚献策”重大项目“我省鼓励社会资本参与城乡基础设施建设和运营的政策与机制研究”（项目编号：14ZDA09）最终成果；以及陈银娥、孙琼（2016）。

机制。本部分实证研究数据包括2009～2019年11年的时间序列31个截面单元，共计341个样本观测值，相关数据根据2009～2019年的《中国统计年鉴》和《中国城市统计年鉴》整理得到；为消除通胀因素的影响，以2000年为基期，对原始数据进行平减处理。

1. 政府机制

由于地方财政能力有限，如果基础设施的投资资金全部来源于政府，地方政府则无法提供充足和持续的资金，容易导致地方政府“债台高筑”。目前，部分地方政府通过财政收入、“土地融资”和“债务融资”等途径进行基础设施建设融资。本部分采用各省份政府支出总额（*gov*）表示政府机制，主要包括国家财政预算资金、国内贷款与自筹资金三方面的资金来源。

2. 市场机制

自2014年开始，我国政府鼓励并允许社会资本通过特许经营等方式参与基础设施领域的项目，因而可以用社会资本或民间资本表示市场机制。本部分采用民间资本投资总额（*ngc*）表示市场机制。

3. 外部机制

随着全球经济一体化，越来越多的外资被引进基础设施建设和运营领域，外商直接投资在我国城市经济发展中起着越来越重要的作用。本部分采用固定投资中的外商直接投资总额（*fdi*）表示外部机制。

4. 内在机制

地区经济发展程度不同，对基础设施建设的影响不同。经济越发达的地方，更容易吸引资金，投入基础设施建设的资金也越多，而基础设施水平的提升也能带动地区经济的发展，二者相互影响。本部分采用人均国内生产总值（*cgdp*）表示内在机制。

（二）模型设立与估计

根据理论假设，解释变量分别为各省政府支出总额（*gov*）、民间资本投资总额（*ngc*）、固定投资中外商直接投资总额（*fdi*）、人均国内生产总值（*cgdp*）等代理变量，被解释变量为基础设施发展水平（*perf*）。为消除异方差并保持数据的平稳性，将面板回归模型设立为以下对数形式：

$$\ln perf_{it} = \beta_0 + \beta_1 \ln gov_{it} + \beta_2 \ln ngc_{it} + \beta_3 \ln fdi_{it} + \beta_4 \ln cgdp_{it} + \varepsilon_{it} \quad (3.1)$$

式（3.1）中，i 代表面板数据中的省份，$i=1,2,\cdots,30$；t 代表面板中的年份，$t=2008,2009,\cdots,2018$；β_0、β_1、β_2、β_3、β_4分别为各变量的系数；$perf_{it}$为被解释变量，代表第 i 个省份第 t 年的基础设施发展水平综合得分；gov_{it}、ngc_{it}、fdt_{it}、$cgdp_{it}$分别为第 i 个省份第 t 年的政府支出总额、民间资本投资总额、外商直接投资总额和人均国内生产总值，ε_{it}为随机误差项。相关变量说明及描述性统计如表 3-1 所示①。

表 3-1　　变量说明与描述性统计

变量类型	变量名称	变量符号	样本数量	均值	中位数	最大值	最小值	标准差
被解释变量	基础设施发展水平综合得分	*perf*	341	-1.037	-1.015	-0.369	-1.879	0.264
解释变量	政府支出总额	*gov*	341	9.040	9.176	10.869	5.816	0.971
	民间资本投资总额	*ngc*	341	8.721	8.826	10.756	4.686	1.138
	外商直接投资总额	*fdi*	341	4.905	5.317	7.818	-3.507	1.728
	人均国内生产总值	*cgdp*	341	9.787	9.877	11.851	5.981	1.139

本部分采用面板数据，运用 Hausman 检验、F 检验和 LR 检验统计量等具体的检验方法对估计形式进行检验，以判断模型参数估计的有效性。根据全国面板数据进行回归发现，Hausman 检验的检验统计量为 99.007220，伴随概率为 0。这说明拒绝随机效应模型与固定效应模型不存在系统差异的原假设，可采用固定效应模型进行估计。分区域面板数据依此分别进行回归和检验，估计结果如表 3-2 所示。

① 式（3.1）中存在滞后一期被解释变量作为解释变量的情况，也就是说，由于一些影响基础设施水平的因素与基础设施发展水平之间存在互为因果关系，如基础设施发展与经济增长之间相互影响，因而模型会产生内生性问题。本书因而也采用自回归（AR）检验和 Sargan 检验进行了分析。结果表明，扰动项不存在二阶自相关且所有工具变量均有效，Sargan 检验（p 值大于 0.1）显著拒绝了工具变量过度识别问题，因而采用面板数据估计是有效的。

表 3-2　我国基础设施发展驱动机制的面板数据估计结果

变量	全国	东部	中部	西部
c	-2.742710*** (-24.33749)	-2.001610*** (-13.38370)	-3.509993*** (-12.60926)	-3.257142*** (-17.91354)
ln*gov*	-0.030470 (-0.803009)	-0.170206*** (-3.354671)	0.008217 (0.090737)	0.020759 (0.299099)
ln*ngc*	0.206841*** (5.782429)	0.324961*** (6.495503)	0.170535* (1.906026)	0.214308*** (3.420690)
ln*fdi*	-0.007812 (-1.146401)	-0.031246* (-1.668670)	-0.041349* (-1.833181)	-0.004027 (-0.412346)
ln*cgdp*	0.022049*** (2.876016)	0.0000883 (0.008132)	0.098031*** (3.828895)	0.019766 (1.603000)
F 检验	79.14241	76.53515	43.70754	29.27414
Hausman 检验	99.007220	31.766042	0	35.440381
采取模型	固定效应模型	固定效应模型	随机效应模型	固定效应模型
R^2	0.897893	0.909978	0.678083	0.791033
rho	0.9070	0.8547	0.8404	0.9240
obs	341	121	88	132

注：***、**和*分别表示在1%、5%和10%的水平上显著，括号中为该系数估计值的 t 统计值。数据主要来源于《中国统计年鉴》《中国城市统计年鉴》，以及各省（区、市）统计年鉴。

（三）估计结果分析

由上可以看出，全国以及东部、西部两大地区的模型可决系数都较高，F 值足够大，模型的拟合优度较好，模型整体通过检验。具体来说，可以得出以下结论。

第一，民间资本投资额所代表的市场机制对我国基础设施建设及发展具有关键作用。研究结果显示，民间投资的影响系数为 0.207，对基础设施建设显著为正，影响非常突出。这表明民间资本的引入产生了较强的驱动力，刺激了市场的效率与活力，对基础设施的发展水平有显著的促进作用，而且还将进一步提高资金利用效率。

第二，政府支出总额所代表的政府机制对我国基础设施的影响呈现出一定的差异。政府支出总额每增加1%，中部和西部基础设施水平可分别提高0.82%和2.08%，而全国和东部基础设施水平则分别降低3.05%和17.02%。这说明，如果将国家财政支出作为唯一的基础设施建设资金来源，基础设施建设资金的巨大需求将可能导致财政赤字，政府不得不通过举债来进行融资，这又会挤占民间资本及外商直接投资，在一定程度上抑制基础设施的发展。

第三，外部机制在不同时期对基础设施建设影响存在一定差异。2014年以前，外部机制能够带来大量的资金、技术和经验支持，其影响也较为显著。从2000~2014年的回归结果来看，外部机制的影响系数为0.0223。这说明外资投入每增加1%，基础设施发展水平可提高2.23%。而2009~2019年的回归结果显示，外部机制的影响系数为-0.0078，说明外资投入每增加1%，基础设施发展水平将降低0.78%。

第四，基础设施发展水平与经济发展水平呈显著正相关关系。经济发展水平越好的地区，基础设施发展水平也越高，经济发展对基础设施建设有正向激励作用。

第五，四大驱动机制对东部、中部、西部基础设施建设的影响具有地域性差异特征。东部地区影响系数高达0.3250，是基础设施建设的最主要驱动力，民间资本是东部地区基础设施发展的主要驱动力，而政府机制的负向作用较为显著，影响系数为-0.1702。这说明东部发达地区日益完善的市场机制对政府机制产生正向的“挤出效应”。中部、西部地区基础设施发展动力主要来自市场机制和内在机制，市场起主导作用，主要依赖民间资本投资，影响系数分别为0.1705和0.2143，低于东部地区。这说明中部、西部地区的市场化程度与东部相比还有一定的差距。内在机制对中部基础设施建设的影响较大，影响系数为0.0980，高于其他地区。这主要是由于中部地区以“中部地区崛起”战略为契机，充分利用国家的优惠政策，大力发展经济，从而大大提升了基础设施建设发展水平。

上述对影响基础设施发展因素的实证分析结果表明，社会资本参与基础设施建设运营会受到基础设施作为公共物品的特性及社会经济环境等多方面因素的影响。其中，市场机制对我国基础设施建设及发展具有关键作用，其他因素的影响也较为显著，经济发展对基础设施建设有正向激励作用。这一实证分析结果与前文理论分析的结论一致。

第四章　中国城乡基础设施水平的综合测度

从当前各国基础设施建设的运营实践来分析社会资本参与基础设施建设和运营是主要方式及趋势。我国中央政府于2013年正式提出要大力引进社会资本参与基础设施建设与运营后，首先在城市展开试点。2016年中央一号文件指出我国将全面实行农业供给侧改革战略，基础设施建设的重点从城市开始向乡村转移。经过多年的建设与发展，我国城乡基础设施得到了极大改善，但也暴露出一些问题。比如，我国城乡基础设施建设缺乏整体统一规划，有些仅从单一结构或功能上进行设计和布局，导致整个系统内部各功能之间协同作用无法达到理想状态，系统整体效能不佳等。这些问题的存在严重阻碍了城乡社会经济的可持续发展。因此，在开展城乡基础设施建设的前期应当做好充分的准备工作，借助科学的评估与规划系统，对某一地区目前所处的情况和各功能的水平进行全面评价，通过对各项指标的测算和分析，实时监测该地区在推动城乡基础设施建设的过程是否存在问题，或者在未来一段时间内是否存在潜在问题，从而快速地做出应对决策，以确保整个基础设施建设项目能够有序进行。因而，本章主要对我国城乡基础设施水平及城市交通基础设施水平进行综合测度并分析其总体特征及区域特征，以期为社会资本参与基础设施建设和运营提供决策依据。

第一节　中国城乡基础设施水平评价指标体系的构建

对我国城乡基础设施发展水平进行综合测度，必须首先构建一套指标体系，并据此进行测算（陈银娥、孙琼，2016）。

一、评价指标体系的设计原则

结合当前学术界已有的研究成果，根据基础设施评价与规划系统中指标设定的基本要求，城乡基础设施建设水平评价指标体系的构建应该坚持以下基本原则。

第一，坚持可靠性和可行性的统一。指标具有可靠性，这不仅意味着指标定义应明确清晰，而且表明指标选取应科学合理，具有一定的代表作用，能够反映出城乡基础设施建设水平的真实状态。换言之，可靠性是整个指标体系构建中最基本的原则。与此同时，在指标的选取上还应当遵循可行性原则，尽量使用一些能够测算和容易被理解的指标，通过计算后所获得的数据和结果具有实用性特征，可以被直接使用或者二次利用。

第二，坚持全局性与协同性的统一。研究表明，城乡基础设施建设涉及庞大的系统，内部各项子系统既能够独立运行，又相互协同，这是一项复杂的项目系统工程。因此，在选择评价指标时，应当具有全局的观念，尽可能将不同维度的子项目考虑进去，体系中的指标除了需要斟酌整体系统性外，还要能够反映各子系统之间的层次，这样才能全面测算城乡基础设施建设的水平。

第三，坚持综合性和关键性的统一。指标的选取既要覆盖普遍存在的基本问题，又要有相应的侧重点，因此尽可能不要遗漏一些重要指标，这不仅能够帮助决策者从评价结果中了解和掌握更全面的信息，而且有利于提高日常操作和实际应用的有效性。

二、评价指标的构建

根据上述原则，结合国内外专业的研究报告、学术界的研究成果以及城乡基础设施建设现状，从以下五个维度构建我国基础设施水平测度的指标体系。

第一，水资源和供排水设施。水资源是一项重要的自然资源，容易被污染，且净化成本高，因此在城乡基础设施建设中应当重视水资源的保护。在评价系统中，可以导入该地区水资源现状的数据（如供水管道密度、排水管道密度、年供水总量、用水普及率等），以分析该地区水资源和供排水设施的实际状况。

第二，能源动力设施。能源的稳定供给能够确保该地区用于生产和服务的企业顺利开展经营活动。无论是传统型能源，还是新型的绿色环保能源，都是经济发展的基础和原动力，因此能源供应绝对是城乡基础设施建设的重点考核内容。本部分主要从年供气总量、年供电量、供气管道密度和管道燃气普及率来考察城乡能源动力设施建设水平。

第三，道路交通设施。道路基础设施是构筑现代化便捷网络的重要内容。加快城乡道路交通基础设施不仅能够确保企业正常的生产运营、促进资源的自由流动，而且可以改善居民生活环境条件、提升生活质量。本部分主要从人均道路面积、路网密度、运营线路网密度、每万人拥有公交车数量、年公共交通客运总量来对城乡道路交通设施建设水平进行测量。

第四，邮电通信设施。随着邮电通信业的发展，信息化建设不断提高，服务内容逐步向多样化、多层次发展，这不仅推动了城乡基础设施建设水平的逐步提高，而且带动了地区经济的快速发展。在指标选择上，本部分主要选取了电话普及率、互联网普及率、年电信业务量和每万人拥有邮政局数（处）。

第五，生态环境设施。近年来，国际社会和我国政府均纷纷提出节能环保的概念，发展低碳经济、绿色保护型经济势在必行。因此，城乡基础设施建设应当基于可持续发展的原则，把生态文明建设放在突出地位，实现资源利用的最优效应。基于此，本部分主要从生活垃圾无害化处理率、每万人拥有公厕数、污水日处理能力、人均公园绿地面积和建成区绿化覆盖率来分析生态环境设施。

上述五大类一级指标及其所包含的二级指标体系如表 4 – 1 所示。

表 4 – 1　中国城乡基础设施建设水平评价指标体系

<table>
<tr><th>目标层</th><th>系统层</th><th>指标层</th><th>单位</th></tr>
<tr><td rowspan="8">城乡基础设施建设水平</td><td rowspan="4">水资源和供排水设施</td><td>供水管道密度</td><td>千米/平方千米</td></tr>
<tr><td>排水管道密度</td><td>千米/平方千米</td></tr>
<tr><td>年供水总量</td><td>万立方米</td></tr>
<tr><td>用水普及率</td><td>%</td></tr>
<tr><td rowspan="4">能源动力设施</td><td>年供气总量</td><td>万立方米</td></tr>
<tr><td>年供电量</td><td>亿千瓦·时</td></tr>
<tr><td>供气管道密度</td><td>千米/平方千米</td></tr>
<tr><td>管道燃气普及率</td><td>%</td></tr>
</table>

续表

目标层	系统层	指标层	单位
城乡基础设施建设水平	道路交通设施	人均道路面积	平方米
		路网密度	千米/平方千米
		运营线路网密度	千米/平方千米
		每万人拥有公交车数量	标台
		年公共交通客运总量	万人次
	邮电通信设施	电话普及率	部/百人
		互联网普及率	%
		年电信业务量	亿元
		每万人拥有邮政局数	处
	生态环境设施	生活垃圾无害化处理率	%
		每万人拥有公厕数	座
		污水日处理能力	万立方米/日
		人均公园绿地面积	平方米
		建成区绿化覆盖率	%

第二节　中国城乡基础设施水平评价指标体系的测算

根据上述指标体系对中国城乡基础设施发展水平进行测算，还需要确定各指标的权重系数，然后测算中国城乡基础设施发展水平的总体特征及各区域特征。

一、权重系数的确定

权重，简单来说就是评价体系中涉及的各项指标在统计和测量时所取的比重，权重设置对整个评价体系十分关键。也就是说，当我们对于同样的指标设定不同的权重系数时，其计算出来的结果也会有所不同。学术界大多采用主观赋权法和客观赋权法两种方法来设定权重。主管赋值法主要是以主观经验作为判断依据，或者由具有较高水平的专家进行评价。通常来说，主观类方法更偏向于定性的考核。不同于主观赋权法，客观赋权法主要是找出各项指标间可能存在的内部关联，通过统计分析，对各项指标权重进行定量评价。考虑到分析方法的公平性，并借鉴国内外学者的研究成果，本部分利用熵值法进行测算。

熵这一术语最早源于热力学，一般认为能够表明系统内部的混乱程度。经过多年的发展与调整，熵已经被广泛应用于对社会经济现象的分析，尤其侧重于对可持续发展领域的研究。在信息论中，熵用来测量信息传输（如代码或语言）系统的效率，等于从同一组符号中选择可以发送的不同信息数量的对数，从而表示任何一个信息可以解决的初始不确定性程度。也就是说，熵与信息之间存在一定关系，其绝对值相等，但从符号来看，两者恰好是相反的。比如，在公式 $X=\{x_{ij}\}_{n\times m}$ 中，数据的离散程度与信息熵呈现负相关，数据的离散程度越大，信息熵越小，其提供的信息量越多，所设定的权重越大。总的来说，本部分通过判断不同指标的离散程度，用信息熵来测算各评价指标的权重，进而对中国城乡基础设施建设水平进行综合评估。

熵权的计算包括三个主要步骤：一是根据原始数据建立评价矩阵；二是对矩阵数据进行标准化和归一化处理；三是计算各评价指标的熵值，再根据熵值确定出权重。假设评价对象为 m 个，评价指标为 n 个，评价对象 D_i 对评价指标 P_j 的指标值为 $x_{ij}(i=1,2,\cdots,m;j=1,2,\cdots,n)$，$X=(x_{ij})m\times n$ 即为依据数据所建立的评价矩阵。为便于指标数据在同一量纲和单位进行熵权计算，需要将指标中的数据进行标准值化处理，并在标准化之前对数据进行非负化处理，最后计算指标得分并据此测算基础设施水平。具体如下：

第一步，原始数据标准化：

$$y_{ij}=\begin{cases}\dfrac{x_{ij}-\min\{x_{ij}\}}{\max\{x_{ij}\}-\min\{x_{ij}\}}(i=1,2,\cdots,n;\ j=1,2,\cdots,m,\text{正向指标})\\[2ex]\dfrac{\max\{x_{ij}\}-x_{ij}}{\max\{x_{ij}\}-\min\{x_{ij}\}}(i=1,2,\cdots,n;\ j=1,2,\cdots,m,\text{逆向指标})\end{cases}\tag{4.1}$$

其中，x_{ij} 为第 i 个样本、j 项指标的原始数值。

第二步，将各指标同度量化：通过式（4.1）转化公式可得到标准化矩阵 $Y=(y_{ij})m\times n$，对矩阵按例经过归一化处理后可得到一个新的矩阵 $P=(P_{ij})m\times n$，其中：

$$p_{ij} = y_{ij} / \sum_{i=1}^{n} y_{ij} \tag{4.2}$$

第三步，计算第 j 项指标熵值：

$$e_j = -k \sum_{i=1}^{n} p_{ij} \ln(p_{ij}) \tag{4.3}$$

其中，$k = 1/\ln(n)$，$e_j \geqslant 0$。

第四步，计算第 j 项指标的差异系数：

$$g_j = 1 - e_j \tag{4.4}$$

第五步，计算第 j 项指标的权重：

$$w_j = g_j / \sum_{j=1}^{m} g_j \tag{4.5}$$

第六步，计算 i 地区的城乡基础设施建设水平：

$$Z_i = \sum_{j=1}^{m} w_j y_{ij} \tag{4.6}$$

根据上述计算步骤，本部分选取中国 31 个省（区、市）为测算样本，样本考察期为 2008 ~2018 年。基础设施发展水平评价指标体系所涵盖的指标数据来源于 2009 ~2019 年《中国统计年鉴》《中国城市统计年鉴》《中国城市建设统计年鉴》，某些省份个别年份缺失的数据采用插值法补齐。对 2008 ~2018 年中国城乡基础设施建设水平评价指标体系的数据进行相关处理后，根据熵值赋权法计算得出各一级指标和二级指标权重（见表 4 –2），形成的权重结构可以反映基础设施发展水平各层级指标对其综合水平评价的贡献大小。

由表 4 –2 可以看出，各一级指标的平均权重分别为 0.1741、0.1859、0.2267、0.1934 和 0.2199。其中，道路交通设施权重值最大，生态环境设施次之。这意味着 2008 ~2019 年道路交通设施及生态环境设施对我国基础设施发展水平有至关重要的影响。此外，邮电通信系统、能源动力设施、水资源和供排水设施对基础设施发展水平也有较大影响。这是因为，伴随公路、铁路、高速公路及高速铁路基础设施建设和运营，城市间可达性大大提高，进而带来城市经济辐射能力、城市间联系度和城市间差异度的提高（刘辉等，2013）。同时，在生态文明建设和经济高质量发展的双重政策背景下，生态环境设施对基础设施发展水平的影响也比较显著。在二级指标中，每万人拥有邮政局数、年供气总量、互联网普及率、运营线路网密度、人均公园绿地面积、年供电量、供气管道密度的权重均值排名居前且都大于0.46，说明这些指标对基础设施发展水平的影响比较显著。

表4-2 中国城乡基础设施建设水平评价指标及权重

目标层	一级指标		二级指标	
	系统层	权重	指标层	权重
城乡基础设施建设水平	水资源和供排水设施	0.1741	供水管道密度（千米/平方千米）	0.0435
			排水管道密度（千米/平方千米）	0.0447
			年供水总量（万立方米）	0.0440
			用水普及率（%）	0.0419
	能源动力设施	0.1859	年供气总量（万立方米）	0.0513
			年供电量（亿千瓦·时）	0.0464
			供气管道密度（千米/平方千米）	0.0464
			管道燃气普及率（%）	0.0418
	道路交通设施	0.2267	人均道路面积（平方米）	0.0448
			路网密度（千米/平方千米）	0.0442
			运营线路网密度（千米/平方千米）	0.0479
			每万人拥有公交车数量（标台）	0.0455
			年公共交通客运总量（万人次）	0.0443
	邮电通信设施	0.1934	电话普及率（部/百人）	0.0458
			互联网普及率（%）	0.0487
			年电信业务量（亿元）	0.0441
			邮政局分布密度（处/平方千米）	0.0549
城乡基础设施建设水平	生态环境设施	0.2199	生活垃圾无害化处理率（%）	0.0450
			每万人拥有公厕数（座）	0.0404
			污水日处理能力（万立方米/日）	0.0453

续表

目标层	一级指标		二级指标	
	系统层	权重	指标层	权重
城乡基础设施建设水平	生态环境设施	0.2199	人均公园绿地面积（平方米）	0.0466
			建成区绿化覆盖率（%）	0.0426

注：城市供水管道密度=城市供水管道长度/建成区面积，排水管道密度=城市排水管道长度/建成区面积，供气管道密度=人工煤气、液化石油气和天然气的供气管道长度/建成区面积，路网密度=城市道路长度/市区面积，运营线路网密度=城市运营线路总长度/市区面积。

二、中国城乡基础设施建设水平的总体特征

根据熵值法的基本运算步骤，计算2008~2018年中国31个省份城市基础设施发展水平的综合测度值，结果见表4-3。从表4-3可知，我国城乡基础设施建设水平呈现出以下总体特征。

第一，城乡基础设施建设总体水平呈上升趋势，但总体水平仍偏低。2008~2018年，我国31个省份城乡基础设施水平综合得分分别为0.0610、0.0662、0.0724、0.0759、0.0793、0.0846、0.0872、0.0901、0.0923、0.0972、0.1017，呈现出不断上升趋势，年增长率则先上升后下降。而同期我国GDP增长率分别为9.6%、9.2%、10.4%、9.3%、7.9%、7.8%、7.3%、6.9%、6.7%、6.8%、6.6%①。由此可见，我国基础设施的发展主要得益于经济的持续增长。世界银行“发展指标体系”（World Development Indicator）往往将一国基础设施发展水平作为衡量其经济增长潜力的重要指标（World Bank，1994）。基础设施的发展与经济增长之间存在较强的相关关系，基础设施的发展可以进一步推动经济增长，而经济增长反过来又需要更高的基础设施水平作为支撑。基础设施体系对城市发展具有规模效应、集聚效应和辐射效应，随着社会经济的不断发展，这些作用会越来越明显。基础设施体系与经济系统互促共进，对各地区资源配置效率及生产效率有着显著的激励作用。

---

① 参见国家统计局，《中华人民共和国2018年国民经济和社会发展统计公报》，http：//www.stats.gov.cn/tjsj/zxfb/201902/t20190228_1651265.html。

第二，道路交通设施发展水平较高。这表现在我国城乡基础设施水平综合得分中，其中道路交通设施的得分值各年均较高。究其原因，一是国家鼓励并支持大城市和主要经济带大力发展地铁、高铁等便捷的城乡轨道交通。目前，以地铁为主的出行方式在城乡道路交通中发挥着骨干作用，拉动了城乡道路交通及其关联产业的共同发展；二是各级地方政府逐步发展调度中心、停车场、首末公交站等大容量地面公共交通，不断完善城乡相关的配套服务，满足居民需求；三是近几年我国不断完善城乡道路网络系统，提高城乡道路网络连通性和可达性等，这些都极大地提升了城乡基础设施水平。

第三，其他系统层的得分也基本呈现出上升趋势。其原因在于：一是水资源和供排水设施供给有关部门不断提升水务水平，强化运行管理，优化水资源保护系统；二是政府及相关部门加大了优质能源基础设施投资的力度，提高了能源使用效率，获得了较好的经济效益，同时也增加了社会效益，保证了国家或地区社会经济活动的正常运行；三是随着科技知识的日益创新和信息技术的转化应用，我国通信技术手段快速升级，邮电通信设施建设水平不断提高；四是各级政府及相关部门越来越重视生态环境保护，更多地从低碳经济和绿色环保的视角出发，加大对生态环境设施的投资，推动生态文明建设等。

表 4-3　　2008~2018 年中国城乡基础设施建设水平的综合测度值

系统层	2008年	2009年	2010年	2011年	2012年	2013年	2014年	2015年	2016年	2017年	2018年
水资源和供排水设施	0.0150	0.0157	0.0162	0.0165	0.0166	0.0173	0.0175	0.0178	0.0179	0.0186	0.0189
能源动力设施	0.0122	0.0129	0.0135	0.0145	0.0148	0.0163	0.0160	0.0166	0.0171	0.0178	0.0186
道路交通设施	0.0107	0.0115	0.0134	0.0145	0.0154	0.0161	0.0168	0.0171	0.0176	0.0185	0.0189
邮电通信设施	0.0069	0.0085	0.0102	0.0104	0.0119	0.0134	0.0143	0.0157	0.0163	0.0182	0.0205
生态环境设施	0.0162	0.0177	0.0191	0.0199	0.0207	0.0215	0.0225	0.0228	0.0233	0.0241	0.0248
综合值	0.0610	0.0662	0.0724	0.0759	0.0793	0.0846	0.0872	0.0901	0.0923	0.0972	0.1017

三、中国城乡基础设施建设水平的省域特征

根据熵值法的基本运算步骤，测算 2008~2018 年我国 31 个省份城市基础

设施发展水平各指标的评价值，结果见表4－4。由表4－4可以看出，我国城乡基础设施水平具有以下省域特征。

第一，从空间分布视角来看，各省域的城乡基础设施建设水平呈现明显的不平衡现象。排名前十位的地区依次是广东、江苏、浙江、北京、山东、上海、天津、福建、河北和陕西，其中前九位均分布在长三角、珠三角和环渤海经济带，这充分说明了省域经济发展水平与城乡基础设施建设水平之间存在密切的关联性。这三大经济带在我国经济高质量发展过程中优势越来越明显，而且在城乡基础设施建设中的竞争力不断增强。

第二，在全国各大城市中，广东、江苏、浙江综合排名靠前。具体来看，在城乡基础设施建设水平综合排名中，广东得分最高。近年来，广东一直在加快城乡基础设施的建设，不仅建设范围广、投资力度大，而且规划目标明确。具体来说，建设范围上包括交通基础设施建设、市政基础设施建设、能源基础设施建设、水利基础设施建设、信息基础设施建设、环保基础设施建设、平台基础设施建设等方面；在投资力度上，广东用于基础设施建设的投入一直稳居全国前列，2020年广东共安排1230个重点项目，总投资59000亿元，年度计划7000亿元，其中基础设施建设占比达63%；在规划发展上，广东的“十四五”规划对城乡基础设施进行了重新规划调整。

江苏位居第二，这与江苏的经济发展密不可分。江苏作为我国东部发达省份之一，一直高度重视城乡基础设施建设，尤其是近几年江苏加大交通、信息、环保、水利等基础设施建设。据统计，2013～2016年，江苏完成基础设施投资26878.3亿元，年均增长16.8%；2019年，基础设施投资同比增长0.8%，增速比上年加快5.8个百分点。

浙江排名第三。近年来，浙江一直致力于基础设施建设，多箭齐发。一是做好统筹规划，按照国家产业导向和投资政策，规划一大批基础设施项目；二是对规划好的基础设施项目全力推进；三是通过优化营商环境，为项目建设提供便利条件；四是统筹各项项目资源，从资金、土地、能耗等方面为项目提供保障。同时，浙江正在筹备推动新型基础设施建设投资，加快推进5G、数据中心等新基建，为新旧动能转换创造条件。

表 4－4 2008～2018 年中国 31 个省份城乡基础设施发展水平的综合测度值

排名	地区	2008 年	2009 年	2010 年	2011 年	2012 年	2013 年	2014 年	2015 年	2016 年	2017 年	2018 年	平均值
1	广东	0. 4204	0. 4208	0. 4844	0. 5222	0. 5515	0. 5745	0. 5900	0. 6144	0. 6302	0. 6478	0. 6914	0. 5589
2	江苏	0. 4424	0. 4787	0. 4965	0. 5092	0. 5293	0. 5509	0. 5679	0. 5838	0. 5983	0. 6260	0. 6591	0. 5493
3	浙江	0. 3785	0. 4027	0. 4315	0. 4410	0. 4621	0. 4916	0. 5026	0. 5210	0. 5308	0. 5689	0. 5990	0. 4845
4	北京	0. 3715	0. 4118	0. 4246	0. 4446	0. 4717	0. 4965	0. 5157	0. 5169	0. 5375	0. 5351	0. 5332	0. 4781
5	山东	0. 3623	0. 3776	0. 4088	0. 4262	0. 4461	0. 4760	0. 4754	0. 4934	0. 5062	0. 5286	0. 5519	0. 4593
6	上海	0. 3816	0. 3761	0. 4156	0. 4204	0. 4448	0. 4567	0. 4754	0. 4858	0. 4951	0. 5353	0. 4755	0. 4511
7	天津	0. 3431	0. 3619	0. 3866	0. 4141	0. 4371	0. 4512	0. 4420	0. 4402	0. 4469	0. 4706	0. 4480	0. 4220
8	福建	0. 3044	0. 3144	0. 3508	0. 3698	0. 3890	0. 4020	0. 4107	0. 4229	0. 4280	0. 4630	0. 5027	0. 3961
9	河北	0. 2795	0. 3130	0. 3524	0. 3673	0. 3800	0. 3946	0. 3957	0. 4141	0. 4251	0. 4461	0. 4829	0. 3864
10	陕西	0. 2771	0. 2903	0. 3409	0. 3645	0. 3772	0. 4323	0. 4080	0. 4026	0. 4103	0. 4273	0. 4423	0. 3794
11	四川	0. 2770	0. 2969	0. 3158	0. 3327	0. 3516	0. 3717	0. 3780	0. 3836	0. 4103	0. 4309	0. 4688	0. 3652
12	新疆	0. 2653	0. 2877	0. 3365	0. 3384	0. 3524	0. 4081	0. 3877	0. 3811	0. 3881	0. 4004	0. 4213	0. 3606
13	湖北	0. 2737	0. 2855	0. 3079	0. 3239	0. 3477	0. 3705	0. 3855	0. 3932	0. 4093	0. 4252	0. 4432	0. 3605
14	辽宁	0. 2874	0. 2975	0. 3247	0. 3409	0. 3541	0. 3737	0. 3806	0. 3899	0. 3826	0. 4095	0. 4218	0. 3602
15	江西	0. 2655	0. 3079	0. 3218	0. 3395	0. 3515	0. 3544	0. 3605	0. 3761	0. 3881	0. 4359	0. 4524	0. 3594
16	安徽	0. 2346	0. 2726	0. 2832	0. 3208	0. 3392	0. 3627	0. 3815	0. 3911	0. 4050	0. 4274	0. 4519	0. 3518

续表

排名	地区	2008 年	2009 年	2010 年	2011 年	2012 年	2013 年	2014 年	2015 年	2016 年	2017 年	2018 年	平均值
17	内蒙古	0. 1983	0. 2304	0. 2639	0. 2885	0. 3222	0. 3807	0. 3807	0. 3982	0. 4219	0. 4424	0. 4583	0. 3441
18	重庆	0. 2515	0. 2685	0. 2901	0. 3109	0. 3253	0. 3717	0. 3545	0. 3667	0. 3825	0. 4052	0. 4187	0. 3405
19	湖南	0. 2490	0. 2700	0. 2952	0. 3073	0. 3219	0. 3376	0. 3559	0. 3680	0. 3884	0. 3874	0. 4248	0. 3369
20	黑龙江	0. 2282	0. 2516	0. 2870	0. 2978	0. 3161	0. 3437	0. 3637	0. 3900	0. 3923	0. 4027	0. 4260	0. 3363
21	河南	0. 2334	0. 2668	0. 2874	0. 3019	0. 3108	0. 3297	0. 3483	0. 3576	0. 3794	0. 4113	0. 4508	0. 3343
22	山西	0. 2191	0. 2493	0. 2822	0. 2970	0. 3155	0. 3516	0. 3575	0. 3718	0. 3804	0. 3791	0. 4159	0. 3290
23	海南	0. 2181	0. 2320	0. 2772	0. 3406	0. 3454	0. 3411	0. 3544	0. 3529	0. 3666	0. 3864	0. 3907	0. 3278
24	青海	0. 2609	0. 2606	0. 2817	0. 3079	0. 3196	0. 3050	0. 3189	0. 3121	0. 3338	0. 3569	0. 3754	0. 3121
25	云南	0. 2281	0. 2396	0. 2777	0. 2830	0. 2936	0. 2933	0. 3419	0. 3378	0. 3588	0. 3741	0. 4047	0. 3120
26	广西	0. 2256	0. 2862	0. 2802	0. 2904	0. 3044	0. 3083	0. 3154	0. 3291	0. 3412	0. 3623	0. 3893	0. 3120
27	宁夏	0. 2044	0. 2308	0. 2981	0. 2817	0. 2784	0. 3212	0. 3420	0. 3409	0. 3594	0. 3737	0. 3877	0. 3108
28	吉林	0. 2057	0. 2199	0. 2360	0. 2527	0. 2683	0. 2967	0. 3134	0. 3356	0. 3294	0. 3284	0. 3474	0. 2849
29	贵州	0. 1671	0. 2002	0. 2180	0. 2258	0. 2378	0. 2698	0. 2798	0. 3025	0. 3234	0. 3489	0. 3764	0. 2682
30	甘肃	0. 1527	0. 1795	0. 1949	0. 2135	0. 2357	0. 2575	0. 2862	0. 2953	0. 3173	0. 3615	0. 3731	0. 2606
31	西藏	0. 1954	0. 2274	0. 2299	0. 2080	0. 1667	0. 2108	0. 2698	0. 3371	0. 2413	0. 2785	0. 2743	0. 2399

总而言之，从空间布局来看，我国城乡基础设施建设的省域差异明显，这与经济发展水平、地理位置、投资效应等多因素有关。具体来说，越是靠近沿海的地区，现代化程度越高，经济实力越雄厚，其城乡基础设施建设水平越高。此外，经济水平高的省域在基础设施建设上采用的技术更先进、投资效果更好，从而使得城乡基础设施建设在地理空间上不协调的程度越发明显，制约了落后省域经济的稳定持续发展，导致了不良的发展循环方式。

四、中国城乡基础设施建设水平的区域特征

根据通用的区域划分方法，本部分以东部、中部和西部三大经济区域①作为研究单元，从不同角度对各省域基础设施发展水平进行综合分析与评价（见表4-5），得到以下结论。

表4-5 2008~2018年东部、中部、西部城乡基础设施建设水平的综合测度值

地区	2008年	2009年	2010年	2011年	2012年	2013年	2014年	2015年	2016年	2017年	2018年
东部地区	0.3445	0.3624	0.3957	0.4178	0.4374	0.4553	0.4646	0.4759	0.4861	0.5107	0.5233
中部地区	0.2386	0.2655	0.2876	0.3051	0.3214	0.3434	0.3583	0.3729	0.3840	0.3997	0.4265
西部地区	0.2253	0.2498	0.2773	0.2871	0.2971	0.3275	0.3386	0.3489	0.3574	0.3802	0.3992

第一，从区域层面来看，东部地区综合得分显著高于中部地区和西部地区，并高于全国平均水平，而中部地区只是略高于西部地区，却低于全国平均水平。基础设施水平呈现由沿海向内陆、由东部向中西部递减的格局，具有明显的"俱乐部收敛"现象。这说明城乡基础设施建设水平的区域差异与经济发展水平存在一定的关联性。经济发展水平较高的区域，更注重城乡基础设施的建设，城乡基础设施的建设能得到更多的支持；经济发展水平较低的区域，基础设施建设水平本身较薄弱，加之实现城乡经济社会对接与融合的难度较

① 东部地区包括北京、天津、河北、辽宁、上海、江苏、浙江、福建、山东、广东和海南；中部地区包括山西、吉林、黑龙江、安徽、江西、河南、湖北和湖南；西部地区包括广西、重庆、四川、贵州、云南、陕西、甘肃、青海、宁夏、新疆和内蒙古。

大，因此对城乡基础设施建设的重视程度相对较低。

第二，从城乡基础设施建设水平分类来看，东部地区基本处于第一等级，西部地区在第二等级的范围内不断增大且优于中部地区。2008 ~ 2018 年，我国城乡基础设施建设水平较高的地区主要集中在东部地区，其城乡基础设施建设得到了快速发展，交通、能源、水利等各项基础设施建设水平不断提高，形成了较为完善的功能体系。尤其是加入世界贸易组织之后，我国对外开放力度进一步增强，同时东部地区结合沿海又沿边的地区优势，积极主动地实施开放战略，扩大区域的城乡基础设施建设网络。当前，在实施"一带一路"倡议大背景下，东部地区的城市尤其是节点城市在更大范围内优化配置资源要素，积极探索区域间的合作机制，力争构建起互利互助的城乡基础设施建设合作平台。

在我国经济发展过程中，初期因对中部地区关注不够，使得中部地区基础设施的早期发展并不理想。2006 年，《中共中央　国务院关于促进中部地区崛起的若干意见》的出台极大地帮助了中部地区城乡基础设施的建设。目前，中部地区已形成了"六省六群"的经济格局①，区域间的基础设施联动发展不断完善。但是，由于中部地区六大城市群的发展规模和级别均不同，其城乡基础设施建设水平也存在较大差异，如武汉市政公用设施建设所用的固定资产与该地区生产总值的比例较高，而太原、南昌却相对较低。因此，中部地区各省份应提速升级，增加投资力度，推动中部基础设施建设的整体发展。

西部地区的城乡基础设施建设水平最低，这与西部地区的地理位置有关。改革开放以来，我国东部地区发展优势明显，但西部地区地域偏僻，与发达地区缺乏交流，难以获得东部地区城乡基础设施建设的外溢效应。另外，区域发展模式也限制了西部地区城乡基础设施的建设。长期以来，东部地区都是我国区域发展的重点，为促进东部地区城乡基础设施的建设，西部地区的生产要素不断向东部的发达地区输入，从而使得区域间的城乡基础设施建设水平差距更大。在东西部地区发展差距不断扩大的趋势下，加之西部地区对我国经济发展

---

① 《中共中央　国务院关于促进中部地区崛起的若干意见》（2006 年）和《促进中部地区崛起规划》（2009 年）发布后，中西部地区社会经济及基础设施建设均获得快速发展，形成了"六省六群"的经济格局，即湖北武汉城市圈、河南中原城市群、湖南长株潭城市群、安徽皖江城市带、江西环鄱阳湖城市群和山西太原城市圈。

的重要性逐渐被肯定，《中共中央关于制定国民经济和社会发展第十个五年计划的建议》（2000 年）进一步指出，应促进西部城市的发展，缩小西部区域与其他区域的发展差距。另外，国务院在 2000 年 11 月发布了促进西部发展的一系列措施，明确指出当前和今后一段时间内，西部大开发的重点任务之一就是加强西部城市的基础设施建设。从西部大开发战略的发布及实施情况来看，西部地区城乡基础设施的固定资产投资力度不断加大，建设规模逐步扩大，生态环境保护设施明显增多。总的来说，虽然在西部大开发过程中取得了很客观的成绩，但对于地域面积广、人口稀少、发展起步低和发展晚的西部地区来说，城乡基础设施建设水平还比较低。

综上所述，本部分根据可靠性和可行性的统一、全局性与协同性的统一、综合性和关键性的统一等原则，结合国内外专业的研究报告、学术界的研究成果以及城乡基础设施建设的现状，从水资源和供排水设施、能源动力设施、道路交通设施、邮电通信设施和生态环境设施五个维度构建中国城乡基础设施建设水平评价指标体系。从 2008 ~ 2018 年中国城乡基础设施建设水平的综合测度值可知，我国城乡基础设施建设水平不断提高，其中，生态环境设施得分值最高，其他系统层的得分也基本呈现出上升趋势。从空间分布视角来看，各省域的城乡基础设施建设水平呈现明显的不平衡现象。排名前九位均分布在长三角、珠三角和环渤海经济带，这充分说明了省域经济发展水平与城乡基础设施建设水平之间存在密切的关联性。通过比较我国东部、中部、西部三个区域 2008 ~ 2018 年的城乡基础设施建设水平，不难发现这三个区域之间存在较大差异，具体表现为东部地区水平最高、中部地区次之、西部地区最低的阶梯状差异。

第三节　中国城市交通基础设施发展水平综合测度

关于我国基础设施水平测度结果表明，我国交通基础设施发展水平最高，因而本节专门对我国城市交通基础设施水平进行综合评价，以便分析我国城市交通基础设施的发展趋势及地区差异。

一、指标构建及权重系数

本部分在选取指标时，基于数据的可得性、科学性和可比性的要求，在借鉴现有研究成果的基础上，尝试构建较为全面的城市交通基础设施综合评价指标体系，如表4－6所示。该综合评价指标体系共分为两个层次：目标层和指标层，其中指标层由每万人拥有公交车数量、路网密度、运营线路网密度、年公共交通客运总量和人均道路面积共五个指标构成，分别从五个不同的角度反映我国城市交通基础设施发展情况。

本部分以我国31个省（区、市）的城市交通基础设施为研究对象，选取了2008～2018共11年的相关数据，根据熵值赋权法计算得出五个指标权重（见表4－6）。所获得的原始数据主要来源于2009～2019年的《中国统计年鉴》《中国城市统计年鉴》《中国城市建设统计年鉴》。

表4－6　　全国城市交通基础设施综合评价指标及权重

目标层	指标层	单位	权重
交通基础设施综合发展水平	每万人拥有公交车数量	标台	0.1667
	路网密度	千米/平方千米	0.1889
	运营线路网密度	千米/平方千米	0.1815
	年公共交通客运总量	万人次	0.3456
	人均道路面积	平方米	0.1173

运用熵值法计算得到所选取的各个城市交通基础设施五个指标的权重，进而计算得出各指标权重的年均值，如表4－6所示。由表4－6可以看出，每万人拥有公交车数量、路网密度、运营线路网密度、年公共交通客运总量和人均道路面积的年均权重值分别为0.1667、0.1889、0.1815、0.3456和0.1173。从总体上来看，除人均道路面积和年公共交通客运总量外，其余三个指标所占权重值整体差异不大。其中，年公共交通客运总量权重值最高，反映出城市化建设过程中对公共交通客运能力的需求度较大；运营线路网密度、年公共交通客运总量和路网密度的权重值也相对较高，表明在国家大力倡导绿色出行、城

市交通基础设施不断完善以及人民生活和认知水平提高的背景下，城镇居民愿意出行以及选择公交车、地铁等环保出行的意愿比重得到持续提升；人均道路面积权重值较低，可能的原因在于城市市内的道路建设目前已趋于完善，因此道路建设的边际效益较其他指标而言较低。

二、中国城市交通基础设施发展水平的基本特征

基于前面熵值法的基本运算步骤得出的五个指标权重，进一步结合灰色关联分析法计算得出全国31个省（区、市）2008～2018年城市交通基础设施综合评价值（见表4－7）。根据通用的区域划分方法，列示了各省（区、市）的城市交通基础设施综合评价值及其排名。为了更具体和直观地分析全国城市交通基础设施发展水平的变化趋势及地区差异，本部分将通过Aicgis10.0软件，选择2011年、2013年和2015年三个年份的时间断面数据，依照自然断点聚类的方法将城市交通基础设施发展水平划分为五个等级，分别为低水平、中低水平、中等水平、中高水平和高等水平。由此可知我国城市交通基础设施建设水平呈现出以下特征。

表4－7　　2008～2018年全国城市交通基础设施综合评价值

省份	2008年	2009年	2010年	2011年	2012年	2013年	2014年	2015年	2016年	2017年	2018年	平均值	排名
广东	0.432	0.386	0.448	0.546	0.621	0.616	0.633	0.641	0.646	0.663	0.676	0.573	1
江苏	0.355	0.386	0.409	0.446	0.461	0.481	0.505	0.530	0.557	0.589	0.590	0.483	2
黑龙江	0.269	0.274	0.364	0.397	0.414	0.446	0.473	0.514	0.512	0.535	0.566	0.433	3
陕西	0.295	0.323	0.413	0.463	0.465	0.466	0.480	0.406	0.417	0.425	0.428	0.416	4
北京	0.352	0.373	0.324	0.401	0.440	0.462	0.470	0.444	0.425	0.436	0.365	0.408	5
天津	0.254	0.256	0.333	0.376	0.411	0.453	0.457	0.438	0.459	0.490	0.431	0.396	6
山东	0.305	0.299	0.338	0.369	0.383	0.405	0.414	0.431	0.442	0.465	0.457	0.392	7
浙江	0.267	0.308	0.330	0.350	0.362	0.378	0.408	0.436	0.457	0.469	0.486	0.386	8
新疆	0.327	0.345	0.445	0.393	0.397	0.418	0.430	0.350	0.341	0.344	0.401	0.381	9
江西	0.245	0.278	0.335	0.352	0.367	0.347	0.355	0.387	0.387	0.481	0.482	0.365	10

续表

省份	2008年	2009年	2010年	2011年	2012年	2013年	2014年	2015年	2016年	2017年	2018年	平均值	排名
四川	0.274	0.249	0.264	0.303	0.335	0.357	0.371	0.314	0.356	0.384	0.411	0.329	11
湖南	0.245	0.249	0.293	0.306	0.305	0.325	0.347	0.359	0.394	0.364	0.385	0.325	12
湖北	0.235	0.258	0.253	0.284	0.311	0.344	0.357	0.355	0.360	0.378	0.380	0.319	13
云南	0.228	0.222	0.311	0.342	0.346	0.271	0.368	0.351	0.360	0.348	0.359	0.319	14
福建	0.194	0.218	0.248	0.280	0.299	0.309	0.328	0.349	0.365	0.413	0.472	0.316	15
河北	0.202	0.209	0.255	0.281	0.295	0.314	0.311	0.331	0.349	0.394	0.449	0.308	16
河南	0.230	0.234	0.272	0.295	0.296	0.306	0.326	0.324	0.345	0.362	0.383	0.307	17
上海	0.206	0.215	0.254	0.284	0.292	0.301	0.309	0.318	0.328	0.338	0.301	0.286	18
安徽	0.195	0.205	0.234	0.263	0.282	0.295	0.311	0.313	0.327	0.342	0.354	0.284	19
辽宁	0.227	0.233	0.257	0.272	0.273	0.282	0.295	0.302	0.297	0.324	0.323	0.280	20
甘肃	0.178	0.192	0.224	0.250	0.281	0.280	0.291	0.292	0.305	0.342	0.345	0.271	21
海南	0.187	0.153	0.226	0.316	0.290	0.250	0.261	0.256	0.264	0.291	0.337	0.257	22
山西	0.137	0.176	0.199	0.219	0.235	0.296	0.301	0.291	0.309	0.302	0.350	0.256	23
青海	0.205	0.225	0.249	0.251	0.254	0.235	0.219	0.211	0.247	0.273	0.290	0.242	24
吉林	0.223	0.148	0.178	0.209	0.251	0.287	0.300	0.295	0.265	0.263	0.232	0.241	25
宁夏	0.102	0.138	0.177	0.188	0.200	0.221	0.251	0.246	0.246	0.265	0.251	0.208	26
重庆	0.133	0.118	0.147	0.165	0.173	0.243	0.234	0.245	0.249	0.268	0.258	0.203	27
广西	0.130	0.168	0.172	0.181	0.186	0.194	0.200	0.208	0.225	0.246	0.271	0.198	28
贵州	0.109	0.227	0.167	0.175	0.174	0.210	0.194	0.209	0.224	0.229	0.253	0.197	29
内蒙古	0.081	0.099	0.126	0.125	0.152	0.186	0.215	0.250	0.304	0.292	0.290	0.193	30
西藏	0.150	0.180	0.195	0.090	0.155	0.151	0.179	0.267	0.203	0.173	0.149	0.172	31
东部平均	0.271	0.276	0.311	0.356	0.375	0.386	0.399	0.407	0.417	0.443	0.444	0.371	—
中部平均	0.222	0.228	0.266	0.291	0.307	0.331	0.346	0.355	0.362	0.378	0.391	0.316	—
西部平均	0.184	0.207	0.241	0.244	0.260	0.269	0.286	0.279	0.290	0.299	0.309	0.261	—
全国平均	0.225	0.237	0.272	0.296	0.313	0.327	0.342	0.344	0.354	0.371	0.378	0.314	—

第一，全国城市交通基础设施发展水平总体偏低，且在考察期内呈现先升后降的趋势。由表 4 - 7 可知，考察期内全国城市交通基础设施发展水平综合评价的年平均值为 0.314，不同年份间城市交通基础设施发展水平波动较大。2012 ~ 2013 年以及 2016 ~ 2017 年全国城市交通基础设施水平明显提升，其综合评价值增幅达到 5.7%，后持续增至 2017 年的 0.378，但 2018 年降至 2012 年的水平以下。这说明我国城市交通基础设施建设还有较大的提升空间。

第二，全国城市交通基础设施发展水平存在较大的地区差异，呈现出明显的由东部沿海向西部递减的特征，且各地区之间发展水平不均衡，区域内表现出一定的集聚特征。城市交通基础设施发展水平高的地区主要集中在北京、江苏、广东等沿海发达省份，而中西部各省份综合评价值普遍低于东部地区，且多处于中等及以下水平。同时，各地区城市交通基础设施发展表现出一定的路径依赖特性。以北京、江苏、广东为代表的东部地区的综合评价值一直保持较高水平，而中西部地区的城市交通基础设施发展水平则长期处于中等及以下水平。

第三，从区域层面来看，东部地区城市交通基础设施水平普遍较高，中西部地区的交通基础设施综合评价值则低于全国平均水平。由表 4 - 7 可知，东部、中部和西部地区城市交通基础设施综合评价平均值分别为 0.371、0.316 和 0.261，呈现出由东部沿海经济发达地区向中西部逐渐递减的俱乐部趋同特征；东部地区综合评价年均值高出全国平均水平的 18.15%，分别是中部和西部地区的 1.17 倍和 1.42 倍。值得注意的是，中部地区城市交通基础设施水平 2013 年以前均低于全国均值，但自 2013 年开始赶超全国水平，且这种优势呈逐步加大的趋势。这也从侧面反映出中部地区城市交通基础设施建设效率逐步提升，其交通基础设施建设在近几年成效较为明显。而西部地区则因经济基础薄弱及其地理位置、地形地貌劣势等一系列原因，其城市交通基础设施水平长期低于全国平均水平，且与东部和中部地区存在较为明显的差距。城市交通基础设施综合评价值排名前十的省份中，东部地区有六个，而中部和西部各有两个。中部地区的综合评价年均值比西部地区高 0.055，占全国平均水平的 100.6%，由此进一步说明我国城市交通基础设施综合发展水平从东向西递减的俱乐部趋同特征。

我国城市交通基础设施综合发展水平之所以出现从东向西递减的俱乐部趋

同特征，与三大区域全社会固定资产投资情况有着十分紧密的联系。2008～2018年，东部地区固定资产投资数额最大，从2008年的87754.6亿元增长到2018年的291115.2亿元，年均增长12.74%；中部和西部地区2018年全社会固定资产投资额分别为206998.6亿元和176093亿元，2008～2018年均增长率分别为16.38%和17.22%；2018年东部、中部、西部三大区域固定资产投资中社会资本投资额分别为232266.1亿元、166437.4亿元和115884.2亿元，分别占当地全社会固定资产投资额的79.78%、80.41%和65.81%①。由此可以看出，中西部地区固定资产投资速度较快，但总额远低于东部地区。众所周知，东部沿海地区经济相对较发达，其基础设施领域的资金投入量、社会资本参与基础设施的积极性较中西部地区均呈现一定的优势，但中西部地区近年来固定资产投入的增长速度均高于东部地区，呈现出基础设施建设的新活力。在国家投入大量资金完善基础设施建设的背景下，东部地区基于现有的经济基础及地理位置等一系列因素，其配套的基础设施建设已经趋于完善，当前更加注重提升基础设施建设的质量与内涵。中西部地区的经济发展一直落后于东部地区，其基础设施建设水平与东部地区也存在较大差距。随着国家近年来新型城镇化建设力度加大、"一带一路"倡议、"中部崛起"和"西部大开发"等一系列政策倡议的出台及落实，也为我国中西部地区经济发展带来新的机遇，为中西部地区基础设施发展提供了强大的动力。因此，近些年来中西部地区基础设施水平有了很大提高。

第四，从变化趋势层面来看，东部、中部、西部三大区域城市交通基础设施水平在考察期内与全国变化趋势基本一致，都呈现出波动上升，但增速略有差异；各省（区、市）城市交通基础设施水平除西藏略有下降之外，呈现出波动上升趋势。其中，内蒙古、山西和宁夏的上升幅度较大，年均增长分别为13.6%、9.83%和9.42%。值得注意的是，从变动的相对值来看，中部地区年均增幅最高，为5.82%，西部地区与全国城市交通基础设施水平增长幅度持平，年均增幅均为5.32%，而东部则低于全国水平，年均增长幅度为5.06%。

我国交通基础设施水平近年来之所以出现大幅度波动，一方面可能是因为

① 根据各年《中国统计年鉴》相关数据整理得出。

2008年金融危机后，中央政府投入4万亿元资金用于基础设施建设，其中超半数用于交通基础设施领域，加之社会资本参与带来的一系列效应，到2013年，全国城市交通基础设施均出现了较为明显的增长，经历了一段弥补历史投入不足的高速增长期。但是受我国经济发展进入新常态、供给侧结构性改革及投融资结构调整、社会资本参与积极性不高及固有体制障碍等一系列因素的影响，2013年后全国各地城市交通基础设施水平有所下降，之后又进入上升期。另一方面，可能是因为我国交通基础设施投融资效率不高、公众对交通基础设施的迫切需求与现有的供给能力不对等、地理环境的复杂性、落后地区脱贫困难等一系列“瓶颈”依然是制约我国城市交通基础设施发展的重要因素。

第五，从省级层面来看，2008～2018年，以广东、江苏、北京为代表的东部经济较发达省份一直处于我国城市交通基础设施建设的前列，分别位列综合排名的第1位、第2位、第5位。其中，广东城市交通基础设施综合评价均值最高，达0.639，考察期内始终居全国第1位，与其他省份相比优势明显。这主要得益于其珠三角地区核心城市地位以及毗邻港澳的地理优势；此外，广东在“十二五”及“十三五”期间十分重视基础设施建设投入，将交通基础设施作为重中之重，不断加大对交通基础设施建设的投入。2008～2018年，广东投入交通运输、邮政和仓储业的资金从1108.8亿元增长至3665.61亿元，年均增长12.7%。目前，广东已建成包括城市地铁、轻轨、高铁、港口在内的现代化综合交通运输网络体系。随着交通基础设施投入力度的加大，2018年广东公共汽车运营车数量已达63588辆，运营线总长度达110606千米，与2008年相比分别增长了66.35%和525.71%。

值得注意的是，中部地区的黑龙江和江西排名也比较靠前，分别位居全国第3名和第10名，其综合评价均值分别为0.433和0.365，高于中部地区的平均水平。西部地区的陕西和新疆的综合评价值分别为0.416和0.381，分别位列全国的第4位和第9位，在区域内具有明显优势，且高于东部地区平均水平。其中，陕西在西部地区综合评价值居首位，这与当地的发展环境及政府对基础设施建设的重视有重要的相关关系。陕西之所以表现比较突出，主要原因是，近年来陕西紧抓国家“西部大开发”与“一带一路”倡议带来的发展机遇，积极进行地区开发与资源整合，不断加大对基础设施领域的投入力度，将基础设施建设短板逐步转化为优势，逐步建设成连接中国内陆与“一带一路”

沿线各国的重要交通枢纽。2008 ~ 2018 年，陕西的基础设施投资额由 4614. 4 亿元增长至 25272. 38 亿元，年均增幅达 18. 54%，其中交通运输、邮政与仓储业的投资额从 2008 年的 448. 3 亿元增至 2018 年的 2131. 38 亿元，年均增长约 16. 87%。仅“十三五”期间，陕西的基础设施投入预计累计将达到 14 万亿元，年均增长达到 10% 以上。这一时期，陕西的高铁、机场、环线、地铁建设逐步完善，高速公路通车里程在 2020 年底突破 6500 千米，城市基础设施功能不断提升。

综上所述，本部分基于数据可得性、科学性和可比性的要求，在借鉴国内外相关研究成果的基础上，从每万人拥有公交车数量、路网密度、运营线路网密度、年公共交通客运总量四个角度构建我国城市交通基础设施水平综合评价指标体系并进行测算。结果表明，公共交通客运能力、路网建设情况是影响我国城市交通基础设施发展的重要因素，应该重点进行投入开发；2008 ~ 2018 年我国城市交通基础设施水平波动较大，呈先升后降趋势，且考察期内总体下降；全国各省（区、市）之间城市交通基础设施发展水平存在较大差异，呈现由东部沿海向西部递减的特征，地区之间发展不平衡，但区域内表现出一定的集聚效应；各地区城市交通基础设施水平呈现一定的路径依赖性，即以北京、广东为代表的东部沿海地区城市交通基础设施综合评价值一直保持较高水平，而中西部地区城市交通基础设施综合评价值则长期处于中等及以下水平。

第五章　社会资本参与中国基础设施建设与运营的实践

随着城镇化进程加速推进，政府承担着提升城乡基础设施配套水平的建设重任，通过实现区域经济效益、社会效益和环境效益，奠定区域经济发展的物质基础。1994 年分税制改革后，各级地方政府保留 25% 的财权，75% 的财权上交中央。与此同时，中央政府将大量事权下放。地方政府事权增加，而统筹资金能力有限，财权与事权不相匹配使地方政府统筹城乡改革和发展、实现社会稳定和经济发展面临更多压力，如何解决城乡基础设施建设资金的有效需求不足也成为各地方政府面临的主要问题。为此，各地开展了城乡基础设施投融资体制改革，尝试采用不同模式进行基础设施建设，如采用市场融资的方式引导社会资本参与。本章主要对我国城乡基础设施建设与运营现有投融资现状进行考察，分析其存在的问题和原因，同时对交通基础设施建设与运营投融资状况进行专门分析，并对当前 PPP 模式的应用进行研究，以期为我国基础设施建设融资提供依据。

第一节　中国城乡基础设施建设与运营投融资现状

根据前面关于我国城乡基础设施建设水平综合测度可知，近年来各级地方政府在基础设施建设与运营中尝试采取了多种模式，并初见成效。

一、中国城乡基础设施建设与运营投融资现有模式

随着基础设施投融体制市场化取向改革的不断推进，在城乡基础设施建设与运营过程中，我国先后采取了不同的投融资模式，主要有 BOT、TOT、PPP、

PFI、ABS 等。

（一）BOT 融资模式

BOT（Build-Operate-Transfer），即建设—经营—移交。BOT 模式是一种允许私人资本和外资参与建设基础设施的典型模式，在基础设施建设中得到了广泛的应用。具体做法是：第三方（如公共行程管理部门）委托私营部门设计和建造基础设施并在一段时间内运营和维护这些基础设施。在此期间，私营部门作为相关设施的所有者，有责任为项目筹集资金，并有权保留项目产生的所有收入。在项目设施特许期结束时，将其无偿或者低价移交给公共行政管理部门。

一般来说，当政府建设资金不足时，对那些投资回收期长、投资额巨大、建成后具有稳定收益的基础设施建设项目，如收费高速公路、污水处理厂、垃圾处理站等，可以采用 BOT 融资模式，以有利于政府利用项目初期建设节省下来的资金投入其他有需要的领域。如今，我国多数城市基础设施项目都采用了这种模式，如 1986 年深圳沙角 B 火力发电厂的项目融资，1997 年广西来宾电厂的项目融资，1999 年成都自来水六厂的项目融资，2000 年湖南省长沙市第八水厂的项目融资，湖南长大建设集团股份有限公司特许经营 19 年（含建设期 2 年）的城市公用设施项目融资，2003 年青岛污水处理厂项目融资等。这些项目通过采用 BOT 的方式，多渠道筹集资金，尤其是大力引进社会资本，使各级地方政府的财政压力得到明显缓解，促进了服务效率的提升，取得了比较好的效果。

（二）TOT 融资模式

TOT（Transfer-Operate-Transfer），即移交—经营—移交。TOT 模式是在 BOT 模式基础上演变而来，是指投资者从政府手中取得已经建成项目在一定期限内的特许经营权，并且政府可一次性从投资者手中拿到一笔以期限内现金流量为标的的资金，并利用这笔资金投资其他基础设施建设和运营，在特许期满后，投资者将项目转交给政府。从根本上说，TOT 融资模式是政府将城市基础设施的特许经营权以租赁的方式授予企业，租赁期限为 20 ~ 30 年，而企业则需要一次性付清期限长度内的所有租金。

政府通过 TOT 融资模式，既可以回收用于基础设施建设的资金，又可以提高运营效率。项目公司受让的是已经建成且能正常运营的项目，不需要对建设期间的风险负责。与 BOT 项目模式相比，TOT 项目投资回报率略低一些，但是并不影响投资者对其的兴趣。从 T 到 O 的全过程来看，此种模式具有贸易性质，但从 TOT 实施的全过程来看，该模式需要一次性支付所有租金，因而又具有租赁性质。因此，那些具有长期性、稳定现金流、良好收益率的项目，如污水处理、节水设施、环保设施等基础设施，都比较适合使用 TOT 模式。

（三）PPP 融资模式

PPP 模式即“公共私营合作制”，是指政府机构和私营企业之间合作，为项目提供资金，以使项目尽早完成或使其成为可能，可用于资助、建设和运营公共交通、医院等基础设施。这种合作模式不同于 BOT 模式。BOT 模式是当政府资金不足时，将一些投资大、回收期长的项目经过可行性论证之后再引入私营部门；而 PPP 模式一开始就允许私营部门介入项目。在 PPP 模式下，私营部门有权针对项目的可行性、设计技术等提出建议和意见，随后成立项目公司，以项目公司的身份与政府签订特许权协议，并对项目进行招标建设，待运营期满后移交给政府。相比而言，PPP 模式对私营企业和政府合作双方都有好处。例如，私营部门的技术和创新可以帮助提高提供公共服务的运作效率，而公共部门鼓励私营部门按时在预算范围内交付项目，有助于政府促进基础设施建设。

PPP 融资模式大致可分为外包、私有化和特许经营三大类型。

一是外包类型。项目的投资方为政府有关部门，私营部门承包整个项目的一项或某几项职能，或者只负责管理并维修基础设施，其主要收益来源于政府的费用支出，私营部门承担的风险较小。

二是私有化类型。项目的全方位投资方是私营部门，政府部门只作为监管者。由于此种类型的项目所有权掌握在私营部门手中，因此其可向用户直接收取费用，以此作为利润来源，但需要承担较大的风险。

三是特许经营类型。特许经营权是一种许可，即政府授权被特许经营公司使用其专有的业务知识、流程和商标，从而允许被特许经营公司对公私合作项目部分投资或全部投资，并与公共部门分担项目风险与收益。作为获得特许经营权的交换，被特许经营公司通常向政府支付初始启动费和年度授权费。因而，公共部门需要在项目公益性与私营部门应获利润之间进行适当平衡。由此可见，此种类型项目是否能取得成功，主要取决于政府有关部门的管理水平。

目前，在各地 PPP 实践中，上述三种类型都不同程度地被采用。

（四）PFI 融资模式

PFI（public finance initiative）模式即私人主动融资的一种模式，于 20 世纪 90 年代由英国政府提出。政府通过公开招投标，授予私营部门在基础设施项目的特许期内对项目进行设计、建设和运行的任务。待项目完成后，私营部门将项目转交给政府，并从中收取一定的费用。PFI 模式在具体运行中有三种模式可供选择：一是公私合营模式，以私营成本为主导，政府参与部分投资，根据协议划分相关的费用和收益；二是直接向政府部门提供服务，在这种模式下，项目的设计、建设、资金融资和运营都由私营部门完成，政府只是支付了一些影子价格或适用费用；三是收费自立模式，这种模式与 BOT 模式有着异曲同工之妙，费用由使用者支付，而私营部门借此来获取利益。具体采用哪种模式，应根据不同需要来进行选择。

PFI 模式下，政府部门与私营部门的利益都相当重要，由于不涉及消费者的利益，因而政府只需要保证私营部门的利益，而私营部门的利益来自政府支付的租金或使用费。所以，采用 PFI 模式需要注意以下几个问题。一是政府的承诺和资信。充分引入 PFI 模式，政府要对私营部门的主动融资建设进行强有力的保证，同时要对项目做出租用甚至购买的保证。二是私人融资环境的完善。由于基础设施项目投入周期长、资金数额庞大以及我国金融体制不健全等种种原因，导致在私营部门筹集到足够资金的情况下，其贷款也很难通过银行的严格审查。因此，当务之急是拓宽资金渠道，构建一个良好的金融环境。项目融资理论和公共产品理论充分地显示了积极调动民间资本对完善农村基础设施的重要作用。而根据基础设施投资趋势来看，项目融资将会在农村基础设施建设中起主导作用。

（五）ABS 融资模式

ABS 模式即资产证券化，是指通过利用项目现有的资产和未来资产收益，在市场上发行债券来募集资金。国际高档证券市场的门槛比较高，通过这种方式，可以让原来信用等级较低的，甚至没有信用等级的机构有机会进入市场，实现资金筹集的目的。由此可见，ABS 模式主要适用于那些可预见未来收益的基础设施项目，通过将项目进行结构重组，达到项目证券化筹资的目的。

资产证券化作为一种新型的金融工具，在实际生活中得到了广泛应用，具体表现在两个方面。第一，用于资产证券化的资产类型得到了扩充。该方式打破了原有融资局限，原来不适用于资产证券化的一些项目也逐步被改善，并扩大到各种各样的基础设施资产，如供热、煤气等基本必需品的应收款，高速公路、城市公共交通的收费项目。第二，资产证券化被多样化地加以利用。20世纪90年代以来，ABS模式在欧美一些国家得到广泛应用，后逐步扩展到中东、东欧和东南亚等新兴市场国家，同时也已经成为一些大型企业的新的融资渠道。随着ABS模式在现实中的广泛推广和应用，其逐渐占据了有利的市场地位，并发展为一种新颖的融资方式。政府等相关部门可以利用项目所特有的收费权作为支撑，募集所必要的资金。

由于ABS模式具有投资风险小和变现能力强的特征，在大规模筹集资金方面有着明显的优势，一些收入稳定、安全的、长期的铁路、桥梁等经营性城市基础设施项目适合采用ABS模式。

二、中国城乡基础设施建设与运营中存在的问题

在后金融危机时代，经济动力内生化、经济结构高端化、经济形态低碳化的趋势日益凸显，转变经济发展方式、实现经济高质量发展已成为我国经济发展的重要任务。在国家鼓励社会资本尤其是民间资本参与城乡基础设施建设和运营的大背景下，近年来各地积极采取多种措施，鼓励社会资本通过合资、独资、特许经营等方式参与城乡基础设施建设和运营，使得投融资渠道、投融资主体呈现出多元化、多层次的发展态势。但与经济高质量发展的总要求相比，基础设施建设与运营依然存在一些问题，主要有以下几个方面。

（一）基础设施建设总体水平不高

从基础设施投资额来看，交通、能源、信息基础设施投资总额近几年来处于稳定增长态势，但增速持续低于全社会固定资产投资增速，可能进一步加大基础设施的“瓶颈”，从而对供给侧结构性改革带来不利影响。

从基础设施投资比重及投资效果来看，交通基础设施投资额在基础设施投资总额中所占比重最高，一度遥遥领先。例如，2003年交通、能源、信息三类基础设施投资在基础设施投资总额中的占比分别为51%、32%、17%，2004年交通、能源、信息领域的投资额占比分别为71%、7%、22%。此后，

交通领域的投资连年稳定增长，信息基础设施投资增幅较小，2014 年仅为交通基础设施投资总额的 7%（李鹏飞，2017）。交通基础设施领域投资额的增加极大改善了我国的交通运输状况，但目前综合交通网络建设和运营水平依然较低，且一体化服务发展严重滞后；能源基础设施近些年来获得快速发展，但新型能源的供给仍然不足，难以满足战略性新兴产业发展的需要；信息通信基础设施建设取得突破性发展，但仍不能满足新型城镇化、农业现代化、工业化、信息化与绿色化融合创新发展的需要。

总的来看，我国城乡基础设施建设总体水平不高，已经成为制约中国经济高质量发展的重要影响因素。据《全球竞争力报告 2019》，中国排第 28 位，居金砖国家之首，在市场规模、宏观经济稳定性等方面具有很大优势，在全球主要新兴市场国家中最具竞争力。中国经济要想在全球排名中向上攀登，除了进行制度建设外，还需要进一步加强基础设施建设。衡量全球竞争力指标主要包括：制度建设、基础设施、宏观经济环境、卫生、初等教育、高等教育和培训、商品市场效率、劳动力市场效率、金融市场发展水平、技术就绪度、市场规模、商业成熟度以及创新水平等①。在这些指标中，基础设施居于重要地位。中国基础设施虽得到显著发展，但供应不足仍是制约中国竞争力的一个重要因素。中国的基础设施指标得分为 77. 9，在 141 个经济体中排第 36 位。可见，中国城乡基础设施建设的任务依然比较重。

（二）基础设施投融资结构不平衡

在我国城乡基础设施建设中，许多项目实际上主要由地方政府承担主体建设职责，在一定程度上导致投融资结构失衡。具体表现为以下两个方面。

第一，投资结构存在多重失衡。一是从基础设施投资主体来看，各级地方资金供给占主要份额，中央政府资金配给数量少，城乡基础设施项目运营资金有限；二是公用事业建设布局不均衡，资金投入使用的乘数效应难以有效发挥；三是由于缺乏统筹规划，各地方城乡基础设施项目偏于重复建设，工业生产领域资金投入力度较小；四是国有经济资金支持力度大，非国有经济投资强度低等。

---

① 参见 World Economic Forum，The Global Competitiveness Report 2019，https：//www. weforum. org/reports/the-global-competitiveness-report－2019－1。

第二，融资结构不合理。一是投资偏向于中心城市，农村获取资金的渠道和数量少；二是大型企业是基础设施建设融资的主要供给方，中小企业融入力度小；三是自筹资金占主导，外资利用不足；四是投资项目存在小型化、趋同化、分散化现象，以及低水平重复建设等。

（三）基础设施建设投融资机制不健全

目前，我国经济发展进入高质量发展新时代，投资开始注重质量和效益。但规模数量扩张和投资低效率问题依然没有得到完全解决。尤其是，一些地方政府职能错位，基础设施建设投融资相关制度不完善、不配套，引发了一系列问题。

第一，城乡基础设施建设与运营缺乏统一的融资规划。一些地方政府投融资主体多元化，政府部分管理服务模式依然存在部门分割、管理不配套和综合协调力度不强等问题，尚未形成促进城乡基础设施建设的推动合力，无法对融资规模、融资期限、融资方式等问题进行统一监管，导致政府对投融资公司资金的有效使用监管不到位，腐败现象频发。一些地方政府盲目追求政绩，将大量融资资金用于见效快、收益好的项目，而非基础设施领域。

第二，融资方式及融资平台管理不规范。一些地方融资平台存在信息不公开、不透明，资本金缺位，抵押物高估或低估等现象，导致资金的使用和管理出现违规，如部分投入社会资本产权不明晰，致使投资收益不确定，成本难以合理衡量；一些投融资公司经营不善，风险管理机制缺失，资产负债率高；等等。

第三，区域发展空间内部缺乏沟通合作机制。局部区域内地域、行业、部门界限模糊，缺乏利益共享机制，难以实现城乡基础设施和公共服务的均等化，难以规范资金的投资收益机制和形成稳定的偿还来源。

（四）“土地财政”逐渐捉襟见肘，难以满足庞大的基础设施建设需求

多年以来，我国各级地方政府为了弥补财政资金不足的困难，大多通过出让土地使用权的方式来维持地方财政支出。而随着市场经济体制的逐步确立与完善，“土地财政”的弊端日益突出。目前，我国的土地储备及融资行为不规范、运转不畅等问题并没有得到有效解决。一方面，国家积极推动新型城镇化建设，号召各级政府重视基础设施建设，在排污、园林、排水等公益民生和节能减排领域均有约束性考核指标要求，使各级政府融资需求和压力增大，不得

不继续以来经营土地的收入来维持庞大的资金需求；另一方面，土地资源有限且缺乏科学有效的运营制度，土地资产融资力度被大幅削减，国有资产流失严重，城乡基础设施项目的资金需求量与各地土地储备及融资供给严重不匹配，尤其是一些地方政府过多注重短期利益而不顾长期利益，缺乏土地储备、多头金融、城乡经营相互支持的高效机制，导致“土地财政”难以为继。

三、中国城乡基础设施投融资体制存在问题的原因

我国城乡基础设施投融资体制存在的上述问题有多方面的原因。具体来说，有以下几个方面。

（一）政府职能界定不清，政府职能难以转变

目前，在城乡基础设施建设与运营过程中，政府既是投资者，也是管理者，同时具有一般社会管理者、行业管理者和企业所有者等三重身份。这三种身份很多时候是矛盾的。例如，隶属于政府的城投公司及其他融资公司严格来说并不是真正的企业，没有建立规范的法人治理结构，政企不分、政资不分的现象依然没有得到有效解决，政府对于开放的项目、市场准入、融资方案、产品和服务的价格制定等，事无巨细地进行干预和控制，实行行政管理。另外，城投公司作为企业，从事一般的经营性基础设施投资建设与运营业务，同时作为政府隶属企业，还要从事一些非经营性的基础设施投资建设业务及政策性任务，因而容易出现预算约束软化和经营低效率。

目前，大多数城投公司作为城市基础设施建设投资主体，实际上只是政府的“出纳员”，只负责为政府筹集资金，并没有全程参与基础设施项目的实施与管理。这种出资人主体缺位导致产权不明晰、监管不到位，势必使得资金使用效率难以提高。在城乡基础设施建设和运营实践中，由于政府职能界定不清，还导致城乡各级政府投融资职责岗位重复配置，缺位、越位行为频发；各政府之间行政壁垒林立，服务方式陈旧，同级政府不同部门内、各级政府间的连接机制不协调、不配套。在项目招投标过程中，由于网站信息公开不及时，透明度不高，政府与公众的信息不对称，招商方式易出现暗箱操作，无法对市政设施投资过程进行有效监督。

（二）基础设施投融资公司实力不强

从我国投融资公司的数量和规模来看，省级基础设施投融资平台数量不

多，各省主要是城投公司，县域范围内正规的基础设施投融资平台则更少；而且，现有的基础设施投融资公司总体规模偏小，少有投融资公司总资产规模超过1000亿元，而基础设施具有生产成本高、运行期限长、管理和维护成本高等特性，因此基础设施投融资公司规模偏小则难以满足基础设施建设和运营的巨大资金需求，容易导致其资金配置的供求失衡。从现有基础设施投融资公司的生产运营来看，多数投融资公司采取非可持续发展商业模式进行经营，资不抵债为常态。显然，这会严重影响投融资公司的投融资和风险抵御能力。

（三）金融机构对城乡基础设施建设投资支持力度不足

金融机构的逐利性决定了基础设施领域显然不是其首选投资对象，因而金融机构一般不愿意参与基础设施建设，支持力度不够，主要表现为“小”“少”“窄”三个方面。其中，“小”指的是在基础设施融资结构中，金融机构资金来源占比小；“少”指的是城乡基础设施项目融资产品单一化，金融机构对其开发和投入力度低；“窄”指的是投资范围太窄，准公益性项目、收益性项目和公益性项目较少，提供基础设施资金支持的金融企业范围太窄，主要为国有银行，金融企业参与事业建设和履行社会责任的积极性不高。

（四）社会资本参与城乡基础设施建设和运营的法律法规不配套

目前，政府关于社会资本参与城乡基础设施建设和运营的相关政策法规较多地强调政府的宏观调控职能，法律法规的指导和规范作用尚未充分发挥。一方面，在传统的基础设施建设领域、清洁能源的动力供给渠道和新兴战略产业的发展中，仍以政府资金和国有企业投资为主导，社会资本市场准入制度、生产经营等行为监管方式、守信激励和失信惩戒机制等不完善，社会资本投资基础设施项目审批环节多且手续复杂、烦琐，政府相关服务效率低下。另一方面，社会资本参与项目投资后的收费体制尚未建立，一些地方政府对待参与合作的民间资本的政策缺乏稳定性和连贯性。另外，市场准入限制了社会资本的顺利进入，如一些地方政府对社会资本开放的领域并没有具体的实施细则，往往需要分类审批，存在一人一议、一事一议的现象，而且政策因人因事而变，增加了社会资本投资的风险。

（五）利益和风险分担机制不健全

社会资本是否参与城乡基础设施建设与运营与其可能得到的投资回报率密切相关。而PPP模式下由于参与主体较多，各参与主体的利益及关注点存在较大差异，且部分利益相关者之间存在较大分歧。因此，社会资本参与城乡基础设施建设存在一定风险。PPP 项目的风险对于不同的参与主体具有较大的差异，主要包括项目开发风险、土地获取风险、运营管理风险、技术风险、财务风险等。在项目的筛选、投招标、建设运营整个过程中，风险责任不明确会导致参与方在遇到问题时相互推脱责任；特别是当发生不可抗力事件时，除非政府施压，各参与主体没有动力承担这类责任。由于我国社会资本参与基础设施与运营的实践时间不长，尤其是 PPP 项目内容繁杂、程序复杂，专门人才严重不足，关于 PPP 项目风险分担比例、分担边界等尚处于摸索之中，并没有形成一套适用的规则，利益和风险分担机制还有待健全和完善。

（六）资本市场发育不完善

基础设施建设融资实际上是一个资金合理配置的过程。随着我国资本市场的建立与发展，基础设施资本市场融资的作用越来越突出，这又反过来要求要不断完善资本市场，推进金融创新，扩大金融产品选择范围。但是，我国资本市场发育并不完善，信息不对称、不透明，政府干预等现象依然存在，尤其是资本市场监管缺位、信息披露不及时、投资者权益保护制度缺乏等严重影响了资本市场的有效性。这使得一些基础设施资本市场融资新方式难以有效使用。例如，债券市场不成熟，基础设施债券融资困难重重；机构投资者数量不多，社保基金、保险基金、住房基金等基金进入基础设施领域难度很大；信用担保体系不完善，使 BOT 等项目利用外资缺乏担保，各方利益难以协调；租赁市场不完善，导致基础设施市场化融资中涉及经营权租赁、公有土地承包转让等一系列问题时，难以得到有效解决。总之，由于基础设施建设融资是一个资金优化配置的过程，因而资本市场不完善严重制约了新型融资方式的使用。

第二节　中国交通基础设施建设与运营投融资现状

改革开放以来，我国交通基础设施建设得到显著改善，综合交通网络总里程达到 500 万千米，居世界前列。“一带一路”倡议更是将我国的交通基础设施建设推向全球，为我国基础设施建设提供了新的发展机遇。尤其是，近年来政府十分重视交通基础设施建设，先后出台了一系列政策，如《国务院关于创新重点领域投融资机制鼓励社会投资的指导意见》等，鼓励采取多种融资方式多渠道筹集资金，推动交通基础设施建设，并以此作为脱贫攻坚的重要保障。交通基础设施建设周期长、资金需求量大，目前面临的最大问题是资金问题，尤其是农村地区。“十三五”期间，交通扶贫建设总投资达到1.8万亿元，其中大约1万亿元资金需要通过多渠道、采用多种融资方式来解决[①]。各地在交通基础设施建设实践中先后采用了BOT、PPP、资产证券化、债券融资等多种方式，取得了一定成效，但这些方式各有其利弊。采取何种融资方式来破解交通基础设施建设资金不足问题，是当前社会各界十分关注的。

一、社会资本参与城市交通基础设施建设现状

在国家新型城镇化战略实施及进一步完善城乡基础设施建设的要求下，我国各级政府大力推动包含城市交通基础设施在内的公共事业的建设，目前已取得较为显著的成果。但是，当前我国的城市交通基础设施发展仍然存在较多问题，如地区间城市交通基础设施发展水平显著不平衡，呈现出由东部沿海向中西部地区递减的趋势。

（一）城市交通基础设施建设现状

在全面深化改革及新型城镇化建设的背景下，我国的城市交通基础设施建设取得了显著的成效，主要表现在以下几个方面。

第一，城市交通基础设施建设投资不断增加，在新时代中国经济增长中持续发力。2019年1~12月，全国固定资产投资（不含农户）551478亿元，比上年增长5.4%。其中，第一产业、第二产业、第三产业固定资产投资分别为12633亿元、163070亿元、375775亿元，分别比上年增长0.6%、3.2%、6.5%。第三产业中基础设施投资（不含电力、热力、燃气及水生产和供应业）比上年增长3.8%，与2018年持平；其中，交通运输、仓储和邮政业比上年增长3.4%[②]，尤其是道路运输业投资增长达9.0%，信息传输业投资增长

---

① 参见《深化交通运输供给侧结构性改革》，中国交通新闻网，2017年2月28日，http://www.mot.gov.cn/jiaotongyaowen/201702/。

② 参见国家统计局，《2019年1~12月全国固定资产投资（不含农户）增长5.4%》，http://www.stats.gov.cn/tjsj/zxfb/202001/t20200117_1723385.html。

17.4%，城市市政基础设施（如电力、热力、燃气及水的生产和供应业）投资比上年增长4.5%①。2018年基础设施投资虽然有所下降，但基础设施短板仍然比较明显，其投资将进一步增加。

第二，城市交通基础设施投资主体趋于完善。我国基础设施投资主体可以按不同方式分类。如果按照经济类型分类，主要以国有及国有控股单位投资，以及以私营经济、有限责任公司为代表的民间投资为主要投资来源，外商投资和港澳台投资作为补充；按资金来源划分，主要以国内预算内投资为主，外商投资仍存在较大的提升空间；按照隶属关系划分，主要以地方政府投资为主，中央财政投资为辅。

第三，投融资渠道多元化发展。近些年来，我国固定资产投资一直增长较快。2010～2015年以年均15.11%的速度增长，2015年达561999.8亿元，其中国有资本、民间资本、港澳台和外商资本为主要投资主体，分别投入了139711.3亿元、399611.7亿元和22676.7亿元，分别占总资金投入的24.85%、71.11%和4.04%。无论是国有资本、民间资本，还是港澳台和外商投资，均呈增长态势，其中民间资本投入比例逐年上升，我国基础设施投融资来源进一步拓宽。2019年，固定资产投资增速虽然有所下降，但港澳台和外商投资却在增长（见表5－1）。

表5－1　2010～2019年全国固定资产投资资金来源　单位：亿元

年份	总计	国有资本	民间资本	港澳台和外商资本
2010	278121.85	83316.55	177597.86	17207.45
2011	311485.13	82494.78	210273.48	18716.86
2012	374694.74	96220.25	257651.48	20823.01
2013	446294.09	109849.92	314286.18	22157.99
2014	512020.65	125005.16	364028.40	22987.09
2015	561999.83	139711.30	399611.74	22676.79

①　参见《国家统计局相关负责人解读2019年主要经济数据：稳增长政策显效 高质量成色十足》，http：//www.ce.cn/xwzx/gnsz/gdxw/202001/19/t20200119_34153206.shtml。

续表

年份	总计	国有资本	民间资本	港澳台和外商资本
2016	606465.70	215086.70	365219.00	26160.00
2017	641238.40	234844.40	381510.00	24884.00
2018	645675.00	227609.00	394051.00	24015.00
2019	551478.00	215487.90	311159.00	24831.10

资料来源：国家统计局网站，各年《中国统计年鉴》、各年《中华人民共和国国民经济和社会发展统计公报》。

第四，城市交通基础设施投融资初见成效。根据《中国统计年鉴—2016》数据显示，截至2015年底，全国城市“道路面积”为717675万平方米，较上一年增加65.12%；“道路长度”达364978千米，较上年增长3.69%；“路网密度”达到1.91千米/平方千米；“运营线路总长度”达669639千米；“每万人拥有公交车数量”达到13.3辆/万人；“年公共汽车客运人次总数”达到8454295万人次①，城市交通基础设施网络得到了较大的改善，进一步提升了对国民经济发展的保障能力。近些年来，国家加大了交通基础设施建设力度，道路长度、路网密度等都大幅度增加。截至2019年末，全国“道路长度”，即铁路营业里程和公路总里程，分别为13.9万千米、501.25万千米，共计515.15万千米；其中，铁路里程数比上年增长6.1%，公路总里程比上年增加16.60万千米。“路网密度”也在增加，2019年全国铁路路网密度145.5千米/万平方千米，增加9.5千米/万平方千米；公路密度52.21千米/百平方千米，增加1.73千米/百平方千米；公路养护里程495.31万千米，占公路总里程98.8%②。

根据2016年发布的《中长期铁路网规划》，到2020年，我国铁路网规模要达到15万千米，其中高铁3万千米，覆盖80%以上的大城市，而且路网结构更加优化，其对经济社会发展的保障作用会越来越得到充分发挥。

---

① 参见国家统计局，《中国统计年鉴—2016》，http：//www.tjcn.org/tjnj/00zg/34700.html。

② 参见交通运输部，《2019年交通运输行业发展统计公报》，http：//xxgk.mot.gov.cn/2020/jigou/zhghs/202006/t20200630_3321335.html。

（二）社会资本参与城市交通基础设施建设的成效

在我国政府鼓励和倡导基础设施领域市场化改革、引入多元化主体，发挥公用事业“造血”功能的大背景下，各地积极出台政策进行基础设施领域投融资体制改革，为社会资本参与搭建平台，拓宽社会资本投资渠道，政府与社会资本合作项目进展迅速，已取得一定成果，主要体现在以下几个方面。

第一，PPP 相关政策法规体系不断完善。自提倡政府与社会资本合作建设基础设施以来，截至 2019 年 12 月 31 日，我国已出台 PPP 相关法律法规文件等共 174 个，基本形成了一个适用 PPP 项目建设的法律法规、国务院规范性文件、部门规范性文件、地方规范性文件以及指南和标准为一体的政策法规体系，如《国务院关于加强城市基础设施建设的意见》《国务院关于创新重点领域投融资机制鼓励社会投资的指导意见》《财政部关于在公共服务领域深入推进政府和社会资本合作工作的通知》等[①]。尤其是 2017 年 8 月出台的《基础设施和公共服务领域政府和社会资本合作条例（征求意见稿）》，表明我国的 PPP 项目相关立法取得了实质性的进展。这些法律法规及政策有助于正确理解 PPP 项目各参与方的定位、权责利及相互关系，使 PPP 项目实施更加规范，提高其效率。

第二，PPP 项目平台建设不断完善。当前我国已经建立了包含财政部政府与社会资本合作中心（PPP 中心）、中国政企合作投资基金股份有限公司（中国 PPP 基金），以及各地方基础设施投融资公司在内的 PPP 项目政策研究、信息化建设、投融资、统计等多方位的 PPP 平台。以湖南长沙为例，目前已有湘投控股集团、湖南发展投资集团、长沙市信息基础设施建设投资发展有限公司等一系列规模不等的基础设施投融资平台。

第三，社会资本积极参与城市交通基础设施建设，PPP 项目和数量不断增加。近些年来，我国社会资本参与城市交通基础设施建设的积极性较高，项目数量持续增加。2017 年 11 月以来，财政部、国务院国有资产监督管理委员会先后印发了《关于规范政府和社会资本合作（PPP）综合信息平台项目库管理的通知》《关于加强中央企业 PPP 业务风险管控的通知》等相关文件，对一些

---

① 参见陈召利，《中国 PPP 法律政策文件汇编（截至 2019 年 12 月 31 日）》，http：//www.law-lib.com/lw/lw_view。

不符合规范或不适合采用 PPP 的项目进行了清理，PPP 项目数量有一定减少。但随着各地新型城镇化进程加快，政府加大了基础设施建设的投入力度，PPP 项目数量和投资额不断增加，在各地推动基础设施供给侧结构性改革及助推经济高质量发展过程中的作用越来越重要。尤其是“互联网 +”的快速发展加大了对 PPP 模式的宣传力度，PPP 模式在各地各行业中得到广泛使用。

2014 年以来，全国政府和社会资本合作（PPP）综合信息平台管理库入库项目稳中有进。2020 年以来，受新冠疫情影响，入库项目虽有所减少，但项目质量有所提高。2014 年以来，截至 2021 年末，累计入库项目和签约落地项目分别为 10243 个和 7683 个，两类项目投资额分别为 16.2 万亿元和 12.8 万亿元，比 2020 年末累计额分别增加 8198 亿元和 1.3 万亿元，连续三年增长 5% 以上①。从签约落地国家示范 PPP 项目的行业集中度来看，2014 年以来，截至 2021 年末，累计进入运营期提供公共服务项目 1434 个，投资额 1.8 万亿元，比 2020 年末累计数分别增长 39.2% 和 7.7%，主要集中在市政工程、交通运输、城镇综合开发、生态建设和环境保护、水利建设等领域。从管理库内各行业 PPP 项目数及投资额来看，截至 2017 年 12 月底，交通运输类居于第二位，位居市政工程类项目之后，项目数为 1008 个，占管理库项目总数的 14.1%，投资额达 31824 亿元，占管理库项目投资总额的 29.6%。从签约社会资本的企业来看，截至 2017 年 12 月共签约 981 家，其中，民营企业 340 家，占比 34.7%②。由此可以看出，交通运输行业 PPP 项目投资额和入库数都出现了较快增长，而且社会资本尤其是民营企业参与交通基础设施建设的积极性不断提高。

（三）城市交通基础设施投融资存在的问题及原因

我国基础设施领域市场化改革虽然取得了诸多成效，但仍面临一些问题，其原因是多方面的。本部分主要对此进行分析。

1. 城市交通基础设施投融资存在的问题

总的来看，我国城市交通基础设施投融资体制改革仍然存在一些问题，主

① 参见财政部 PPP 中心，《全国 PPP 综合信息平台管理库项目 2021 年年报》，https：//www.chinappp.cn/newscenter/newsdetail_19821.html。

② 参见全国 PPP 综合信息平台项目库第 8 期季报、2018 年第 1 期季报（总第 10 期）、2018 年第 2 期季报（总第 11 期），http：//www.chinappp.org/sy。

要包括资金投入与产出效果不对等、基础设施投融资结构失衡、信用担保机制缺失和社会资本参与意愿低等。

（1）资金投入与产出效果不对等。我国每年投入大量资金用于基础设施建设，在交通领域的投资额仅次于市政公用基础设施领域，但是当前我国的交通基础设施领域的投资方式仍趋于粗放，投入与产出效果严重不对等。2010～2018年，我国城镇交通运输、邮政和仓储业①投资额占全部固定资产投资比重均在8%以上，但投资效果系数除2011年外均低于0.10（见表5－2），也就是说每投入100元资金用于交通运输、邮政和仓储行业，带动GDP增长额不足10元。由此可见，我国交通基础设施属于典型的“高投入、低产出”行业，交通基础设施投入与“造血”比例严重不匹配。同时，这也说明我国现阶段基础设施增长仍然是粗放式的，资本产出比例较低，资源利用效率不高。

表5－2　2010～2018年全国交通运输、邮政和仓储业投入与产出结果

年份	城镇交通运输、邮政和仓储业固定资产投资额（亿元）	占全部固定资产投资比重（%）	投资效果系数
2010	27820.00	10.00	0.08
2011	27260.00	8.76	0.11
2012	30296.00	8.09	0.06
2013	36194.00	8.10	0.06
2014	42984.00	8.38	0.06
2015	48972.00	8.71	0.04
2016	53628.00	8.84	
2017	61186.00	9.54	
2018	63572.30	9.85	

资料来源：国家统计局网站，以及2011～2018年的《中国统计年鉴》等。

① 因《中国统计年鉴》缺乏对交通运输行业投入与产出数据的单独统计，且与交通运输投入相比，邮政和仓储业投入额相对较低，因此本部分选取交通运输、邮政和仓储三个行业的合并数值进行分析。

（2）城市交通基础设施投融资结构失衡。其主要表现为城市基础设施建设领域地方政府配套资金投入多，中央政府配套资金投入少；国有资本是主要资金来源，社会资本参与程度低，投入资金量少；大型企业在城市交通基础设施领域资金供给能力强，中小企业融入城市交通基础设施建设项目的力度小；城市交通基础设施建设资金以各级政府自筹为主，利用外资和港澳台资金较少；所筹资金倾向于投向经济发达的中心城市，落后地区无论是资金获取途径和数额都远低于城市地区，地区间投融资结构失衡；传统基础设施领域仍存在重复建设现象，对新型基础设施领域的投入力度不足，新型基础设施投融资缺口较大。

（3）信用担保机制缺失。我国城市交通基础设施建设尚未摆脱追求高额投入和规模扩张的粗放型增长局面。如表5－2所示，2011年投资效果系数最高，但也仅为0.11。我国城市交通基础设施建设从粗放规模扩张型向质量效益型转变还存在较大的提升空间。这主要是由于交通基础设施建设项目资金回收期限长，且投入产出效率低等现实问题增加了政府和投融资机构维持信用、项目保留合理稳定的现金流的难度，容易导致项目较高的资产负债率，引发投融资机构风险管理不到位、经营不善等一系列问题；而且，政府部门自我约束不力以及对项目参与者监管不到位，容易引发“政府失灵”，滋生贪污腐败现象；基础设施产权划分不清晰，导致各参与方之间所分担的成本以及风险、应得利益难以衡量；各政府部门分割管理，缺乏统一调度、统一标准，难以对基础设施建设形成统一的推动力，同时提高了公共服务的均等化的难度等。

（4）社会资本投资增速趋缓。近些年来，我国社会资本投资固定资产增速呈逐年下降趋势，2015年降至10%以下，近几年也一直维持在10%以下，2016年更是下降到3.2%，随后虽然有所增长，但2019年又下降到4.7%（见表5－3）。这是由于我国经济由粗放式增长向内涵式发展转型的力度加大，经济增速趋缓，使得社会资本投资更加谨慎。此外，由于交通基础设施建设投资投入资金量大、回收期长、投资风险较大，加之行业准入标准较高，以及体制障碍等诸多问题至今尚未解决，也在一定程度上影响了社会资本投资量的增加。

表 5－3　　2010～2019 年全国民间资本固定资产投资增长率

年份	民间资本（亿元）	比上年增长（%）
2010	177597.86	27.38
2011	210273.48	18.40
2012	257651.48	22.53
2013	314286.18	21.98
2014	364028.40	15.83
2015	399611.74	9.77
2016	365219.00	3.20
2017	381510.00	6.00
2018	394051.00	8.70
2019	311159.00	4.70

资料来源：国家统计局网站，各年《中国统计年鉴》，各年《中华人民共和国国民经济和社会发展统计公报》。

2. 城市交通基础设施投融资存在问题的原因

我国交通基础设施投融资产生的诸多问题，究其原因是多方面的，如相关立法仍有待进一步完善、政府职能定位不明确、金融机构支持力度有待加强、投融资机构实力薄弱等。

（1）相关立法有待进一步完善。从政府鼓励和倡导社会资本参与基础设施建设以来，针对 PPP 项目的政策法规体系虽不断完善，但至今未出台 PPP 专项立法。目前，各地 PPP 项目在实施过程中主要以地方性规章为主，其法律层次较低，对国有资本和社会资本双方的约束力都较弱，对 PPP 项目的规范与指导作用不强。而且，即使是已出台的部门规章及实施细则，也大多停留在政府宏观调控层面，内容笼统简单，针对性不强，导致各项政策措施难以落实。尤其是，在传统的交通、能源等基础设施领域，仍以政府和国有资本投资为主，社会资本参与基础设施建设仍然面临“玻璃门”“弹簧门”等市场准入障碍，而现有规章制度尚未真正赋予社会资本与国有资本同等的法律地位，基础设施领域国有资本对社会资本挤出效应较强，这也是导致社会资本参与程度下降的重要原因。

（2）政府职能定位不明确。一是在我国城市交通基础设施建设过程中，政府既是项目参与主体，又是监管主体，PPP 项目合同对政府的约束力十分有限，容易侵犯社会资本的合法权益。二是政府部门对 PPP 项目的职能界限尚未明确，部门分割管理情况严重，导致重复监管、越位、缺位等一系列问题频繁产生。三是不同部门之间的联结机制尚未完全建立，难以对 PPP 项目建设形成高效、统一的推动力。四是在各政府部门之间，信息公开制度尚未建立，PPP 项目招投标信息不透明、政府与社会资本之间所获信息不对称，无法及时监控基础设施招投标过程中政府部门滥用权力、贪污、渎职等一系列违法行为，容易引发政府人员的道德风险问题。五是在基础设施建设与运营期间，政府法规变化、政府换届所带来的政策不连续问题也是导致社会资本对基础设施项目望而却步的原因。

（3）金融机构支持力度有待进一步加强。一是参与基础设施建设项目的金融机构相对较少，主要为政策性银行、国有银行和部分农村金融机构，其他金融机构对参与公益性较强的基础设施行业积极性不高。二是金融机构即使参与基础设施建设项目，其投入的资金规模较小，在基础设施资金来源中的占比较低，而且金融机构投资的 PPP 项目范围较窄，极少涉及公益性和准公益性项目。三是适合金融机构投入和开发的基础设施领域投融资产品较为有限，尤其缺乏针对城市交通基础设施这一类长期性项目的债务融资工具，而且现有的债务融资多为短期融资，不适应基础设施建设的要求。四是银行类金融机构对还款能力相对较弱、信用风险相对较大的寻求贷款的民营中小企业“惜贷”现象严重，贷款门槛较高，融资成本也相应较大。

（4）投融资机构实力薄弱。一是具备运营资格的基础设施投融资公司数量较少。当前我国全国性的基础设施投融资平台只有少数几家，各省基础设施投融资公司数量也相对较少，市县一级基本没有较为正规的基础设施投融资平台。二是现有基础设施投融资机构资产规模较小，总资产规模超过 1000 亿元的投融资公司极少，难以满足交通基础设施投入成本高、资金回收期长、管理与维护成本高的资金需求。三是现有的基础设施投融资机构本身资金实力较弱，在参与基础设施建设与运营的过程中，资不抵债的情况时常发生，防范和抵御风险的能力十分有限；而且投融资机构自身并未形成一套完整规范的管理与运营制度，其商业模式通常是不可持续的，在基础设施建设与运营期内，抵御风险能力较差。

二、交通基础设施建设不同融资方式的比较分析①

自20世纪90年代开始，我国基础设施领域通过借鉴欧美等发达国家的做法，积极推动基础设施领域的市场化改革，取得了一定成效，但依然存在诸多问题，其中最大的问题依然是融资困难。近年来，随着基础设施投融资体制机制创新进程的加快，交通基础设施建设投融资逐步形成了一种“中央投资、地方筹资、社会融资、利用外资”的模式，在很大程度上促进了交通基础设施建设的发展。本部分主要对交通基础设施建设现有不同投融资方式的优缺点进行比较分析，深入探讨我国目前发展交通基础设施建设长期债券面临的主要障碍，以期为我国交通基础设施建设投融资方式选择提供依据。

目前，我国交通基础设施建设常见的融资方式主要有财政拨款、信贷融资、PPP模式、信托融资、融资租赁、资产证券化、产业投资基金、长期债券等多种方式，而这些不同的融资模式各有其利弊。

比较而言，长期债券融资具有以下优势：一是成本低、使用时间长。相对于发行股票和银行贷款来说，长期债券筹资不改变股权结构，不分散公司的控制权，且因其利息的节税效应，可以在一定程度上节省融资成本；另外，长期债券因其期限长、金额大、利率低等特点，可以为基础设施建设低成本筹集大额资金（裘华鸣，2000）。二是风险小、吸引力强。交通基础设施建设长期债券一般以政府信用作为保障，偿债资金来源比较可靠和稳定，且含有减税等优惠政策，因而信用风险小、融资成本低，对投资者具有较大吸引力。三是适应能力较强。交通基础设施长期债券还债时间长的特点使其能很好地与城镇化建设资金需求相匹配，有助于合理规避与其他融资工具所带来的期限错配现象，有利于地方政府更加自主、合理地管理长期债务，防范风险。

由表5-4可以看出，交通基础设施建设通过发行长期债券进行融资有助于创建多元化的、有效的、可持续的融资工具，解决交通基础设施建设因资金需求规模大、使用期限长、融资成本高等引起的融资难等问题。因此，吸收和借鉴发达国家交通基础设施建设长期债券发展的成功经验，发展我国交通基础

---

① 参见陈银娥、李鑫和尹湘（2020）。

表 5-4 交通基础设施建设不同融资方式的比较

融资方式	适应范围	主要特点	优点	缺点	在我国的实践
财政拨款	适用于金融、信用体系相对欠发达的地区	由政府全局统筹管理	资金供给及时、有保障	无法满足大型基础设施建设的需要，经营管理效率相对较低	广泛应用
信贷融资	适用于信用及生产经营效益较好的企业	筹集速度快、借款弹性较大	程序简单、来源可靠	融资成本比较高、限制严格	应用较广
PPP 模式	适用于相关法律法规比较健全的地区	公私合作、利益共享、风险共担	减轻政府财政支出压力、降低项目建设与运营成本、优化资源配置	利益相关方众多，各方的利益难以协调	基础设施建设领域已引入并推广
信托融资	适用于法律较为健全完善的地区	投资方的投资回报比较优厚、合作灵活、产权清晰	门槛标准相对较低、手续简便、资金使用相对比较灵活	风险相对较高、融资成本较高	相关法律制度的缺失以及监管方式是信托发展的瓶颈
融资租赁	适用于公交、地铁等基础设施建设融资	期限长、风险小、收益稳定	为投资方带来稳定的现金流、吸引社会资本	资金成本较高及租金高，存在较大的金融风险、贸易风险和技术风险	广泛应用
资产证券化	适用于资本市场比较发达的地区	将原来不具有流动性的融资形式转变为流动性的市场融资	融资成本较低、降低投资者的风险、融资规模比较大	要有稳定现金流收入，还需要有风险隔离机制和比较发达的资本市场	在我国的实践仍存在一定困难
产业投资基金	适用于实业投资，如创业投资、企业重组投资及基础设施投资等	社会资本参与，参与各方收益共享、风险共担	形式灵活、汇集资本	相关法律不完善，导致风险较大	法制法规尚不够完善，专业人才比较缺乏，其发展受到制约
长期债券	适用于建设周期长、资金需求大的交通基础设施建设	融资成本低、信用风险小、偿债安全性高	资金使用周期长、融资吸引力强、与基础设施建设匹配度高	地方政府存量债务过重、缺乏国家统一管理、债券市场不完善	交通基础设施建设长期债券正在逐渐引入并推广

设施建设长期债券势在必行（王震，2014）。

三、中国发展交通基础设施建设长期债券面临的主要障碍[①]

在交通基础设施建设投融资实践中，我国先后通过发行国债、地方政府债券和企业债券等进行融资，取得了一定成效，“十二五”期间我国交通基础设施实现了“总体缓解”，并转向“基本适应”，为现代综合交通运输体系建设奠定了坚实基础[②]。但目前我国交通基础设施供给不足，尤其是总体质量不高。世界经济论坛（World Economic Forum）《全球竞争力报告 2019》（*The Global Competitiveness Report 2019*）显示，我国基础设施在 141 个经济体中排名 36，除铁路外，其他交通基础设施质量不高，与发达国家尤其是新加坡相比仍存在较大差距（见表 5 - 5），严重制约了对未来经济发展支撑作用的发挥。

表 5 - 5　　中国、美国、日本、新加坡交通基础设施状况比较

指标	中国		美国		日本		新加坡	
	得分	排序	得分	排序	得分	排序	得分	排序
公路基础设施质量	4.6	45	5.5	17	6.1	5	6.5	1
铁路基础设施质量	4.5	24	5.2	12	6.8	1	5.8	5
港口基础设施质量	4.5	52	5.6	10	5.8	5	6.5	1
民航基础设施质量	4.6	66	5.8	10	6.2	5	6.7	1

资料来源：World Economic Forum, The Global Competitiveness Report 2019, https://www.weforum.org/reports/the-global-competitiveness-report-2019-1.

为了进一步促进交通基础设施建设，从 2017 年开始，财政部、交通运输部先后印发了《地方政府收费公路专项债券管理办法（试行）》《关于做好 2018 年地方政府债券发行工作的意见》等相关文件，提出通过发行债券的方式筹集资金以推动交通基础设施建设。例如，发行期限最长可达 15 年的地方

---

① 参见陈银娥、李鑫和尹湘（2020）。

② 《深化供给侧结构性改革 建设现代综合交通运输体系》，中国交通新闻网，2017 年 2 月 23 日，http://www.chinahighway.com/news/2017/。

政府收费公路专项债券，以及最长可达30年的铁路建设债券。同时，不断增加政府长期债券品种，进一步完善地方债期限结构，鼓励各类投资者积极参与。但在实践中，考虑到市场承受能力及其他因素，目前我国交通债券发行期限以5年、7年和10年品种为主，与其他行业发行的债券区别不大，对交通基础设施这种建设周期长、资金需求量大的行业来说吸引力不强。

（一）中国发展交通基础设施建设长期债券存在的主要问题

总的来看，当前我国交通基础设施建设长期债券的发行仍面临诸多问题。一是我国目前仍将建设债券与企业债券相混淆，导致交通基础设施建设长期债券发行主体模糊，发行规模受限；二是交通基础设施建设长期债券担保问题突出，具有相关担保能力的企业较少；三是我国债券二级市场的流动性不强，投资者对长期债券投资信心不足；四是交通基础设施建设长期债券价格的设定缺乏市场依据，国债、企业债价格不能充分反映市场的利率水平，导致债券交易缺乏连续性，无法对交通基础设施建设长期债券进行科学定价；五是当前中国交通建设以中西部为主，财务收益率普遍不高，难以吸引长期投资者；六是交通基础设施建设长期债券发行仍缺乏适合的体制环境，地方政府公信力不高，民众对于地方政府发行的交通基础设施建设长期债券存在排斥心理。

（二）中国发展交通基础设施建设长期债券存在问题的原因

产生上述问题的原因主要有以下几个方面。

第一，体制机制仍不够完善。目前，交通基础设施建设长期债券发行仍缺乏适合的体制环境。一方面，自深化国有企业改革以来，地方政府承担了许多原国有企业的社会职能，其支出范围被大大扩展，如国有企业员工就业、养老问题；此外，提供完善公共服务以发展地方经济、提高人民生活水平等问题也都需要地方政府支出巨额资金。在此背景下，如果发行交通基础设施建设长期债券，有可能使其债务扩大化。另一方面，目前对地方政府干部的考核是一种短期性行为，仍主要以GDP为衡量标准。而发行交通基础设施建设长期债券见效速度慢，且效果难以量化评估，如果举债收益大且风险小，地方政府很有可能倾向于大幅举债。交通基础设施建设长期债券的发行如果控制不得当，很有可能成为地方政府增加可控资源、累积发展资本、提高在位政绩的手段。因此，地方政府客观存在的巨额资金缺口，片面以GDP为衡量标准及具有短期性特点的地方政府干部考核制度，使得地方政府发行交通基础设施建设长期债券行为容易引发地方官员个人理性与集体理性之间的冲突，激化地区之间的无序竞争，进一步加剧地方债务危机。

第二，金融市场不完善。一方面，交通基础设施建设长期债券的发行会部分替代市场上原有金融产品，冲击原有金融秩序；另一方面，也可能会因其发行制度的不完善而增加金融市场的不稳定性，使得其发行效益大打折扣，阻碍长期债券的发行。具体表现在以下几个方面：一是交通基础设施债券被归类于企业债券，其发行受《中华人民共和国公司法》（以下简称《公司法》）和《企业债券发行管理条例》（以下简称《条例》）约束。根据《公司法》和《条例》相关规定，基础设施债券发行企业业绩需要连续三年实现赢利，且人员独立。但在现实中，大部分从事基础设施建设的投资公司没有真正独立于政府，因此在债券实际发行过程中法律、法规和实际操作区别较大，债券的信用评级、担保人及利息安排等模糊不清，政府信用与企业信用交织，增加了投资者投资风险。二是目前我国对基础设施债券的担保条件与费用有较严格的规定。由于交通基础设施建设长期债券的发行规模和筹资份额较大，需要的担保额度也相应较大，而具有相关担保能力的企业较少，使我国交通基础设施建设长期债券的担保出现困难。三是当前准交通基础设施建设长期债券市场狭窄、品种稀少，其定价依据主要是国债、企业债和银行存贷款利率。而我国国债、企业债的价格不能充分反映市场的利率水平，用银行存贷款利率设定交通基础设施建设长期债券票面利率可靠性低，导致债券交易缺乏连续性，无法对交通基础设施建设长期债券进行科学定价。

第三，政府信用缺失。交通基础设施建设长期债券的发行需要以政府信用为依托，其核心是地方政府能够按时足额返还债务本息，以此吸引资金投入。但是，近年来由于地方政府官员错误的政绩意识、地方“官本位”现象的存在、地方政府责任界定模糊等多个因素，导致地方政府失信事件频频发生，严重降低了政府的公信力，使得民众对于政府行为缺乏信任，甚至可能对于政府发行的交通基础设施建设长期债券存在排斥心理。这在一定程度上降低了个人及企业的投资积极性。另外，交通基础设施建设长期债券发行的信用风险与其发债规模存在密切联系。交通基础设施建设长期债券有一般责任债券和收益债券等，分别以财政收入和项目带来的现金流作为担保，其资金流相对比较稳定，但其信用风险会随其发债规模的扩张而增加。如果任由地方债务扩张而不加以合理控制，政府将会面临很大的信用违约风险，从而阻碍我国交通基础设施建设长期债券的发行。

第四，地方政府发行长期债券缺少约束机制。地方政府为实现自身的财政目标和经济发展，会过多地发行长期债券进行交通基础设施建设，进而对宏观经济产生冲击。一是过多地发行地方交通基础设施建设长期债券可能会对金融稳定带来一定负面冲击。地方交通基础设施建设长期债券的发行虽然能丰富金融市场的债券品种、完善债券期限结构、扩展投融资方式，但与市场上原有的金融产品（如股票、其他债券品种）存在替代关系，短期内会分流证券市场以及债券市场的资金，影响原有股票和债券的发行；而且，目前地方交通基础设施建设长期债券配套监管审批制度尚未完善，其发行过程中任何一个环节出现纰漏都将对证券市场及债券市场带来无法估量的冲击，从而干扰正常的金融秩序。二是过多地发行地方交通基础设施建设长期债券可能会削弱中央政府宏观调控效果。地方政府的财政目标只有在高度集权的体制下才会与中央政府财政目标相一致，而目前我国实行的是中央与地方政府财政分权体制，地方交通基础设施建设长期债券的发行会提高地方政府的财政独立性，在一定程度上可能会削弱中央财政政策的效果，并对中央银行货币政策的实施形成一定的制约。三是过多地发行地方交通基础设施建设长期债券可能会对宏观经济运行的稳定性产生一定冲击。地方政府发行交通基础设施建设长期债券主要面向社会融资，用于当地的铁路、公路、航道等交通基础设施建设。长期债券尽管只是一个融资工具，但仍具备金融市场的“放大效应”，存在过度投资或投资过热的现象，因而发行过多有可能触发通货膨胀，引发金融危机和经济危机。

第三节　中国城乡基础设施建设与运营中的 PPP 模式

前述分析表明，我国基础设施建设与运营中，各地虽尝试采用了不同的融资模式，但依然存在一些问题。在社会资本参与基础设施建设与运营的实践中，PPP 模式逐渐发展成为最普遍的项目融资模式。因此，本节重点对 PPP 模式进行分析，以期为各地基础设施投融资提供参考。

一、中国城乡基础设施建设与运营中 PPP 模式的演变历程

改革开放以前，我国基础设施投融资体系是计划经济下高度集中的体系。新中国成立初期采取的是中央集权制，后来采用中央统一领导下的地方分权制。改革开放以后，我国投融资体制开始进行市场化取向改革，城乡基础设施投融资体制也逐步开始市场化融资，最初主要采用 BOT 模式，近几年开始普遍采用 PPP 模式。PPP 模式的引入经历了“先试点、后推广试点、再立法规范”的路线，其发展过程可以分为以下几个阶段。

（一）试点阶段（1983～1995 年）

我国基础设施投融资体制最初的改革探索主要是在基础设施建设中推行合同制，扩大国营施工企业的经营自主权，建筑安装工程实行招标投标等（王秀云，2008）。1983 年开始进行全面的基础设施投融资体制改革，开始引入市场机制，采取多种形式进行市场融资。

我国基础设施投融资市场化改革始于 20 世纪 80 年代初期，在实践中首先采取的是 BOT 方式。第一个试点项目为深圳沙角的 B 电厂，该项目引入香港财团，采取 BOT 这一方式进行运作。这一初步的探路工作进展顺利，自 1995 年开始仅花费四年就完成了预定的所有交接工作。

（二）推广试点阶段（1995～1998 年）

深圳 B 电厂 BOT 模式的成功引起其他地方纷纷仿效，国家对项目的相关管理也进一步规范。第二批 BOT 试点项目有成都第六水厂、长沙电厂、来宾 B 电厂等。此次试点由国家交通部、电力部门、计划委员会三大部门共同推动，并联合颁布了《关于外商投资特许权项目审批管理试办的问题通知》（1995 年）。以此为基础，相关部门经过充分的实地调研、市场研究及理论后，进一步推出了《关于以 BOT 方式吸引外商投资的通知》（1995 年）。这些相关条例的推出进一步明确了 BOT 融资模式在我国社会经济发展尤其是基础设施建设与运营中的作用，同时对于如何采用 BOT 方式吸收外商投资于基础设施领域、有效降低项目风险、规范项目招商和审批、提高项目建设和运营质量等进行了规定，这同时也是有力的保障。

推广试点阶段实施的BOT项目数量大幅增加，分布范围也更加广泛，主要分布在黑龙江、辽宁、河北、天津、广东等地。这一阶段的BOT项目主要采用固定投资回报方式，在很大程度上缓解了地方政府基础设施的建设和运营资金紧张的压力。

（三）固定投资回报的整顿阶段（1998～2002年）

BOT项目的扩大试点虽然取得了一定成效，但由于缺乏专门的相关法律法规，尚未形成相关法律法规体系，BOT项目的调整及一些问题的解决缺乏明确的相关法律法规依据，导致BOT项目的实施面临诸多制约。于是，国家开始对已经试点的BOT项目进行调整整顿。例如，针对短时间内集中出现且外商所获投资回报没有变化的情况，政府于1998年、2001年、2002年先后颁发了《关于加强外汇外债管理开展外汇外债检查的通知》《关于进一步加强和改进外汇收支管理的通知》《关于妥善处理现有保证外方投资回报项目有关问题通知》等文件，要求各级地方政府及相关单位对BOT项目的实施办法进行整改，禁止BOT项目中采取固定投资回报的方式。这些政策文件实际是要求各级政府应抓住这一吸引外资形势良好、资金相对充裕、融资成本较低的有利条件，采取有力措施，妥善地处理BOT项目实施中存在的固定回报问题。通过调整之前制定和签署的合同，积极地从客观角度解决项目投资存在固定回报这一问题。同时，对于项目收益不足或亏损情况，采用“改”“转”“购”“撤”等方案，实现用项目外的资金支付外方的投资回报。经过这一阶段的调整整顿，我国BOT项目的实践逐步进入规范发展阶段。

（四）PPP全面开放阶段（2002年至今）

中共十六届三中全会后，我国进入全面完善社会主义市场经济体制改革阶段，基础设施投融资的市场化改革进一步深入，一个重要举措就是进一步放宽基础设施产业市场准入条件，鼓励社会资本参与城乡基础设施建设与运营。具体表现为：一是对内开放的民间资本与对外资开放的民间资本一样，全面开放公用事业；二是鼓励民营企业积极参与国有公用企业改制和融资体制改革；三是创新融资方式，开辟融资渠道。为此，各级行政部门先后制定了富有针对性的规定和政策。

这一阶段，各地经过不断尝试和试点，普遍采用PPP模式进行基础设施建设与运营。例如，2002年深圳将公共设施这一过去完全由政府主导建设的项目转变为公共投资建设项目，利用招标方式出售国有企业一部分股份，且这一份额超过了半数的国有企业。同年7月，政府转让股票，私有部门成功获得了六条公交车的运行线路管理，我国公共交通运输开启了新的运营方式。此后，杭州湾大桥项目、深圳地铁四号线和北京地铁四号线等先后采用PPP模式。PPP模式在我国基础设施领域得到广泛应用，合作项目和投资规模不断增加，尤其是交通基础设施建设领域的PPP项目更多，在我国经济社会发展中起着非常重要的作用。

二、PPP模式的类型

各国及国际组织依据PPP项目资产归属、项目运营职责分配等因素对其运作模式进行了分类，共有10余种，如世界银行将其分为服务外包、管理外包、租赁、特许经营、BOT/BOOT和剥离六大类。结合我国PPP项目的实际，可以将PPP项目分为三大类：外包类、特许经营类和私有化类。这三大类又有多种不同的具体运作模式、主要特征、合同期限等，具体可见表5-6。各地可以根据具体项目的特点及需要，选取不同的PPP模式。

表5-6　中国PPP模式分类

大类	具体运作模式	主要特征	合同期限
外包类	管理合同（Management Contract，MC）	政府将部分公共基础设施的运营、维护及用户服务职责授权给私营部门，资产所有权仍归政府所有，私营部门收取管理费	一般不超过3年
	委托运营（Operation and Maintenance，O&M）	政府将部分公共基础设施的运营维护职责委托给社会资本，资产所有权仍归政府所有，只向私营部门支付委托运营费	5~8年
	建设—移交（Building Transfer，BT）	投资人负责进行投融资及保质期内用户服务和工程维护，政府拥有资产所有权，分期偿还资金或以土地抵债	不确定

续表

大类		具体运作模式	主要特征	合同期限
特许经营类		建设—经营—移交（Build Operate Transfer，BOT）或建设—拥有—经营—移交（Build Own Operate Transfer，BOOT）	私营部门获取公共部门授予的特许权，负责进行投融资，在特许期限内拥有资产所有权和运营维护的责任；期限届满，则无偿移交给公共部门	25～30年
		转让—运营—移交（Transfer Operate Transfer，TOT）	公共部门将建设好的项目的产权和经营权有偿转让给私营部门，由其进行运营管理；私营部门在约定期限内通过经营收回全部投资并得到合理的回报，特许期满后项目交回给政府部门或原单位	8～15年
		改建—运营—移交（Rehabilitate Operate Transfer，ROT）	政府部门将水务设施移交给私营部门，由其负责既有设施的运营管理及扩建/改建项目的资金筹措、建设及运营管理，特许期满后全部设施无偿移交给政府部门	20～30年
私有化类	完全私有化	购买—更新—经营（Purchase Upgrade Operate，PUO）	私营部门出资采购现有的项目，并对其进行扩建和运营，资产所有权归私营部门；公共部门对其进行监督管理，并确保基础设施的公益性	永久
		建设—拥有—经营—转让（移交）（Build Own Operate，BOO）	政府部门将项目交由社会资本或项目公司投资、建设，项目公司永久拥有和经营，但有公益性的约束条款，受政府管理和监督	永久
	部分私有化	股权转让	政府部门将某基础设施的一部分所有权出售给社会资本或项目公司，前者一般仍然处于控股地位，二者共同承担项目运营的各种风险	永久
		合资兴建	政府部门和社会资本共同出资建设基础设施，私营部门通过持股获利及选举董事会成员管理该项目，前者一般仍然处于控股地位，二者共同承担项目运营的各种风险	永久

资料来源：中债资信．PPP系列专题研究之一：PPP模式定义及在国内外发展情况概述［OL］．http：//bond.hexun.com/2015－01－16/172452304.html，2015－01－16.

三、中国城乡基础设施建设与运营中运用 PPP 模式的优势

PPP 模式的核心是实现合作双方的互利共赢。从 PPP 模式在各国的具体实践来看，与传统融资方式相比，PPP 模式具有以下优势。

（一）减轻政府财政支出压力，提高政府公共物品供给效率

我国基础设施项目一直由地方和中央政府拨出财政资金进行建设。当前，随着社会经济的快速发展，城乡基础设施建设需求不断增多，政府财政难以满足其需要。尤其是一些缺乏经济效益、融资难度巨大的项目，通过采用 PPP 模式，政府可以缓解财政资金不足的压力，同时将政府部门所面临的部分风险及项目的合理收益等转移给私营部门，提高项目的成功率。同时，政府部门可以借鉴私营部门先进的管理经验，拓展其创造性技能，提高政府公共物品供给效率，提高公共服务水平和服务质量。

（二）降低项目建设与运营成本，拓宽收入来源渠道

作为经济人的私营部门，追求利润最大化是其最终目标。在 PPP 模式中，私营部门逐利的这种特性可以激励私营部门通过制定最佳方案、引用先进设备、改善管理等方式降低成本，提升效率，获得更多利润。同时，促进私营部门不断进行创新，加强管理，减少无谓的开支，创新技能和专业能力，降低风险，拓宽收入来源渠道。

（三）优化资源配置，提高效率

在 PPP 模式下，私营部门可通过有效的合作最大限度降低项目的各种风险，如借助政府承诺能有效地进行融资，降低融资的风险和难度，并且政府的一些政策手段（如税收优惠）可以减少运营风险，降低风险控制成本，提高运营效率。同时，政府通过引入竞争机制，有竞争性地选择投资人，让更具有活力的私营部门参与基础设施建设与运营，可以在项目整个周期内对私营部门进行持续的激励，促使私营部门降低成本，提高效率，从而促进资源优化配置。

总之，在基础设施项目中，政府和私营部门通过建立合作伙伴关系，共同参与可行性分析、项目的识别等前期工作，并在项目的建设、运营等整个过程中相互协助，实现两者的优势互补，互利共赢。

四、中国城乡基础设施建设与运营中 PPP 模式的应用前景

PPP 模式虽然具备自身优势，但并不适用于所有项目。在 PPP 模式下，政府担任选择者和确定者的角色，政府应基于服务特性和投资的公用物品对项目能否采用 PPP 模式进行合理的分析。

一个项目是否适合采用 PPP 模式，有四种分析指标，即技术的复杂性、设施的规模、生产或消费的规模、收费的难易程度。基于这些分析指标，并根据现有 PPP 项目的实践经验可知，项目技术越复杂、资金投入越大、规模越大、收费越容易，民间资本参与的程度就越高。早前的 PPP 模式主要应用于轨道交通、海港、城市公交、机场和公路等大型交通基建项目，近年来 PPP 模式也开始运用于污水处理、电力、供水、供气以及教育医疗甚至国防等领域，而且其应用范围越来越广，具有广泛的发展前景。

从全球各国基础设施建设与运营的发展趋势来看，PPP 模式已经成为一种非常有效的工具，其存在的根本目的就是解决政府财政资金不足、国有企业垄断经营的缺陷。PPP 模式在风险、效率、质量、资金等方面具有强大的优势。在我国，PPP 模式正被广泛运用，扩展到教育、医疗卫生、能源、环保、交通等公用设施领域，不断地创造更多的投资浪潮。

第一，教育领域。我国虽然推行九年义务教育，但是教育投入比例低。要想解决大部分农村地区的基础教育难题，实现教育的全覆盖化和均衡发展，进一步推进我国社会经济的可持续发展，全面建成小康社会，全面提高高等教育水平和条件等，政府部门应与私人资本进行合作，共同出资，携手合作，以便更快捷、更高效地解决一连串的教育发展问题。

第二，医疗卫生领域。我国人口众多，但基础卫生资源和优质卫生资源都严重不足且分布极其不均匀，“看病难”“看病贵”的问题依然存在。这一问题的根本在于医疗资源的供给严重不足。因此，在医疗卫生领域，可以考虑适当地引入 PPP 模式。比如，将医院划分为提供服务和基础医疗设施两个部分，再根据基础设施和服务的不同，选择适合的 PPP 管理模式，利用国内外社会资金，有针对性地发展能满足人民群众需要的卫生医疗，同时提高医院管理水平，有效或从根本上解决“看病难”“看病贵”的问题。

第三，能源、环保领域。这是 PPP 模式运用的重点和热点领域。我国在

固体废物处理、燃气管网、污水处理等方面的投资大多采用 PPP 模式，可再生能源和新能源的大量开发和利用与节能减排等领域也采用 PPP 模式，带来了新一轮的投资热潮。

第四，交通领域。交通包括公路、轨道交通、铁路、港口和航道等，其中最重要的当属城市轨道交通的建设。2010 ~ 2015 年，超过 5000 亿元投资聚集在这一领域，完成项目总长度超过 2000 千米。预计到 2050 年，我国的城市轨道交通线路总长将达到甚至超过 4500 千米，由此可见，轨道交通的发展前景十分可观；与此同时，我国的公路、铁路、机场、港口和航道等交通基础建设相比发达国家仍有较大的差距，因此，在 PPP 模式下，交通基础设施蕴含着巨大的发展空间。

另外，在农村基础设施领域，如农村公用事业、农村交通水利、电网、粮食仓储设施、区域性农产品批发（交易）市场，以及农业污染治理、水生态环境保护等多个方面，PPP 模式都有很大的发展空间。尤其是，随着互联网金融的发展，通信技术等基础设施的需求增加，PPP 模式在这些领域也有着广泛的应用前景。

第四节　中国社会养老事业发展中 PPP 模式的运用

养老事业发展具有公益性和服务性，主要分为机构养老、家庭养老和社会养老等。发达国家养老服务发展历程表明，社会化养老服务已经成为未来养老事业发展的趋势（张川川、陈斌开，2014），其养老服务已经由政府单一供给逐渐变为政府、社区、社会组织共同承担，政府主要保障养老社会体系建设和引导养老产业发展等。社会养老主要通过社会途径，由家庭之外的国家、集体、社区及社会组织以社会制度进行养老保障，其实现途径主要有老年社会保障、老年社会福利、老年社会服务、机构养老等（姜向群、张钰斐，2006）。随着我国人口老龄化进程加快，养老需求服务不断增加。传统公办养老机构体制机制僵化、养老服务机构供需矛盾突出、农村养老十分薄弱，在社会养老事业中引入 PPP 模式显得尤为必要。本节主要分析社会养老事业发展中应用 PPP

模式的必要性与可行性，通过对我国社会养老事业中 PPP 模式应用现状的深入剖析，探寻社会养老事业发展中 PPP 模式所面临的困境及其形成的原因，以期为我国社会养老事业发展中 PPP 模式的运用提供依据。

一、中国社会养老事业发展应用 PPP 模式的现实依据

我国养老服务一直主要由地方和中央政府财政拨款进行建设，资金投入相对不足已经严重阻碍了其发展。目前，我国养老服务供给不足，养老服务专业化水平供给质量不高，难以满足多样化的养老服务需求，因此有必要引入社会资本参与。在社会养老事业中引入 PPP 模式有助于社会养老事业的进一步扩大，同时提升社会养老服务水平，优化政府管理水平，提升政府管理绩效水平。而我国经济的快速持续发展为社会养老事业发展中引入 PPP 模式提供了可行性。

（一）促进社会养老事业发展

一方面，社会养老事业发展中引入 PPP 模式有利于吸引社会资本进入，减轻政府提供养老金服务的资金预算压力，转移政府部门所面临的部分风险；另一方面，政府让渡部分权益，使投资方获得合理的预期收益，有助于提高项目合作的成功率。最重要的是，政府与私营部门进行合作有利于学习私营部门灵活、先进的管理经验，提高政府部门管理效率及公共服务质量。

总之，社会养老服务中采用 PPP 模式可以实现政府与私营部门的双赢。例如，通过借助政府的承诺及其公信力和税收优惠，私营部门能够降低融资风险和难度，减少运营风险，提高运营效率；同时，政府部门引入竞争机制，吸引多个社会资本参与竞争，选择更具活力的私营部门参与社会养老服务，可以促使私营部门降低成本，提高效率；另外，在养老事业发展中应用 PPP 模式可以拓宽融资渠道，提升养老服务供给量，进而缓解养老服务供求矛盾。

（二）提升社会养老事业服务水平

首先，民间资本的引入有利于推动养老服务的供给侧结构性改革，如根据养老服务需求的差异提供不同层次的养老服务，将逐步优化现阶段的养老服务供给结构，进而缓解“床位难求”与“床位空置”的结构性矛盾。其次，PPP 养老事业项目试点及逐步推广有助于产生一批专业水平高、管理运营经验丰富

的专业 PPP 项目公司，从而促进养老企业的崛起、养老服务品质的提升。再次，通过发展 PPP 养老服务项目产业链，有助于建立乡镇养老服务供给体系，构建城乡一体化的社会养老服务体系，进一步提升社会养老事业的服务水平。

（三）优化政府职能

社会养老事业发展中引入 PPP 模式有利于促进政府职能转变及管理水平的提升。政府为保证 PPP 项目养老服务的质量，一般会认真挑选 PPP 项目合作者，同时对养老服务项目严格规范定价标准，并对各项目价格实行管制，以确保老人的基本权益不受损害；同时，政府对私营部门的服务内容和运作程序提出要求和标准并进行规范。这要求政府必须及时了解市场需求并根据市场需求变化对项目合作相关条款进行调整等，这无疑有助于政府管理能力的提高。此外，在养老事业发展中应用 PPP 模式可以有效控制各级政府负债率，进一步规范地方政府举债行为，提高地方政府公共管理绩效。

（四）经济快速发展为养老事业发展中 PPP 模式的应用提供了可行性

在社会养老事业发展中引入 PPP 模式的可行性主要表现在以下三个方面。

第一，养老机构服务的属性与 PPP 模式使用项目的特征相匹配。养老机构服务的准公共产品性质，以及养老机构建设投资多、利润低、需要政府财政资金支持的特点决定了在养老机构服务中引入 PPP 模式后可以大大提高其供给效率和专业化水平。

第二，我国民间资本的快速发展也为养老事业中引入 PPP 模式提供了可能。近些年来，我国经济的高速增长带来了人们收入的大幅度增加及民间资本的增长。据统计，截至 2021 年末，全国社会融资规模存量 314.1 万亿元，比上年末增长 10.3%[①]。这为政府利用 PPP 模式进行养老机构建设提供了比较充足的资金来源；而 PPP 模式下政府部门与民间资本双方共赢的机制有利于实现民间资本的保值增值。

第三，社会养老事业发展中引入 PPP 模式有利于拓宽社会资本投资渠道，促进投资主体多元化，实现投融资机制创新，提高资源配置效率。

---

① 参见国家统计局，《中华人民共和国 2021 年国民经济和社会发展统计公报》，http://www.stats.gov.cn/tjsj/zxfb/202202/t20220227_1827960.html。

二、中国社会养老事业应用PPP模式的现状

我国社会养老事业发展实践进行过多渠道融资的各种尝试，PPP模式逐渐成为最受欢迎且最为普及的融资方式。

新中国成立后，随着我国老龄事业的发展，尤其是作为我国养老服务体系一大支柱的养老机构，一直受到政府及社会各界的关注和重视。国家在不同时期先后出台了一系列政策和相关法规，以推动和规范养老机构的发展。例如，新中国成立初期先后出台了《中华人民共和国老年人权益保障法》《农村五保户供养工作条例》及相应的规章制度等，为老龄事业的发展奠定了法律基础。改革开放以来，随着我国经济体制改革的不断推进，社会保障制度及社会福利制度进行了市场化取向改革，养老机构及养老服务的改革也在不断推进，其整体思路是社会福利社会办，社会养老尤其养老PPP项目获得快速发展，PPP模式逐渐成为缓解养老供求矛盾、促进供给侧结构性改革的重要力量。为此，政府先后颁布了一系列规章制度，如《关于鼓励民间资本参与养老服务业发展的实施意见》《关于运用政府和社会资本合作模式支持养老服务业发展的实施意见》《加大力度推动社会领域公共服务补短板强弱项提质量 促进形成强大国内市场的行动方案》等。这些政策及规章制度的颁布无疑为我国养老事业发展中PPP模式的应用减少了障碍，同时也为其发展提供了广阔的空间。但是，相比而言，目前我国社会养老事业发展中PPP项目数量占比较低，融资规模增长仍有较大空间。

（一）社会养老事业PPP项目数量占比较低

我国社会养老事业发展中PPP项目的应用数量与国家政策的鼓励等密不可分。第一个PPP养老项目始于2012年，2013年先后颁布的系列相关政策为社会养老采用PPP模式创造了有利的政策条件和外部环境。因而，PPP养老项目在2014～2015年出现井喷式增长，项目数量由2014年的1680个迅速增长至2015年底的6997个。2016年PPP项目库建立后，PPP养老项目的发展进入平稳增长阶段。截至2020年2月末，PPP项目管理库共有入库项目9457个，其中涉及养老产业项目共106个，仅占全国PPP项目总数的1.12%。位居PPP模式应用前三的项目分别是市政工程（3804个）、交通运输（1317个）、生态建设和环境保护（926个）领域，分别占比40.22%、13.93%和9.79%。相

比而言，社会养老事业中 PPP 项目数量较少，仅多于林业（81 个）、农业（71 个）和社会保障（32 个）；相较于同是公共服务领域的保障性安居工程（148 个）、医疗卫生（265 个）、教育（450 个），其项目数量占比例较低（见表 5－7）。

表 5－7　　2020 年 2 月末全国 PPP 项目情况

领域	数量（个）	占比（%）
市政工程	3804	40.22
交通运输	1317	13.93
生态建设和环境保护	926	9.79
城镇综合开发	613	6.48
教育	450	4.76
水利建设	400	4.23
旅游	327	3.46
医疗卫生	265	2.80
文化	201	2.13
政府基础设施	197	2.08
保障性安居工程	148	1.56
其他	137	1.45
科技	136	1.44
能源	129	1.36
体育	117	1.24
养老	106	1.12
林业	81	0.86
农业	71	0.75
社会保障	32	0.34
总计	9457	100

资料来源：全国 PPP 综合信息平台项目管理库，2020 年 2 月 29 日，http://www.cpppc.org:8082/inforpublic/homepage.html#/projectPublic。

从列入全国PPP综合信息平台项目管理库的养老项目来看，我国养老PPP项目具有两个明显特征。一是数量不足，地域分布不均衡。截至2018年10月31日，养老PPP项目最多的省份为山东和河南，分别为19个和11个；其次是云南（7个）和贵州（6个）。大多数省份的项目数在5个以内，而包括上海在内的8个省份的项目数为零。根据养老项目子行业划分，养老项目主要由医养结合、老年福利公寓和互联网养老等二级行业构成，其中医养结合项目数量占比第一（47%），其次是老年福利公寓（45%），各项目之间的差异性较小，同质化程度较高①。二是养老服务质量较低、设施功能不完善、收费定价机制不透明等，其实际服务供给效果并不理想。可见，养老产业中PPP模式的发展具有很大潜力。

（二）养老PPP项目融资规模稳步上升

近年来，我国PPP项目的融资规模发展态势猛烈。PPP项目的融资总规模在2016年达到6.37万亿元，占全球融资总额的89.5%②，已成为世界上最大的PPP市场。但养老PPP项目发展缓慢，总量偏少。截至2020年2月29日，全国公共服务领域（包括文化、旅游、体育、医疗卫生、养老、教育六个领域）PPP项目库入库项目数达1466个、投资额达12886亿元，旅游、教育、医疗卫生PPP项目融资规模位列前三，其融资额分别为4664亿元、2553亿元和2035亿元，分别占全国PPP项目投资总额（截至2020年2月29日，全国PPP项目总投资额为143917亿元）的3.24%、1.77%和1.41%，而养老产业投资额为706亿元，仅占全国PPP项目总投资额的0.49%（见表5-8）。从PPP项目的中标主体来看，国有企业是最重要的社会资本方，其中标项目占总成交量的51.0%；民营企业占比位列第二，为35.3%，港澳台企业占比为2.0%，外商占比为0.5%，另有类型不易辨别的其他企业的占比为11.3%③。

由此可以看出，自2016年以来，我国养老PPP项目正处于快速增长期，项目融资规模稳步提高，虽然项目总数量和融资总规模位居全球第一，但仍与当前及未来的市场需求量不匹配。目前只有山东和河南等少数省份的养老PPP

---

① 根据财政部政府和社会资本合作中心以及国家发改委相关数据整理得出。

② The World Bank Group. Public-Private Partnerships. http://data.worldbank.org/country.

③ 参见全国PPP综合信息平台项目管理库，http://www.cpppc.org:8082/inforpublic/homepage.html#/projectPublic。

项目较多，大部分地区尚未有大规模养老 PPP 项目；而且养老事业发展中 PPP 项目整体投入不足，养老事业发展中 PPP 模式的应用受到一定程度的限制。

表 5-8　2020 年 2 月末全国公共服务领域 PPP 项目情况

领域	数量（个）	投资额（亿元）	占总投资额比重（%）
教育	450	2553	1.77
旅游	327	4664	3.24
医疗卫生	265	2035	1.41
文化	201	1886	1.31
体育	117	1042	0.72
养老	106	706	0.49
总计	1466	12886	

资料来源：全国 PPP 综合信息平台项目管理库，2020 年 2 月 29 日，http：//www.cpppc.org：8082/inforpublic/homepage.html#/projectPublic。

三、中国社会养老事业发展中 PPP 模式面临的困境

我国社会养老事业发展过程中采用 PPP 模式已成为一种趋势，但其应用面临着诸多困境，主要为资金投入不足、民间资本收益较低、价格较高等。

（一）资金投入不足

据统计，目前我国养老机构投融资公司的数量和规模都较低，主要是省级平台的城投公司，县域级别的投融资公司数量不多；现有的投融资公司总资产规模大多在几十亿元到几百亿元不等，超过 1000 亿元的大规模投融资公司比较少。由于养老产业前期投入成本大、运营周期长、投资回报较慢，且运营时的管理成本较高，其建设、发展、维护及运营的资金需求较大，小规模投融资公司一般难以满足需要，容易出现项目资金供需失衡的现象。而且，目前现有的 PPP 项目投融资公司的运行大多是商业运行模式，容易导致资不抵债。这些严重影响了社会养老 PPP 项目的融资能力和风险抵御能力。

另外，我国金融机构的投资力度也存在不足。由于金融机构一般会投向投

资回收期短、报酬率高的行业和企业，生产成本高、运行周期长、回报较慢的养老产业显然不是其首选投资对象，因此金融机构一般不愿意参与养老服务，对带有福利、公益性质的养老产业项目投入较少，支持力度不足。

（二）民间资本收益较低

社会养老事业发展 PPP 项目中，因利益和风险分担机制不健全，导致民间资本收益较低，社会资本投入积极性不高。首先，由于养老事业具有很强的公益性质，而 PPP 模式强调政府与私营部门全过程合作，这会使合作双方的利益受到影响，进而使原有的利益格局重新调整；另外，私营部门追求的投资成本和回报效率与养老事业的长投资回报周期二者之间也将相互制约权衡，其经济效益和时间成本将会影响私营部门进入养老 PPP 项目的信心和决策。其次，养老事业是一项政府提供的社会保障事业，我国 PPP 项目多用于基础设施建设领域，养老 PPP 项目数量较少，政府对于涉及较多利益相关方的养老 PPP 项目经验不足，难以准确把握并区分项目利益边界，容易出现项目协调困难、项目利益和风险分配不合理等现象。再次，PPP 模式强调风险共担，但由于 PPP 项目风险点较多，加之养老产业周期长，在项目立项、招投标、投资建设以及运营管理的整个过程中，政府和私营部门双方都希望自己尽可能承担最小风险且获得最大收益。在养老 PPP 项目实施过程中，若无法有效区分合作双方各自所需要承担风险的合理边界，无法有效通过定量分析区分风险承担比例，容易导致合作双方在遇到问题时相互推脱责任。总的来说，这些困境使养老产业 PPP 项目中民间资本收益较低，因而影响了合作双方的积极性。

（三）价格制定不合理

养老事业不仅仅是公共产品的供给，更是一种公共服务的提供，存在服务类型和服务登记的区别，因而收费标准和方式与传统项目差别较大。由政府出资创办的传统养老机构由于政府较多注重养老服务的公益性而控制了服务价格，因而能够保障各收入阶层老年人的人均养老需求。养老事业引入 PPP 模式后，政府需要负担高额的监督和管理费用。这使得政府可能会为了自身政绩而加入行政色彩，从而降低养老服务的公益性，使政治利益和经济利益分配不合理，因而很可能增加交易费用，导致资源配置严重扭曲，其最终结果是价格制定不合理，无法保障老年人的权益。

养老服务是一种公共服务，具有一定的公益性。而私营部门一般基于投资回报率、投资回报周期等逐利性动机，往往忽视了养老服务的公益色彩。现行PPP养老模式以使用者付费为主，因而定价偏高。而老年人通常支付能力整体较弱，难以享受到PPP模式提供的优质服务。据统计，目前农村老人的养老经济来源主要由其家庭成员供养，一部分为其劳动收入或退休金、养老金；城市老人一般享有养老金和社保，其比例一般高于农村老人，但相比其所居住的城市生活水平，也难以负担养老PPP项目较高的养老费用。较高的PPP养老项目服务价格也增加了政府与社会资本的合作难度。

社会养老事业发展过程中，PPP模式应用遇到的一系列困难在一定程度上阻碍了养老PPP项目的发展。

第五节　节能减排中PPP模式的运用

随着工业化和城市化进程的快速推进，我国生态环境遭到破坏，由此产生的环境问题阻碍了经济社会的可持续发展，也不利于经济发展方式的转变。面对日益严峻的环境和资源压力，节能减排成为一项长期而艰巨的任务。目前，我国在应对节能减排方面存在较大的资金供需矛盾，如何有效突破节能减排的资金瓶颈，拓宽节能减排多元化投资渠道，成为节能减排目标实现与否的重要保证。在这样的背景下，PPP模式因其相较于传统投融资模式显现出来的巨大优势而受到越来越多的关注和研究。例如，在财政部2014年12月公布的30个政府和社会资本合作模式（PPP）示范项目中，涉及节能减排的项目有13个，占比达到43.3%。一方面，这说明政府和社会多方主体对节能减排领域引入PPP模式的关注与期许；另一方面，这也从实践方面说明了在节能减排工程中引入PPP模式具有一定的可行性及发展潜力。湖南省湘潭经济技术开发区九华污水处理厂的一期工程项目列入首批30个试点项目，属于节能减排示范工程中的污水处理工程，具有一定的代表性。本节基于湖南省节能减排投融资现状及其绩效的分析，阐述节能减排领域运用PPP模式的原则及机制①。

① 参见“长沙市节能减排PPP模式研究”（项目编号：1－43010100）最终成果，以及陈建伟、陈银娥（2016）。

一、湖南省节能减排投融资现状

随着我国经济体制改革以及绿色经济和新常态经济发展要求，湖南省节能减排投融资体制机制逐步建立、发展和完善。随着投融资体制的完善与改进，湖南省节能减排投资规模也在逐年增加，呈现上升趋势。

湖南省环境污染治理投资总额从 2008 年的 91.4 亿元增加至 2017 年的 219.3 亿元，投资总额增加 127.9 亿元，年均增幅为 15.5%；2008 年环境污染治理投资占 GDP 的比重为 0.82%，2009 年高达 1.12%，2010 年开始回落，2017 年回到 0.63% 的水平（如表 5－9 所示）。从投资结构来看，节能减排投资主要包括城市环境基础设施投资和工业污染源治理投资，城市环境基础设施投资总额占比环境污染治理投资总额的平均值为 63.7%，成为节能减排投资的主要领域。工业污染源治理投资总额从 2008 年的 14.4 亿元增加至 2015 年的 26.1 亿元，2017 年回落到 8.6 亿元。其中，水污染治理和大气污染治理投资平均占到总投资的 84.8%，是工业污染治理的两个重点领域。2017 年工业污染源治理完成投资为 8.61 亿元，其中，治理废水 1.4 亿元、治理废气 6.61 亿元、治理固体废物 0.02 亿元、治理噪声 0.06 亿元、治理其他 0.51 亿元（见表 5－10）。

根据《中国环境统计年鉴》统计数据汇总，可得出湖南省工业污染源治理投资来源情况（见表 5－11）。2008 年，工业污染源治理投资为 14.39 亿元，其中，排污费补助为 0.27 亿元、政府其他补助 0.34 亿元、企业自筹 13.79 亿元，三类投资资金来源分别占比 1.9%、2.3% 和 95.8%。可见，工业污染源治理投资主要靠企业自筹，且企业自筹资金中来自银行贷款的金额为 0.84 亿元，只占 6.1%。2010 年，三类投资资金来源占比分别变为 4.6%、2.8% 和 92.5%。虽然企业自筹所占比例有所下降，但企业自筹资金中来自银行贷款的占比增加至 15.9%。这说明湖南省的节能减排投融资渠道逐渐多元化，银行的参与度不断提高，而企业自筹的高占比暗示着巨大的社会资本投资空间。随着各省份逐渐建立排污权有偿使用制度，排污费补助所占比重提高了 1.42 倍。2011 年 4 月 6 日，湖南省排污权交易中心与长沙电厂和株洲的株洲电厂、株洲冶炼集团分别签订“主要污染物排污权交易合同”，标志湖南省排污交易权试点工作正式启动，据统计，签约合同中 SO_2 的交易额达到 0.225 亿元。

表 5-9　　2008～2017 年湖南省节能减排投资结构　　单位：亿元

项目	2008年	2009年	2010年	2011年	2012年	2013年	2014年	2015年	2016年	2017年
环境污染治理投资总额	91.40	146.40	106.60	127.30	190.30	233.90	213.70	537.60	200.40	219.30
城市环境基础设施投资	52.50	90.30	62.10	90.10	130.20	167.20	167.80	161.30	133.90	161.50
燃气	4.87	5.21	6.42	13.09	8.66	11.11	15.75	11.75	11.27	12.12
集中供暖	0.00	0.00	0.00	0.00	0.00	0.00	0.00	0.00	2.97	0.24
排水	13.61	42.72	19.55	24.50	27.79	50.74	51.66	61.49	59.82	53.06
园林绿化	19.17	32.92	22.82	29.09	56.97	53.02	64.21	69.64	47.97	71.78
市容环境卫生	14.81	9.48	13.35	23.46	36.78	52.37	36.14	18.46	11.89	24.30
工业污染源治理投资	14.40	13.40	13.80	9.70	18.00	23.40	17.30	26.10	12.70	8.60
工业污染源治理完成投资	14.39	13.38	13.79	9.70	17.96	23.37	17.34	26.14	12.70	8.61
治理废水	5.83	6.63	5.92	5.02	4.83	5.30	2.37	3.57	3.20	1.40
治理废气	7.34	5.90	6.38	3.18	7.85	14.36	13.32	12.61	8.11	6.61
治理固体废物	0.69	0.54	1.12	0.89	0.42	0.38	0.36	0.21	0.01	0.02
治理噪声	0.16	0.04	0.05	0.17	0.03	0.01	0.00	0.03	0.00	0.06
治理其他	0.38	0.27	0.31	0.44	4.83	3.32	1.29	9.74	1.39	0.51
环境污染治理投资占 GDP 的比重（%）	0.82	1.12	0.66	0.65	0.86	0.95	0.79	1.86	0.64	0.63

资料来源：2009～2018 年历年《中国环境统计年鉴》和《中国统计年鉴》。

表 5-10　　2008～2017 年我国节能减排投资结构　　单位：亿元

项目	2008年	2009年	2010年	2011年	2012年	2013年	2014年	2015年	2016年	2017年
环境污染治理投资总额	4490.30	4525.30	6654.20	7114.00	8253.50	9516.50	9575.50	8806.40	9219.80	9539.00
城市环境基础设施投资	1801.00	2512.00	4224.20	4557.20	5062.70	5223.00	5463.90	4946.80	5412.00	6085.70

续表

项目	2008年	2009年	2010年	2011年	2012年	2013年	2014年	2015年	2016年	2017年
燃气	163.54	182.17	290.78	444.09	551.81	607.90	574.04	463.11	532.02	566.67
集中供暖	269.68	368.67	433.25	593.34	798.07	819.48	763.05	687.80	662.52	778.33
排水	495.96	729.80	901.56	971.63	934.08	1055.00	1196.05	1248.49	1485.48	1727.52
园林绿化	649.82	914.86	2297.04	1991.94	2380.04	2234.86	2338.53	2075.44	2170.89	2390.23
市容环境卫生	222.03	316.47	301.59	556.23	398.64	505.75	592.20	471.99	561.11	623.00
工业污染源治理投资	542.60	442.60	397.00	444.40	500.50	867.70	997.70	773.70	819.00	681.50
工业污染源治理完成投资	542.64	442.62	396.98	444.36	500.46	867.66	997.65	773.68	819.00	681.53
治理废水	194.60	149.46	129.55	157.75	140.34	124.88	115.25	118.41	108.24	76.38
治理废气	265.70	232.46	188.19	211.68	257.71	640.91	789.39	521.81	561.47	446.26
治理固体废物	19.69	21.85	14.27	31.39	24.75	14.05	15.05	16.15	46.67	12.74
治理噪声	2.84	1.41	1.42	2.16	1.16	1.76	1.10	2.79	0.62	1.29
治理其他	59.82	37.43	62.00	41.38	76.49	86.06	76.86	114.53	102.00	144.87
环境污染治理投资占GDP的比重（%）	1.49	1.33	1.66	1.50	1.59	1.67	1.51	1.28	1.24	1.15

资料来源：2009～2018年历年《中国环境统计年鉴》和《中国统计年鉴》。

表5-11　　2008～2010年湖南省工业污染治理投资来源情况　　单位：万元

来源	2008年	2009年	2010年
工业污染源治理投资	143905	133806	137949
排污费补助	2678	6951	6402
政府其他补助	3350	2669	3956
企业自筹	137877	124187	127590
银行贷款	8429	3732	20344

注：受统计数据限制，2011年之后《中国环境统计年鉴》不再对投资来源进行统计，故本研究只呈列了2008～2010年的数据。

资料来源：2009～2011年历年《中国环境统计年鉴》。

二、湖南省节能减排绩效评价

对节能减排绩效评价所涉及的指标体系构建及评价方法等，目前已有的研究成果主要集中于节能减排指标体系构建，科学的节能减排指标体系有待进一步完善。本书结合相应的指标体系，从地区节能减排绩效评价和地区环境治理效率评价两个角度综合反映湖南省节能减排的进展。

（一）地区节能减排绩效评价

湖南省紧紧围绕调整产业结构，坚持控制高耗能行业过快增长不放松，大力推动淘汰落后产能，节能减排工作取得较好成绩。2019 年湖南省六大高耗能行业综合能源消费量5160.4 万吨标准煤，比上年增长1.9%，六大高耗能行业增加值增长5.4%；2021 年六大高耗能行业增加值增长4.8%，占规模以上工业的比重为30.2%。其中，长沙市六大高耗能行业综合能源消费量257 万吨标准煤，比上年下降4.2%。[①] 由于在节能减排与财政政策整合方面的力度和效果比较突出，长沙市入选八大节能减排国家首批示范城市之一，也是中部唯一入选省会城市。投资逐年增加，节能减排效果也逐年得到改善，从投入—产出的角度来考虑，究竟湖南省和长沙市节能减排绩效如何？通过专门测算效率值的数据包络分析（data envelopment analysis，DEA）中的超效率 DEA，评价湖南省和长沙市的节能减排绩效，从而探析湖南省和长沙市节能减排绩效各投入产出指标值的基本情况及综合绩效状况，为更好地制定合理的对策建议提供有益参考。

1. 研究方法与指标体系设计

现有被广泛应用于各类系统投入产出效率评价的参数方法是数据包络分析。本部分主要运用考虑技术效率的综合技术效率 DEA-Malmquist 指数模型。DEA 模型可以用来评价多投入（输入）决策单元与多产出（输出）决策单元之间的相对有效性，DEA-Malmquist 指数模型可以分析全要素生产率的跨期变动情况，其中全要素生产率 = 技术效率 × 技术进步，由此将全要素效率的变动分解为技术效率和技术进步两个部分。当 DEA-Malmquist 指数 >1 时，说明被评价对象存在进步趋势，评价效率值为正，且值越大，地区节能减排效果越

---

① 参见《湖南省2019 年国民经济和社会发展统计公报》和《湖南省 2021 年国民经济和社会发展统计公报》，http：//www. hunan. gov. cn/hnszf/zfsj/zfsj. html。

好。当 DEA-Malmquist 指数 =1 时，代表地区节能减排效果历年来因没有进步也没有退步而保持效率不变，且效率为 0。当 DEA-Malmquist 指数 <1 时，则地区节能减排效率为负值，不仅没有进步，反而在退步，节能减排效率缺乏。DEA-Malmquist 指数模型评价出的效率值将更加符合实际情况。其中，DEA 模型运用的是超效率 DEA 模型，因为它能运行出效率值大于 1 的效率值，超效率 DEA 模型表达式见式（5.1）。

$$
\min\theta
$$

$$
\text{s. t.}\begin{cases}\sum\limits_{\substack{i=1\\ j\neq i}}^{n} X_j\lambda_j + S^- = \theta X_o \\ \sum\limits_{\substack{i=1\\ j\neq i}}^{n} Y_j\lambda_j - S^+ = Y_o \\ \lambda_j \geqslant 0, j = 1,2,\cdots,k-1,k,\cdots,n \\ S^- \geqslant 0, S^+ \geqslant 0\end{cases} \tag{5.1}
$$

式（5.1）中，X，Y 分别为投入（输入）和产出（输出）变量；λ 为有效决策单元（decision making unit，DMU）中的组合比例，表示规模效益，大于 1 为规模递增，小于 1 为规模递减，等于 1 则为规模效益不变；S 表示松弛变量，有正负之分，S^+ 为输出亏量（代表有盈余），S^- 为输入超量（代表投入超量）；最后，θ 表示决策单元的效率值，决策单元投入产出水平是否有效的临界值为 1，当 $\theta \geqslant 1$ 时，且 $S^-=0$ 和 $S^+=0$ 同时满足，说明效率水平实现了投入产出有效并达到最佳水平，而当 $\theta<1$（$S^-\neq 0$ 和 $S^+\neq 0$ 至少满足一个）时，则表明决策单元投入产出效率非有效，需要做出相应的改进来提高投入产出效率。

节能减排绩效评价投入方面涉及资本、劳动力及能源等；产出方面包括经济产出和环境产出，其中地区生产总值为最基本的经济产出，污染物排放、环保产业收入和“三废”综合利用产品价值为环境产出，但污染物排放属于非期望产出，因此可以作为投入指标。基于此，本部分选取资本存量、劳动力、能源消耗和非期望产出污染物排放作为节能减排绩效评价体系的投入指标，地区 GDP 和“三废”综合利用产品价值为产出指标。指标体系的确定具体说明如下。

一是投入指标。采用国际上通用的永续盘存法来测算资本存量，单位为亿元；用各地区从业人员表示劳动力投入，单位为万人；用年能源消费总量表示能源投入，单位为万吨标准煤；节能减排中污染物排放主要涉及化学需氧量（COD）和二氧化硫（SO_2），考虑到能源消耗也产生大量的二氧化碳（CO_2），因此，本部分将 CO_2 纳入环境污染物排放指标体系，三个环境污染物排放指标的单位都为万吨。

二是产出指标。地区生产总值（GDP）单位为万元；“三废”综合利用产品产值[①]单位为万元；“三废”产品综合利用产品价值属于期望产出，既能直接促进减排，也能间接实现节能；环保产业收入单位为亿元。

2. 数据选取

本部分选取 2008～2017 年我国 30 个省（区、市）[②] 作为节能减排效率测算的决策单元。资本存量测算指标所涉及的固定资产投资额、新增固定资产投资额、劳动力投入中的地区从业人员人数、“三废”综合利用产品产值等数据来源于历年《中国统计年鉴》，能源投入中的能源消费总量来源于历年《中国能源统计年鉴》，环保产业收入和环境污染物排放指标中的 COD、SO_2 来源于历年《中国环境年鉴》和《中国环境统计年鉴》，CO_2 排放量根据历年《中国能源统计年鉴》中的煤炭、原油、天然气的一次消费总量间接测算得出[③]。各指标数据分析如表 5－12 所示。

在测算资本存量时，国内外研究通用“永续盘存法”（张军、吴桂英和张吉鹏，2004），即 $K_{it} = K_{it-1}(1-\delta) + I_{it}$。

其中，K_{it} 表示 i 地区 t 期的固定资本存量，K_{it-1} 表示 i 地区 $t-1$ 期的固定资本存量，I_{it} 表示 i 地区 t 期的新增固定资产投资额，δ 表示折旧率（按照惯例假定各类固定资产的残值率为 5%）。通过公式测算得知，湖南省 2008～2017

---

① 由于《中国统计年鉴》自 2010 年后不再对指标值“‘三废’综合利用产品产值”进行统计，为了间接观察 2011 年和 2012 年的节能减排效率，本部分在 2010 年“三废”综合利用产品产值的数据基础上乘 1.2 倍，得出 2011 年的“三废”综合利用产品产值虚拟值；同理得出 2012 年的数值。

② 由于西藏数据缺失较多，故剔除该样本。

③ 二氧化碳（CO_2）排放总量的计算公式为：$CO_2 = \sum_{i=1}^{3} CO_{2,i} = \sum_{i=1}^{3} E_i \times NCV_i \times \delta_i$，式中 CO_2 为估算的二氧化碳排放量；$i=1, 2, 3$ 分别表示三种一次能源（煤炭、原油、天然气）；E 为三种一次能源的消耗量，NCV 为我国三种一次能源的平均低位发热量；δ 为根据联合国政府间气候变化专门委员会（IPCC）提供的碳排放系数计算的有效二氧化碳碳排放系数。

年的资本存量分别为7897.06亿元、9671.61亿元、11148.23亿元、12808.12亿元、14810.01亿元、17387.71亿元、19919.83亿元、22726.04亿元、24897.93亿元和27258.94亿元，均值为16852.55亿元，年均增幅为14.76%，高于全国30个省（区、市）资本存量均值（13517.11亿元）。湖南省能源消费总量从2008年的12355万吨标准煤增加至2017年16171万吨标准煤，均值为15115.10万吨标准煤，略高于全国30个省（区、市）能源消耗均值（13958.00万吨标准煤）。从湖南省能源消费结构来看，2008年煤炭消费10169万吨、原油消费614.11万吨、天然气消费8.23亿立方米，2017年煤炭、原油和天然气分别消费12404.56万吨、770.13万吨和26.98亿立方米，增长幅度分别为21.98%、25.41%和227.83%。由此可见，湖南省能源消费结构不断得到优化，煤炭消费增长量不断减少，天然气消费比例逐渐增大，燃料消耗结构的优化对污染物排放起着一定的抑制作用。从非期望产出指标的CO_2排放总量来看，湖南省CO_2排放量均值为25219.38万吨，低于全国30个省（区、市）CO_2排放量均值（32113.39万吨），较之少6894.01万吨。湖南省COD和SO_2的排放量从2008年的88.46万吨、84.0万吨分别减少至2017年的57.58万吨和21.46万吨，均值分别为99.64万吨和62.04万吨，COD和SO_2的排放显著降低，降低幅度分别为34.91%和74.45%。湖南省"三废"综合利用产品产值由2008年的59.63万元增加至2017年的322.92亿元，均值为161.60亿元，高于全国30个省（区、市）的均值（108.58亿元）。

表5-12 全国30个省（区、市）节能减排投入产出各指标均值

省份	资本存量（亿元）	从业人员（万人）	能源消费总量（万吨标准煤）	COD（万吨）	SO_2（万吨）	CO_2（万吨）	GDP（亿元）	"三废"利用产品价值（万元）
北京	7614.67	720.57	6852.70	13.49	8.39	7128.59	18904.30	75621.25
天津	8520.77	163.78	7440.50	17.04	19.07	13797.60	13073.63	348026.87
河北	21429.58	729.85	28557.90	91.44	115.61	61756.08	25834.79	1995949.86
山西	8360.67	404.40	18417.60	37.33	113.71	68638.15	11393.40	778915.58
内蒙古	10409.58	397.97	17907.60	55.02	120.93	66272.67	14680.73	493040.32

续表

省份	资本存量（亿元）	从业人员（万人）	能源消费总量（万吨标准煤）	COD（万吨）	SO_2（万吨）	CO_2（万吨）	GDP（亿元）	"三废"利用产品价值（万元）
辽宁	15050.71	799.69	21187.60	84.86	92.78	54591.72	22444.09	628068.67
吉林	9188.48	445.00	8313.80	52.80	33.85	22586.51	11544.96	706941.31
黑龙江	9362.13	405.79	11730.70	92.67	45.72	32440.64	12933.83	605829.45
上海	8611.32	845.63	11179.60	21.70	23.19	17656.40	21476.46	314206.66
江苏	34096.82	2422.85	27994.10	96.98	89.63	61418.76	56765.77	4028260.84
浙江	19879.33	1815.74	18182.40	61.87	55.72	36324.74	35880.72	5217423.75
安徽	16842.56	744.99	11064.20	67.97	46.68	30690.43	17710.54	1044032.22
福建	14747.50	728.31	10954.50	51.30	33.96	19445.36	20784.65	693384.43
江西	11838.62	681.57	7353.20	60.72	49.68	15279.11	13401.14	1065297.34
山东	34369.47	1618.50	36109.00	122.84	150.31	98645.47	51714.68	3426008.88
河南	24803.61	871.05	22089.50	95.83	110.89	51880.56	30624.26	1368379.57
湖北	17118.16	1077.23	15837.20	80.42	54.73	28565.81	23188.17	1492409.09
湖南	16852.55	724.18	15115.10	99.64	62.04	25219.38	22837.20	1616037.67
广东	24379.13	2343.93	28446.30	133.97	77.05	46429.72	60591.70	1141110.72
广西	10935.87	526.61	8816.30	75.86	54.81	15848.61	13280.09	930835.35
海南	2566.30	131.46	1660.30	14.23	2.68	4634.37	2946.57	58749.96
重庆	11391.08	649.21	8375.30	32.02	55.12	12243.58	12147.21	531914.49
四川	20229.72	949.52	18984.50	97.95	83.89	23306.34	24360.28	868246.55
贵州	7176.47	350.65	9143.60	28.22	98.05	24657.07	7772.37	331868.65
云南	9838.81	581.33	9682.20	42.21	56.60	17376.29	10760.81	1205632.15
陕西	13064.07	433.50	10293.50	39.49	71.54	36872.04	14562.93	518992.24
甘肃	5148.09	280.19	6745.70	27.04	49.87	16511.38	5590.11	416918.04
青海	2093.45	69.60	3411.50	8.81	13.91	3761.55	1903.30	98375.25
宁夏	2298.47	107.30	4638.90	17.13	33.58	15859.95	2353.15	178746.48
新疆	7295.30	261.71	12254.60	46.59	66.82	33562.90	7550.33	393606.12
均值	13517.11	742.74	13958.00	58.92	63.03	32113.39	19633.74	1085760.99

3. 评价结果分析

本部分采用 Maxdea5.2 软件对 2008～2017 年的数据进行测算，得出我国 30 个省（区、市）节能减排绩效的 DEA 评价结果（见表 5－13）。从表 5－13 可知，湖南省节能减排绩效均值排名第八，天津、北京、浙江、上海、广东、江苏和河北位列湖南之前，占据前七位，贵州排名最后。2008～2017 年，湖南省节能减排效率分别为 0.583、0.577、0.622、0.652、0.676、0.680、0.710、0.749、0.954 和 1.117，排名依次为第 12 位、第 10 位、第 9 位、第 11 位、第 9 位、第 11 位、第 10 位、第 10 位、第 4 位和第 7 位，在全国的排名总体来看在不断上升，由 2008 年的第 12 名上升到了 2016 年的第 4 名，2017 年排名略有回落。从 DEA 有效角度分析得知，全国各省（区、市）目前还处于非 DEA 有效状态，即节能减排绩效较差，投入较多，但产出较差，还没实现有效产出，但总体而言产出有效度在逐年提高。

表 5－13　2008～2017 年全国 30 个省（区、市）节能减排绩效测算值

省份	2008 年	2009 年	2010 年	2011 年	2012 年	2013 年	2014 年	2015 年	2016 年	2017 年	均值	均值排名
北京	0.644	0.659	0.714	0.819	0.872	0.947	0.906	0.916	0.968	1.645	0.909	2
天津	0.661	0.687	0.736	0.862	0.946	0.995	1.042	0.997	1.068	1.227	0.922	1
河北	0.680	0.468	0.611	0.663	0.718	0.855	0.870	0.842	0.867	0.890	0.746	7
山西	0.604	0.531	0.578	0.642	0.585	0.561	0.559	0.593	0.629	1.130	0.641	13
内蒙古	0.628	0.596	0.627	0.683	0.667	0.584	0.523	0.659	0.658	0.675	0.630	15
辽宁	0.423	0.419	0.448	0.509	0.510	0.528	0.568	0.730	1.026	1.310	0.647	12
吉林	0.477	0.460	0.478	0.584	0.577	0.629	0.643	0.674	0.719	0.713	0.595	20
黑龙江	0.548	0.472	0.485	0.555	0.525	0.529	0.640	0.817	0.805	0.840	0.622	18
上海	0.583	0.619	0.707	0.797	0.829	0.843	0.867	0.859	0.944	1.581	0.863	4
江苏	0.593	0.586	0.621	0.688	0.717	0.739	0.803	0.854	0.905	0.980	0.748	6
浙江	0.696	0.703	0.776	0.844	0.851	0.855	0.861	0.856	0.925	1.687	0.905	3
安徽	0.461	0.458	0.496	0.567	0.597	0.638	0.668	0.681	0.719	0.753	0.604	19
福建	0.585	0.607	0.624	0.655	0.661	0.737	0.741	0.765	0.790	0.829	0.699	9

续表

省份	2008年	2009年	2010年	2011年	2012年	2013年	2014年	2015年	2016年	2017年	均值	均值排名
江西	0.498	0.496	0.546	0.603	0.646	0.696	0.709	0.720	0.779	0.833	0.653	11
山东	0.641	0.618	0.626	0.677	0.699	0.718	0.719	0.709	0.740	0.819	0.697	10
河南	0.572	0.517	0.544	0.602	0.599	0.628	0.642	0.670	0.718	0.770	0.626	16
湖北	0.584	0.551	0.572	0.605	0.602	0.595	0.607	0.650	0.709	0.753	0.623	17
湖南	0.583	0.577	0.622	0.652	0.676	0.680	0.710	0.749	0.954	1.117	0.732	8
广东	0.726	0.730	0.801	0.880	0.903	0.894	0.849	0.823	0.832	0.840	0.828	5
广西	0.577	0.522	0.536	0.613	0.611	0.644	0.669	0.693	0.733	0.722	0.632	14
海南	0.492	0.487	0.546	0.573	0.603	0.601	0.640	0.628	0.671	0.702	0.594	21
重庆	0.376	0.380	0.413	0.463	0.478	0.558	0.571	0.583	0.620	0.646	0.509	26
四川	0.436	0.402	0.450	0.539	0.552	0.580	0.624	0.633	0.706	1.009	0.593	22
贵州	0.510	0.484	0.500	0.490	0.463	0.447	0.452	0.452	0.451	0.495	0.474	30
云南	0.522	0.461	0.473	0.523	0.542	0.548	0.564	0.651	0.712	0.778	0.577	24
陕西	0.468	0.463	0.506	0.559	0.558	0.607	0.631	0.636	0.665	0.722	0.581	23
甘肃	0.548	0.528	0.483	0.500	0.492	0.472	0.451	0.437	0.454	0.598	0.496	27
青海	0.426	0.399	0.454	0.456	0.442	0.463	0.483	0.559	0.559	0.539	0.478	29
宁夏	0.421	0.401	0.437	0.475	0.491	0.533	0.518	0.516	0.544	0.584	0.492	28
新疆	0.453	0.438	0.515	0.557	0.522	0.539	0.562	0.541	0.574	0.429	0.513	25
均值	0.547	0.524	0.564	0.621	0.631	0.655	0.670	0.696	0.748	0.887	0.654	—

为更好观察全国30个省（区、市）节能减排的动态分布状态，本部分绘制了全国30省（区、市）节能减排绩效核密度图（见图5-1）。从图5-1可知，在样本考察期内，密度函数中心随时间变化逐渐向右移动，说明节能减排绩效在逐年提高。样本考察期内峰值随时间逐年减小，波峰宽度分布越来越宽，这种变化态势说明节能减排地区差距在不断扩大。由2008年的“单峰”演变成2017年的“双峰”，说明节能减排绩效存在“俱乐部趋同”现象，且逐渐出现两极分化现象，高值区和低值区的差距在增大，但高值区与高值区、低值区与低值区内部的差别在逐渐缩减。

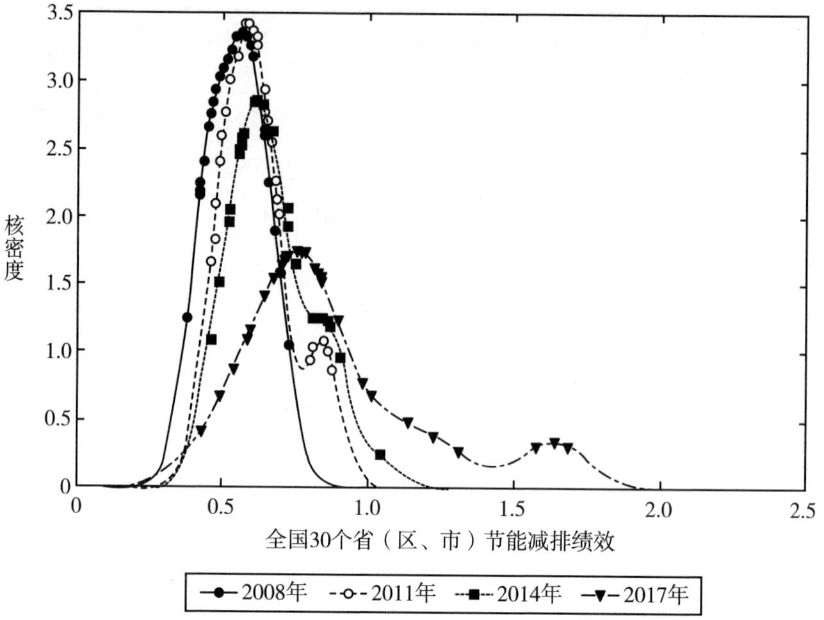

图 5-1　全国 30 个省（区、市）节能减排绩效核密度

为了实现更高要求的节能减排指标，长株潭正在通过综合奖励资金整合、加大中央资金和地方财政资金投入，减少污染排放，推进新能源和可再生能源利用规模化进程。“十三五”以来，湖南省大力推进制造强省建设和生态文明建设，以绿色制造体系建设和节能环保产业培育发展为重点，突出抓好百家企业节能节水改造工程、节能监察、清洁生产、工业副产品综合利用等重点工作，全省工业绿色发展水平不断提升。2017 年，全省单位规模工业增加值能耗比 2015 年累计下降 12.6%，已完成“十三五”目标的 70%。全省规模工业综合能源消费量 6040 万吨标准煤，以 1.7% 的能耗增长支撑了 7.3% 的规模工业增长。工业节能降耗取得了积极的成效，为生态文明建设做出了积极的贡献[①]。

然而，即便湖南省在节能减排工作中有所成就，也超额完成了“十一五”

① 参见湖南省经信委，“湖南（郴州）节能减排和新能源产业博览会开幕式启幕”，湖南省人民政府门户网站，2018 年 6 月 11 日，http：//www. hunan. gov. cn/hnszf/hnyw/20180408_sxhy/wrfz/sxzxd/szbm_2/201808/t20180820_5075960. html。

规划和“十二五”规划目标要求；但从投入产出角度来看，湖南省节能减排绩效仍未能实现有效产出。总体而言，湖南省节能减排绩效接近 DEA 有效，但还没达到 DEA 有效状态，处于投入产出无效状态。目前，湖南省关注的焦点在于实现节能减排指标的要求，较少关注节能减排的绩效问题，因而提高节能减排绩效显得尤为重要。

（二）地区环境治理效率评价

为探讨湖南省环境污染治理效率，本部分将从要素投入产出的视角构建污染治理投资的投入—投入产出指标体系，运用上述 DEA-Malmquist 指数模型来探讨湖南省和长沙市的环境污染治理效率，以期为湖南省提升环境污染治理效率提供有益的理论意义和实践参考价值。

1. 指标体系的确定与数据选取

工业污染治理活动主要涉及经济投入和环境产出。当获得最优的环境产出时，经济投入越少，则环境污染治理效率越高。经济投入指标主要是工业污染治理本年完成投资额，环境产出指标主要包括废水减排效果、废气减排效果、固体废物减排效果和“三废”综合利用产品价值。具体说明如下：

第一，投入指标。投入指标主要是工业污染治理本年完成投资额（万元）。本部分所指的工业污染治理投资只包括治理“三废”（废水、废气和固体废物）投资和治理其他投资，由于治理噪声投资在相关年鉴中没有用产出指标加以衡量，故不加以考虑。

第二，产出指标。废水减排效果采用废水治理设施处理能力（万吨/日）①指标加以衡量，具体包括工业 SO_2 排放达标量（万吨）和工业烟（粉）尘排放达标量（万吨）两个指标②；固体废物减排效果采用固体废物综合利用量（万吨）加以衡量；“三废”综合利用产品产值的单位为万元。

基于与上述节能减排同样的考虑，本书选取 2008～2017 年我国 30 个省（区、市）作为环境污染治理效率的决策单元。指标数据主要来源于历年《中

① 2010 年至 2015 年废水治理设施处理能力改为“工业废水设施处理能力”，2015 年后又改为“污水处理总能力”，单位不变。

② 各个统计年鉴在 2010 年后不再统计“工业 SO_2 排放达标量”“工业烟尘排放达标量”“工业粉尘排放达标量”这三个指标，本书使用“工业 SO_2 排放量”和“工业烟（粉）尘排放量”来替代 2010 年后的指标值。

国环境年鉴》《中国统计年鉴》《中国环境统计年鉴》。

2. 各指标数据分析

各指标数据如表5-14所示。从投入指标来看，湖南省2008~2017年工业污染源治理完成投资年均值为15.68亿元，其中治理废水投资、治理废气投资和治理固体废物投资年均值分别为4.41亿元、8.57亿元和0.46亿元，治理其他投资年均值为2.25亿元，占比分别为28.13%、54.66%、2.93%和14.35%，其中废气和废水治理占比高达82.78%。全国30个省（区、市）2008~2017年工业污染源治理完成投资年均值为21.51亿元，其中治理废水投资、治理废气投资和治理固体废物投资年均值分别为4.38亿元、13.72亿元和0.74亿元，治理其他投资年均值为2.68亿元，占比分别为20.36%、63.78%、3.44%和12.46%，其中废气和废水治理占比高达84.15%。由此可知，废气和废水治理是湖南省，也是全国工业污染治理的重点领域。其中，湖南省治理废水投资额略高于全国均值，治理废气投资额低于中部地区均值。湖南省在治理废水领域有着更为成功的经验、资质成熟的企业和业绩良好的治理工程，因此废水治理投资额占比高于全国平均废水治理投资额占比。

从输出指标来看，对于废水排放与治理，湖南省2008~2017年的废水治理设施处理能力从2008年的1132万吨/日降至2017年的566万吨/日，废水治理设施处理能力均值为1006.86万吨/日，高于全国30个省（区、市）废水治理设施处理能力均值（792.72万吨/日），这与湖南省治理废水投资力度下降有关。而对于废气排放与治理，湖南省工业SO_2排放达标量从2008年的59.2万吨降至2017年的15.02万吨，均值为51.17万吨，略低于全国30个省（区、市）工业SO_2排放达标量均值（52.9万吨）。湖南省工业烟（粉）尘排放达标量从2008年的71.7万吨减少至2017年的15.75万吨，年均下降幅度为15.5%，均值为42.31万吨，高于全国30个省（区、市）工业烟（粉）尘排放达标量均值（35.18万吨）。对于固体废物排放与治理，湖南省固体废物综合利用量均值为4500.27万吨，低于全国30个省（区、市）均值（5984.65万吨）。

表5-14　全国30个省（市）环境污染治理效率投入产出各指标均值

省份	治理废水投资（万元）	治理废气投资（万元）	治理固体废物（万元）	治理其他投资（万元）	废水治理设施处理能力（万吨/日）	工业 SO_2 排放达标量（万吨）	工业烟（粉）尘排放达标量（万吨）	固体废物综合利用量（万吨）
北京	3856.20	46913.50	344.00	13984.40	216.55	4.23	2.44	760.26
天津	20924.60	85330.50	4885.25	47861.30	219.65	16.92	6.69	1618.14
河北	43590.00	273255.10	1623.13	27508.80	2835.46	108.96	103.65	17628.57
山西	51152.40	250542.60	19380.40	53297.50	701.01	93.79	94.36	14953.52
内蒙古	41905.80	282131.00	12781.40	32734.00	442.38	100.98	56.47	10312.83
辽宁	34683.40	143209.40	4043.00	13168.90	1643.40	79.98	62.25	9984.14
吉林	16775.10	64046.30	1094.33	10373.10	309.70	27.23	25.98	2878.49
黑龙江	22890.50	91092.90	1701.00	7531.40	692.65	32.62	37.55	3932.55
上海	30880.40	91598.80	9004.80	53089.20	472.81	16.48	6.86	2008.75
江苏	114373.50	268215.90	10592.30	50838.20	1955.36	84.65	48.39	9683.38
浙江	102468.20	209998.10	5542.40	54475.10	1245.84	53.18	27.58	4012.57
安徽	26257.60	120577.90	6264.78	41674.00	892.88	41.10	41.55	9571.21
福建	80988.30	116524.20	12305.70	34345.80	767.65	31.78	24.11	4758.17
江西	24614.90	54005.90	1978.10	9030.80	688.11	45.66	35.97	5191.58
山东	171496.00	593347.40	24405.60	80471.20	1689.91	127.00	62.48	16849.27
河南	47073.60	237777.10	6228.00	45258.60	993.34	93.18	56.33	10439.37
湖北	37526.50	137871.70	25086.70	15291.10	977.20	44.93	33.93	5244.31
湖南	44076.10	85661.60	4623.80	22480.50	1006.86	51.17	42.31	4500.27
广东	82077.40	158400.40	5890.40	65533.60	1560.66	70.58	30.30	4901.02
广西	45754.00	70190.40	9857.80	8861.90	1170.96	47.60	37.50	4418.04
海南	5820.50	16788.90	596.40	1022.40	54.07	2.84	1.45	219.93
重庆	17207.20	36569.00	3965.11	4126.60	265.01	42.95	16.46	2238.55
四川	47610.90	79397.30	4001.70	8592.40	903.96	70.59	30.56	5641.15
贵州	15251.90	77697.50	11659.90	6256.90	458.17	61.57	20.42	4121.08

续表

省份	治理废水投资（万元）	治理废气投资（万元）	治理固体废物（万元）	治理其他投资（万元）	废水治理设施处理能力（万吨/日）	工业SO_2排放达标量（万吨）	工业烟（粉）尘排放达标量（万吨）	固体废物综合利用量（万吨）
云南	33584.20	86635.90	12675.50	18710.30	625.07	49.69	28.24	6442.02
陕西	63001.00	150354.30	3843.40	37651.40	352.31	59.66	34.96	4445.38
甘肃	27413.30	73884.60	9229.10	18198.40	164.47	38.07	16.47	2546.07
青海	5634.60	25769.20	2349.29	4919.71	57.87	11.33	11.77	5081.98
宁夏	21294.70	84231.70	3990.00	6600.40	128.55	28.26	17.10	1846.72
新疆	32751.40	103266.00	1668.63	8645.90	289.64	50.17	41.24	3310.21
均值	43764.47	137176.17	7387.06	26751.13	792.72	52.90	35.18	5984.65

注：关于“‘三废’综合利用产品产值”这一指标值，在前文已有所陈述，此处不再列出进行分析。

3. 评价结果及分析

本部分同样采用Maxdea5.2软件，对2008～2017年的数据进行测算，得出我国30个省（区、市）环境污染治理效率的DEA-Malmquist指数评价结果（见表5－15）。

表5－15 2008～2017年全国30个省（区、市）环境污染治理效率测算值

省份	2008～2009年	2009～2010年	2010～2011年	2011～2012年	2012～2013年	2013～2014年	2014～2015年	2015～2016年	2016～2017年	均值	均值排名
北京	0.432	0.914	0.685	0.470	0.750	1.104	1.299	9.102	0.591	1.705	5
天津	1.112	1.673	0.847	2.831	1.256	0.645	1.201	8.127	2.467	2.240	3
河北	0.855	10.765	0.054	4.481	0.412	0.615	1.826	1.668	0.363	2.338	1
山西	1.090	1.742	1.280	1.410	0.571	1.656	1.022	0.925	0.759	1.162	19
内蒙古	1.128	1.234	0.756	1.185	0.419	2.169	0.711	0.838	0.658	1.011	27
辽宁	2.221	0.878	2.137	0.638	0.687	1.008	1.144	1.428	0.519	1.184	17
吉林	1.241	3.410	0.265	0.994	1.001	1.991	0.778	3.270	0.683	1.515	8

续表

省份	2008～2009年	2009～2010年	2010～2011年	2011～2012年	2012～2013年	2013～2014年	2014～2015年	2015～2016年	2016～2017年	均值	均值排名
黑龙江	0.850	1.456	0.799	1.896	0.454	1.720	0.387	2.882	0.404	1.205	14
上海	1.077	1.962	0.570	0.813	0.969	1.673	0.262	0.520	1.546	1.044	26
江苏	1.346	1.429	0.754	1.590	0.901	1.911	0.599	0.873	2.045	1.272	11
浙江	0.753	1.852	0.663	1.058	0.821	0.943	1.354	1.181	2.342	1.219	13
安徽	1.261	1.240	0.834	1.347	1.078	0.724	0.858	0.367	1.753	1.051	25
福建	1.333	1.185	0.856	0.767	0.648	1.066	0.793	2.627	0.831	1.123	20
江西	1.065	1.517	0.471	1.433	0.407	1.161	0.786	0.921	0.977	0.971	29
山东	1.681	1.363	0.858	0.786	1.907	0.759	1.215	0.695	1.574	1.204	16
河南	1.363	1.351	0.684	1.378	0.347	2.959	0.456	0.651	2.720	1.323	10
湖北	0.852	1.601	1.580	1.030	1.294	1.103	1.093	0.957	1.038	1.172	18
湖南	1.184	0.907	1.016	0.647	0.912	1.451	1.098	1.551	1.181	1.105	23
广东	0.686	1.369	0.984	0.784	1.259	0.895	1.089	2.150	0.747	1.107	22
广西	0.904	1.497	0.571	0.989	0.377	0.889	1.127	1.911	0.666	0.992	28
海南	2.627	2.090	0.073	0.901	5.311	3.377	0.439	5.477	0.241	2.282	2
重庆	1.749	0.968	1.732	0.863	0.762	0.953	1.322	1.427	1.067	1.205	15
四川	2.220	1.767	0.381	1.353	0.648	0.915	2.251	0.558	0.925	1.224	12
贵州	2.277	1.325	0.952	0.821	0.919	0.980	0.939	1.152	0.551	1.102	24
云南	1.531	0.798	0.762	0.829	0.805	1.166	1.111	2.506	0.571	1.120	21
陕西	0.352	0.947	1.423	0.500	0.991	1.620	0.867	1.198	0.793	0.966	30
甘肃	1.036	0.952	1.541	0.484	1.307	1.193	3.502	0.275	2.069	1.373	9
青海	0.639	3.581	0.939	1.466	1.660	0.351	1.410	0.985	3.480	1.612	7
宁夏	5.050	1.333	0.851	0.500	0.599	0.503	2.386	0.329	3.420	1.663	6
新疆	0.647	8.064	0.215	1.581	0.331	3.441	0.357	0.460	1.574	1.852	4
均值	1.352	2.039	0.851	1.194	0.993	1.365	1.123	1.900	1.285	1.345	—

从表5－15可知，湖南省的环境污染治理效率均值为1.105，在全国排名比较靠后，排第23位。2008～2017年湖南省环境污染治理效率分别为1.184、

0.907、1.016、0.647、0.912、1.451、1.098、1.551 和 1.181，呈现“W”形的波动变化特征，且基本达到 DEA 投入产出有效状态；2008～2017 年全国环境污染治理效率值分别为 1.352、2.039、0.851、1.194、0.993、1.365、1.123、1.900 和 1.285，呈现“M”形的波动变化特征，恰与湖南省的波动特征相反，且基本达到 DEA 投入产出有效状态。在此期间，各省份环境污染治理效率值排名有所变化，湖南省在不同年份的排名也忽高忽低。比如，2008～2009 年，效率值最高的为宁夏（5.05）①，最差的为陕西（0.352），湖南排第 14 位；2009～2010 年，效率值最高的为河北（10.765）②，最差的为云南（0.798），湖南排第 28 位；2010～2011 年，效率值最高的为辽宁（2.137），最差的为河北（0.054）③，湖南排第 7 位；2011～2012 年，效率值最高的为河北（4.481）④，最差的为北京（0.47），湖南省排第 25 位；2012～2013 年，效率值最高的为海南（5.311）⑤，最差的为新疆（0.331），湖南排第 13 位；2013～2014 年，效率值最高的为新疆（3.441），最差的为青海（0.351），湖南排第 11 位；2014～2015 年，效率值最高的为甘肃（3.502），最差的为上海（0.262），湖南排第 14 位；2015～2016 年，效率值最高的为北京（9.102）⑥，最差的为甘肃（0.275），湖南排第 11 位；2016～2017 年，效率值最高的为青海（3.48），最差的为海南（0.241），湖南排第 12 位。

从 DEA 有效角度来分析，整体来看，江西、广西和陕西目前还处于非 DEA 有效状态，即环境污染治理效率较差，投入较多，但产出较差，还没实现有效产出；其余省份的环境污染治理效率则处于 DEA 有效状态，投入之后能带来有效产出。

为更好地观察全国 30 个省（区、市）环境污染治理效率的动态分布状态，本部分绘制了全国 30 省（区、市）环境污染治理效率核密度图（见图 5－2）。从图 5－2 可知，在样本考察期内，密度函数中心随时间变化逐渐轻微向右移动，说明环境污染治理效率随着年份变化而微提升。从峰值和波峰宽度变化来看，2010～2011 年峰值最高，波峰宽度最窄；2012～2013 年和 2014～2015 年峰值降低，波峰宽度变宽，意味着该时期环境治理效率差距在增大，最低值和最高值之间的差值域变大；2016～2017 年峰值继续降低，波峰宽度继续变宽；

①②③④⑤⑥ 不排除这是由于统计数据的误差导致的异常值。

这种变化态势说明环境治理效率通过波动性的变化而逐渐稳定，各地区的差距在不断增大。

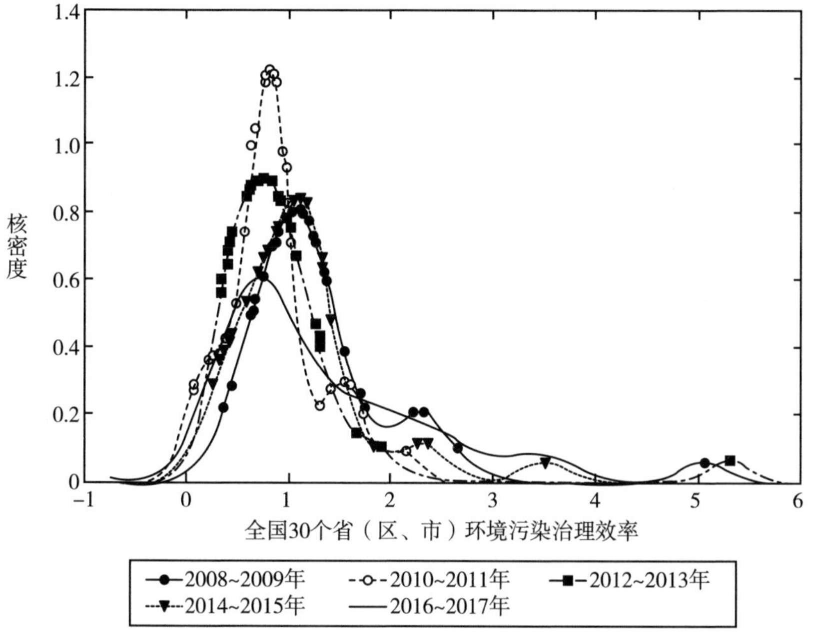

图5－2　全国30个省（区、市）环境污染治理效率核密度

（三）结论与启示

本部分采用Maxdea5.2软件测算DEA投入产出指标数据。从投入产出角度来看，湖南省2008～2017年节能减排绩效总体接近DEA有效，但还没达到DEA有效状态，处于投入产出无效状态，但节能减排绩效呈上升趋势。环境治理绩效则处于DEA有效状态，投入之后能带来有效产出。通过核密度非参数方法分析得知，2008～2017年节能减排绩效由“单峰”演变成2017年“双峰”，说明节能减排绩效存在“俱乐部趋同”现象，且逐渐出现两极分化现象，高值区和低值区的差距在增大，但高值区与高值区、低值区与低值区内部的差别在逐渐缩减；而环境污染治理效率实现了略微的提升。2010年后环境治理效率通过波动性的变化而逐渐稳定，各地区的差距在不断增大。

基于上述研究结论，为有效推进节能减排工作，应加速推进产业结构调整、升级和转型。湖南省企业应通过有效的并购重组或者引入社会资本获取相应的资金、技术和管理优势来获得规模经济效应，强化企业管理水平，提升节能减排效率；同时，以经济增长为前提，使经济增长与节能减排二者互相促进，从而促进经济高质量发展。

三、节能减排 PPP 模式运用的原则及机制

PPP 模式在我国的研究与应用起步比较晚，其发展经历了投融资主体从单一政府投资逐步向多元投资过渡、项目运作管理从高度集中的政府统管向公私两部门多方合作参与运营管理转变；项目决策体系从行政指令向经济手段与市场基础性作用转变；项目财务信息由信息不透明向行政审批透明化、项目收支公开化方向发展；投资实施从仅仅关注投资的拉动效应到逐步注重金融的集聚效应。在地方项目建设资金急缺、传统融资平台模式局限性凸显的大背景下，PPP 模式以节省投资总成本等诸多优势，备受国内外理论界和实践界的热捧，并日益被广泛运用到公共产品和服务供给（如节能减排）等诸多领域。本部分主要分析其运用的原则及机制。

（一）节能减排 PPP 模式运用原则

节能减排 PPP 模式涉及面宽，同时涵盖了多种合作方式和投融资方式，其运行应当遵循一定的原则和机制。

第一，坚持社会公共利益最大化原则，力争实现经济效益和社会效益双赢的目标。节能减排 PPP 模式运用到基础设施建设的实践中具有垄断性、公益性和外部性等特点，私营部门参与节能减排项目的设计、建设、运营、维护必须建立合理的定价机制和投资回报机制；公共部门应有效行使项目运营的监督管理权并建立高效的绩效评价机制，在确保经营项目市场化的同时，公众利益不受私营部门逐利性行为所损害，积极调动各方参与节能减排项目的积极性，以实现公共利益和个人利益、经济效益和社会效益的平衡。

第二，坚持理论联系实际的原则，稳步推进体制创新。PPP 模式是为基础设施项目的融资和运作而产生和发展的，在短期内有助于解决地方市政基础设施建设和公益性项目建设资金不足和运营效率低下等问题，并有助于落实建立科学高效的城市基础设施投资运营体制；在中期内将促进各地基础设施建设和布局的功能化、系统化和现代化与投资活动的规范化、市场化；在长期将积极推动中国特色新型新城镇化、工业化、信息化、农业现代化。政府部门及其附

属机构和私营部门要因地制宜，大力推动制度创新、知识创新和文化创新，以创新推动节能减排事业和长沙市绿色崛起进程，在实践中逐步培育和发展市场化的 PPP 模式运作环境。

第三，贯彻权责一致的原则，正确处理政府、企业与市场之间的关系。节能减排 PPP 模式运用到基础设施建设的实践中具有很多优势，其基石在于市场在公共资源配置中起决定性作用。政府部门要有效地提高资金使用效率并严格界定政府权责边界，私营部门要确保项目运作的持久性、科学性和合规性。各方要协商建立包含进入退出机制、利益风险分担机制等在内的契约合同，确保彼此权责对等，以增强基础领域和垄断性领域项目运作的经济效率，并推动城乡基础设施一体化和公共服务均等化进程。

（二）节能减排 PPP 模式运用机制

理论和实践表明，节能减排领域采用 PPP 模式不仅有助于有效缓解政府的财政压力，还能有效提高项目的经济效率。基于国内外公共产品和服务供给的多年项目实践经验和理论研究，PPP 模式在我国的实际操作日臻规范化，重点体现在政府运作、参与主体、技术实践以及进入退出机制等方面。

第一，节能减排 PPP 项目的关键在于政府如何运作。自 1995 年国家计划委员会正式批准 BOT 试点项目以来，PPP 模式在国内的发展几经反复。随着近年来技术实践经验的丰富以及商业实施环境的日趋成熟，环保 PPP 模式前景可观。首先，财政部和国家发展改革委在全国多个省（区、市）积极推进 PPP 项目，在能源动力供给、水利环保工程建设等基础设施建设与节能降耗的契合方面取得了很大进展。其次，2014 年《基础设施和公用事业特许经营管理办法（征求意见稿）》，为 PPP 项目启动特许经营立法工作以完善现有的法律框架。此外，新实施的《中华人民共和国环境保护法》明确了政府对环境保护的监督管理职责，政绩与环保业绩挂钩，各级政府着力改善羸弱的产业链生态环境。最后，循环经济发展项目、节能降耗活动等蓬勃发展，为 PPP 项目长期稳定运作提供了良好的商业氛围。

第二，节能减排 PPP 模式的核心在于多方共赢。综合 PPP 模式在我国发展的时间维度和思路来看，一方面，PPP 项目的参与主体从 20 世纪 90 年代的世界银行及亚洲开发银行融资逐步拓展到如今的外商投资、中介咨询机构等，在国家鼓励社会资本尤其是民间资本参与城乡基础设施建设和运营的大背景下，各地积极采取多种措施，鼓励社会资本参与城乡基础设施建设和运营，使得投融资渠道、投融资主体呈现出多元化、多层次的发展态势；同时，不再局限于政府这一个独立的运作单元，而是形成了以政府购买公共产品和服务为核心的更加综合、开放和复杂的 PPP 项目融资主体系统。另一方面，2014 年出台的《国务院关于创新重点领域投融资机制鼓励社会投资的指导意见》对各种 PPP 项目价格调整与监督、服务标准、风险防范和监督等做出了详细规定，基本确立了 PPP 项目结构与合同范式的具体规则，以及利益公平分配和风险管理方案，以规避因个人利益和集体利益严重背离而迫使项目夭折等风险。

第三，节能减排 PPP 模式的重点在于技术的创新与应用。尽管各项建设取得显著成就，但也付出了资源和环境被破坏的巨大代价。环境承载能力的有限性和绿色低碳循环发展新方式的推进，倒逼环保产业改革和减量减排技术创新。公共服务、资源环境、生态保护、基础设施等领域都先后采用节能减排技术。典型案例如湖南海尚环境生物科技有限公司开发的源分离型资源化无水生态卫生系统，其具有生态卫生、农业循环等诸多特点，清洁低碳技术成为长沙县农村畜禽养殖面源污染合同环境服务项目顺利开展的重要筹码。为促进节能减排 PPP 模式的顺利开展并促进物质资源的高效循环使用，需要减量技术、资源化技术等诸多关键技术的突破，积极发展节能减排技术研发服务平台，着力于高效生态循环产业链的构建，确保节能减排 PPP 项目程序上和技术上的可操作性。

第四，PPP 项目成功运营的起点在于规范化的进出机制。PPP 模式如何推进？在进入机制方面，《国家发展改革委关于开展政府和社会资本合作的指导意见》规范了公共服务项目 PPP 模式的市场化运作模式，将基础设施建设项目分为经营类、准许经营类和非经营类项目，规定不同的项目采用不同的实践运作模式，其中经营类项目可采用特许经营权这一操作模式进行推进，并适合采用 BOT、BOOT 等具体运作模式推进；经营类可采取特许经营权附加部分补贴或直接投资参股等操作模式，适合采用 BOT、BOO 等模式；非经营类项目可以采用 BOO 和委托运营等市场化操作模式。在退出机制方面，《国务院关于创新重点领域投融资机制鼓励社会投资的指导意见》规定退出路径不能妨碍项目的持续稳定运转，投资人必须为质保期内的工程质量负责，政府部门需要妥善处理投资回收、资产处理等事项。

我国中央政府和地方各级政府积极推进循环经济助力节能减排，助推了公共产品和服务供给进入节能减排的时代。随着建设创新型国家、创新经济形态和新技术与新产业的蓬勃发展，尤其是我国经济进入高质量发展阶段，涵盖了微电网系统、智能交通运输体系、循环利用再生水等在内的一批先进的节能技术通过长期的技术实践和商业操作，具备了社会资本参与公用事业节能减排项目的规模推广和建设实施的基础。

第六章　社会资本参与中国基础设施建设与运营的实证分析

近年来，各地积极鼓励与引导社会资本参与基础设施建设与运营，取得了较好的效果。本章主要对社会资本参与城乡基础设施建设与运营的影响及其效率，以及社会资本参与城市交通基础设施建设的影响进行实证分析，同时通过实地调研方式对我国养老事业发展中 PPP 模式应用现状进行分析，以期对前文理论研究所得到的结论进行检验。

第一节　社会资本对中国城乡基础设施建设与运营影响的实证检验

随着城镇化进程的加速推进，政府承担着提升城乡基础设施配套水平的建设重任，通过实现区域经济效益、社会效益和环境效益，奠定区域经济发展的物质基础。1994 年分税制改革后，75% 的财权上交中央，25% 的财权留给地方，地方政府财权下降导致财权与事权之间存在较大差异；在财权大量上移而事权大量下放的趋势下，地方缺少资金统筹权，财权与事权不相匹配已成为各级政府亟须面对并解决的体制矛盾问题。地方政府在统筹城乡改革和发展的过程中，社会稳定和经济发展将面临更多压力，如何解决城乡基础设施建设资金的有效需求不足成为地方政府面临的现实问题。2014 年出台的《国务院关于创新重点领域投融资机制鼓励社会投资指导意见》明确指出鼓励社会资本参与城市基础设施建设。那么，社会资本对我国城乡基础设施建设的影响如何？不同企业登记注册类型的社会资本对我国城乡基础设施建设的影响如何？不同区域的社会资本对我国城乡基础设施建设的影响如何？本章利用 2008 ~ 2018 年全国省域面板数据，在第三章测度我国城乡基础设施建设水平的基础上，实证检验社会资本对我国城乡基础设施建设的影响。

一、模型构建及数据说明

（一）计量模型的构建

为检验社会资本对我国城乡基础设施建设的影响，结合上述的理论分析及第四章的测度结果，构建以下函数：

$$PERF_{it} = f(PRI_{i,t-1}) \tag{6.1}$$

其中，i 和 t 分别代表地区和时间，*PERF* 表示我国城乡基础设施建设水平，*PRI*（-1）表示社会资本。

此外，政府干预、产业结构、技术进步等控制变量也会对我国城乡基础设施建设产生影响，因此将式（6.1）扩展为：

$$PERF_{it} = f(PRI_{i,t-1}, GOV_{it}, INDUS_{it}, RD_{it}) \tag{6.2}$$

因此，本节所构建的计量模型如下：

$$PERF_{it} = \phi + k_1 PRI_{i,t-1} + k_2 GOV_{it} + k_3 INDUS_{it} + k_4 RD_{it} + \varepsilon_{it} \tag{6.3}$$

其中，ε_{it}表示随机误差项。

从第四章的分析可知，我国城乡基础设施建设存在空间关联性，为厘清社会资本对城乡基础设施建设的具体空间影响，本节借鉴国内外学者现有研究成果①，进一步建立以下空间面板模型：

$$PERF_{it} = \rho \sum_{j=1}^{N} W_{ij} PERF_{jt} + x_{it}\omega + \sum_{j=1}^{N} W_{ij} x_{ijt}\theta + \alpha_i + \nu_t + \varepsilon_{it} \tag{6.4}$$

其中，ρ 和 W 分别表示空间自回归系数和空间反距离权重矩阵，α_i 和 ν_t 分别为地区效应和时间效应。

（二）数据及变量说明

为了分析社会资本参与我国城乡基础设施建设与运营的影响，选取以下指标。

（1）中国城乡基础设施建设（*PERF*）：由于第四章从水资源和供排水设

---

① 参见 Fielding（1979）；Anderson et al.（2004）；张浩然、衣保中（2012）。

施、能源动力设施、道路交通设施、邮电通信设施以及生态环境设施五个层面构建了我国城乡基础设施建设水平的指标体系，因此，被解释变量利用第四章所测算出的2009~2018年全国31个省（区、市）的城乡基础设施建设水平得分进行衡量。

（2）社会资本［*PRI*(−1)］：当前对社会资本的概念还未进行统一界定，国内外学者主要从宏观、中观和微观三个层次进行研究。本节依据目前已有的研究成果，采用固定资产投资中民间资本所占比例进行衡量。由于社会资本对城乡基础设施建设的投资当期难以产生效果，故引入民间资本所占比例滞后一期进行分析。

（3）政府干预（*GOV*）：城乡基础设施建设的两个显著特点是外部正效应和准公共产品，这两个特点决定了商品在流通过程中可以降低成本，基础设施的经济效应和社会效应都较大，远高于民众为其所支付的费用。由于城乡基础设施的建设周期长、投资规模大、利润回收慢等特点，因此，仅在市场机制的作用下往往容易导致投资的缺乏。为提高城乡基础设施建设水平，政府往往会采取相应的干预政策，本节采用财政支出占GDP的比重来衡量政府的干预程度。

（4）产业结构（*INDUS*）：根据配第—克拉克定理，在经济不断发展过程中，劳动力不断从第一产业向第二产业、再向第三产业渐进式转移。实践经验表明，发展先进制造业、提高服务业水平有助于推动城乡基础设施的建设。基于此，本节利用第二、第三产业产值所占比重进行衡量。

（5）技术进步（*RD*）：科技进步是推动城乡基础设施建设的内在动力，技术进步不仅能提高相关产业的技术水平，而且能破解城乡基础设施建设中的难题，增强基础设施建设的原始创新能力。由于专利授权数代表了技术的核心竞争力，因此，本节利用专利授权数的对数值进行衡量。

本节选择2008~2018年全国31个省、自治区、直辖市（西藏、香港、澳门和台湾除外）为研究样本，相关数据来源于历年《中国城市统计年鉴》《中国城市建设统计年鉴》《中国统计年鉴》。相关变量的描述性统计如表6-1所示，从中能发现2008~2018年各变量在时间和空间两个维度上都存在差异。

表6－1　　变量描述性统计

变量	均值	中位数	最大值	最小值	标准差
PERF	0.3669	0.3623	0.6914	0.1527	0.0952
PRI（－1）	0.6467	0.6559	0.8734	0.2188	0.1188
GOV	0.2683	0.2183	1.3792	0.0870	0.2025
INDUS	0.8968	0.9012	0.9968	0.7001	0.0529
RD	9.4776	9.6366	13.0775	4.5326	1.6878

二、全国层面回归结果分析

本部分主要利用空间面板模型，对社会资本参与城乡基础设施建设与运营的影响进行全国层面的分析，以了解社会资本参与对城乡基础设施建设与运营的总体影响。

从回归结果（见表6－2）可知，社会资本的参数估计值显著为正，这说明社会资本有助于提升城乡基础设施建设水平。换言之，鼓励社会资本参与、发挥社会资本作用有利于促进城乡基础设施的建设。因此，国家在基础设施建设的过程中应积极吸引社会资本。具体来说，城际铁路、干线铁路应逐渐向社会资本开放，争取引入社会资本；在公路设施的建设过程中，公路建设、养护管理流通领域均可以对社会资本开放；在机场建设的过程中，盈利较好的机场建设、新机场的建设和改扩建都可以引入社会资本。在其他控制变量中，政府干预有利于城乡基础设施建设，且影响显著。这证实了城乡基础设施建设仅靠市场的力量无法保证其合理有序的发展，还需要依靠政府的力量。在城乡基础设施的建设中，政府部门应加强财政投入，深化相关投融资体制改革，优化各种政策环境。产业结构表现为负向影响，这说明目前我国产业结构依然存在问题，城乡差距仍较大，不利于城乡基础设施建设。面对这种不合理的产业结构，我们应实行产业由高消耗向高效率的方向转变、由粗加工向深加工转变、由低附加值产品向高附加值产品转变，促进产业做大做强，推动城乡基础设施建设。技术创新表现为显著的正向影响。由此可知，科技创新吸引、集聚、整合产业资源和力量，可以促进城乡基础设施的建设，加快城乡基础设施建设的技术积累和科研成果转化。

表 6-2 全国层面回归结果

变量	混合效应		固定效应		随机效应	
	估计值	t 值	估计值	t 值	估计值	t 值
截距			-0.4452***	-4.6871	-0.4898***	-6.2195
PRI(-1)	-0.0239	-0.7691	0.1953***	6.4441	0.1973***	6.9075
GOV	0.0826***	3.9050	0.1432***	3.0006	0.1983***	7.0049
INDUS	-0.1370***	-3.6354	0.0678	0.5538	0.1451	1.4360
RD	0.0510***	17.5943	0.0619***	17.4563	0.0576***	19.5839
R^2	0.6603		0.9392		0.8189	
F 检验	35.0837***					
Husman 检验	11.5094**					

注：***、**、*分别表示在 1%、5%、10% 的水平上显著。

三、企业登记注册类型回归结果分析

为了进一步分析社会资本参与对城乡基础设施建设与运营的影响，本节具体分析企业登记注册类企业社会资本参与城乡基础设施建设与运营的影响[①]。企业登记注册类型是以在工商行政管理机关登记注册的具有法人资格的各类企业为划分对象，共分三大类，分别是内资企业，港商、澳商、台商投资企业和外商投资企业。本节研究的社会资本范围为内资企业中除国有企业之外的其他企业，包括集体企业、股份合作企业、联营企业、有限责任公司、股份有限公司、私营企业、个体企业和其他内资企业等。

（一）集体企业回归结果分析

对集体企业资本参与城乡基础设施与运营的影响进行回归，如表 6-3 所

① 目前，社会资本进入基础设施领域依然存在市场准入障碍，一些地方政府在准入条件等方面存在明显的所有制歧视。有些地方虽然没有歧视性政策，但在项目审批、土地征用等方面，国有企业、外资企业和民营企业所享受待遇存在较大差异，民营企业所面临的困难更多。因而，有必要分企业类型来分析不同企业的资本进入基础设施领域对基础设施建设与运营所产生的影响。

示。由表6-3可以看出，集体企业社会资本对城乡基础设施建设表现出显著的负向影响。劳动者能够在一个特定集体范围内从生产资料的取得中占有平等关系，这个特定集体范围就是集体企业。相对于国有企业或全民企业来说，集体企业一直是以自负盈亏、独立自主的经济实体或经济单位存在。我国集体企业的资金来源于自身积累，尽管国家出台了一些政策（如降息并且下调准备金率），但是并没有从根本上解决问题，融资依旧是这类企业面临的困境。此外，目前我国集体企业中处于初始创立期和成长期的中小企业占比较大，自身筹集资金能力薄弱、经营过程中不可预见性大、经营可持续风险高、贷款需求期限较长等都是这些企业面临的问题。因此，虽然集体企业的社会资本是推动城乡基础设施建设的有效途径，但由于集体企业发展过程中自身存在不少问题，导致其对城乡基础设施建设的影响为负。

表6-3　集体企业回归结果

变量	混合效应		固定效应		随机效应	
	估计值	t值	估计值	t值	估计值	t值
截距			-0.2933***	-2.8936	-0.3556***	-4.4005
PRI(-1)	-0.1121	-0.7074	-0.7098***	-4.9061	-0.6925***	-5.1559
GOV	0.0836***	3.9999	0.0974**	2.0189	0.1500***	5.2019
INDUS	-0.1457***	-4.2206	-0.0335	-0.2621	0.0699	0.6790
RD	0.0505***	18.0654	0.0717***	23.2120	0.0670***	26.7762
R^2	0.6602		0.9360		0.8079	
F检验	34.1334***					
Husman检验	14.9946***					

注：***、**、*分别表示在1%、5%、10%的水平上显著。

（二）股份合作企业回归结果分析

从股份合作企业资本参与城乡基础设施建设与运营影响的回归结果（见表6-4）可知，股份合作企业社会资本对城乡基础设施建设表现出显著的负向影响。股份合作企业是根据法律设立的，由企业内部职工一同出资、共同劳动、民主管理、按股分红和按劳分配的企业法人。这是一种典型的资合性与人合性相互结合的企业，企业对其所有债务负责，而出资人以其投资额占比对企业负责。近些年来，国家先后颁布了一系列政策措施，鼓励社会资本参与城乡基础设施建设，以多元主体进入政府公共事业领域，以参股或控股等多种方式参与政府公共事业单位改制及社会事业项目运营，越来越多的股份合作企业进入一些具有自然垄断性质的基础设施领域，包括铁路、港口、重大水电、风电、光伏发电等清洁能源工程等，从而影响城乡基础设施建设水平。但是，当前我国股份合作企业社会资本存在企业股权封闭、制度建设滞后、经营管理落后等问题，这在一定程度上对城乡基础设施造成了负面影响。

表 6－4　　股份合作企业回归结果

变量	混合效应		固定效应		随机效应	
	估计值	t 值	估计值	t 值	估计值	t 值
截距			－0.3464***	－3.1622	－0.3462***	－3.9977
PRI(－1)	－5.6103***	－6.7713	－1.2514*	－1.9440	－1.6644***	－2.7089
GOV	0.0695***	3.6328	0.0991**	1.9811	0.1695***	5.8981
INDUS	－0.0899***	－2.7063	0.0043	0.0324	0.0460	0.4299
RD	0.0478***	17.9855	0.0726***	22.1374	0.0668***	25.4853
R^2	0.7005		0.9318		0.7965	
F 检验	29.9233***					
Husman 检验	14.4598***					

注：***、**、*分别表示在1%、5%、10%的水平上显著。

（三）联营企业回归结果分析

对联营企业社会资本参与城乡基础设施建设与运营的影响进行回归，结果如表 6－5 所示。从该表可知，联营企业社会资本对城乡基础设施建设表现出显著的负向影响。联营企业区别于合营企业，是指投资者对其具有重要影响，但是并没有成为投资者的合营企业或子公司的企业。如果投资者拥有20%以上但低于50%的表决权资本，则投资者对公司有重大影响，被投资企业即为联营企业。需要注意的是，投资者具有重大影响并不代表其拥有控制权，其只是拥有参与决策的权利。这一点有别于合营企业，合营企业的投资者对财务决策和经营决策拥有共同控制权。从这个层面来说，联营企业做出的投资决定是非常谨慎的。依据2008～2018年的数据也不难发现，不管是全国层面还是地区层面，这类经济组织参与城乡基础设施建设的比重并不高，说明联营企业对城乡基础设施建设的投入非常有限。此外，由于我国社会资本参与城乡基础设施建设的审批烦琐问题依然突出，且成本高、负担重，这在一定程度上不利于企业的投资意愿，导致各地区有限的联营企业投资无法得到有效利用。

表6-5　联营企业回归结果

变量	混合效应		固定效应		随机效应	
	估计值	t值	估计值	t值	估计值	t值
截距			-0.4030***	-4.0434	-0.4128***	-5.2232
PRI(-1)	-5.6730***	-5.2679	-2.3095***	-3.3951	-2.7717***	-4.1680
GOV	0.0708***	3.6010	0.0975**	1.9812	0.1684***	6.0688
INDUS	-0.1066***	-3.1530	0.0811	0.6332	0.1327	1.3005
RD	0.0487***	17.9858	0.0715***	22.2550	0.0658***	25.7595
R^2	0.6856		0.9335		0.8013	
F检验	28.6343***					
Husman检验	16.2695***					

注：***、**、*分别表示在1%、5%、10%的水平上显著。

（四）有限责任公司回归结果分析

从对有限责任公司社会资本参与城乡基础设施建设与运营影响的回归结果（见表6-6）可知，有限责任公司社会资本对城乡基础设施建设的影响显著为正。自我国实行公司制以来，有限责任公司一直占据重要地位，资本参与度高。有限责任公司设立程序简单，无账目和公告的发布程序，在公司经营过程中不需要公布资产负债表，灵活的公司机构设置是其最大的特点。但是，有限责任公司也存在一些缺陷，如无法发行股票、资金规模及筹集受限、生产经营规模难以扩大。因此，中小企业是其主力军。这些中小企业既可以将重心放于农村基础设施的建设，也可以参与城市建设。现如今，我国生产生活条件不断改善，农村供电、供水、电信、道路、垃圾处理等基础设施建设的步伐逐步加快，但是限于资金投入不足、历史基础薄弱、融资渠道不畅通等原因，我国农村基础设施建设整体水平并不高。因此，以中小企业为主的有限责任公司通过社会参与，可以助推农村脱贫提速，完善城乡基础设施建设。

表6-6　有限责任公司回归结果

变量	混合效应		固定效应		随机效应	
	估计值	t值	估计值	t值	估计值	t值
截距			-0.3891***	-3.9392	-0.4024***	-5.0435
PRI(-1)	0.1702***	4.6765	0.1414***	4.2765	0.1611***	5.1673
GOV	0.11269***	5.5533	0.1169**	2.3830	0.1840***	6.5090
INDUS	-0.2076***	-5.8671	0.0339	0.2667	0.0773	0.7508
RD	0.0503***	18.5428	0.0691***	20.8580	0.0639***	24.0667
R^2	0.6805		0.9349		0.8076	
F检验	29.8216***					
Husman检验	10.2470**					

注：***、**、*分别表示在1%、5%、10%的水平上显著。

（五）股份有限公司回归结果分析

从对股份有限公司社会资本参与城乡基础设施建设与运营影响的回归结果（见表6-7）可知，股份有限公司社会资本对城乡基础设施建设的影响显著为负。股份有限公司的资本是由股份组成的，其注册资本最低限额为500万元，股东是以其认购的股份为限、对公司承担责任的企业法人。股份有限公司由于具有雄厚的资金优势，使得其在与政府合作的项目中能够提供专业的投资管理服务，降低项目的运营风险，不仅能提高收益，还能产生极大的社会效应。与此同时，政府吸引股份有限公司投资于城乡基础设施建设，不仅能有效破解以往受制于先融资、后建设的障碍，而且还能预防项目延后导致的成本递增。但遗憾的是，当前我国股份有限公司问题突出，资产大量闲置、盈利水平低下、资产难以去化等困境严重阻碍了其对城乡基础设施建设的促进作用。因此，一方面，股份有限公司应盘活利用存量资产，通过股权置换以及定向增发的方式，积极与战略投资者合作，加快各类产权与资产的流转，加大社会资本的参与程度或专业的运营力度；另一方面，政府应通过推行投资运营主体招商、股权投资等方式，激发股份有限公司的投资热情，推动政府项目建设的高端化、专业化，提高政府项目的管理水准，进一步改善和优化地区城乡整体环境。

表6-7　　股份有限公司回归结果

变量	混合效应		固定效应		随机效应	
	估计值	t值	估计值	t值	估计值	t值
截距			-0.4008***	-3.9464	-0.3892***	-4.8472
PRI(-1)	-0.3419***	-3.4516	-0.1664**	-2.0534	-0.1845**	-2.3564
GOV	0.0699***	3.4090	0.0782	1.5642	0.1614***	5.7040
INDUS	-0.0851**	-2.2181	0.0986	0.7577	0.1255	1.2414
RD	0.0469***	15.9142	0.0704***	19.0657	0.0643***	21.8913
R^2	0.6714		0.9319		0.7933	
F检验	31.8819***					
Husman检验	24.3237***					

注：***、**、*分别表示在1%、5%、10%的水平上显著。

（六）私营企业回归结果分析

从私营企业社会资本参与城乡基础设施建设与运营影响的回归结果（见表6-8）可知，私营企业社会资本对城乡基础设施建设表现出正向影响。党的十八大以来，私营企业数量和注册资本不断增加，对企业总量增长的贡献率不断上升，已经成为我国经济发展的主要推动力。特别是近年来以私营企业为主体的民营经济发展速度加快、创新能力增强、产品科技含量提高，这对于我国供给侧结构性改革、建设现代化经济体系无疑具有十分重要的促进作用，而且也是实现高质量发展的重要助力。此外，由于我国私营企业以中小微企业居多，国家为此出台了相关政策，根据中小微企业的特点，围绕其工作重点做好相关服务工作，而且要将“放”“管”“服”相结合，为中小微企业精准服务，等等。这些举措进一步促进了社会资本参与城乡基础设施建设的热情，激发了新的活力。

表 6-8 私营企业回归结果

变量	混合效应		固定效应		随机效应	
	估计值	t 值	估计值	t 值	估计值	t 值
截距			-0.3473***	-3.5049	-0.3858***	-4.8333
PRI(-1)	-0.0080	-0.2307	0.1847***	4.8111	0.1678***	4.7634
GOV	0.0873***	4.3174	0.0795	1.6455	0.1605***	5.6502
INDUS	-0.1498***	-4.3731	0.0442	0.3507	0.1147	1.1208
RD	0.0507***	16.9491	0.0646***	17.6646	0.0601***	19.5840
R^2	0.6598		0.9358		0.8054	
F 检验	34.4891***					
Husman 检验	18.9110***					

注：***、**、*分别表示在1%、5%、10%的水平上显著。

（七）个体企业回归结果分析

对个体企业资本参与城乡基础设施建设与运营影响回归的结果（见表6-9）表明，个体企业社会资本对城乡基础设施建设的影响显著为负。个体企业相对于其他企业而言，由业主自身出资创立，并且自己直接经营。业主个人既享有全部经营所得，同时也对企业负全责。个体企业的管理机构一般比较单一，规模也较小。目前我国个体企业数量较大，所占比重较高。由于我国个体企业经济实力有限、风险抗击能力较弱、融资门槛偏高，导致这类企业的融资非常困难。值得指出的是，我国对于债权投资的每项要求都很严格，导致个体企业很难获得直接融资。另外，尽管这些企业主有着丰富的劳动实践能力，但是由于没有经过现代企业管理理论的系统学习，企业的管理水平低下，以往因为企业决策的失误而使企业陷入困境和危机的例子不乏存在。所以，当前我国个体企业投资很难促进城乡基础设施建设。

表 6-9　个体企业回归结果

变量	混合效应		固定效应		随机效应	
	估计值	t 值	估计值	t 值	估计值	t 值
截距			-0.3648***	-3.4223	-0.3465***	-3.9448
PRI(-1)	-1.4018***	-10.3299	-0.2972*	-1.8753	-0.3447**	-2.3318
GOV	0.0958***	5.4383	0.0483	0.8898	0.1523***	5.0225
INDUS	-0.0575*	-1.8497	0.0510	0.3909	0.0728	0.6951
RD	0.0463***	18.7236	0.0720***	21.2482	0.0652***	22.6906
R^2	0.7416		0.9318		0.7948	
F 检验	27.3717***					
Husman 检验	18.2774***					

注：***、**、* 分别表示在 1%、5%、10% 的水平上显著。

（八）其他内资企业回归结果分析

对其他内资企业参与城乡基础设施建设与运营影响进行回归（见表 6-10）可知，其他内资企业社会资本对本地区城乡基础设施建设表现出显著的正影响。究其原因，随着国家一系列政策的出台，如强化政府的主导责任和投入、明确农村设施建设的公共产品定位、制定合理的城乡基础设施的统筹规划，越来越多的内资企业通过政府和社会资本合作模式，加大社会资本投向农村基础设施领域。内资企业遵循"公益性项目、市场化运作"理念，在生活垃圾、道路、水利和固废处置方面积极参与建设。与此同时，政府在能源、信贷、税收等方面的优惠政策保障社会资本获得合理的投资回报，提高了内资企业竞争地位，促进了内资企业的投资热情，有效助推了城乡基础建设。

表 6-10　其他内资企业回归结果

变量	混合效应		固定效应		随机效应	
	估计值	t 值	估计值	t 值	估计值	t 值
截距			-0.4699***	-4.6428	-0.4589***	-5.7526
PRI(-1)	-0.5362***	-4.1849	0.2694***	2.6080	0.2323**	2.3258

续表

变量	混合效应		固定效应		随机效应	
	估计值	t 值	估计值	t 值	估计值	t 值
GOV	0.1194***	5.6568	0.0763	1.5350	0.1654***	5.8734
INDUS	-0.1824***	-5.3265	0.1489	1.1276	0.1675	1.6044
RD	0.0545***	18.8466	0.0711***	21.1316	0.0658***	24.3246
R^2	0.6765		0.9325		0.7939	
F 检验	31.3552***					
Husman 检验	24.7114***					

注：***、**、*分别表示在1%、5%、10%的水平上显著。

四、不同区域回归结果分析

前面基于不同企业类型分析了社会资本参与城乡基础设施建设与运营的影响，本部分则进一步从区域层面分析东部、中部、西部不同区域社会资本参与城乡基础设施建设与运营的影响。

（一）东部地区回归结果分析

从检验结果（见表6-11）可知，东部地区的面板数据适合采用随机效应模型，并且东部地区社会资本对城乡基础设施建设具有显著的正向影响。目前，我国城乡基础设施建设呈现出新局面。自20世纪90年代起，国家开始重视基础设施建设并逐渐加大投入，获得了良好的效果，尤其是东南沿海地区的城乡基础设施建设水平显著提高。在改革开放初期，我国的行政行为高度集中，为了阻止外国资本和私人资本的进入，对基础产业的国有企业以及事业单位进行了有效保护，建立了严格的生产准入制度，对基础设施的生产、分配和消费行为进行层层审批，形成了自上而下、由中央到地方的审批体系，这些制度导致城乡基础设施建设的资金全部来源于国家投入。随着社会经济快速发展，政府投入越来越不能满足整个社会对基础设施的需求。东部地区凭借其地理区位、经济发展、人力资本等优势，吸引了更多的社会资本进行投资，极大地推动了城乡基础设施建设。

表 6 – 11　东部地区回归结果

变量	混合效应		固定效应		随机效应	
	估计值	t 值	估计值	t 值	估计值	t 值
截距			−0.8554***	−3.2581	−0.4649***	−3.2690
PRI(−1)	−0.0391	−1.1955	0.1275**	2.0582	0.1271**	2.3660
GOV	0.4924***	7.4907	0.4566**	2.1924	0.5510***	4.7398
INDUS	−0.4570***	−9.0052	0.5707*	1.7791	0.0967	0.5145
RD	0.0766***	18.5324	0.0571***	5.7129	0.0602***	8.5449
R^2	0.8289		0.9301		0.8240	
F 检验	12.9971***					
Husman 检验	4.0822					

注：***、**、* 分别表示在 1%、5%、10% 的水平上显著。

（二）中部地区回归结果分析

从回归结果（见表 6 – 12）可知，中部地区的面板数据适合采用随机效应模型，同时社会资本对城乡基础设施建设表现出显著的正向影响。近年来，国家对中部地区的支持不断增多。国家发展改革委于 2016 年 12 月印发《促进中部地区崛起“十三五”规划》，明确地提出了要发展壮大中原城市群和长江中游城市群，其中城乡基础设施建设是重要内容之一。由于私营部门参与融资可以不受公共预算约束的影响，直接为道路交通、水利设施、生态环保等城乡基础设施提供私营部门融资支持，因而中部地区基础设施建设中社会资本参与度相对较高。从回归结果可知，中部地区城乡基础设施水平提高的关键因素是社会资本的投入。这说明中部地区社会资本参与城乡基础设施建设有助于提高基础设施的经营效率。具体来说，社会资本参与城乡基础设施建设，运用市场化手段，有助于激发非公经济的活力；通过社会资本的参与，实行风险分担机制，有利于合理配置资源；利用社会资本，采用先进管理方式，有助于提升运营绩效。

表 6-12　　中部地区回归结果

变量	混合效应		固定效应		随机效应	
	估计值	t 值	估计值	t 值	估计值	t 值
截距			-0.4400***	-4.1343	-0.4736***	-5.0650
PRI(-1)	0.0402	0.7626	0.2213***	3.3407	0.1755***	3.0396
GOV	0.6865***	6.6129	0.5043**	2.3398	0.6443***	4.2929
INDUS	-0.2754***	-5.9219	0.0837	0.5568	0.1453	1.1704
RD	0.0424***	8.9994	0.0456***	6.2761	0.0438***	7.6843
R^2	0.7292		0.9098		0.8879	
F 检验	10.3557***					
Husman 检验	3.4378					

注：***、**、*分别表示在1%、5%、10%的水平上显著。

（三）西部地区回归结果分析

从回归结果（见表6-13）可知，西部地区的面板数据适合采用固定效应模型，并且社会资本对城乡基础设施建设表现出显著的正向影响。随着西部大开发战略的实施，西部地区的经济状况逐步改善，城镇化进程日益加快，城乡基础设施建设水平不断提高。尤其是“一带一路”倡议的提出与实施使西部地区在全国经济发展中的地位更加凸显，也为西部地区高质量发展提供了新的机遇，吸引着更多社会资本投向其城乡基础设施建设。具体来说，第一，深化国有企业混合所有制改革。西部地区国有企业实行市场化改革，积极调整国有企业布局，通过股票、债券、信托、基金等多个途径吸引社会资本参与城乡基础设施建设。第二，创造良好的营商环境。为尽快提高西部地区城乡基础设施建设的水平，政府优化营商环境，积极引导社会资本进入准经营性城乡基础设施领域，同时加大对公益性基础设施项目的投入。在当前复杂的经济形势和严峻的经济环境下，对投资周期长、经济效益见效慢的城乡基础设施项目，相关部门进一步完善支持社会资本参与政策，促进更多社会资本参与进来。第三，把握国家“一带一路”倡议。西部地区积极参与和融入“一带一路”建设，并依据其地缘优势和政策优势，吸引社会资本参与城乡基础设施建设，统筹城乡发展，提升管理水平，保障和改善民生福祉。

表 6-13 **西部地区回归结果**

变量	混合效应		固定效应		随机效应	
	估计值	t 值	估计值	t 值	估计值	t 值
截距			-0.4603**	-2.5491	-0.5645***	-3.8095
PRI(-1)	0.1274*	1.9119	0.1535***	2.7610	0.1846***	3.4773
GOV	0.0771**	2.5734	0.0778	1.2895	0.1611***	4.4585
INDUS	-0.0471	-0.7372	0.1382	0.5866	0.2844	1.4958
RD	0.0306***	8.0808	0.0642***	13.7876	0.0553***	14.7311
R^2	0.4870		0.8780		0.7785	
F 检验	26.1298***					
Husman 检验	15.5264***					

注：***、**、*分别表示在1%、5%、10%的水平上显著。

五、小结

本节利用2008~2018年我国省域面板数据，在测度我国城乡基础设施建设水平的基础上，实证检验社会资本对城乡基础设施的影响。回归结果表明，社会资本的影响系数显著为正，这说明社会资本有助于提升城乡基础设施建设水平。在其他控制变量中，政府干预和技术创新的影响显著为正，但产业结构的影响显著为负。企业登记注册类型回归结果显示，有限责任公司社会资本、私营企业社会资本、其他内资企业社会资本对城乡基础设施建设的影响显著为正，但集体企业社会资本、股份合作企业社会资本、联营企业社会资本、股份有限公司社会资本、个体企业社会资本对城乡基础设施建设均表现为显著的负向影响。不同区域回归结果显示，各区域社会资本对城乡基础设施建设具有显著的正向影响，但不同的是，在模型选择上，东部和中部地区适合随机效应模型，而西部地区适合固定效应模型。

第二节 社会资本参与城乡基础设施建设与运营的效率分析

第一节的实证研究表明，社会资本有助于提升城乡基础设施建设水平。本节则基于我国30个省（区、市）2009～2015年的数据，用超效率DEA模型对我国社会资本参与城乡基础设施建设与运营的效率进行实证研究，进一步证明城乡基础设施建设与运营中应该大力引进社会资本的基本论点。

一、指标选取与数据来源

本部分借鉴国内部分学者在分析我国基础设施投资绩效时的做法，如李祺等（2016），从投入和产出两个角度，利用超效率DEA模型测算我国社会资本参与城乡基础设施建设与运营的效率[①]。DEA（Data Envelopment Analysis）方法最早由查恩斯（Charnes，1978）等运筹学家提出，是一种适用于评价多个投入与产出决策单元的绩效评价的非参数估计方法。安德森等（Andersen et al.，1993）对传统的DEA方法进行了相应改进，提出超效率DEA模型，该模型能够有效解决对多个决策单元进行进一步比较和排序的问题。基于目前已有大量文献对超效率DEA模型的相关原理进行了介绍，本书对此不再赘述。

（一）指标选取

为比较社会资本投入与全社会固定资产投入对城乡基础设施建设产出效率的差异，本书在选取社会资本投资额的同时，将全社会固定资产投资额纳入投入指标体系。同时，从水资源和供排水设施、能源动力设施、道路交通设施、邮电通信设施和生态环境设施五个基础设施子系统中各自选取两个基础指标作为产出变量（陈银娥、孙琼，2016）[②]，具体指标如表6－14所示。

---

① 参见李祺、孙钰和崔寅（2016）；陈银娥、尹湘（2019）。

② 因财政部全国PPP中心所公布的数据从2016年才开始统计，因而本部分所用数据与前面的实证分析所用的数据年份稍有差异。另外，部分省份并没有统计其分行业的社会资本投资额，考虑到数据的统一性及可得性，本部分只将各省份社会资本总投资额作为投入变量，产出变量则借鉴其他文献的做法。考虑到指标体系的篇幅，没有将所有的22个指标全部列入，而只是从各行业中选取具有代表性的两个指标（共10个产出指标）来进行DEA分析。

表6-14　社会资本参与城乡基础设施建设的投入与产出指标

指标类型	具体指标	单位
投入指标	全社会固定资产投资额（X_1）	亿元
	社会资本投入额（X_2）	亿元
产出指标	年供水总量（Y_1）	万吨
	用水普及率（Y_2）	%
	年供气总量（Y_3）	万吨
	年供电量（Y_4）	亿千瓦·时
	人均道路面积（Y_5）	平方米
	每万人拥有的公共车数量（Y_6）	标台
	电话普及率（Y_7）	%
	年电信业务量（Y_8）	亿元
	每万人拥有公厕数（Y_9）	座
	污水日处理能力（Y_{10}）	万立方米

（二）数据来源

本文以我国30个省（区、市）2009~2015年的数据为样本（不包含港澳台，以及西藏，因西藏地区大量数据缺失），所选取数据主要来源于2010~2016年历年《中国统计年鉴》《中国城市建设统计年鉴》《中国城市统计年鉴》。

二、实证结果分析

基于前文所构建的模型，通过EMS1.3得到2009~2015年全国30个省（区、市）的全社会固定资产投入城乡基础设施建设的超效率DEA测度结果（见表6-15），以及社会资本投入城乡基础设施的超效率DEA测度结果（见表6-16）。具体可以从以下几个方面进行分析。

表6-15　全社会固定资产投资分地区超效率DEA值

省份	2009年	2010年	2011年	2012年	2013年	2014年	2015年	均值	排名	标准差
广东	4.297	4.150	2.986	2.693	2.478	1.776	1.432	2.830	1	1.0896
青海	3.055	2.446	1.726	2.096	1.757	1.784	1.546	2.059	2	0.5299
上海	1.285	1.449	1.556	1.729	1.964	1.925	1.929	1.691	3	0.2674

续表

省份	2009年	2010年	2011年	2012年	2013年	2014年	2015年	均值	排名	标准差
宁夏	1.206	1.213	1.387	1.133	1.361	1.538	1.611	1.350	4	0.1786
海南	1.187	1.155	1.210	1.031	1.137	1.135	1.147	1.143	5	0.0568
北京	0.859	0.933	1.027	1.059	1.142	1.320	1.399	1.106	6	0.1968
广西	1.812	1.237	0.705	0.536	0.502	0.474	0.443	0.816	7	0.5185
新疆	0.731	0.743	0.668	0.605	0.703	0.778	0.807	0.719	8	0.0682
贵州	0.892	0.790	0.698	0.624	0.571	0.537	0.465	0.654	9	0.1497
浙江	0.679	0.715	0.699	0.634	0.629	0.604	0.571	0.647	10	0.0524
甘肃	0.808	0.703	0.663	0.621	0.588	0.557	0.529	0.638	11	0.0958
山西	0.683	0.647	0.651	0.634	0.587	0.584	0.513	0.614	12	0.0569
黑龙江	0.683	0.531	0.536	0.461	0.561	0.744	0.779	0.613	13	0.1211
云南	0.608	0.598	0.650	0.591	0.555	0.587	0.536	0.589	14	0.0368
江苏	0.589	0.588	0.504	0.501	0.494	0.486	0.471	0.519	15	0.0488
内蒙古	0.454	0.428	0.457	0.510	0.518	0.520	0.743	0.519	16	0.1054
福建	0.592	0.585	0.554	0.478	0.480	0.436	0.383	0.501	17	0.0787
河北	0.514	0.491	0.504	0.498	0.497	0.492	0.449	0.492	18	0.0207
天津	0.437	0.387	0.385	0.405	0.472	0.455	0.417	0.422	19	0.0332
山东	0.443	0.423	0.403	0.403	0.402	0.400	0.437	0.416	20	0.0183
四川	0.378	0.424	0.450	0.411	0.425	0.420	0.398	0.415	21	0.0227
陕西	0.448	0.448	0.441	0.377	0.392	0.390	0.406	0.415	22	0.0304
河南	0.431	0.415	0.446	0.431	0.410	0.392	0.350	0.411	23	0.0320
湖南	0.509	0.493	0.422	0.350	0.363	0.352	0.302	0.399	24	0.0782
湖北	0.543	0.464	0.405	0.351	0.351	0.325	0.302	0.392	25	0.0858
吉林	0.369	0.351	0.422	0.366	0.420	0.398	0.374	0.386	26	0.0278
安徽	0.400	0.396	0.389	0.324	0.381	0.393	0.410	0.385	27	0.0283
重庆	0.393	0.382	0.396	0.383	0.392	0.379	0.354	0.383	28	0.0142
辽宁	0.415	0.353	0.336	0.303	0.307	0.348	0.487	0.364	29	0.0657
江西	0.359	0.337	0.372	0.342	0.364	0.344	0.340	0.351	30	0.0137
全国平均	0.868	0.809	0.735	0.695	0.706	0.695	0.677	0.741	—	—

续表

省份	2009 年	2010 年	2011 年	2012 年	2013 年	2014 年	2015 年	均值	排名	标准差
东部平均	1.269	1.192	1.021	1.021	1.007	0.964	0.903	1.054	—	—
中部平均	0.825	0.743	0.697	0.623	0.650	0.676	0.686	0.700	—	—
西部平均	0.500	0.474	0.477	0.424	0.447	0.442	0.446	0.458	—	—
标准差	0.847	0.770	0.558	0.557	0.530	0.479	0.454	0.569	—	—

表 6-16　　社会资本投入分地区超效率 DEA 值

省份	2009 年	2010 年	2011 年	2012 年	2013 年	2014 年	2015 年	均值	排名	标准差
青海	3.975	3.061	2.095	2.877	2.398	2.353	2.313	2.725	1	0.6468
广东	2.970	3.579	2.617	2.306	2.263	1.685	1.355	2.397	2	0.7517
上海	1.699	1.549	1.709	1.959	2.075	1.961	2.047	1.857	3	0.2025
宁夏	0.988	1.054	1.264	0.857	1.148	1.418	1.297	1.147	4	0.1948
北京	0.827	0.808	0.896	0.914	1.066	1.194	1.192	0.985	5	0.1645
海南	1.040	0.916	1.113	0.797	1.068	0.966	0.937	0.976	6	0.1069
甘肃	1.044	0.945	0.877	0.711	0.750	0.649	0.609	0.798	7	0.1614
新疆	0.895	0.853	0.719	0.657	0.745	0.816	0.829	0.788	8	0.0835
贵州	1.000	0.904	0.780	0.668	0.679	0.693	0.653	0.768	9	0.1349
广西	1.415	1.150	0.654	0.485	0.484	0.461	0.426	0.725	10	0.3951
云南	0.738	0.752	0.743	0.621	0.647	0.729	0.720	0.707	11	0.0518
山西	0.721	0.727	0.703	0.648	0.591	0.544	0.435	0.624	12	0.1078
黑龙江	0.686	0.558	0.563	0.431	0.553	0.749	0.739	0.611	13	0.1168
浙江	0.567	0.615	0.627	0.552	0.564	0.542	0.522	0.570	14	0.0382
陕西	0.579	0.567	0.534	0.430	0.470	0.458	0.464	0.500	15	0.0590
福建	0.599	0.578	0.554	0.462	0.485	0.437	0.377	0.499	16	0.0814
内蒙古	0.411	0.404	0.431	0.460	0.467	0.475	0.665	0.473	17	0.0890
四川	0.415	0.479	0.491	0.418	0.470	0.475	0.456	0.458	18	0.0301
江苏	0.428	0.447	0.412	0.406	0.403	0.402	0.377	0.411	19	0.0221
湖南	0.531	0.490	0.415	0.333	0.374	0.363	0.310	0.402	20	0.0817
重庆	0.387	0.397	0.420	0.386	0.433	0.404	0.376	0.400	21	0.0203

续表

省份	2009 年	2010 年	2011 年	2012 年	2013 年	2014 年	2015 年	均值	排名	标准差
天津	0.420	0.414	0.393	0.353	0.437	0.368	0.340	0.389	22	0.0366
河北	0.389	0.391	0.398	0.371	0.376	0.366	0.323	0.373	23	0.0251
湖北	0.478	0.434	0.386	0.312	0.333	0.308	0.284	0.362	24	0.0724
安徽	0.366	0.359	0.354	0.299	0.376	0.385	0.393	0.362	25	0.0309
吉林	0.322	0.322	0.370	0.302	0.383	0.358	0.321	0.340	26	0.0304
江西	0.325	0.304	0.337	0.284	0.336	0.322	0.312	0.317	27	0.0190
河南	0.322	0.319	0.353	0.325	0.319	0.309	0.269	0.317	28	0.0252
山东	0.319	0.309	0.310	0.295	0.301	0.300	0.298	0.305	29	0.0083
辽宁	0.298	0.283	0.287	0.258	0.268	0.302	0.417	0.302	30	0.0532
全国平均	0.838	0.799	0.727	0.672	0.709	0.693	0.669	0.730	—	—
东部平均	1.356	1.262	1.058	1.033	1.043	0.987	0.946	1.098	—	—
中部平均	0.705	0.707	0.708	0.595	0.653	0.670	0.649	0.670	—	—
西部平均	0.418	0.403	0.409	0.368	0.415	0.416	0.405	0.405	—	—
标准差	0.804	0.751	0.548	0.618	0.569	0.524	0.509	0.597	—	—

（一）变化趋势

从社会资本参与城乡基础设施建设与运营效率的变化趋势来看，具有以下特点。

第一，社会资本投资城乡基础设施建设与运营效率年平均水平整体上有所下降。由表 6－16 可知，2009～2015 年社会资本在城乡基础设施领域的投资效率年平均水平处于 0.669～0.838，呈现出先减后增，但整体上有所下降。除 2009 年（0.838）与 2010 年（0.799）的超效率 DEA 值高于社会资本投入超效率 DEA 均值（0.730）外，其余年份均低于该均值水平；自 2013 年起，社会资本投资效率虽有所回升，但仍低于考察期内总体平均水平。

第二，除个别年份外，全社会固定资产投资效率均值均略高于社会资本投资效率均值。由表 6－15、表 6－16 可以看出，全社会固定资产投入城乡基础设施建设与运营的超效率 DEA 测度值变动趋势与社会资本投资效率基本一致；除 2013 年外，其余各年份全社会固定资产投资效率均值均略高于社会资本投资效率均值。这说明，在金融危机初期，在我国基础设施建设领域，政府的4万亿元投资对于基础设施投资效率提升具有明显的刺激作用，但基础设施投资效率受金融危机影响仍然较大。2013年起，全国各地全社会固定资产投资效率普遍回升，其原因可能在于我国政府大力鼓励和倡导社会资本参与城乡基础设施建设与运营，社会资本先进的技术与管理经验对基础设施投融资效率改进具有一定积极作用；各年份社会资本投资效率普遍低于全社会固定资产投资效率，说明我国现阶段社会资本参与城乡基础设施建设的程度不够深，还存在较大的提升空间。

第三，全国城乡基础设施投资效率存在两极分化现象。通过分年份比较社会资本与全社会固定资产投资额的超效率DEA测度值可以发现，2009年社会资本与全社会固定资产投资超效率DEA值均为所测年度内最高，分别为0.838和0.869，但其相应的标准差值也最大，分别为0.804和0.847。这说明，2009年城乡基础设施建设的投资效率最高，但当年全国城乡基础设施投资效率的两极分化现象也最为明显。

（二）区域分布

从区域层面分析社会资本参与城乡基础设施建设与运营效率，可以发现以下特点。

第一，西部地区基础设施领域社会资本投资效率最高，东部较低，中部最低。由表6－16可以看出，东部、中部、西部社会资本投入城乡基础设施建设与运营的效率分别为0.824、0.417和0.863。西部地区最高，其次是东部地区，中部地区社会资本投资城乡基础设施的效率则远低于东部和西部地区，仅达到这两者的一半水平。

第二，地区间投资效率差异明显。由表6－16可知，仅有10个省（区、市）的社会资本投入效率DEA值高于全国平均水平，且全部集中于东部和西部地区，中部地区排名第一的山西仅位于全国第13位。在全国大力倡导完善城乡基础设施建设的背景下，东部地区优良的地理位置及经济条件为社会资本参与城乡基础设施建设与运营提供了良好的社会环境，其社会资本投资基础设施的效率也相应较高；西部地区则抓住西部大开发的战略机遇，不断加大城乡基础设施投入力度，以扩展基础设施建设规模的广度，其基础设施投资效率也得到一定提升；此外，西部地区社会资本投资效率在考察期内均高于全社会固定资产投资效率，而东部、中部地区社会资本投资城乡基础设施的效率则低于全社会固定资产投资效率。西部地区因为基础设施底子薄弱，以及当地城乡基础设施建设的投入扩大，等量的社会资本投入相对于全社会固定资产投资表现出更优的边际投资效益，社会资本投入对当地城乡基础设施建设的效果更加明显。

（三）省域分布

从社会资本参与城乡基础设施建设与运营效率的省域分布来看，具有以下特征。

第一，从省级层面来看，各省份基础设施领域社会资本投资效率存在明显的不平衡现象。全国仅10个省（区、市）的社会资本投资效率高于全社会固定资产投资效率，其中东部地区仅有上海，中部地区仅有山西、湖南两省的社会资本投入效率高于全社会固定资产投资效率。西部地区除内蒙古、广西和宁夏外，其余各省份的社会资本投入效率均高于全社会固定资产投资效率；考察期内，位于东部沿海的北京、上海、广东和海南，以及西部地区的青海和宁夏，无论是社会资本投入效率还是全社会固定资产投资效率，均位居全国前六，其社会资本投入城乡基础设施的效率均高于全国平均水平。其中，青海、广东、上海和宁夏四个省（区、市）的社会资本投入效率均值和全社会固定资产投入均值均大于1，表明其无论是利用社会资本还是其他资金的效率较其他省（市）都有明显的优势。尤其是上海和青海，其社会资本投入城乡基础设施的效率高于全社会固定资产投入效率，表明当地利用社会资本投入城乡基础设施建设效果明显。值得注意的是，广东全社会固定资产投入城乡基础设施的效率值最高，其标准差值也最大，说明考察期内广东城乡基础设施建设利用全社会固定资产投入效率较高，但其不同年份之间的投入效率波动也相对较大。

第二，部分省（区、市）的社会资本及全社会固定资产投入效率较低，还存在较大的挖掘潜力。辽宁、江西、安徽和吉林等省（区、市）的社会资本及全社会固定资产投资的成效较差。其中，位于东部地区的辽宁和山东的社会资本参与城乡基础设施建设的效率值分别排倒数第一位、倒数第二位。中部地区的河南的社会资本投入效率值在区域内排名垫底，排第28位。西部地区省份的社会资本投入效率普遍较高，其中重庆的社会资本投入效率相对较低，排第 21 位。在全社会固定资产投资效率方面，中部地区的江西、东部地区的辽宁和西部地区的重庆分别排全国倒数第一位、倒数第二位、倒数第三位，其全社会固定资产投入城乡基础设施的成效较差。

总体来说，青海城乡基础设施建设的社会资本利用效率最高，辽宁社会资本参与城乡基础设施建设的成效最差；广东的全社会固定资产投入城乡基础设施建设的效率排名第一，而江西的全社会固定资产投入城乡基础设施建设的效率排名垫底。这些结果表明，社会资本参与城乡基础设施建设与运营对基础设施水平的提升具有非常重要的影响；而且，城乡基础设施领域社会资本的投资效率与不同地区基础设施的原有水平、经济发展程度以及当地的投资与政策环境等密切相关，从而具有明显的地区差异。第三章关于我国基础设施建设水平的综合测度及分地区、分省域的分析，以及本章第二节的实证研究也证明了这一结论。

第三节　社会资本对城市交通基础设施建设影响的实证检验

前文的实证分析说明，社会资本在城乡基础设施建设与运用中所起的作用越来越重要。那么，社会资本参与是否对城市交通基础设施建设起到了积极作用？其影响程度如何？本部分基于第四章我国各省（区、市）城市交通基础设施水平的综合评价，运用实证方法检验社会资本对城市交通基础设施建设的影响。

一、模型设定及变量选取

为了进一步检验社会资本参与是否对城市交通基础设施水平的提高起积极作用，本部分参照前文的分析方法，通过将社会资本投入与政府投入进行对比，构建模型如下：

$$\ln inf_{it} = f(sc_{i,t-1}, gov) \tag{6.5}$$

式（6.5）中，$i = 1, 2, 3, \cdots, 31$，代表全国各省（区、市）；$t = 2010$,

2011,…,2015，表示所选取年份；*inf* 为被解释变量，表示城市交通基础设施水平，用第四章所得到的城市交通基础设施综合评价值来衡量；*sc* 为社会资本投入水平，用民间固定资产投资来表示。

根据国家统计局关于民间资本的定义，民间固定资产投资是指带有集体和个人性质的内资企事业单位及其控股单位在中国境内进行的固定资产投资，即为全部固定资产投资扣除国有投资、外商投资和港澳台投资的剩余部分，包含集体、股份制企业、私营企业和个体户等民间主体的投资。因社会资本参与基础设施建设并不在当期产生效应（苑德宇，2013；陈银娥，2016），因此本部分选取社会资本投入的滞后一期作为解释变量；*gov* 表示各省（区、市）政府干预程度，用各省（区、市）政府财政支出额来衡量。

除此之外，城市交通基础设施建设水平还受到人口聚集度、地区经济发展水平的影响，因此将式（6.5）扩展为以下形式：

$$\ln inf_{it} = \alpha + \beta \ln inf_{i,t-1} + \gamma \ln sc_{i,t-1} + \delta \ln gov_{it} + \theta \ln Z_{it} + \mu_{it} + \varepsilon_{it} \quad (6.6)$$

式（6.6）中，Z 为模型的控制变量，包含人口聚集程度（*pop*）、各省（区、市）经济发展水平（*gdp*）等；其中，人口密集程度用人口密度表示，各省（区、市）经济发展水平用当地人均国内生产总值表示；μ 和 ε 分别表示模型的地区效应和随机误差项；α、β、γ、δ、θ 分别表示各变量的系数。

式（6.6）中，因被解释变量与个别解释变量之间存在逆向因果关系，比如，良好的基础设施建设水平同样会对地区经济发展产生正外部效应（张学良，2012）；且式（6.6）存在被解释变量的滞后项作为解释变量的情形，会导致解释变量与随机误差项相关，产生内生性问题。因此，本书选取了系统广义矩法进行模型估计。系统广义矩法很好地结合了差分广义矩和水平广义矩的优点，能有效解决模型的内生性问题，降低估计的偏差，提高估计结果的可信度。使用系统广义矩法需要通过两个检验，一是满足误差项的差分项不存在自相关，即通过自回归（AR）检验，模型的扰动项应至少满足不存在二阶及以上自相关的要求；二是满足模型工具变量的有效性要求，即使用过度识别的 Sargan（或 Hansen）检验，即检验广义矩估计中是否存在过度限制约束问题，以判断工具变量的有效性。

二、数据来源及变量的描述性统计

本节所选取样本数据包含全国31个省（区、市）2010～2015年的相关统计数据，共计155个样本观测值。相关的原始数据根据2012～2016年历年《中国统计年鉴》《中国城市统计年鉴》《中国城市建设统计年鉴》整理所得。为了消除通货膨胀因素对实证结果的影响，以2010年的数据为基期，对原始数据进行平减处理。本部分选用Stata12.1对数据进行实证分析，变量的描述性统计如表6－17所示。

由表6－17可以看出，第一，我国现阶段基础设施领域主要依靠政府资金投资，社会资本参与相对于政府投入来说严重不足。2010～2015年我国社会资本平均投入8348.78亿元，远低于政府财政支出水平40338.67亿元。第二，地区间贫富分化比较严重。表6－17显示，各变量最大值与最小值间的差距非常大。这说明，总投资、基础设施投资、人口密集度、经济发展水平等在各地区之间存在较大的不平衡，地区之间差异较大。

表6－17　变量的描述性统计

变量名称	变量符号	样本数量	平均值	标准差	最大值	最小值
前文所得综合评价值	*inf*	155	0.46	0.08	0.69	0.34
社会资本投入（亿元）	*sc*	155	8348.78	6718.45	36208.79	125.05
政府干预程度（亿元）	*gov*	155	40338.67	18808.13	94997.44	13119.00
人口聚集度（人/平方千米）	*pop*	155	2779.93	1220.60	5821.00	515.00
经济发展水平（元）	*gdp*	155	3267.13	1701.14	11287.59	551.04

三、计量结果及分析

本部分利用全国31个省（区、市）2010～2015年的面板数据，基于前文对全国城市交通基础设施发展水平的综合评价结果，运用系统广义矩法，实证检验社会资本对城市交通基础设施建设的影响。总体样本下社会资本对城市交通基础设施发展水平影响的估计结果如表6－18所示。

表 6－18　　社会资本投入分地区超效率 DEA 值

变量	模型Ⅰ	模型Ⅱ	模型Ⅲ	模型Ⅳ
ln（$inf_{i,t-1}$）	0.5311* （0.071）	0.6721*** （0.000）	0.5071*** （0.000）	0.4559** （0.030）
ln（$SC_{i,t-1}$）	0.1580* （0.057）	0.0785** （0.030）	0.0870*** （0.005）	0.1172* （0.023）
ln*gov*	－0.3013* （0.060）	－0.1506* （0.051）	－0.1542*** （0.018）	－0.2716*** （0.012）
ln*pop*		0.1033*** （0.000）		0.1738*** （0.047）
ln*gdp*			0.0503 （0.223）	0.1258* （0.080）
_cons	0.6950 （0.201）	－0.2602 （0.611）	－0.7139** （0.013）	－1.9556**** （0.010）
AR（1）	0.033	0.001	0.001	0.006
AR（2）	0.592	0.717	0.801	0.498
Sargan/hansen	0.268	0.271	0.280	0.107
obs	155	155	155	155

注：*、** 和 *** 分别表示在 10%、5% 和 1% 的水平上显著，括号中数值表示估计系数的 P 值。

在表 6－18 中，模型Ⅰ是未加入任何其他控制变量，仅考虑城市交通基础设施水平与社会资本投入、政府干预程度之间相关关系的回归结果，可以直观地比较分析社会资本投入与政府干预对城市交通基础设施的影响。为了进一步验证城市交通基础设施水平与社会资本投入、政府干预程度之间相关关系估计结果的稳健性，本节尝试在模型Ⅰ的基础上加入人口聚集度、经济发展水平等控制变量，并通过模型Ⅱ～Ⅳ表示。模型Ⅰ～Ⅳ均接受扰动项不存在二阶及以上自相关的原假设，即通过了自回归（AR）检验；同时，模型Ⅰ～Ⅳ的 Sargan（或 Hansen）检验均显著地拒绝了工具变量过度识别的问题（P＞0.1），即接受所有工具变量均有效的原假设。这一结果表明，式（6.6）的模型设定是合理的，而且采用系统广义矩法进行估计是有效的。也就是说，社会资本投入对城市交通基础设施建设水平有着积极的促进作用，而政府干预则不利于城市交通基础设施的发展。这一结果在一定程度上验证了关于市场力量在配置资源方面比政府更有效的新公共管理理论。具体实证结果如下。

第一，无论模型是否加入其他控制变量，核心解释变量城市交通基础设施水平指标的滞后项（$inf_{i,t-1}$）及社会资本投入指标（sc）的回归系数均显著为正，政府干预程度指标（gov）的回归系数则显著为负。这说明地区城市交通基础设施当期水平高度依赖前期建设成果，“棘轮效应”明显。社会资本的投入能够对城市交通基础设施建设水平起到良好的促进作用，而政府干预则会对城市交通基础设施建设起阻碍作用。

第二，社会资本每增加 1% 的投入，将使城市交通基础设施水平提升 15.80%，而政府干预每增加 1%，将使城市交通基础设施水平下降 30.13%。表 6－18 中，模型Ⅰ是未加入任何其他控制变量，仅考虑城市交通基础设施水平与社会资本投入、政府干预程度之间相关关系的回归结果。其中，社会资本投入水平与政府干预程度的回归系数分别为 0.1580 和 －0.3013，均通过了 10% 的显著性水平检验，说明从总体样本角度出发，社会资本投入有利于城市交通基础设施水平的提升，而政府干预则不利于城市交通基础设施发展。

第三，随着控制变量的依次加入，社会资本投入指标的估计系数始终显著为正，而政府干预程度指标的估计系数始终显著为负。从完整模型Ⅳ来看，社会资本投入、政府干预程度的估计系数分别为 0.1172 和 －0.2716，分别通过了显著性为 10% 和 5% 的检验，控制变量人口聚集度和经济发展水平的加入均未改变核心解释变量社会资本投入水平和政府干预程度的系数符号。这进一步验证了社会资本投入与政府干预程度对城市交通基础设施水平的影响是稳健的，因此模型Ⅰ所得结果是可信的。

第四，从控制变量的角度来说，人口规模效应与经济发展水平对城市交通基础设施具有积极的促进重要作用。表 6－18 显示，模型Ⅱ～Ⅳ中人口聚集度（pop）估计系数均显著为正，且都通过了 5% 的显著性水平检验，说明人口集聚所带来的规模效应在一定程度上能优化地区城市交通基础设施建设水平，且作用效果较为明显；经济发展水平指标（gdp）的估计系数为正，且通过了完整模型Ⅳ中 10% 的显著性检验。完整模型Ⅳ中人口聚集度指标和经济发展水平指标的估计系数分别为 0.1738 和 0.1258，表明人口集聚度和经济发展水平每提高1%，将带动城市交通基础设施水平分别提高17.38%和12.58%，均体现了人口规模效应与经济发展水平对城市交通基础设施的重要作用。

上述实证结果表明，社会资本投入能显著地推动城市交通基础设施建设，而过多的政府干预则不利于城市交通基础设施发展，此外人口聚集程度的提高以及地区经济发展也能在一定程度上对我国城市交通基础设施发展起到积极作用。实证结果进一步验证了在基础设施领域进行市场化改革、鼓励社会资本参与基础设施建设的必要性。

第四节　中国社会养老事业发展中PPP模式应用的调查分析

从我国目前养老事业发展PPP模式应用情况来看，湖北省较早推行养老PPP项目，出台了一系列措施和相关规定，其项目数量和融资规模在全国均位居前列。因此，本部分主要针对湖北省比较有代表性的武汉市养老PPP项目进行调查分析。

一、武汉市社会养老事业发展中PPP模式应用的现状调查

为了真实地了解我国社会养老事业发展中PPP模式应用的实际情况，本部分通过调查问卷及访谈的方式，对武汉市社会养老院PPP项目实施及使用情况进行了调查，并基于调查数据进行了分析。

（一）问卷调查设计与实施

1. 问卷调查设计

结合本部分的研究目的及研究内容，问卷的调查对象主要是老年人、老年人家属、养老机构工作人员、养老机构管理者、政府工作人员。由于养老服务的需求者（主要是老年人及其家属）和养老服务的供给者（主要是养老机构及政府）关于养老服务的关注点各有侧重，因而本部分针对养老服务的需求方（见附录A）和供给方（见附录B）分别设计了两份问卷。以发放网络问卷和纸质问卷、以线上和线下相结合的方式进行问卷调查。问卷的题项由客观题和主观题两部分组成，客观题包括单项选择题和评分题。

对于养老服务的需求者（主要是老年人及其家属），调查问卷主要针对调查对象基本信息、对养老服务 PPP 项目的兴趣度及其质量评价三个方面进行调查。其中，调查对象的基本信息包括性别、户籍所在地、受教育程度、个人年收入；对 PPP 模式养老服务的兴趣度包括调查对象对 PPP 模式养老服务的认知、评价和行为倾向；质量评价则包括满意度指标，共 3 个二级指标和 11 个三级指标（见附录 A）。

对于养老服务的供给者（主要是养老机构及政府），调查问卷主要针对调查对象对 PPP 模式养老服务的影响因素评价和应用效果评价。其中，影响因素包括投入指标和过程产出指标；投入评价指标包含 2 个二级指标和 7 个三级指标，过程产出评价指标包含 5 个二级指标和 21 个三级指标（见附录 B）。应用效果包括满意度质量评价。

“服务质量评价”指标中的二级指标包括环境设备、服务评价与改进、PPP 养老应用效果 3 个指标。其中，环境设备指标包含 5 个三级指标，测量被调查者对 PPP 养老机构环境与设备配备的兴趣度；服务评价与改进指标包含 3 个三级指标，测量被调查者对 PPP 养老机构服务绩效考核的兴趣度；PPP 养老应用效果指标包含 3 个三级指标，测量被调查者对社会养老中 PPP 模式应用效果的感知评价。

“投入评价”指标中的二级指标主要包括 PPP 养老项目的人力资源投入、PPP 养老项目的资金投入 2 个指标。其中，PPP 养老项目的人力资源投入指标包含 2 个三级指标，测量被调查者对 PPP 养老机构服务人员的感知评价；PPP 养老项目的资金投入指标包含 5 个三级指标，测量被调查者对 PPP 养老机构投入资本的效果评价。

“过程产出指标”中的二级指标包括 PPP 养老机构服务资质、PPP 项目投资方参与项目管理、过程管理中的人力资源管理、价格、机构服务能力 5 个指标。其中，PPP 养老机构服务资质指标包含 3 个三级指标，测量被调查者对养老机构资质要求的感兴趣程度；PPP 项目投资方参与项目管理指标包含 2 个三级指标，测量被调查者对 PPP 项目投资方参与管理的感兴趣程度；过程管理中的人力资源管理指标包含 5 个三级指标，测量被调查者对过程管理中人力资源管理的兴趣程度；价格指标包含 3 个三级指标，测量被调查者对 PPP 项目付费价格的感知评价；机构服务能力指标包含 8 个三级指标，测量被调查者对机构服务能力的兴趣度。

2. 问卷发放与回收情况

从2018年6月开始设计问卷并进行修改，于2018年8月至11月进行了调查问卷的发放、回收、录入和统计工作。本次问卷调查发放范围主要为武汉市的老龄人口、养老机构、政府机关、养老PPP项目的投资者等。对养老服务的需求者（主要是老年人及其家属）共发放问卷120份，对养老服务的供给者（主要是养老机构及政府）共发放问卷180份，合计发放问卷300份，包括线上网络问卷210份，线下纸质问卷90份，共回收问卷291份，回收率为97%，有效问卷287份，有效率为98.63%。在问卷结果的录入过程中借助使用Epidata3.1软件，对问卷题项中未作答的情况，将其标记为缺失值，用0表示。

（二）访谈设计与实施

为了更好地进一步了解PPP模式在养老事业发展中应用现状，在进行问卷调查的同时，笔者还进行了深度访谈，作为问卷调查的补充。访谈采取结构访谈方式，笔者在问卷调查的基础上编制了访谈提纲。深度访谈以与PPP模式在养老事业发展中应用密切相关的人员为访谈对象，包括从事PPP模式研究的学者、制定PPP方案的政府官员、长期从事养老机构服务工作的管理者，以及与养老服务相关的基层员工。访谈主要涵盖当前我国PPP模式在养老事业发展中应用的基本情况、受访者对于养老事业中应用PPP模式的态度等方面，以进一步了解养老PPP应用的困境，从而为深入研究养老事业发展中更好地应用PPP模式提供一定参考和建议。

从2018年6月开始设计访谈提纲，并进行了数次修改，对访谈所涉及的知识、背景材料做好充分准备，于2018年8月至11月进行了正式访谈并归纳访谈记录（访谈提纲见附录C）。主要采取电话访谈和当面访谈形式，并提前与访谈对象做好沟通、提交访谈稿，确保了访谈工作的顺利实施。

二、武汉市社会养老事业发展中PPP模式应用调查结果分析

由于养老服务的供给者主要是机构和政府，因而关于养老服务调研受访者个人信息的描述主要涉及养老服务需求者。养老服务需求者的考察指标主要是满意度指标，而养老服务机构和政府的考察指标主要包括投入指标、过程管理指标等。

（一）养老服务需求者的调查分析

由于养老服务需求者个体之间存在一定差异，因而首先必须对其个人信息进行描述性分析，然后再分析其对 PPP 养老模式的了解程度及其满意度。

1. 养老服务需求者个人信息的描述性分析

对于被调查者个人信息的调查题项均为单选题，主要从性别、户籍所在地、年龄结构、职业特征、受教育程度和个人年收入这几个方面对受访人的个人信息进行测量，其统计分析结果如下（见表 6－19）。

表 6－19　养老服务需求者个人信息的描述性统计分析

指标	有效样本数	填答比例（%）	题目选项	频数	有效比例（%）
性别	118	100	男	52	44.07
			女	66	55.93
户籍所在地	118	100	城市	92	77.97
			乡/村/镇	26	22.03
年龄	118	100	15～24 岁	8	6.78
			25～44 岁	36	30.51
			45～59 岁	27	22.88
			男 >60 岁/女 >55 岁	47	39.83
职业	117	99.15	学生	5	4.27
			企业管理人员	14	11.97
			企业一般员工	10	8.55
			公务员	25	21.37
			自由职业者	11	9.40
			家庭妇女	5	4.27
			农民	3	2.56
			离退休人员	38	32.48
			军人	1	0.85
			其他	5	4.27

续表

指标	有效样本数	填答比例（%）	题目选项	频数	有效比例（%）
受教育程度	116	98.31	初中及以下	10	8.62
			高中及中专	20	17.24
			大专	24	20.69
			本科	56	48.28
			硕士及以上	6	5.17
个人年收入	110	93.22	5 万元及以下	61	55.45
			6 万～10 万元	32	29.09
			11 万～19 万元	14	12.73
			20 万元及以上	3	2.73

第一，从性别来看，有效样本为 118，其中男性 52，占比为 44.07%，女性为 66，占比为 55.93%，女性占比高于男性，约高 11 个百分点。这说明女性对于养老服务的关注度要普遍高于男性。

第二，从年龄来看，养老服务需求以老年人为主，其中以退休老人所占比例最大，为 39.83%。而老年人家属方面，以 25～44 岁的中青年人为主，比例达到 30.51%，这可能与需要承担老年人的赡养义务有较大关系。

第三，从职业来看，养老服务需求者主要以离退休人员为主，占比 32.48%，其次是公务员和企事业单位管理人员，分别占 21.37% 和 11.97%；对养老服务需求最少、其占比居后两位的职业为农民（2.56%）和军人（0.85%）。这说明不同职业对养老事业的关注程度存在差异。

第四，从受教育程度来看，养老服务需求最大的是大学生，本科学历占比最高，达 48.28%，大专学历占比为 20.69%；高中及中专占比为 17.24%；初中及以下学历占比为 8.62%；硕士及以上的高学历比例最低，仅占 5.17%。这表明目前关注养老事业发展的群体主要为本科学历，受教育程度较高，因此对养老服务质量需求也相应提高。

通过问卷发现，部分被调查对象并不愿意公开自己的个人年收入，对于个人年收入题项的填答比例最低，仅占 93.22%。根据已填答数据，被调查对象的人均年收入情况主要集中在 5 万元及以下，所占比例达 55.45%，超过了一半；人均年收入为6万~10万元的群体占29.09%；人均年收入为11万~19万元的占12.73%；所占比例最低的选项是20万元及以上群体，仅占2.73%。这说明关注养老服务的群体大多为低收入群体，收入水平高的群体关注相对较少，这也反映了老年人群体总体支付能力较弱的现状。

2. 对PPP养老模式了解程度分析

本部分主要从五个方面对被调查者关于PPP养老模式的了解程度进行测量，包括之前是否享受过养老机构服务、对PPP模式的了解程度、如何得知养老PPP项目的服务信息、为何选择养老PPP项目、是否会向他人推荐养老PPP模式项目五个测量题。其中，如何得知养老PPP项目的服务信息（题项3）和为何选择养老PPP项目（题项4）为多选题，其余题项均为单选题。对多选题项的统计，使用"测量题项得分=频次/有效样本数×100%"的公式进行计算，其统计分析结果如下（见表6-20）。

表6-20　养老服务需求者对PPP养老模式了解程度的描述性统计分析

指标	有效样本数	填答比例（%）	题目选项	频数	有效比例（%）
之前是否享受过养老机构服务	118	100	是	80	67.80
			否	38	32.20
对PPP模式的了解程度	118	100	非常清楚	10	8.47
			了解	13	11.02
			一般	56	47.46
			不了解	32	27.12
			从未听说	7	5.93
得知PPP模式养老机构的渠道	118	100	亲朋好友介绍	37	31.36
			广播电视	17	14.41
			网络	35	29.66
			报纸、杂志	21	17.80
			其他	8	6.78

续表

指标	有效样本数	填答比例（%）	题目选项	频数	有效比例（%）
为何选择 PPP 模式养老机构	117	99.15	价格合理	9	7.69
			综合服务水平	30	25.64
			居住环境	28	23.93
			交通方便	12	10.26
			离家远近	36	30.77
			其他	2	1.71
是否会向他人推荐 PPP 模式养老服务	118	100	是	66	55.93
			否	52	44.07

第一，人们对社会化养老有一定的认可度。调查发现，67.8%的被调查者或其家属之前享受过养老机构服务，32.2%未享受过养老机构服务。第二，被调查者对于 PPP 模式养老服务的熟悉程度不高。只有 8.47%的被调查者对 PPP 养老模式非常清楚，11.02%的被调查者了解，47.46%的被调查者只是一般了解，27.12%的被调查者不了解，5.93%的被调查者甚至从未听说。第三，大多数被调查者主要通过亲朋好友介绍以及网络渠道获知 PPP 模式养老的服务信息，分别占比 31.36%和 29.66%，两者共计 61.02%；通过广播电视获取信息的比重最低，仅占 14.41%；通过报纸和杂志以及其他方式的比例合计为 24.58%。第四，选择 PPP 模式养老服务机构的原因首先是离家远近（30.77%）和综合服务水平（25.64%），二者共计 56.41%；其次是居住环境，占比为 23.93%；对于价格因素的选择比例最小，为 7.69%。这说明，公众养老服务的需求主要考虑离家的远近，而对价格并不敏感。第五，有 55.93%的被调查者选择了会向其他人推荐 PPP 模式养老服务的选项，另外 44.07%的被调查者选择了不会向其他人推荐 PPP 模式养老服务。这说明 PPP 模式养老服务的公众认可度一般，宣传推广空间较大。

3. 对 PPP 模式养老服务满意度分析

为了了解养老服务需求者对 PPP 模式养老服务的满意度，本部分设计了环境及设备、服务与改进、PPP 参与养老效果 3 个二级指标，以及 11 个三级指标测量题项，位于调查问卷（附录 A）的第三部分（对 PPP 模式养老服务的质量评价）。

在对调查结果的处理过程中，利用 SPSS19.0 对各项指标进行可靠性分析。对测量结果的信度分析显示，测量结果整体的 α 系数为 0.96，各维度的 α 介于 0.81 ~0.99。这说明测量结果具有很好的信度。对测量结果的效度分析显示，测量结果的总体相关系数为 0.644，且各项测量题项的相关系数均介于 0.55 ~0.75，表明测量结果具有很好的效度。

本部分运用李克特量表①对指标整体得分情况进行整理，将被调查者的态度回答按照“非常不满意”“不满意”“不一定”“满意”“非常满意”排序，分别记为 1 分、2 分、3 分、4 分、5 分。通常情况下，采用李克特 5 分量表进行评分时，反对得分由非常不满意和不满意所得分数加权求出，即得分 1 ~ 2.4 表示反对观点，赞同得分由非常满意和满意所得分数加权求出，即得分 3.5 ~5 表示赞同观点，而得分 2.5 ~3.4 则表示中立观点。本书所得结果如表 6 -21 所示。

表 6 -21　对 PPP 模式养老服务质量评价的均值、标准差和偏态系数

服务质量评价纬度/测量题项	均值	标准差	偏态系数
环境及设备	3.84	0.765	-0.782
床位数量及单位床位可使用面积	3.90	0.911	-0.802
老人居室内各种设施应安全、稳固	3.83	0.926	-0.761
设置无障碍设施	3.82	0.711	-0.492
设置垃圾专门存放区域并分类管理	3.71	0.871	-0.402
设置可吸烟/禁止吸烟区域	3.94	0.405	-0.254
服务与改进	3.79	0.833	-0.615
开展机构服务考核	3.90	0.751	-0.783
开展满意度调查	3.81	0.852	-0.597

① 李克特量表（Likert scale）由美国社会心理学家李克特（Maurice Richter）于 1932 年通过对原有总加量表改进后提出，属于最常用的一种评分加总式量表。

续表

服务质量评价纬度/测量题项	均值	标准差	偏态系数
第三方评估服务质量	3.66	0.925	-0.558
PPP 参与养老效果	3.57	0.977	-0.949
价格与资质	3.38	0.997	-0.972
环境及设备	3.65	0.976	-0.901
服务质量	3.68	0.957	-0.975
总体	3.73	0.878	-0.781

第一，养老服务需求者（主要是老年人及其家属）对养老事业发展中应用 PPP 模式持较强赞同态度。如表 6-21 所示，对 PPP 模式养老服务质量评价的总体均值得分为 3.73，介于 3.5 ~5；而总体标准差为 0.878，偏态系数为 -0.781，说明总体选项的离散系数较高，被调查者对于题目选项的选择出现较大的差异。

第二，养老服务需求者对 PPP 养老项目的环境设施评价较为满意，持赞同态度。在三个二级指标中，环境及设备指标的均值最高，为 3.84，且该二级指标下所有三级指标的均值都大于总体均值。其中，三级指标得分最高的是"设置可吸烟/禁止吸烟区域"（均值为 3.94），表明被调查者对设置吸烟/禁止吸烟区域有着较高的需求，以及对现阶段养老机构中的该项目情况具有较高的认可度，而且该指标的标准差和偏态系数都表明被调查者对于题项的选择较为集中，呈正态分布；"床位数量及单位床位可使用面积""开展机构服务考核"的均值也较高（两项的均值都是 3.9）。可见，被调查者对 PPP 养老模式持较高的满意度在很大程度上源于养老机构中的床位数量较多，以及单位床位可使用面积较大，同时养老机构定期开展服务考核也得到了较高的认可。

第三，养老服务需求者对 PPP 养老项目的价格与资质持有中立观点。在表 6-21 中，"价格与资质"指标得分最低，仅为 3.38，介于 2.5 ~3.4，且标准差相对较高和偏态系数相对较低，说明养老服务需求者对 PPP 养老项目的价格与资质不太支持。

总的来看，养老服务需求者对养老事业发展中 PPP 模式的应用持支持态度，尤其是对PPP养老机构的环境及设备赞同度高，但对养老PPP项目的应用效果却持保守态度。前述分析表明，养老服务需求者在选择PPP养老项目时虽然考虑价格因素不多，但对PPP养老项目服务质量进行评价时却对价格与资质这一指标评价不高。这一方面可能由于老年人的经济水平较弱，并不能负担起较高的养老服务支出；另一方面可能是PPP养老机构制定价格不合理，定价与提供的服务质量水平无法相匹配，因此导致该项评价指标得分不高。

（二）养老服务供给方的调查分析

关于养老服务供给方的调查主要涉及其对养老服务PPP项目影响因素评价和对PPP模式养老服务应用效果评价等。

1. 养老服务PPP项目的影响因素分析

养老服务PPP项目的影响因素分为投入、过程产出两个一级指标。其中，投入指标分为人力资源和资金投入两个二级指标及7个三级指标测量题项；过程产出指标分为机构服务资质、PPP投资方参与管理、人力资源、价格、机构服务能力5个二级指标及21个三级指标测量题项，位于调查问卷（附录B）的第一部分（对PPP模式养老服务的影响因素评价）。对养老服务PPP项目影响因素评价分析得到以下结果（见表6－22和表6－23）。

表6－22　对PPP模式养老服务投入指标评价的均值、标准差和偏态系数

投入指标评价纬度/测量题项	均值	标准差	偏态系数
人力资源	3.52	0.9665	－0.474
医护人员占养老机构工作人员比例	3.57	1.0050	－0.506
本科以上学历医护人员所占比重	3.46	0.9280	－0.442
资金投入	3.98	0.5690	－0.414
项目总资本	3.99	0.3740	－0.574
PPP中政府财政投资占比	4.32	0.1590	－0.398
PPP中民间资本投资占比	4.51	0.1850	－0.301
人均社保支出	3.54	1.0360	－0.346
人均公共医疗卫生支出	3.55	1.0910	－0.451
总体	3.75	0.9780	－0.444

表6-23 对PPP模式养老服务过程产出指标评价的均值、标准差和偏度

过程产出指标评价纬度/测量题项	均值	标准差	偏态系数
机构服务资质	3.42	0.989	-0.382
持有养老机构设立许可证书	3.40	0.968	-0.387
持有食品经营许可证书	3.43	0.974	-0.388
持有医疗机构许可证书	3.42	1.027	-0.372
PPP投资方参与管理	4.40	0.319	-0.397
参与管理范围	4.43	0.243	-0.362
参与管理程度	4.37	0.396	-0.432
人力资源	3.41	0.907	-0.408
明确机构工作人员岗位职责	3.42	0.875	-0.363
医护人员配置满足服务需求	3.41	0.935	-0.463
机构工作人员应掌握相应的知识和技能，且持证上岗	3.49	0.928	-0.425
对机构工作人员定期进行培训	3.36	0.910	-0.473
对机构工作人员进行健康体检	3.38	0.886	-0.317
价格	4.03	0.919	-0.384
价格得到物价部门审批	3.98	0.982	-0.458
价格公开透明	3.79	0.888	-0.315
收费标准合理	4.24	0.673	-0.375
机构服务能力	3.55	0.829	-0.511
出入院评估服务	3.28	0.763	-0.432
生活照料服务	3.72	0.777	-0.447
膳食服务	3.99	0.831	-0.521
清洁卫生服务	3.71	0.925	-0.554
医疗护理服务	3.69	0.909	-0.449
文化娱乐服务	3.22	0.814	-0.468

续表

过程产出指标评价纬度/测量题项	均值	标准差	偏态系数
心理/精神支持服务	3.39	0.812	-0.606
安宁服务	3.37	0.802	-0.611
总体	3.76	0.903	-0.417

第一，养老服务供给者（主要是养老机构及政府）认为投入因素是影响养老事业发展 PPP 模式应用的重要因素。在表 6-22 中，对 PPP 模式养老服务投入指标评价的总体均值得分为 3.75，介于 3.5～5；而且在人力资源和资金投入这两个二级指标中，资金投入的指标得分均值为 3.98，远高于人力资源指标得分 3.52，说明养老服务供给者认为资金投入在 PPP 模式的应用中占最主要部分。该二级指标下，三级指标得分最高的两项是“PPP 中民间资本投资占比”（均值为 4.51）和“PPP 中政府财政投资占比”（均值为 4.32），且标准差相对较低和偏态系数相对较高。这一方面反映了当前政府和社会资本对于 PPP 模式的重视程度较高，另一方面也说明当前养老服务 PPP 项目的供给或多或少存在资金投入不足问题，因而大部分养老服务供给者都认为资金投入指标十分重要。

第二，养老服务供给者认为过程产出指标对养老服务 PPP 模式的应用也有着至关重要的影响。在表 6-23 中，对 PPP 模式养老服务过程产出指标评价的总体均值得分为 3.76，介于 3.5～5；在 5 个二级指标中，得分最高的两项为“PPP 投资方参与管理”（均值为 4.4）和“价格”（均值为 4.03），且标准差相对较低和偏态系数相对较高。这说明养老服务供给者认为养老事业发展中的应用 PPP 模式应该注重投资方的运营管理及服务价格的制定。而其余几项（如机构服务资质、人力资源和机构服务能力）得分均低于 3.5。这说明养老服务供给者对这几项指标认同感一般，持中立态度。

总的来看，养老服务供给者对于养老事业发展中 PPP 模式的应用关注的侧重点主要在于资金投入、参与管理和价格制定等方面，对于人力资源投入和产出及机构服务指标则不太敏感。这说明现阶段 PPP 模式的应用还存在投入不足、民间资本收益较低和价格制定不合理等方面的问题；此外，在人力资源的投入和建设方面还需要加强，这也是未来PPP模式发展过程中需要努力的方向。

2. PPP模式养老服务应用效果分析

在对养老服务PPP项目应用效果进行调查时，养老服务供给者分别从资金利用效率、过程管理规范程度、价格制定实施和服务质量满意度四个方面对PPP模式的应用效果进行评分，位于调查问卷（附录B）的第二部分（对PPP模式养老服务的应用效果评价）。评价得分由低至高，1分为最低分，5分为最高分，得分越高代表评价越高。调查打分结果如下："资金利用率高，供给有效"平均得分为2.91，"过程管理规范，操作性强"平均得分为3.23，"价格控制合理，物有所值"平均得分为2.93，"服务质量周到，满意度高"平均得分为3.14。可见，资金利用率和价格控制这两项得分相对较低，说明养老事业发展中PPP模式的应用存在资金不足和价格不合理等方面的问题，其评价度有待进一步提升。

总之，从上述武汉市社会养老事业发展中PPP模式应用的调查结果来看，目前养老服务需求者支持养老事业发展中推广PPP模式，但认为PPP养老项目价格偏高，服务质量有待进一步提升。养老服务供给者则认为，现阶段养老产业发展中PPP模式的应用投入不足，而且民间资本收益较低，价格制定尚不够合理等；人力资源的投入也需要加强。养老事业发展中应用PPP模式仍存在资金不足和价格不合理等方面的问题。

这一调研结果与前面理论分析发现的问题基本一致。这些问题的存在毫无疑问制约了养老事业发展中PPP模式应用进程。

第七章　社会资本参与农业综合开发的实证分析

农业综合开发是我国强农惠农、解决“三农”问题的有效政策，更是促进农业供给侧结构性改革、实现乡村振兴的重要手段。《国务院办公厅关于金融服务“三农”发展的若干意见》《国务院关于印发推进普惠金融发展规划（2016—2020 年）的通知》《中共中央　国务院关于坚持农业农村优先发展做好“三农”工作的若干意见》《数字乡村发展战略纲要》等相关文件先后出台，各级政府结合当地实际需要，积极引进技术，招贤纳才，多方筹措资金，加大金融支持“三农”力度，致力乡村振兴，促进农业现代化。农业产业的快速发展要求更多资本注入，农业综合开发更需要资本充足化，引入社会资本进入农业综合开发是大势所趋。2017 年《中共中央　国务院关于深入推进农业供给侧结构性改革　加快培育农业农村发展新动能的若干意见》明确提出各级地方政府应创新财政资金使用方式，鼓励金融资本、社会资本参与农业综合开发，提高农业综合效益和竞争力。因此，本章对社会资本进入农业综合开发领域进行定性和定量分析，探寻激发农村经济社会发展活力、推进农村金融体制改革的路径，以期对激活社会资本、释放市场能量，以及在经济增速放缓背景下继续强化农业基础地位、促进农民持续增收等有所裨益。

第一节　社会资本参与农业综合开发现状

农业综合开发是一项系统性的工程，具有综合性的特征。从农业综合开发的目的来看，凡是能促进农村经济发展的活动都属于农业综合开发的范畴。其本质内涵和基本任务主要包括：进一步加强农业基础设施建设，改善农业生产环境和农村生态环境，提高土地生产力及农业综合生产能力，提升农产品市场竞争力；促进农业经济效益、社会效益和生态效益的共同提高。农业综合开发的综合性的特点不仅体现在规划布局、开发、要素投入、组织领导等方面，而且还包括资金筹措、综合治理。农业综合开发项目包括两类：一是土地治理项目，包括中低产田改造、高标准农田建设、生态综合治理以及中型灌区节水配套改造；二是产业化经营项目，包括扶持农业产业化经营龙头企业以及农民专业合作组织（李建平、吴洪伟，2016）。显然，农业基础设施建设涵盖了农业综合开发的诸多内容，社会资本参与对农村基础设施建设或农业综合开发无疑会产生重要影响。

一、社会资本对农业综合开发的影响

农业综合开发既有属于准公共物品性质的项目，又有属于私人物品和纯公共物品性质的项目，仅仅依靠政府或者市场一方进入农业综合开发领域都会出现“失灵”现象。因此，农业综合开发应在政府提供监督以及设定合理的制度安排的基础上，尽量鼓励和引导社会资本进入农业综合开发领域。

（一）社会资本对农业综合开发的作用

目前，我国农业综合开发任务艰巨，面临诸多挑战，如农村耕地数量不断减少且耕地质量下降；农村环境污染，尤其是一些地区土地和水资源等污染严重；农村基础设施水平偏低；农业科技水平不高；农村、农业资源短缺等。在政府财政支持力量有限的情况下，需要加大金融支持力度，吸引金融资本、社会资金进入农业综合开发领域，促进乡村振兴。

1. 社会资本参与有利于提高农业综合效益

社会资本作为农业综合开发投资主体之一，与其他投融资方式相比，对农业和农村经济发展有独特的比较优势。

一方面，社会资本与投资农业的国家财政资金相比，显著区别在于社会资本是考虑收益的一种投资，而国家涉农财政资金带有公益性农业投入性质，较少考虑经济回报。当财政资金投资农业对社会资本产生“挤出效应”时，就会导致社会资本对农业综合开发的公益性投入不足，农业失去对社会资本的投资吸引力。但是如果对社会资本加以产权约束，当社会资本进入农业综合开发领域时，在市场竞争和市场监管驱动下，社会资本的趋利性在农产品品牌竞争、创新农业技术和农业企业经营管理等方面得以体现，从而进一步带动农业和农村经济的发展。

另一方面，成规模的社会资本与单个农户投资相比，具有组织上的优势，并且社会资本生产的产品提供给市场，而不是像单个农户家庭那样生产自产自销的产品，这也就为农业产业化发展提供了可能性。社会资本向农业集聚形成农业法人主体，利用组织化程度高的优势，减少单个农户参与农业综合开发项目的风险，同时发挥筹资、技术创新、人才培养上的规模效应，建成农产品“生产—深加工—销售”一体化模式，延长农业生产产业链，增加农业附加值。总而言之，将社会资本引进农业综合开发领域能有效调动农业的各项生产要素，以资本化运作为纽带，整合一切资源，实现各利益主体的效用最大化。

2. 社会资本参与能提供充裕的资本

近些年来，我国农业综合开发的财政投入资金呈逐年增长趋势，但依然不能完全满足农业综合开发的需要。而社会资本作为对政府资本的补充，能够为农业综合开发提供新的资本来源。

社会资本进入农业综合开发领域主要是依托金融不断深化来实现的，同时，金融资本在农业综合开发领域投入的广度和深度常常对社会资本参与农业综合开发的资金使用绩效产生影响。现阶段，我国农村金融市场及民间借贷虽然蓬勃发展，但金融抑制现象一直存在，这在一定程度上提高了社会融资成本，降低了资金的配置效率，增加了社会资本进入农业综合开发领域的困难。

促进社会资本大量有序进入农业综合开发领域，关键在于金融领域逐步放开管制，实现金融深化。2010 年国务院出台《关于鼓励和引导民间投资健康发展的若干意见》（简称“新 36 条”①），进一步鼓励和引导民间投资进入农业综合开发等领域。2014 年出台的《财政部关于印发政府和社会资本合作模式操作指南》更是细化了社会资本进入公共事业领域的路径，从而推动了社会资本参与城乡基础设施建设的积极性。尤其是近些年来闲置的社会资本纷纷进入金融市场，向金融资本转化加速了资本周转的速度，为农业综合开发扩大资本来源。

---

① 2005 年 2 月，国务院出台的《关于鼓励支持和引导个体私营等非公有制经济发展的若干意见》共有 36 条，故被称为“非公 36 条”。而 2010 年 5 月出台的《关于鼓励和引导民间投资健康发展的若干意见》也有 36 条，为了方便区分，将后者称为“新 36 条”。

3. 社会资本拥有多元化的主体构成

以往的农业综合开发大多依靠政府的财政补助，即使是农村的正规金融机构，也只是作为政府实行政策性金融的工具来参与农业综合开发，力度不大且激励性不强，财政效果不见起色。金融资本、社会资本进入农业综合开发为其带来多元化的投融资主体，其中不仅包括境外资本，也包括国内各种民间资本；不仅有各类企业法人的参与，也有来自农户自身的参与；不仅包括政府及其主导的正规金融机构，也包括社会资本自发形成的非正规金融机构。资本因其逐利性的特质，会依据利润率的大小来选择进入特定的产业，而农业综合开发过程中的不同项目会吸引偏好不同的参与主体选择自身所偏好的项目，选择能够给其带来最大效用的项目。多元化的参与主体为农业综合开发带来新的发展契机。

社会资本参与能为农业综合开发提供资金支持，主要原因有以下几个方面。

第一，优化资金结构，扩大资金来源，为农业综合开发提供长期稳定的资金保障。金融结构的优化意味着金融活动在总经济活动中的比值提升，反映到农业综合开发领域，则意味着农业综合开发资金融资比例提高。我国农业综合开发融资主要来源一直是中长期银行贷款，其在农业综合开发总投入资金中占比的提升意味着农业综合开发的资金平均支持期限延长。而农业综合开发“长效性”特征表明，农业综合开发前期需要长期的农业基础设施建设和农业科技的研发，农业综合开发项目在短期内难以产生效益，其资金支持期限的延长能够提升农业综合开发水平。

第二，资金规模扩大，有利于为农业综合开发提供源源不断的资金来源。农业综合开发过程中，高标准农田改造、厂房建设、道路修缮、科技研发等过程需要大量的资金支持，否则项目整体功能无法发挥。目前，我国农业综合开发融资主要来源是银行贷款，十分单一。为扩大金融支持规模，可以在内部融资难以满足的情况下，通过金融一级市场或者二级市场，将社会闲散资金聚拢起来，为农业综合开发提供资金支持，使得农业综合开发步入良性循环。

第三，资金效率的提高能吸引更多的金融资源投入农业综合开发。地区农业综合开发的金融支持效率较高，即储蓄转化为投资的效率比较高，这意味着农业综合开发各经营主体贷款成本降低，贷款成功的概率提高，小型农场、农村合作社、新型农业经营组织也能及时得到资金融通，从而刺激农业综合开发领域创业，支持农业综合开发新型经营主体扩大生产，提高地区农业综合开发水平。

4. 社会资本能更好地分担风险

社会资本来自民间，在农业综合开发过程中能够发挥其独特的资本优势，灵活及时地运用于农业生产活动。政府引导社会资本参与农业综合开发可以因地制宜，减少农业综合开发过程中的盲目性，更好地发挥资本再生产的效益。尤其是，金融资本与社会资本共同作用，推动资本形成与积累，提高金融资本、社会资本在农村基础设施建设、农田水利改造升级项目中的比重，释放出农业发展的巨大活力。金融市场、非正规金融机构的加入能够减少农业综合开发过程中的信息不对称，从而降低资本投资的风险。政府的财政支出能够抵御因政治环境、法律环境、自然灾害等无法规避的因素所造成的系统性风险，而社会资本、金融资本作为补充，能够更好地发挥市场机制的自我调节作用，减少因项目本身的技术性或者结构性问题所造成的风险，特别是农业保险机构的发展能进一步降低进入农业综合开发的参与主体投资的风险。

5. 社会资本带来新的组织形式

在以政府财政支出为主的时期，农村生产生活所需要的资金来源大多是政府补贴、农村信用合作社、个人借贷以及地下钱庄等。随着金融市场向农村不断延伸和扩大，各种新型农村金融机构、组织模式开始出现。例如，始于孟加拉国的、以扶贫为目的的小额信贷，我国山西临县的“村民互助基金会”等，都是随着社会资本的不断壮大、金融业的不断发展而兴起的农村小额贷款公司，在农村经济发展尤其是农村扶贫工作中发挥了重要作用。这些新的组织形式为农业综合开发带来新的发展模式，能够更好地利用当地资源、文化等要素解决农业综合开发资本不足的问题。因此，需要进一步丰富新的组织形式，为农业综合开发提供更稳定的资金来源。一方面，逐步放松对各类农村金融机构的市场准入管制，降低准入门槛，促进社会资本通过多元化方式（如增资扩股、入股、直接发起等）向金融资本转化，共同构成量多面广的草根金融体系，增加对农业的投入。另一方面，促进有一定规模的非正规金融组织转变为规范化的新型农村金融机构，同时引导社会资本有序收购运行效率较低的金融机构，吸纳更多稳定的资金来源服务于地区农业综合开发项目。在机制设计上，社会资本、金融资本自发形成的组织形式能够增加公众的满意度，降低信息不对称的程度，减少利益相关者的纠纷矛盾，更容易形成激励机制，保证农业综合开发的经济效率和社会效益。

（二）社会资本参与农业综合开发离不开金融支持

社会资本与金融资本之间是相辅相成的关系，社会资本的发展离不开金融支持，金融资本的发展壮大也需要社会资本的注入与转化，因此社会资本参与农业综合开发并取得实效离不开金融支持。

我国农村政策性金融一直是国家农业综合开发的重要投资主体。农村政策性金融具有对农业、农村、农民等处于相对弱势地位的领域的扶植功能。一是农村金融资本投入农业综合开发能提高金融效率，进而促进农业科技的进步；通过金融资本“虹吸效应”，以直接或间接的方式吸引社会资本并引导其投向国家长远发展战略目标支持的农产品、农业产业综合开发项目，优化农村经济资源配置，引导涉农资金投资方向，分散农业科技创新风险，提升农业科技创新绩效，形成提高农业科技水平和农业竞争力的巨大合力。二是农村金融资本投入农业综合开发可以有效带动农民收入增长，提高农户和小微农业企业的信贷可获得性，改变以往涉农资金低效率运作的局面。

近年来，各级政府大力支持社会资本向金融资本的直接或间接转化。

第一，适当放宽金融机构准入机制。在确保社会资本存在有效监管、能规范经营且有能力隔离一定金融风险的前提下，放宽金融机构的股比限制并对农村金融机构提供减税甚至免税，以及财政补贴等优惠政策，积极扶持农村地区金融体系的完善和发展。具体转化方式包括：社会资本以入股形式对现有商业银行、农村信用合作社增资扩股；允许社会资本参与或组建新型金融机构，如小额贷款公司、村镇银行等；在完备的风险补偿和分担机制下，利用社会资本设立信用担保公司和金融中介机构。在经济发展较为困难的农村，可以适当加大政府对民间资本的扶植力度，如政府与民间资本合作成立非正规金融机构，增强民间资本市场化信心，为农业、农民、农业企业提供更稳定的融资支持。

第二，通过金融业存量和增量改革，鼓励社会资本设立新型金融机构和金融中介服务机构，完成向金融资本的转化。金融业存量改革提供的转化路径为，社会资本参股农村信用合作社，适当扩大其规模，使之扩张成农村股份制商业银行，利用社会资本进一步并购股权，实现农村股份制商业银行的跨地区经营，使其演变为社会资本占据主导地位的完整农村商业银行体系。金融业增量改革指通过社会资本建立的新型金融机构具有摩擦成本和交易成本较低的优势，对现行金融制度和金融效率进行改进。

（三）社会资本参与农业综合开发的作用机理

社会资本呈现多元化的投资主体，而金融资本则为其提供新型融资机构、担保体系和融资模式，从而能够扩大农业综合开发资金来源，降低农业综合开发项目的风险，降低农业综合开发的交易成本，提升农业综合开发效率。社会资本参与农业综合开发的作用机理如图 7－1 所示。

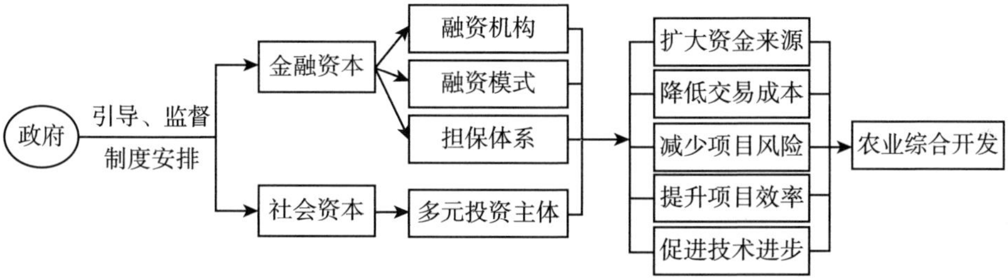

图 7－1　金融资本、社会资本进入农业综合开发的作用机理

1. 社会资本参与通过扩大资金来源促进农业综合开发

社会资本不仅来自境内外各企事业单位，还源自农村各类合作经济组织、农业和农产品生产协会以及广大的农户。多元化的社会资本能缓解政府财政压力，有利于农业综合开发的市场化。近年来，民间资本投资额度不断上升（见表 7－1）。

表 7－1　　2014～2021 年全国民间资本固定资产投资增长率

年份	民间资本（亿元）	占全部固定资产投资的比重（%）	农村人均可支配收入（元）	农村人均收入较上年的实际增长率（%）
2014	364028.40	64.1	10489	9.2
2015	399611.74	64.2	11422	7.5
2016	365219.00	61.2	12363	6.2
2017	381510.00	60.4	13432	7.3

续表

年份	民间资本（亿元）	占全部固定资产投资的比重（%）	农村人均可支配收入（元）	农村人均收入较上年的实际增长率（%）
2018	394051.00	62.0	14617	6.6
2019	311159.00	55.5	16021	6.2
2020	289264.00	53.7	17131	3.8
2021	307659.00	55.6	18931	9.7

注：2014 年以前，国家统计局关于固定资产投资分类中没有民间资本投资的数据。

资料来源：国家统计局网站，各年《中国统计年鉴》和《中华人民共和国国民经济和社会发展统计公报》。

由表 7－1 可以看出，2014～2021 年我国民间资本规模不断增加，在全部固定资产投资（不含农户）中的比重虽有增有减，但一直高于 50%，远超过国有资本在全部固定资产投资（不含农户）中所占比重。可见，民间资本已经成为我国社会投资的主要力量。随着农村经济的不断发展，我国农村居民人均可支配收入不断增长，相比于 2014 年，2015 年我国农村人均实际可支配收入有所下降，之后基本维持稳定增长态势，受新冠疫情影响，2020 年下降较多，但 2021 年快速增长。农村居民人均实际收入增加，意味着我国农村居民投资潜力较大。

尤其是，社会资本与金融资本结合有利于提供资金使用效率。金融系统的作用在于减少资本循环中的障碍，最大化地利用闲置社会资本，因而社会资本的作用通过与金融资本结合，经金融体系得以放大，演变成金融资本。近些年来，通过银行和金融机构吸收全社会的存款，利用金融市场吸收全社会的投资，我国金融资本数量得以快速增长。我国社会融资规模①及农村主要金融机构贷款也都在不断增加（见表 7－2），为农业综合开发带来新的投融资渠道。

① 社会融资规模是指一定时期内实体经济从金融体系获得的资金总额，是一个增量概念。国家统计局从 2015 年后直接使用“社会融资规模增量”这一指标。自 2011 年开始公布“社会融资规模”数据以来，中国人民银行不断完善社会融资规模统计口径，2018 年开始将资产支持证券、贷款核销和地方政府专项债券等先后纳入统计范围；2019 年 12 月开始，又进一步将国债和地方政府一般债券纳入统计范围，与原有“地方政府专项债券”一并成为“政府债券”指标。指标完善后，2019 年我国社会融资规模存量为 251.31 万亿元，同比增速为 10.7%，比完善前低 0.1 个百分点，基本保持稳定（参见《2019 年金融统计数据新闻发布会文字实录》，中国人民银行网站，2020 年 1 月 16 日）。

表7-2　2014~2021年全国民间资本固定资产投资增长率

年份	社会融资规模增量（亿元）	占全社会固定资产投资比重（%）	农村主要金融机构贷款余额（亿元）	较上年的实际增长率（%）
2014	165000	32.18	105742	15.39
2015	154000	27.40	120321	12.70
2016	178000	29.35	134219	11.55
2017	194000	30.25	149820	11.62
2018	193000	29.89	169822	13.35
2019	256000	45.64	190688	12.29
2020	349000	66.19	215886	13.21
2021	314000	56.79	242496	12.33

资料来源：国家统计局网站，各年《中国统计年鉴》和《中华人民共和国国民经济和社会发展统计公报》。

表7-2显示，2014年我国社会融资规模增量为16.5万亿元，占全社会固定资产投资的近1/3，农村信用社、农村合作银行、农村商业银行等主要金融机构贷款余额为10.5742万亿元，比2013年增长15.39%；2021年我国全年社会融资规模增量为31.4万亿元，农村主要金融机构贷款余额为242496亿元，比上年度增长12.33%。金融资本、社会资本不断增长，新型金融机构和社会投资主体增加，不仅扩大了农业综合开发的资金来源，而且有利于有效阻止农村资金外流，更好地促进农业综合开发。

2. 社会资本参与通过降低交易成本提高农业综合开发效益

社会资本进入农业综合开发领域在扩大资金来源的同时，也会引发各金融主体之间相互竞争，促进农村金融市场的完善，进而降低交易成本，提高农业综合开发效益。

具体来说，社会资本进入农业综合开发领域，一是有助于投融资模式的优化，降低农村中小微企业贷款门槛，为其生产经营前期提供利率较低、信用抵押手续较简单的信贷资金，促使其经营步入“生产—销售—扩大再生产”的良性循环；二是促进农村金融服务和金融产品创新，扩大农村金融服务覆盖面及服务水平，满足农村多样化的资金需求；三是促使各金融机构提高农村信贷管理水平，优化农村金融资源配置效率，建立健全农村金融市场风险监控机制，构建农村金融信用体系，降低农村信贷成本，从而降低各组织机构的运行成本，减少主体之间的信息不对称，降低农业综合开发项目的实施和运行成本。

农业综合开发大多数项目具有公共品或准公共品性质，主要由政府提供资金，基本由政府决定农业综合开发的范围和规模。政府相关部门所掌握的农村实际土地、企业和组织运作等相关信息不全面。而其既没有大量的人力，也没有足够的财力去收集调查这些相关信息，此外获取这些信息存在较高的交易费用，因而政府主导农村综合开发成本较高。根据布坎南的俱乐部产品理论，具有利益相关和相同偏好的个体组成一个有自由退出机制的组织能够提高个人对于公共产品供给的愿望，从而增加公共物品的供给。类似于科斯的灯塔理论，组建一个俱乐部或者赋予私人特定的产权比政府提供公共产品更有效率。因而，允许社会资本参与农业综合开发能够增强民间各类投融资主体进行农业综合开发的积极性。社会资本原本来自民间，有些甚至直接来自农村且和农业综合开发密切相关，因此这些主体对农村土地情况、基础设施状况以及农村各类企业和组织的运转情况拥有更多、更精确的信息。社会资本参与农业综合开发能缓解农村市场中存在的信息不对称和信息不完善的情况，可以大大降低农业综合开发的交易成本，提升农业综合开发项目效率。

3. 社会资本参与通过降低项目风险促进农业综合开发

如前文所述，社会资本参与农业综合开发有利于增加信息的对称性，降低农业综合开发的交易成本，从而有助于降低农业综合开发项目的风险。

农业综合开发项目风险通常来自两个方面。一是由于农业生产本身的弱质性，导致与农业相关的生产活动常常受到气候、地理环境及自然灾害等不可抗力的影响，从而给农业综合开发项目带来风险；二是由于农业综合开发项目前期投入资金量大且回收期较长，加上投融资主体信息缺乏，容易产生贷款和融资风险。社会资本参与农业综合开发项目，其本身所形成的抵押担保体系及保险机构能够减轻不可抗力因素对农业综合开发造成的影响；同时，社会资本所具有的来自民间且自身利益与农业综合开发密切相关的特点，有助于降低农业综合开发中的信息不对称，增加项目的可行性，而以盈利为目的的私人投融资主体也会实地考察项目的可行性以确保其投资项目利润的可得性，因而社会资本参与农业综合开发项目有利于降低贷款和融资风险。例如，目前农村比较流行的农村互助合作社及小额信贷等，就是通过引入社会资本参与农村金融体系建设来增加信息对称性，降低农村金融体系的风险。

4. 社会资本通过技术进步促进农业综合开发

由于农业技术研发前期所需投入高，不能立竿见影地转化为农业综合开发效益，当农业综合开发资金投入不足时，往往首先缩减的是农业综合开发技术研发投资。鼓励社会资本参与农业综合开发扩大了农业综合开发的资金来源，有利于优化农村资金结构，推动农业综合开发资金流向农业技术研发部门，如通过资产组合分散非系统风险，将集中起来的资金投向风险较大但更具生产性的技术，促进农业技术进步；同时，通过信贷倾斜，为农业科技创新提供资金支持，让农业综合开发项目能够获得新技术、新项目的资本支持，增强自主创新能力，促进农业产业结构调整。

具体来说，社会资本参与农业综合开发为农业产业化经营带来充裕的资金，能够推动农业产业化龙头企业的发展。农业产业化经营的发展壮大会带来相关的农业综合开发人力资本的聚集，从而为农业综合开发提供创新型人才。一方面，创新型人才从事农业综合开发相关的工作，会带来土地治理、农田水利建设和改造、生态环境治理以及农业产业化经营等相关技术的创造和进步。另一方面，农村人力资本的聚集能够提升从事农业综合开发以及农业生产工作劳动力素质和劳动生产率，进一步增进农业综合开发的质量和效益。技术进步作用于生产不仅靠人，也靠资本的推动。即使有技术，但是经济主体没有足够的资本能力去选择相应的技术（如农田耕作设备），则技术进步对于农业生产活动的推动作用也是有限的。社会资本正好可以解决这一环节的问题。金融的功能是能够促进资本的流通，而金融市场能够分散风险。在完善的金融体系下，经济单位主体能够以更低的成本获取足够的资金来投资农业综合开发所需要的技术，从而推动新技术在农业综合开发中的运用。新技术的应用在增加农业综合开发效益的同时，还能进一步推动技术进步，如此形成良性循环。

二、我国农业综合开发现状

我国政府一直十分重视“三农”工作，1988 年开始设立农业综合开发专项基金用于农业综合开发[①]，此后，政府开始有计划地组织进行农业综合开发。经过30多年的实践，其开发内容也发生了变化，大致经历了以下几个阶段。第一阶段（1988～1993年）的重点是进行山水田林路综合治理，改造中低产田，依法适量开垦宜农荒地，以确保粮棉油等主要农产品的产量稳定增长；第二阶段（1994～1998年）的重点是继续对中低产田进行改造，并对宜农荒地适当开垦，提高农业综合生产能力，同时发展养殖业，进行多种经营，提高农业种植效益；第三阶段（1999～2010年）的重点是加强农业基础设施建设、保护生态环境，进一步提高农业综合生产能力，调整结构，提高农业综合效益（王建国，2008）；第四阶段（2012年至今[②]）的重点是大力推进农业绿色发展，进一步提高农业高质量，实现脱贫攻坚，促进乡村振兴，实现共同富裕。政府先后出台了一系列相关政策，如《农业综合开发扶持农业优势特色产业促进农业产业化发展的指导意见》和《关于开展农业综合开发扶持农业优势特色产业规划编制工作的通知》等，农业综合开发成效显著：农业综合开发范围不断扩大，资金投入不断增加，农村基础设施条件得到明显改善，主要农产品生产能力不断提升，农村人均收入不断增加等。

（一）农业综合开发范围不断扩大

在我国农业综合开发项目初期，工作重点是土地治理及农业产业化经营。随着农业中财政资金投入的不断增加，农业综合开发规模不断扩大，开发县及农场总数逐年增加。截至2017年，我国开发县及农场总数达2297个，相较于1988年增长幅度达200%（见表7－3）。随着国家越来越重视“三农”问题，农业综合开发不断扩大范围，逐步扩大到现代农业园区试点项目和科技示范项目[③]，以财政资金支持为主，强调其公益环保性；而且更加注重发展绿色农业，解决农业污染，保护生态，强化科技支撑，培育绿色农业发展经营主体；

① 1988年，国务院专门设立了农业综合开发的专项基金，即土地开发建设基金（后改为农业综合开发资金），推动了我国大规模农业综合开发实践。

② 党中央国务院高度重视绿色发展。党的十八大提出了全面建成小康社会的目标，大力推进生态文明建设，扭转生态环境恶化趋势，推动城乡发展一体化等；尤其是，习近平总书记多次强调绿水青山就是金山银山，标志着农业综合开发进入了新的阶段。

③ 自2008年起，《中国财政年鉴》不再对“科技示范项目”进行统计，故农业综合开发项目投资完成情况表（见表7－5）中不再列出。

鼓励发展“互联网+农业”“智慧农业”，促进农村产业融合发展、特色发展，支持优势特色农产品电子商务平台建设；等等。

表7-3　1988~2017年我国农业综合开发县及农场总数

年份	开发范围		年份	开发范围	
	开发县及农场总数（个）	其中：开发县数（个）		开发县及农场总数（个）	其中：开发县数（个）
1988	746	495	2003	2101	1864
1989	949	658	2004	2106	1872
1990	1101	796	2005	2109	1882
1991	1092	864	2006	2114	1893
1992	1293	1060	2007	2136	1916
1993	1335	1106	2008	2160	1948
1994	1399	1177	2009	2167	1957
1995	1441	1197	2010	2183	1975
1996	1531	1270	2011	2230	2013
1997	1547	1335	2012	2267	2045
1998	1675	1470	2013	2325	2094
1999	1745	1516	2014	2357	2123
2000	1802	1559	2015	2306	2139
2001	1884	1645	2016	2297	2170
2002	2023	1786	2017	2297	2170

注：2018年国家机构改革后，国家农业综合开发管理职能并入农业农村部，《中国财政年鉴》中不再发布农业综合开发县、农场总数等数据，故本部分数据截止到2017年。

资料来源：中华人民共和国财政部，各年《中国财政年鉴》。

（二）农业综合开发资金投入不断增加

我国农业综合开发的主要资金来源有中央财政资金、地方财政资金、银行贷款和自筹资金（民间资本）四个部分。在农业综合开发过程中，各级政府特别重视农业综合生产力及农产品竞争力的提高，不断推进农业供给侧结构性改革，结合各地资源特点发展特色农业和绿色农业，加大了农业生态保护力度。无论是财政资金还是民间资金都大大增加，基本呈逐年递增趋势（见表7－4）；同时，注重发展农业优势特色产业，吸引社会资本等其他资金的投入，提高资金使用效率。

从表7－4可知，我国农业综合开发资金总投入从1988年的178368.7万元上升到2017年的6717422.07万元，平减农村居民消费价格指数，年增长率为7.37%。其中，财政投入一直是农业综合开发的主要资金来源，在总投入中的比重始终保持在45%以上，2017年甚至达到85.16%，呈波动上涨趋势；自筹资金（民间资本）是农业综合开发的重要资金来源，其在农业综合开发总投入中的比重一直大大超过银行贷款，大多数年份保持在30%以上，最高达39.02%。

从不同项目的资金投入来源来看，我国土地治理项目资金主要来源于财政拨款与自筹资金，1988～2017年我国农业综合开发土地治理项目中财政资金投入占比81.26%，自筹资金占比16.87%，银行贷款占比1.9%。产业化经营项目资金来源较为丰富，其中以自筹资金为主，1988～2017年自筹资金占我国农业综合开发产业化经营项目总投入的54.97%，财政资金和银行贷款分别占32.80%和12.23%。我国现代农业园区试点项目从2013年开始实施，财政资金和自筹资金投入规模相当，在总投入中的占比分别为52.14%和41.65%，而银行贷款较少，仅占总投入的0.81%。现代农业园区试点项目自2017年开始实施，以财政资金支持为主，民间资本也是其重要来源，目前尚无银行资金参与。在现代农业园区试点项目资金总投入中，财政资金占比77.65%，自筹资金占比22.35%。科技示范项目主要依靠财政投入，自筹资金和银行贷款也占一定比例。1988～2008年科技示范项目财政资金、自筹资金、银行贷款投入在其总投入中的占比分别为59.37%、27.56%和13.07%（见表7－5）。

由表7－4和表7－5可以看出，我国农业综合开发资金投入不断增加，财政资金支持一直是主体。自《农业综合开发扶持农业优势特色产业促进农业产业化发展的指导意见》于2015年出台之后，财政投入农业综合开发项目资金开始从“主导”逐渐转向以“引导”为主，即以农业综合开发项目为平台，鼓励和吸引社会资本等其他资金参与，财政投入资金主要起引导和杠杆作用。

表 7-4　1988～2017 年全国农业综合开发资金投入

年份	财政投入		银行贷款		自筹资金		总资金投入（万元）
	金额（万元）	占总资金投入的比重（%）	金额（万元）	占总资金投入的比重（%）	金额（万元）	占总资金投入的比重（%）	
1988	87591.10	49.10	23332.30	13.08	67445.30	37.81	178368.70
1989	178552.60	51.34	61236.00	17.61	107981.78	31.05	347770.38
1990	254346.27	51.33	96663.42	19.51	144548.44	29.17	495558.13
1991	292161.37	51.54	111549.48	19.68	163199.40	28.79	566910.25
1992	296870.07	47.66	109288.29	17.54	216749.16	34.80	622907.52
1993	335888.30	46.61	129552.33	17.98	255267.95	35.42	720708.58
1994	350008.57	51.27	111807.79	16.38	220898.44	32.36	682714.80
1995	462127.00	53.02	122120.57	14.01	287441.83	32.98	871689.40
1996	564176.00	47.07	197321.55	16.46	437022.95	36.46	1198520.50
1997	595970.00	46.14	199825.54	15.47	495912.00	38.39	1291707.54
1998	830566.70	50.57	191805.30	11.68	620125.92	37.76	1642497.92
1999	940931.61	49.84	210188.94	11.13	736624.82	39.02	1887745.37
2000	1248801.11	63.32	120612.84	6.12	602908.37	30.57	1972322.32
2001	1303309.50	63.11	182712.12	8.85	579055.60	28.04	2065077.22
2002	1377845.22	58.04	255688.60	10.77	740484.41	31.19	2374018.23
2003	1492160.20	62.70	203686.30	8.56	684070.28	28.74	2379916.78
2004	1439487.63	56.08	213373.26	8.31	914130.30	35.61	2566991.19
2005	1645424.49	53.64	261254.31	8.52	1161101.82	37.85	3067780.62
2006	1840518.44	54.66	235023.67	6.98	1291895.37	38.36	3367437.48
2007	2009244.60	55.30	241079.18	6.63	1383167.85	38.07	3633491.63
2008	2229952.04	56.80	220284.85	5.61	1475645.66	37.59	3925882.55
2009	2636851.88	58.30	256379.37	5.67	1629338.58	36.03	4522569.83
2010	3091459.86	60.64	162187.32	3.18	1844012.23	36.17	5097659.41
2011	3602225.70	69.50	75781.59	1.46	1505285.12	29.04	5183292.41
2012	4344848.52	76.73	41708.10	0.74	1276252.74	22.54	5662809.36

续表

年份	财政投入		银行贷款		自筹资金		总资金投入（万元）
	金额（万元）	占总资金投入的比重（%）	金额（万元）	占总资金投入的比重（%）	金额（万元）	占总资金投入的比重（%）	
2013	4863059. 46	77. 09	43659. 72	0. 69	1401406. 31	22. 22	6308125. 49
2014	5415272. 59	71. 82	47472. 33	0. 63	2077799. 86	27. 56	7540544. 78
2015	5870086. 92	73. 80	50524. 22	0. 64	2033831. 27	25. 57	7954442. 41
2016	6038445. 40	81. 57	11813. 50	0. 16	1352808. 90	18. 27	7403067. 80
2017	5720495. 30	85. 16	12990. 00	0. 19	983936. 77	14. 65	6717422. 07

注：2018 年国家机构改革后，国家农业综合开发管理职能并入农业农村部，《中国财政年鉴》中不再发布农业综合开发相关数据，故本部分数据截止到 2017 年。

资料来源：中华人民共和国财政部，各年《中国财政年鉴》。

表 7－5　　1988～2017 年全国农业综合开发项目投资情况

项目	财政资金		银行贷款		自筹资金		合计
	金额（万元）	占总投资的比重（%）	金额（万元）	占总投资的比重（%）	金额（万元）	占总投资的比重（%）	金额（万元）
土地治理	40199850. 40	81. 26	922542. 25	1. 86	8345458. 80	16. 87	49467934. 57
产业化经营	8350800. 42	32. 80	3114992. 47	12. 23	13996959. 58	54. 97	25462797. 50
现代化农业园区	723329. 36	55. 12	11240. 00	0. 86	577812. 95	44. 03	1312438. 29
田园综合体	1359. 10	77. 65	0	0	391. 18	22. 35	1827. 93
科技示范	210619. 89	59. 37	46379. 83	13. 07	97761. 80	27. 56	354833. 96

注：2018 年国家机构改革后，国家农业综合开发管理职能并入农业农村部，《中国财政年鉴》中不再发布农业综合开发相关数据，故本部分数据截止到 2017 年。

资料来源：中华人民共和国财政部，各年《中国财政年鉴》。

（三）农村基础设施条件得到改善，主要农产品生产能力有所提升

如前所述，农业综合开发的内容包括农村基础设施建设，改善农业生产条件。经过 30 多年的综合开发实践，我国粮食、棉花、油料、糖料等主要农产

品生产能力逐步上升，其产量分别从1988年的39408.10万吨、414.87万吨、1320.27万吨、6187.46万吨提高到2021年的68285万吨、573万吨、3613万吨、11451万吨，保持基本稳定增长态势（见表7-6）。尤其是，粮食产量单产显著提高，总产量连续增长，2003~2017年实现了十五年持续增长，且2012年超过6亿吨以后，2015年以来一直保持在6.5亿吨以上；粮食自给率明显提高，全国人均粮食占有量2018年达到每人每年472公斤，谷物自给率超过95%①，高于世界平均水平（每人每年395公斤）。我国粮食总产量稳居世界第一，粮食供需关系经过了1992年以前粮食明显短缺到1992~1998年粮食时多时少，再到1998年后粮食供需基本平衡的历史性转变。

表7-6　1988~2021年我国主要农产品总产量

年份	粮食		棉花		油料		糖料	
	产量（万吨）	较上年增长率（%）	产量（万吨）	较上年增长率（%）	产量（万吨）	较上年增长率（%）	产量（万吨）	较上年增长率（%）
1988	39408	-2.21	415	-2.27	1320	-13.58	6187	11.48
1989	40755	3.42	379	-8.70	1295	-1.90	5804	-6.20
1990	44624	9.49	451	19.00	1613	24.55	7214	24.31
1991	43529	-2.45	568	25.90	1638	1.56	8419	16.69
1992	44266	1.69	451	-20.56	1641	0.17	8808	4.62
1993	45649	3.12	374	-17.06	1804	9.92	7624	-13.44
1994	44510	-2.49	434	16.09	1990	10.29	7345	-3.66
1995	46662	4.83	477	9.82	2250	13.11	7940	8.10
1996	50454	8.13	420	-11.83	2211	-1.77	8360	5.29
1997	49417	-2.05	460	9.50	2157	-2.41	9386	12.28
1998	51230	3.67	450	-2.21	2314	7.25	9790	4.30

① 参见中华人民共和国国务院新闻办公室，《中国的粮食安全白皮书》，国务院新闻办公室网站，2019年10月16日。

续表

年份	粮食		棉花		油料		糖料	
	产量（万吨）	较上年增长率（%）	产量（万吨）	较上年增长率（%）	产量（万吨）	较上年增长率（%）	产量（万吨）	较上年增长率（%）
1999	50839	-0.76	383	-14.93	2601	12.42	8334	-14.87
2000	46218	-9.09	442	15.37	2955	13.60	7635	-8.38
2001	45264	-2.06	532	20.51	2865	-3.04	8655	13.36
2002	45708	0.98	492	-7.65	2897	1.13	10293	18.92
2003	43070	-5.77	486	-1.15	2811	-2.98	9642	-6.33
2004	46947	9.00	632	30.12	3066	9.07	9571	-0.74
2005	48402	3.10	571	-9.64	3077	0.37	9452	-1.24
2006	49804	2.90	753	31.83	2640	-14.20	10460	10.67
2007	50414	1.22	760	0.85	2787	5.56	12082	15.51
2008	53434	5.99	723	-4.80	3037	8.96	13006	7.64
2009	53941	0.95	624	-13.78	3139	3.38	11747	-9.68
2010	55911	3.65	577	-7.46	3157	0.55	11303	-3.78
2011	58849	5.25	652	12.97	3213	1.77	11663	3.18
2012	61223	4.03	661	1.37	3286	2.28	12452	6.76
2013	63048	2.98	628	-4.94	3287	0.05	12555	0.83
2014	63965	1.45	630	0.28	3372	2.57	12089	-3.71
2015	66060	3.28	591	-6.22	3390	0.55	11215	-7.23
2016	66044	-0.03	534	-9.56	3400	0.28	11176	-0.35
2017	66161	0.18	565	5.80	3475	2.21	11379	1.81
2018	65789	-0.56	610	7.97	3433	-1.20	11937	4.91
2019	66384	0.90	589	-3.50	3495	1.80	12204	2.20
2020	66949	0.90	591	0.40	3585	2.60	12028	-1.20
2021	68285	2.00	573	-3.00	3613	0.80	11451	-4.70

资料来源：根据国家统计局公布的数据整理。

与此同时，农业生产现代化水平稳步提高，农田灌溉排水等农业生产条件明显增强，农业生产条件持续稳步改善（见图7－2）。我国农业机械总动力、有效灌溉面积、除涝面积、水土流失治理面积都快速增加，分别由1988年的26575万千瓦、21075千公顷、19058千公顷、51300千公顷增加到2018年的100371.74万千瓦、68271.64千公顷、24262千公顷、131532千公顷（见表7－7），分别增长了2.78倍、2.24倍、0.27倍、1.56倍。节水灌溉从2000年的16389千公顷增加到2018年的36135千公顷，增长了1.21倍。1988～2018年农业生产条件稳步改善。全国农作物耕种收综合机械化率增至69.1%，农业生产方式实现了从主要依靠人力、畜力到主要依靠机械动力的根本转变①。

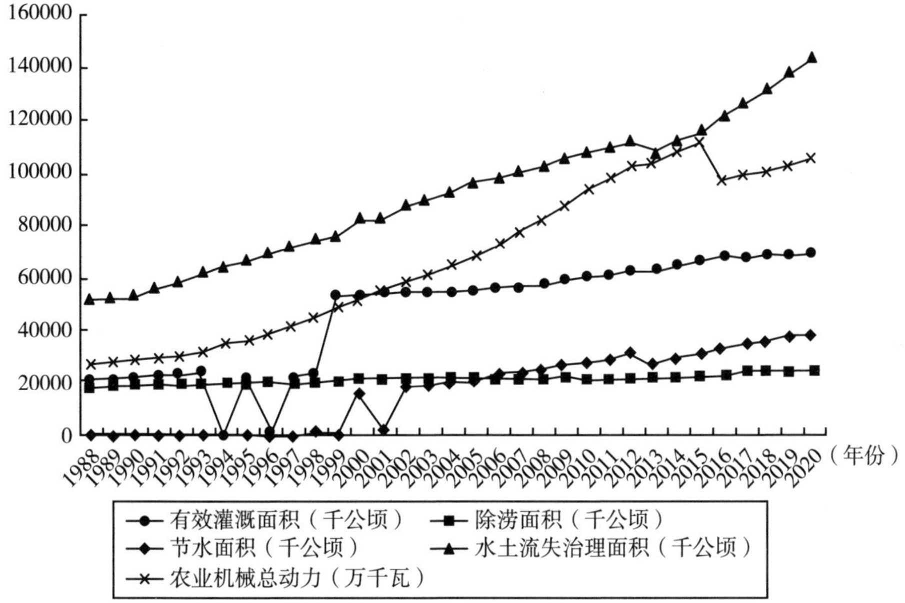

图7－2　1988～2020年我国农业生产条件变化

资料来源：根据国家统计局公布的数据整理。

① 农业农村部市场与信息化司、农业农村部信息中心，《数说新中国70年农业农村巨变》，载于《农民日报》2019年11月22日第6版。

表 7－7　　1988～2020 年我国农业生产条件

年份	有效灌溉		除涝		节水灌溉		水土流失治理		农业机械总动力	
	面积（千公顷）	较上年增长率（%）	面积（千公顷）	较上年增长率（%）	面积（千公顷）	较上年增长率（%）	面积（千公顷）	较上年增长率（%）	数量（万千瓦）	较上年增长率（%）
1988	21075.00	-0.33	19058.00	0.52	—	—	51300.00	3.64	26575.00	7.00
1989	21177.00	0.48	19229.00	0.90	—	—	52200.00	1.75	28067.00	5.61
1990	21231.00	0.25	19337.00	0.56	—	—	53000.00	1.53	28707.70	2.28
1991	23292.00	9.71	19580.00	1.26	—	—	55800.00	5.28	29388.60	2.37
1992	23632.00	1.46	19771.00	0.98	—	—	58600.00	5.02	30308.40	3.13
1993	24483.00	3.60	19883.00	0.57	—	—	61300.00	4.61	31816.60	4.98
1994	—	—	19979.00	0.48	—	—	64100.00	4.57	33802.50	6.24
1995	22499.00	—	20065.00	0.43	—	—	66900.00	4.37	36118.10	6.85
1996	—	—	20279.00	1.07	—	—	69321.00	3.62	38546.90	6.72
1997	22495.00	—	20526.00	1.22	—	—	72242.00	4.21	42015.60	9.00
1998	22746.00	1.12	20681.00	0.76	1524.00	—	75022.00	3.85	45207.70	7.60
1999	53158.00	133.70	20681.00	0	—	—	75022.00	0	48996.12	8.38
2000	53820.33	1.25	20989.00	1.49	16389.00	—	80960.00	7.92	52573.61	7.30
2001	54249.39	0.80	21021.00	0.15	1745.00	-89.35	81539.00	0.72	55172.10	4.94
2002	54355.00	0.19	21097.00	0.36	18627.00	967.45	85410.00	4.75	57929.85	5.00
2003	54014.00	-0.63	21139.00	0.20	19443.00	4.38	89710.00	5.03	60386.54	4.24
2004	54478.00	0.86	21198.00	0.28	20346.00	4.64	92000.00	2.55	64027.91	6.03
2005	55029.34	1.01	21339.00	0.67	21338.00	4.88	94650.00	2.88	68397.85	6.83
2006	55750.50	1.31	21376.00	0.17	22426.00	5.10	97491.00	3.00	72522.12	6.03
2007	56518.34	1.38	21419.00	0.20	23489.00	4.74	99871.00	2.44	76589.56	5.61
2008	58471.68	3.46	21425.00	0.03	24436.00	4.03	101587.00	1.72	82190.41	7.31
2009	59261.45	1.35	21584.00	0.74	25755.00	5.40	104545.00	2.91	87496.10	6.46
2010	60347.70	1.83	21692.00	0.50	27314.00	6.05	106800.00	2.16	92780.48	6.04
2011	61681.56	2.21	21722.00	0.14	29179.00	6.83	109664.00	2.68	97734.66	5.34
2012	63036.43	2.20	21857.00	0.62	31217.00	6.98	111863.00	2.01	102558.96	4.94
2013	63473.30	0.69	21943.00	0.39	27109.00	-13.16	106892.00	-4.44	103906.75	1.31

续表

年份	有效灌溉		除涝		节水灌溉		水土流失治理		农业机械总动力	
	面积（千公顷）	较上年增长率（%）	面积（千公顷）	较上年增长率（%）	面积（千公顷）	较上年增长率（%）	面积（千公顷）	较上年增长率（%）	数量（万千瓦）	较上年增长率（%）
2014	64539.53	1.68	22369.00	1.94	29019.00	7.05	111609.00	4.41	108056.58	3.99
2015	65872.64	2.07	22713.00	1.54	31060.00	7.03	115547.00	3.53	111728.07	3.40
2016	67140.62	1.92	23067.00	1.56	32847.00	5.75	120412.00	4.21	97245.59	-12.96
2017	67815.57	1.01	23824.00	3.28	34319.00	4.48	125839.00	4.51	98783.35	1.58
2018	68271.64	0.67	24262.00	1.84	36135.00	5.29	131532.00	4.52	100371.74	1.61
2019	68678.60	0.60	24530.00	1.10	37059.00	2.56	137325.00	4.40	102758.30	2.38
2020	69160.50	0.70	24586.00	0.23	37796.00	1.99	143122.00	4.22	105622.10	2.79

资料来源：根据国家统计局公布的数据整理。

1999 年开始，我国农业综合开发的重点是进一步加强农业基础设施建设，保护生态环境，发展绿色农业，同时调整农业生产结构，增强农产品竞争力和农业综合生产能力，提高农业综合效益。尤其是党的十八大以来，农业综合开发的重点是推进清洁生产和农业绿色发展，加强农村环境污染治理，改善农村人居环境；同时，持续推进农业供给侧结构性改革，实施乡村振兴战略，促进现代农业发展。全国农村道路交通条件明显改善，公路总里程从 1988 年的 99.96 万千米增加到 2018 年的 484.65 万千米，增加了 3.85 倍；而且农村公路交通网络覆盖面不断扩大，2018 年全国农村地区 99.47% 的建制村实现了公路硬化①。与此同时，我国农村居民居住环境日益改善，农村饮用水净化处理、农村“厕所革命”、生活垃圾分类处理等取得一定成效，截止到 2019 年上半年，全国农村生活垃圾得到有效处理的行政村占 80% 以上，农户生活污水处理占比达 30% 左右②。

（四）农村人均收入不断增加

农业综合开发的宗旨是提高农业综合效益，促进农民增收。自 1988 年我

① 数据来源于国家统计局公布的信息。

② 农业农村部市场与信息化司、农业农村部信息中心，《数说新中国 70 年农业农村巨变》，载于《农民日报》2019 年 11 月 22 日第 6 版。

国开始实施农业综合开发项目以来，农林牧渔业生产总值增长迅速，农民收入不断提升，贫困人口逐年减少。

由表7－8可知，农林牧渔业生产总值由1988年的5865.27亿元增长到2020年的137782.2亿元，增长了22.49倍，创历史新高。农村居民人均可支配收入则由1988年的544.9元增加到2020年的18931元，名义增长33.74倍。与此同时，农村贫困地区居民人均收入大幅度增加，与全国农村平均差距不断缩小。截至2020年底，我国现行标准下农村贫困人口全部脱贫，如期完脱贫攻坚目标任务。2020年我国农村居民人均可支配收入中位数为16902元，增长11.2%；其中，脱贫县农村居民人均可支配收入为14051元，比上年增长11.6%，扣除价格因素，实际增长10.8%。随着农村居民收入的较快增长，其消费支出也不断增加，消费结构不断升级，农村居民恩格尔系数整体呈下降趋势，2021年农村居民恩格尔系数为32.7%[①]。与此同时，脱贫地区农村居民居住条件不断改善，家庭耐用消费品升级换代，基础设施条件不断完善。

表7－8　1988～2021年我国农村居民人均可支配收入及农林牧副渔产值

年份	农村居民人均可支配收入（元）	较上年增长率（%）	农林牧副渔生产总值（亿元）	较上年增长率（%）
1988	544.90	—	5865.27	—
1989	601.50	10.39	6534.73	11.41
1990	686.30	14.10	7662.10	17.25
1991	708.60	3.25	8157.03	6.46
1992	784.00	10.64	9084.71	11.37
1993	921.60	17.55	10995.53	21.03
1994	1221.00	32.49	15750.47	43.24
1995	1577.70	29.21	20340.90	29.14
1996	1926.10	22.08	22353.70	9.90
1997	2090.10	8.51	23788.40	6.42

① 资料来源：国家统计局，《中华人民共和国2021年国民经济和社会发展统计公报》，http://www.stats.gov.cn/tjsj/zxfb/202202/t20220227_1827960.html。

续表

年份	农村居民人均可支配收入（元）	较上年增长率（%）	农林牧副渔生产总值（亿元）	较上年增长率（%）
1998	2162.00	3.44	24541.90	3.17
1999	2210.30	2.23	24519.10	-0.09
2000	2282.10	3.25	24915.80	1.62
2001	2406.90	5.47	26179.65	5.07
2002	2528.90	5.07	27390.80	4.63
2003	2690.30	6.38	29691.80	8.40
2004	3026.60	12.50	36238.99	22.05
2005	3370.20	11.35	39450.89	8.86
2006	3731.00	10.71	40810.83	3.45
2007	4327.00	15.97	48651.77	19.21
2008	4998.80	15.53	57420.77	18.02
2009	5435.10	8.73	59311.32	3.29
2010	6272.40	15.41	67763.13	14.25
2011	7393.90	17.88	78836.98	16.34
2012	8389.30	13.46	86342.15	9.52
2013	9430.00	12.41	93173.70	7.91
2014	10489.00	11.23	97822.51	4.99
2015	11422.00	8.90	101893.52	4.16
2016	12363.00	8.24	106478.73	4.50
2017	13432.00	8.65	109331.72	2.68
2018	14617.00	8.80	113579.53	3.89
2019	16021.00	9.60	123967.90	9.15
2020	17131.00	6.90	137782.20	11.14
2021	18931.00	10.50	147564.74	7.10

注：自2013年起，国家统计局开展城乡一体化住户收支与生活状况调查，2013年及以后数据来源于此项调查。2013年以前则是分城镇和农村住户抽样调查，因而2013年前后城乡居民收支数据因调查范围、调查方法、指标口径不同而有所不同。

资料来源：根据国家统计局公布的数据整理。

三、社会资本参与农业综合开发的阻碍

近些年来，我国加大农业综合开发力度，中央财政累计拨付农业综合开发转移支付资金不断增加，由2015年的365亿元增加到2018年的2929.39亿元(2016年、2017年分别为383亿元、552.39亿元)，但社会资本参与力度有待进一步提高。统计数据显示，1988～2017年累积银行贷款总额仅占农业综合开发累积总投入的1.86%①。

社会资本参与农业综合开发程度不高的原因包括：一是我国金融支持农业综合开发政策导向显著，但相关金融政策的制定往往与农业综合开发实践相脱节，抑制了亟须金融支持的个体或企业发展；二是我国农业结构调整中农业资金需求扩大、金融需求多元化，但金融支持农业水平不能满足农业资金需求；三是我国农村金融市场体系不完善，缺乏有效风险监控机制与完善农户信用体系，农村金融服务覆盖面窄，信贷管理不科学，农村金融产品创新不足，中小型农业经营主体贷款门槛高；四是金融支持农业综合开发存在区域差异，农业资源丰富地区因金融支持水平较低而使农业综合开发效益无法充分实现，农业资源匮乏地区的金融支持会导致资源浪费。总的来看，社会资本参与农业综合开发存在以下不利因素。

（一）农业综合开发项目盈利性不足

农业综合开发是为了加强农业基础设施建设，提高农产品生产率和综合效益，促进乡村振兴。农产品的利润率是提高生产率的动力来源，也是促进农业综合开发的重要力量。近几年来，我国三种粮食主产品单亩产量虽然比较稳定，但平均成本利润率不断下降：2013年和2014年分别为7.11%和11.68%，之后连年下降，2016年后出现负增长，2018年下降到-7.83%（见表7-9）。社会资本进入农业综合开发必须使资本投入能产生足够的投资回报率，农产品平均利润率下降，对投资的吸引力越来越弱。而农作物产量因受耕地、自然条件等限制，不能无限增加；而且农产品需求弹性低，农产品丰收容易导致“谷贱伤农”，产生“丰收悖论”，因而农民提高农产品产量的动机不强。尤其是，在新型城镇化推进过程中，农村人口大量流入城市，留守农村的多为老弱病残人员，掌握农业新型技术的技术人才及能够为农村金融发展服务的创新型

① 资料来源：《中国统计年鉴》及国家统计局网站公布的相关数据。

人才相当缺乏，农村经济增长后劲乏力。农业生产利润空间狭小、农业发展后劲不足，会直接影响社会资本参与农业综合开发的积极性。

表 7-9　2013～2020 年我国三种粮食平均成本收益情况

年份	每亩主产品产量（公斤）	产值合计（元）	总成本（元）	净利润（元）	现金成本（元）	现金收益（元）	成本利润率（%）
2013	444.67	1099.13	1026.19	72.94	473.49	625.34	7.11
2014	470.93	1193.35	1068.57	124.78	482.91	710.44	11.68
2015	467.41	1109.59	1090.04	19.55	492.95	616.64	1.79
2016	457.13	1013.34	1093.62	-80.28	501.23	512.11	-7.34
2017	468.72	1069.06	1081.59	-12.53	510.52	558.54	-1.16
2018	449.30	1008.18	1093.77	-85.59	526.49	481.69	-7.83
2019	482.30	1078.40	1108.90	-30.50	537.50	540.90	-2.80
2020	466.90	1166.70	1119.60	47.10	553.10	613.60	4.20
2020 年较 2019 年的增减（情况）（%）	-3.19	8.19	0.96	-254.43	2.90	13.44	-250.00

资料来源：国家发展和改革委员会价格司编，《全国农产品成本收益资料汇编 2019》，北京：中国统计出版社 2019 年版；国家统计局农村社会经济调查司编，《中国农村统计年鉴—2021》，北京：中国统计出版社 2021 年版。

（二）金融体系不健全

金融市场竞争的强弱展示了地区的经济发展活力，完善的金融体系能够为需求不同的主体提供多元化的金融服务。目前，我国农村金融体系不完善主要表现在以下几个方面。

首先，农村金融信贷配给现象依旧严重。由于利率管制以及政府对银行和金融机构的干预，政策性金融机构组织管理效率低下，相关贷款业务单一且供给不足，导致信贷条件偏高，使大多数农户都不能真正享受到农村政策性信贷服务。

其次，农村金融机构数量少，金融组织不完善，可供选择的金融产品偏少。许多地区，尤其是一些贫困农村地区，只有银行和保险机构入驻，小额贷款公司和担保公司等其他金融机构参与不多；市场中金融机构种类缺失，市场竞争不充分，金融机构的产品创新不足，金融市场结构偏弱，以至于产业经济和金融市场发展滞后，经济发展活力和动力不强，不能充分满足消费者多元化的需求。近几年，建设银行等大型国有银行进行了经营战略的调整，大大减少村镇网点的数量，减少面向农村发放的贷款，对农村扶贫的金融支持大大降低。邮政储蓄银行农村网点数虽未减少，但现存大部分网点仅揽存不放贷，可提供的金融服务有限。

目前，我国一些农村地区（如集中连片特困地区）对农民的大部分资金支持主要来自农村信用合作社，有些片区（如滇西边境山区）农村信用合作社市场占比高达50%以上，形成了农村信用合作社一家独大的现象。因缺乏竞争，农村信用合作社缺乏创新产品和提高服务质量的激励。片区内村镇金融网点减少，一些经营效益好、实力强、现金流稳定的个人或企业虽然比较容易获得贷款，但贫困群体申请贷款仍具有较大的困难。尤其是，连片特困地区金融基础设施尚未完善，农村信用体系的建设不能满足贷款申请的条件，对农民申请贷款有着极大的制约作用。农村金融体系的不完善进一步减弱了其金融支持力度，影响了区域内金融支持产业的发展。

（三）农村信用制度不完善，信贷环境差

信用制度和较好的信用是金融基础设施必不可少的，能够降低金融交易成本和规避信息不对称的现象。但目前我国一些农村地区（如集中连片特困地区）信用制度不完善，风险补偿机制不健全，严重影响了片区金融扶贫及金融支持农业综合开发的效果。

例如，罗霄山区金融信用知识宣传主要集中在城镇区域，农村地区信用宣传没有形成惯例，而且农村地区信用数据库建设相对滞后于城镇区域，没有完善的农户信用收集方式和管理形式，信用评级、信用担保等服务短缺。尤其是，目前尚未形成足够的失信惩戒措施和机制，对赖债、讨债等行为缺少较大的控制力和制裁力，农村地区金融违约成本较低，造成金融违约—金融机构撤离—缺少金融支持的怪圈。因信用制度缺失或不健全，导致该地区金融信用状况不佳，使许多金融机构不敢入驻，更遑论开展金融扶贫业务。

其他一些农村地区（如滇桂黔石漠化区）也存在类似现象。该区域内金融贷款利率就高不就低，个人和企业融资成本较高。尤其是在农村贷款利率逐渐放开后，该地区的商业银行、农村信用合作社等金融机构均上浮贷款利率，农业银行、农村信用合作社、邮政储蓄银行对贷款主体分别执行上浮30%～50%、40%～60%、50%～100%。区域内金融机构贷款实际利率偏高，不仅制约了农户通过融资进行自身发展，影响了农民生活生计的改变意愿，严重制约了当地企业的融资发展需求，也对政府的金融优惠政策的落实形成了挤出效应。同时，由于贫困地区农户金融素养不高，受教育程度较低，信用意识比较薄弱，经常出现逃废债务的违规行为。金融机构发放贷款后出现违约的现象及不良贷款数额逐年增加。金融机构为规避这种现象，对申请小额信贷的农户和企业进行长时间的审批和调查，导致资金不能够及时用于生产，耽误了生产周期。除此之外，农户还会受到自然条件、市场条件及社会等多方面因素的影响，其涉农小额贷款不仅成本高、风险高，而且收益低，从而制约了金融资源的资金投入。

（四）保险和风险补偿机制不健全

我国农村地区，尤其是一些贫困地区，农业生产受环境影响较大，风险大，周期长，利润低，单个保险成本较高，容易让保险公司产生回避的情绪。比如，集中连片特困地区内小额保险尚未形成规模市场需求，没有强烈的内驱力，业务开发和跟进的力度不够，导致片区内保险公司数量少，保险产品更少。而普惠性农业保险是保障农业生产的有效手段，也是规避农业风险有效措施。在农业生产中存在很多的不可预见因素，尤其是在集中连片特困地区、自然灾害频发的地域，伴随着干旱、洪涝、风雹、凝冻、低温冷害、滑坡、泥石流等自然灾害，需要农业保险确保种植产业的正常生长。农业保险的缺乏增加了农业产业扶贫风险。目前，集中连片特困地区很少建立针对扶贫贷款的财政风险补偿和分担机制。这一方面是由于片区经济落后，农村地区保险意识弱，而保险公司的产品缺乏针对性，农业保险因投保产品种类多、面积大、单位价值小、难以核定损失金额，导致体系不健全；另一方面是由于片区缺乏相适应的融资担保机构，担保能力受到限制。而贫困群体借贷额度小、周期短，缺少足够的抵押物，资金损失概率较大，导致银行等金融机构不愿贷款。风险补偿和分担机制的缺失严重制约了金融机构参与农村扶贫及农业综合开发的积极性。

（五）法律法规不完善

目前，我国鼓励社会资本参与农业综合开发的法律法规体系还很不完善，对于该领域的市场化运作机制没有明确的法律约束管制。一是缺乏农村公共基础设施投融资专门法规。这一方面使农村相关基础设施产权界定不清；另一方面，农村许多基础设施即使初期能够投资建成，但是后期由于没有明确规定其使用权、监督权，大多容易陷入过度使用或者滥用的局面。二是缺乏对农村公共物品所有权、经营权和受益权的明确法律规定，或是已有法规但阶位较低，不适应当前的具体情况，导致市场化力量没有信心，无法进入。三是没有相对完善的农业投融资法律体系，监督管理体制也不完善。农业综合开发的许多项目都属于准公共物品的性质，需要政府带头领导，监督运作。目前，我国农村政府财政支农政策常常无法真正做到完全惠农，财政支出大量缩水，政府引导社会资本进入农业综合开发的项目因缺乏相关法律保证及监督而落地困难且效率低下。

第二节　社会资本参与农业综合开发的效率

我国农业综合开发经过30多年的实践，取得了诸多成效，尤其是引入社会资本、金融资本进入农业综合开发领域以后，农业综合效益不断提升。本节主要运用超效率DEA模型、动态面板GMM模型，测算农业综合开发项目财政支出效率，分析农业产业化经营不同资金来源与农民收入增长之间的关系，以期对农业综合开发产业化经营项目资金投入绩效进行测度，从多个层面对我国社会资本参与农业综合开发效率进行分析与评价。

一、农业综合开发项目财政支出效率的测度

如前所述，财政资金是农业综合开发资金的主要来源，因而本部分首先对农业综合开发项目财政支出的效率进行测算。

（一）研究指标与数据来源

1. 研究方法：超效率DEA模型

本部分借鉴国内一些学者分析农业综合开发财政支出效率省际差异时的做法（赵佳丽等，2018），从投入和产出两个角度，利用超效率DEA模型测算我国农业综合开发项目财政支出的效率。在规模报酬不变的前提下，超效率DEA模型设定见式（7.1）。

$$
\min[\theta-\varepsilon(e^{T}S^{-}+\hat{e}^{T}S^{-})]
$$

$$
\text{s.t.}\begin{cases}\sum\limits_{j=1,j\neq q}^{n}X_{i,j}\lambda_{j}+S^{-}=\theta X_{i}\\ \sum\limits_{j=1,j\neq q}^{n}Y_{k,j}\lambda_{j}-S^{-}=\theta Y_{i}\\ \lambda_{j}\geqslant 0,S^{-},S^{+}\geqslant 0\\ j=1,2,\cdots,n\\ i=1,2,\cdots,m\\ k=1,2,\cdots,r\end{cases}\tag{7.1}
$$

式（7.1）中，第一个方程中的 θ 表示决策单元（decision making unit，DMU）的效率值；第二个和第三个方程表示约束条件。其中，X 表示输入变量；n 表示决策单元的个数；m 表示输入变量的个数；s_i^- 是松弛变量，表示输入超量；Y 表示输出变量；r 表示输出变量的个数；s_k^+ 是松弛变量，表示输出亏量；λ_j 为第 j 个有效决策单元的投入产出组合占总组合的比例，且对于决策单元来说，$\sum\lambda>1$ 表示规模收益递减，$\sum\lambda=1$ 表示规模收益不变，$\sum\lambda<1$ 表示规模收益递增。

如果 $\theta>1$，并且 $s_i^-\neq0$ 或 $s_k^+\neq0$，那么判定决策单元非 DEA 有效，$s_i^-\neq0$ 说明同产出情形下投入太多，$s_k^+\neq0$ 说明同产出情形下产出太少；如果 $\theta=1$，但是 $s_i^-\neq0$ 或 $s_k^+\neq0$，则决策单元为弱 DEA 有效；如果 $\theta=0$，与此同时 $s_i^-=0$ 且 $s_k^+=0$，则判定决策单元为 DEA 有效，决策单元的投入与产出达到帕累托最优，此时根据比例提高投入而不改变其效率，那么投入提高的比例就是这个有效决策单元的超效率评价值。

2. 指标和数据选取

考虑到农业综合开发资金来源的多样性，本部分在分析财政资金投入效率时将财政资金投入①与总资金投入（含配套资金投入）分开测算，以便对其产出效率进行对比分析，因而在投入指标中增加了“总投入配套资金”指标（具体指标见表 7－10）。

① 财政投入包括中央财政资金和地方财政资金，下文同。

表7-10 农业综合开发项目投入和产出指标

指标类型	具体指标
投入指标	总投入配套资金（Y_1）
	财政投入配套资金（Y_2）
产出指标	地区新增和改善灌溉面积（X_1）
	地区新增和改善除涝面积（X_2）
	地区增加林网防护面积（X_3）
	地区新增机耕面积（X_4）
	地区新增农机总动力（X_5）
	地区新增粮食生产能力（X_6）
	地区新增油料生产能力（X_7）
	地区新增蔬菜生产能力（X_8）
	地区新增肉生产能力（X_9）
	地区农户人均年纯收入（X_{10}）

上述指标数据主要来源于2004~2018年历年《中国财政年鉴》①《中国统计年鉴》《中国金融年鉴》等。由于台湾、香港及澳门的数据与其他31个省（区、市）的数据不一致，并且难以获得，因此本部分研究不包括台湾、香港及澳门。由于2014年及以后年度的农户人均年纯收入数据不可得，于是利用2013年农户可支配收入与纯收入之比作为修正比，将2014年及以后年度的农户可支配收入比上修正比而得来的数据作为当年农户人均年纯收入进行分析。

（二）实证结果分析

本部分利用EMS1.3软件计算得到2003~2017年我国31个省（区、市）农业综合开发项目总投入分地区超效率DEA分析结果（见表7-11），以及财政投入分地区超效率DEA分析结果（见表7-12）。该结果可以分别从年份、地区进行分析。

① 因国家机构改革等原因，国家农业综合开发办公室已于2018年并入农业农村部，不再收录国家农业综合开发相关内容。《中国财政年鉴》2019年版中2018年及以后数据无相关数据。

表 7-11　　2003～2017 年我国农业综合开发总投入资金利用超效率 DEA 值

地区	2003 年	2004 年	2005 年	2006 年	2007 年	2008 年	2009 年	2010 年	2011 年	2012 年	2013 年	2014 年	2015 年	2016 年	2017 年	均值	排名	方差
全国合计	0.7236	0.5954	0.7177	0.7499	0.7024	0.7477	0.6879	0.7195	0.7257	0.7913	0.7908	0.7334	0.5590	0.5838	0.6646	0.6995	29	0.0708
北京	1.1988	0.9418	1.1558	1.9480	1.0430	0.6279	0.5367	0.7875	0.8534	0.6027	1.2603	1.1214	0.6549	1.0271	1.0704	0.9886	21	0.3536
天津	1.7820	1.2118	1.3925	1.7547	1.8762	1.6785	1.4536	1.4708	0.9733	1.5076	1.2203	0.9365	0.8374	0.7859	1.2952	1.3451	7	0.3505
河北	1.0864	1.0844	0.7635	0.8617	0.6393	1.0775	1.2039	2.5909	0.9969	1.3028	1.0553	1.1766	0.7245	0.8154	0.8549	1.0823	14	0.4593
山西	1.0143	0.7591	0.6282	1.1707	0.6234	0.8026	0.7391	0.6886	0.8377	0.9214	0.9364	0.7328	0.9278	1.1723	1.3826	0.8891	24	0.2198
内蒙古	1.7873	1.0735	1.4664	1.4847	1.3505	1.6694	1.2758	1.1558	1.1668	1.1678	1.1441	1.3627	0.8817	0.7257	0.9905	1.2468	10	0.2844
辽宁	0.7031	3.8361	0.3862	0.5017	0.5807	0.5310	0.7589	0.6868	0.7549	0.8564	1.0317	0.8111	1.2014	1.8337	0.9297	1.0269	19	0.8517
吉林	1.0652	0.2820	0.4830	1.0167	0.6624	0.7173	3.5181	0.6697	0.7363	1.3437	1.2648	2.3329	1.2535	0.9360	0.9180	1.1466	12	0.8114
黑龙江	0.8712	0.9062	1.1080	1.0481	1.1192	1.7936	1.6030	1.4371	1.4910	1.1873	1.2887	1.0084	1.0965	2.8839	2.3038	1.4097	4	0.5566
上海	1.5288	1.6615	1.6065	1.3007	1.1498	2.1369	2.0756	1.8319	2.6305	3.2610	2.9901	1.8854	1.7145	1.7632	1.2270	1.9176	2	0.6193
江苏	1.1995	0.7059	1.1330	0.9134	0.7060	0.8276	2.0173	1.2131	0.9007	1.0140	1.1893	0.9066	1.0352	1.1098	1.0909	1.0642	15	0.3120
浙江	0.6396	0.2915	0.5667	0.2976	0.4597	0.5041	0.5071	0.4537	0.9173	0.7860	0.7288	0.5104	1.2844	0.5257	0.6299	0.6068	32	0.2510
安徽	1.3037	1.6283	1.7711	1.9576	0.7846	1.1676	1.2780	1.1999	1.2945	2.5007	1.1381	0.8824	0.6612	0.9183	1.7788	1.3510	6	0.4958
福建	0.5642	1.0416	0.4583	0.5330	0.4842	0.5539	0.6691	1.2118	0.7623	0.6947	0.6733	0.6831	0.4136	0.5162	0.5763	0.6557	31	0.2169
江西	0.9424	0.8627	1.0481	1.3115	1.0754	0.8521	0.8617	1.1247	2.8855	1.4723	1.2024	1.3840	0.9328	0.3845	0.7100	1.1367	13	0.5566
山东	2.5784	1.7894	2.4839	1.0837	1.2236	1.3029	1.0384	1.0461	1.3044	1.0323	0.9977	2.1177	3.0495	0.9455	17.7341	2.6485	1	4.2281
河南	1.1749	1.3767	1.2331	1.1889	1.6598	1.5034	1.5110	1.4912	1.3072	1.4880	1.4448	1.4472	1.0561	1.4992	1.0925	1.3649	5	0.1787

续表

地区	2003 年	2004 年	2005 年	2006 年	2007 年	2008 年	2009 年	2010 年	2011 年	2012 年	2013 年	2014 年	2015 年	2016 年	2017 年	均值	排名	方差
湖北	1. 8099	1. 2875	1. 2527	1. 4960	1. 6773	1. 0059	0. 9024	1. 2492	2. 2463	1. 5677	1. 6427	1. 2252	0. 6513	0. 5771	0. 2709	1. 2575	9	0. 5180
湖南	0. 8076	1. 0920	1. 0309	0. 5793	0. 5927	0. 6782	0. 6097	0. 7246	1. 2898	0. 7773	0. 8842	1. 1910	0. 8648	1. 1263	2. 2877	0. 9691	22	0. 4295
广东	0. 6382	0. 5046	0. 6721	0. 7734	0. 8561	0. 9138	0. 7616	0. 8375	1. 1625	0. 8830	0. 9952	0. 7959	0. 7075	0. 6283	1. 4216	0. 8367	27	0. 2284
广西	1. 3997	1. 7791	0. 9123	1. 0995	1. 2141	0. 8194	0. 6249	0. 8510	0. 6695	0. 7665	0. 9660	1. 3560	1. 5322	0. 4351	0. 7524	1. 0118	20	0. 3760
海南	0. 6819	0. 7567	1. 0839	0. 9670	3. 2052	1. 1618	0. 1100	1. 9848	1. 3327	1. 1931	1. 3977	0. 4984	0. 6898	0. 6450	2. 1643	1. 1915	11	0. 7748
重庆	1. 1308	0. 8601	1. 2940	0. 6506	0. 4856	2. 4171	0. 6157	0. 5876	0. 6041	0. 7302	0. 7332	0. 7770	0. 5383	0. 2669	0. 4899	0. 8121	28	0. 5118
四川	1. 3522	0. 5233	1. 2157	1. 7713	1. 3674	2. 8068	1. 8119	0. 7845	1. 2189	1. 3732	0. 9451	1. 3304	0. 6805	0. 9329	0. 9179	1. 2688	8	0. 5623
贵州	1. 3830	0. 7165	0. 7409	0. 8212	1. 7253	1. 1392	1. 5162	0. 9173	0. 5176	0. 9578	1. 5306	0. 9617	0. 7081	0. 7121	1. 4166	1. 0510	17	0. 3747
云南	0. 8758	0. 6906	0. 7165	0. 7384	0. 5494	0. 7094	0. 7267	1. 2398	0. 6763	0. 8104	5. 3495	1. 1713	0. 8863	5. 7180	0. 8529	1. 4474	3	1. 6703
西藏	0. 9763	1. 2926	0. 8510	0. 4981	0. 5497	1. 4919	0. 6119	1. 0216	0. 8285	0. 8645	0. 7992	1. 3760	0. 6375	0. 1953	0. 6103	0. 8403	26	0. 3519
陕西	1. 0548	0. 8648	0. 7354	0. 9926	0. 8476	0. 8281	0. 8545	0. 8892	1. 8480	1. 2036	1. 5631	1. 0300	1. 1455	0. 9618	0. 9523	1. 0514	16	0. 2978
甘肃	0. 5749	0. 9328	0. 6028	0. 6796	0. 6536	0. 5870	0. 5587	0. 9434	0. 6935	0. 8838	0. 6469	0. 8015	0. 3667	0. 4520	0. 5059	0. 6589	30	0. 1702
青海	0. 4991	0. 7464	0. 9168	1. 3278	0. 6999	0. 8476	0. 6795	0. 9632	0. 9483	0. 8831	0. 7928	1. 1859	1. 1352	0. 5243	0. 7337	0. 8589	25	0. 2326
宁夏	1. 1718	0. 9151	1. 0204	1. 4885	0. 9673	0. 7144	1. 0009	0. 6392	0. 8828	0. 7536	0. 7400	2. 0253	0. 7944	1. 3153	1. 0575	1. 0324	18	0. 3597
新疆	0. 8446	1. 0401	1. 0703	0. 8151	0. 8888	1. 1102	0. 9299	1. 1102	1. 1040	0. 9614	0. 8840	1. 2653	0. 5743	0. 5977	1. 1171	0. 9542	23	0. 1942
均值	1. 1174	1. 0792	1. 0258	1. 0668	1. 0232	1. 1283	1. 0762	1. 0904	1. 1560	1. 1532	1. 2721	1. 1706	0. 9560	1. 0623	1. 6173	1. 1330	—	—
方差	0. 4507	0. 6405	0. 4349	0. 4385	0. 5712	0. 5709	0. 6549	0. 4487	0. 5642	0. 5425	0. 8737	0. 4450	0. 4956	1. 0182	3. 0331	—	—	—

表 7-12　　2003～2017 年我国农业综合开发财政投入资金利用超效率 DEA 值

地区	2003 年	2004 年	2005 年	2006 年	2007 年	2008 年	2009 年	2010 年	2011 年	2012 年	2013 年	2014 年	2015 年	2016 年	2017 年	均值	排名	方差
全国合计	0.7355	0.7154	0.7099	0.7128	0.6880	0.6570	0.7178	0.7128	0.7558	0.8060	0.8270	0.7064	0.5226	0.6222	0.6873	0.7051	30	0.0717
北京	1.3199	0.9072	1.0778	1.7202	0.9212	0.4784	0.5232	0.6529	0.8318	0.4905	1.2352	1.1036	0.7098	0.9744	0.9927	0.9292	22	0.3407
天津	1.4487	1.2436	1.2267	1.2457	1.6448	1.3416	1.3530	1.6347	1.1662	1.8489	1.3699	1.0813	0.8307	0.8541	1.5717	1.3241	8	0.2835
河北	0.9365	1.0148	0.7949	0.8254	0.6747	1.0467	1.1442	2.6895	1.0833	1.2733	1.1469	0.9829	0.6452	0.8104	0.7751	1.0563	17	0.4876
山西	1.0139	0.9588	0.6871	1.1425	0.6501	0.9187	0.8382	0.9484	0.8540	0.8562	0.9119	0.6201	0.7294	1.1477	1.2907	0.9045	23	0.1918
内蒙古	1.5636	1.0236	1.5496	1.6856	1.5342	1.4870	1.0768	1.0760	0.9759	1.0035	1.1006	1.0881	0.7495	0.7809	0.9609	1.1771	12	0.3030
辽宁	0.9488	7.2902	0.5509	0.6450	0.5570	0.5873	1.0065	0.7454	0.7494	0.9003	1.0475	0.7668	1.4402	1.8195	0.8120	1.3245	7	1.6857
吉林	1.0389	0.5691	0.5779	1.3274	0.6310	0.5751	4.3774	0.6084	0.6950	1.2528	1.2129	1.5679	1.0395	0.8633	0.8689	1.1470	13	0.9482
黑龙江	0.6743	0.9668	0.9670	0.9959	0.9506	1.4158	1.6205	1.3241	1.2108	1.0376	1.1167	0.9613	1.3743	2.7303	3.5654	1.3941	5	0.7663
上海	1.4295	1.6374	1.4513	1.3934	1.3463	2.0745	1.7554	1.6949	3.9959	3.5889	3.0200	1.7339	1.5531	2.0862	1.3984	2.0106	2	0.8408
江苏	1.3588	0.7426	0.8997	0.7909	0.6129	0.6034	1.9414	1.1631	0.9567	0.9292	1.1402	0.7610	0.8877	1.1021	0.9957	0.9924	19	0.3354
浙江	0.7813	0.3593	0.5153	0.3057	0.4863	0.4860	0.5806	0.4625	0.9046	0.6973	0.7048	0.4838	1.3234	0.5650	0.6577	0.6209	31	0.2504
安徽	1.1547	1.4278	1.3755	1.6217	0.7577	0.8678	1.0165	1.0363	1.2399	2.3972	1.0767	0.7146	0.5925	1.0079	1.6960	1.1989	11	0.4603
福建	0.8083	2.3252	0.5753	0.5825	0.5318	0.4577	0.5715	1.0049	0.5983	0.5950	0.6112	0.6535	0.4818	0.4942	0.5144	0.7204	28	0.4651
江西	0.8718	0.9816	0.9895	1.2966	1.1786	0.8404	1.2343	1.2117	3.7476	1.4572	1.1849	1.2482	0.8982	0.4019	0.7695	1.2208	10	0.7467
山东	2.9002	1.3627	2.1901	1.1258	0.9168	1.4803	0.9201	1.0141	1.2576	0.9487	0.9513	1.8589	3.3613	1.1127	17.6478	2.6032	1	4.2293
河南	0.9193	1.3410	1.6188	1.6206	1.8378	2.0151	1.9963	1.6436	1.3550	1.5746	1.5042	1.9968	0.9220	1.3794	1.0213	1.5164	3	0.3669

续表

地区	2003 年	2004 年	2005 年	2006 年	2007 年	2008 年	2009 年	2010 年	2011 年	2012 年	2013 年	2014 年	2015 年	2016 年	2017 年	均值	排名	方差
湖北	1. 5598	1. 3464	1. 3287	1. 6197	2. 2795	1. 1376	1. 1472	1. 2790	2. 3653	1. 7854	1. 8079	1. 1861	0. 6244	0. 6575	0. 2682	1. 3595	6	0. 5797
湖南	0. 9202	0. 9261	1. 0315	0. 7282	0. 7285	0. 7115	0. 6763	0. 7287	1. 2406	0. 8316	0. 9181	1. 2681	0. 8036	1. 3042	2. 2864	1. 0069	18	0. 4116
广东	0. 5885	0. 5716	0. 6156	0. 7541	0. 7539	0. 7880	0. 7094	0. 8253	1. 3221	0. 8335	0. 9859	0. 7529	0. 7475	0. 6650	1. 2800	0. 8129	27	0. 2242
广西	1. 1619	1. 3720	0. 7354	0. 9148	0. 8853	0. 5992	0. 6240	0. 7372	0. 6722	0. 7381	0. 9285	1. 0464	1. 3623	0. 4348	0. 7346	0. 8631	24	0. 2738
海南	0. 7822	0. 7651	0. 9614	0. 9314	2. 5220	1. 0637	0. 2689	1. 7506	1. 1015	1. 1864	1. 4008	0. 4250	0. 6012	0. 6912	2. 1857	1. 1091	14	0. 6294
重庆	0. 8303	1. 0514	1. 8973	0. 7093	0. 6109	2. 6211	0. 5908	0. 5658	0. 5007	0. 6134	0. 6896	0. 7240	0. 4810	0. 2718	0. 4795	0. 8424	25	0. 6168
四川	1. 7775	0. 5743	0. 9660	1. 6249	1. 8285	3. 0371	1. 9753	0. 7823	1. 2674	1. 2293	0. 8711	1. 2367	0. 6264	0. 9973	0. 7953	1. 3060	9	0. 6539
贵州	1. 3793	0. 7375	0. 7628	0. 8447	1. 4323	0. 8479	1. 3165	0. 7645	0. 3822	0. 7816	1. 4519	0. 8606	0. 6195	0. 7464	1. 3877	0. 9544	21	0. 3423
云南	0. 6598	0. 6842	0. 5718	0. 6456	0. 5492	0. 5041	0. 5970	1. 2322	0. 6642	0. 7880	5. 3677	1. 5097	0. 9724	5. 6880	0. 8553	1. 4193	4	1. 6913
西藏	0. 6916	0. 8417	0. 6448	0. 5008	0. 5837	1. 2902	0. 5881	0. 8860	0. 6055	0. 7827	0. 7881	1. 1469	0. 5271	0. 1887	0. 5689	0. 7090	29	0. 2676
陕西	1. 3509	0. 9832	1. 0043	0. 9749	0. 8776	0. 5901	0. 9540	0. 9969	1. 8966	1. 1248	1. 4856	0. 9322	1. 0052	0. 9878	0. 8624	1. 0684	16	0. 3068
甘肃	0. 5516	1. 2461	0. 6141	0. 6724	0. 5450	0. 4928	0. 5155	0. 8574	0. 6106	0. 7526	0. 6612	0. 5529	0. 3355	0. 4072	0. 4297	0. 6163	32	0. 2195
青海	0. 5507	0. 7241	0. 9495	1. 1242	0. 8550	0. 7888	0. 7829	0. 9207	0. 7641	0. 8450	0. 7270	1. 1273	0. 9529	0. 5723	0. 7711	0. 8304	26	0. 1672
宁夏	1. 2283	1. 1784	1. 8730	1. 6029	1. 0256	0. 6824	0. 9006	0. 5319	0. 7166	0. 7219	0. 8540	1. 5463	0. 7210	1. 3875	1. 1813	1. 0768	15	0. 3955
新疆	1. 0892	0. 8671	0. 8909	0. 8876	0. 9983	1. 2527	0. 8444	1. 0267	1. 0701	0. 9875	0. 9450	1. 4002	0. 5529	0. 6266	1. 2541	0. 9796	20	0. 2244
均值	1. 1061	1. 2265	1. 0289	1. 0600	1. 0228	1. 0672	1. 1112	1. 0579	1. 1872	1. 1243	1. 2651	1. 0754	0. 9184	1. 0889	1. 6412	1. 1321	—	—
方差	0. 4683	1. 1884	0. 4416	0. 4023	0. 5339	0. 6395	0. 7624	0. 4577	0. 8238	0. 6171	0. 8844	0. 4017	0. 5473	1. 0084	3. 0412	—	—	—

第一，从年份分析来看，我国农业综合开发财政资金投入效率整体呈上升趋势，社会资本、金融资本对农业综合开发参与度不高，对其效率提升作用不大。由表 7－11 可以看出，我国农业综合开发项目总投入效率年平均水平处于 0.9560～1.6173，整体趋势波动上升，其中 2011～2014 年和 2017 年共五年的超效率 DEA 值高于农业综合开发总投入的超效率 DEA 均值（1.1330）。

值得注意的是，"十二五"期间（2011～2014 年），我国农业综合开发总投入超效率 DEA 值均高于平均水平，这说明全国"十二五"期间农业综合开发资金利用效率均较高，并且有波动上升的趋势（见图 7－3）。

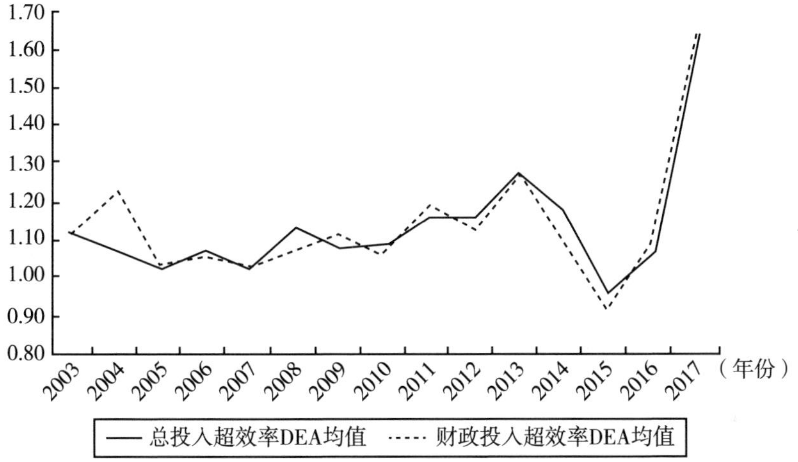

图 7－3　2003～2017 年我国农业综合开发资金总投入与财政投入超效率 DEA 值对比

另外，通过对每年超效率 DEA 值的方差值进行分析发现，2017 年我国农业综合开发无论是总投入还是财政资金投入，其方差值最大，均超过了 3，与其他年份的方差值差别较大，而且 2017 年的超效率 DEA 值也处于最高水平。这说明 2017 年我国农业综合开发资金投入效率最高，但当年农业综合开发资金效率两极分化也最明显。

将我国农业综合开发每年总投入的超效率 DEA 均值与财政投入的超效率 DEA 值进行对比可以发现，除 2004 年、2005 年、2009 年、2011 年、2016 年、2017 年等年份外，其他年份总投入的超效率 DEA 均值均稍大于财政投入的超效率 DEA 均值。这说明，从总体上来看，2003～2014 年我国社会资本与金融资本对农业综合开发的参与程度不够深，对于农业综合开发的效率没有实质性的提升作用。

第二，从地区分析来看，我国15个省（区、市）（约占全国一半地区）农业综合开发项目的财政资金投入超效率DEA均值均高于其总投入超效率DEA值，但各省份之间存在一定差异（见图7-4）。

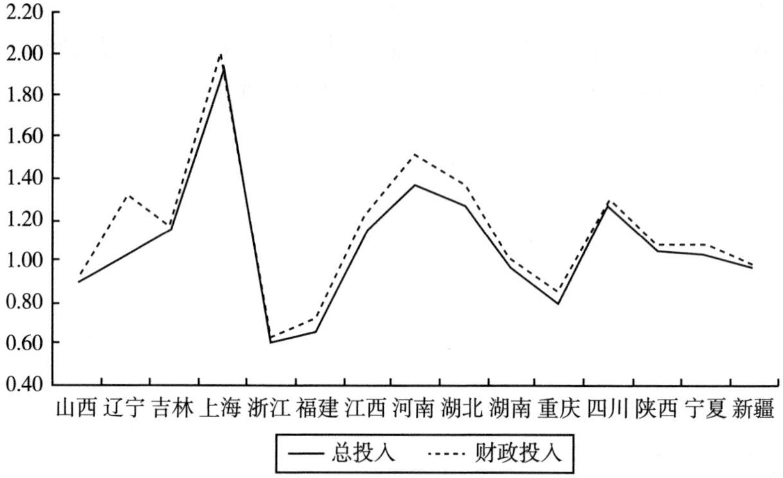

图7-4 我国农业综合开发资金总投入与财政投入分地区效率对比

从全国农业综合开发资金投入超效率DEA值分析来看，在全国31个省（区、市）中，山东农业综合开发总投入及财政投入资金利用效率最高，均排名第一；效率最差的是浙江，排名最后。从不同资金来源来看，安徽社会资本、金融资本参与农业综合开发效率比较高，而辽宁则比较差。这表明，农业综合开发资金投入效率可能与不同地区社会经济发展情况及其相应的经济特征密切相关，从而具有地区性差异。

另外，对位于中部的湖南省的农业综合开发投入资金效率进行分析可以发现，其农业综合开发项目财政投入超效率DEA均值略高于总投入超效率DEA均值；在全国31个省（区、市）中，湖南省农业综合开发项目总投入资金和财政投入资金平均利用效率均不高，排名分别为第22名和第18名。湖南省财政投入资金利用效率比总投入资金利用效率略高，这说明其农业综合开发产业化经营项目能达到成效主要是因为政府财政资金的推动，而金融资本与社会资本参与农业综合开发的程度还不够深，可挖掘潜力巨大。

通过对全国与湖南省农业综合开发资金投入超效率 DEA 值及均值的比较分析可以发现，2003～2017 年间，湖南省农业综合开发总投入资金超效率值有 11 年均高于全国农业综合开发效率水平，其财政投入资金超效率值则有 14 年均高于全国平均水平。也就是说，虽然湖南省农业综合开发效率排名比较靠后，但在大多数年份，无论是总投入还是财政资金投入的效率，均高于全国水平（见图 7－5 和图 7－6）。

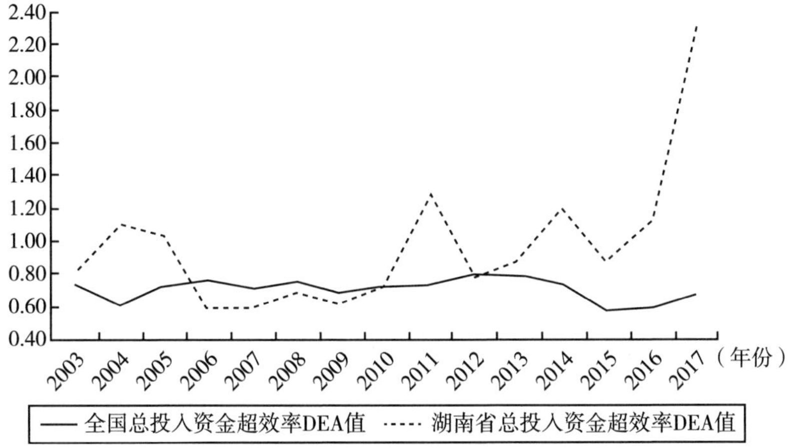

图 7－5　2003～2017 年全国与湖南省农业综合开发总投入资金利用效率对比

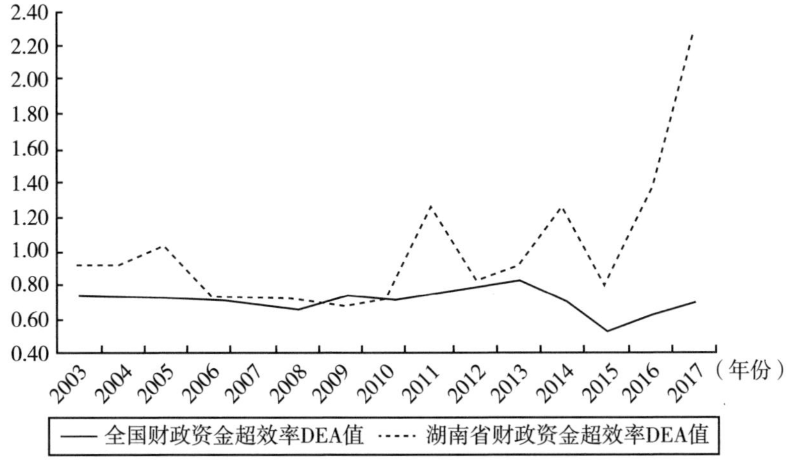

图 7－6　2003～2017 年全国与湖南省农业综合开发财政投入资金利用效率对比

上述分析表明，我国农业综合开发资金投入—产出效率在“十二五”期间均比较高，且呈现波动上升趋势；“十三五”开局出现下降，后又呈现出大幅上升趋势，2017 年达到顶峰，但当年全国农业综合开发效率的两极分化也最明显。总体来说，2003～2017 年全国社会资本与金融资本参与农业综合开发程度不够深，对农业综合开发的效率没有实质性的提升作用。此外，农业综合开发效率可能与不同地区的社会经济发展情况以及相应的经济特征密切相关，具有地区性差异。

二、全国农业产业化经营项目资金来源与农民收入增长的关系

（一）研究指标与数据来源

1. 研究方法：GMM 模型

由于农民收入水平不仅受到当前因素的影响，还受到过去的农民收入水平的影响，即农民收入是一个动态和持续的过程，因此我们采用结合滞后因变量的动态面板模型 GMM（Generalized Moment Method）。模型建立如下：

$$Income_{it} = \alpha Income_{it-1} + \beta_1 \ln input_{it} + \beta_2 \ln loans_{it} + \beta_3 \ln funds_{it} + \beta' X_{it} + u_i + v_t + \varepsilon_{it} \tag{7.2}$$

式（7.2）中，下标 i 和 t 分别代表省份和年份，$Income_{it-1}$ 是因变量的滞后项，α、β_1、β_2、β_3、β' 为各项的系数，X_{it} 表示控制变量，u_i 和 v_t 分别表示个体固定效应和时间固定效应，ε_{it} 是误差项。

2. 指标和数据选取

本部分根据《农业综合开发年鉴》，将农业产业化经营项目的资金投入分为财政投入、银行贷款及自筹资金三部分。在利用 GMM 模型研究农业产业化经营项目资金来源方式与农民收入增长之间的关系时，将农民人均纯收入（*Income*）作为被解释变量，将农业综合开发项目财政投入（*Input*）、农业综合开发项目银行贷款（*Loans*）、农业综合开发项目自筹资金（*Funds*）等作为解释变量，同时加入物价指数（*Cpi*）、高中及以上人口比例（*High*）、农业产出（*AG-output*）作为控制变量，所使用的分析软件为 Stata15。具体指标如表 7－13 所示。

表 7-13　农业产业化经营资金来源方式与农民收入的关系测算指标

被解释变量	农民人均纯收入（*Income*）
解释变量	农业综合开发项目财政投入（*Input*）
	农业综合开发项目银行贷款（*Loans*）
	农业综合开发项目自筹资金（*Funds*）
控制变量	物价指数（*Cpi*）
	高中及以上人口比例（*High*）
	农业产出（*AG-output*）

以上指标数据主要来自 2004～2018 年历年的《中国财政年鉴》《中国农村统计年鉴》《中国人口和就业统计年鉴》，以及《1988—2010 年全国农业综合开发基本情况表》和 1988～2018 年历年的《中国统计年鉴》。由于台湾、香港和澳门的数据与其他 31 个省（区、市）的数据不一致，并且难以获得，因此本部分实证分析不包括台湾、香港和澳门。由于 2014 年及以后的农户人均年纯收入数据不可得，于是利用 2013 年农户可支配收入与纯收入之比作为修正比，将 2014 年及以后年度的农户可支配收入分别比上修正比得来的数据作为相应的农户人均年纯收入数据进行分析。

表 7-14 报告了变量的描述性统计结果。从表 7-14 中可以看出，第一，不同省（区、市）之间农民人均纯收入水平存在很大差异。从表 7-14 中 *Income* 这一指标来看，其最小值为 1564.66，最大值为 28385.17，平均值为 7236.52，标准差为 4674.03，说明农民人均纯收入水平在不同省（区、市）之间差异很大。第二，不同省（区、市）之间农业综合开发项目财政投入和自筹资金波动较小。从表 7-14 中 ln*input* 和 ln*funds* 两个指标来看，前者的最小值为 9.36，最大值为 14.00，平均值为 11.34，标准差为 0.78；后者最小值为 5.37，最大值为 13.78，平均值为 10.30，标准差为 0.87。这说明农业综合开发项目财政投入和自筹资金在不同省（区、市）之间波动不大。第三，不同省（区、市）之间农业综合开发项目银行贷款差异较大。在表 7-14 中，ln*loans* 的最小值为 0，最大值为 12.28，平均值为 5.47，标准差为 3.97。这说明农业综合开发项目银行贷款在不同省（区、市）之间存在较大差异。

表 7-14　　变量的描述性统计结果

变量	样本量	最小值	最大值	平均值	标准差
Income	465	1564.66	28385.17	7236.52	4674.03
ln*input*	465	9.36	14.00	11.34	0.78
ln*loans*	465	0	12.28	5.47	3.97
ln*funds*	464	5.37	13.78	10.30	0.87
Cpi	465	97.70	110.10	102.69	1.86
High	465	0.01	0.36	0.10	0.05
AG-output	465	58.60	9549.60	2326.90	1990.60
Number of code	31	31	31	31	31

（二）实证结果分析

本部分采用 Stata15 软件，首先采用相关性分析和膨胀因子分析法（VIF）判断模型是否存在多重共线性问题，然后采用 GMM 模型来评估农业产业化经营项目资金来源（财政投入、银行贷款、自筹资金）对于农民人均纯收入的影响，最后进行稳健性检验，在此基础上又进行了异质性分析。结果如下：

1. 多重共线性检验

为了避免模型失真和估计不准确，将分别采用相关性分析和因子分析法来检测模型是否存在多重共线性问题。

（1）相关性分析。本部分通过计算变量之间的相关系数，判断它们之间是否存在显著的线性关系，结果见表 7-15。从表 7-15 可知，各变量之间的相关系数均小于 0.8，模型通过了相关性分析。

（2）膨胀因子分析法（VIF）。为了判断模型是否存在多重共线性问题，本部分采用膨胀因子分析法（VIF）进行分析，结果见表 7-16。从表 7-16 可知，各变量的 VIF 值均小于 10，模型不存在多重共线性问题。

表 7-15　　相关性分析结果

变量	*Income*	ln*loans*	ln*funds*	ln*input*	*Cpi*	*High*	*Ag-output*
Income	1						
ln*loans*	-0.525***	1					

续表

变量	*Income*	ln*loans*	ln*funds*	ln*input*	*Cpi*	*High*	*Ag-output*
ln*funds*	0.016	0.374***	1				
ln*input*	0.414***	-0.056	0.671***	1			
Cpi	-0.168***	0.095**	0.009	-0.118**	1		
High	0.705***	-0.37***	-0.031	0.202***	-0.122***	1	
Ag-output	0.302***	-0.048	0.516***	0.779***	-0.085*	0.142***	1

注：***、**、*分别表示在1%、5%、10%的水平上显著。

表7-16　膨胀因子分析法结果

变量	ln*input*	ln*loans*	ln*funds*	*Cpi*	*High*	*Ag-output*	Mean VIF
VIF	3.99	1.62	2.69	1.04	1.21	2.54	2.18
1/VIF	0.25	0.62	0.37	0.97	0.82	0.39	

2. GMM模型结果

多重共线性检验表明模型不存在多重共线性问题，因而可以进行GMM估计。表7-17列出了农业产业化经营项目资金来源（财政投入、银行贷款、自筹资金）对于农民人均纯收入的影响。具体结果分析如下。

第一，农民人均纯收入水平不仅受到当前因素水平的影响，还受到以前的农民人均纯收入水平的影响，即农民人均纯收入是一个动态的、持续的过程。表7-17第1行的结果显示，农民人均纯收入滞后项L. Income的系数在所有模型中均为正且在1%的水平上均为显著，表明农民人均纯收入时间序列数据表现出较强的持久性。这些结果提供了可靠的证据，证明过去的农民人均纯收入水平与当前的农民人均纯收入水平显著相关。

第二，农业综合开发产业化经营项目各资金投入变量对于农民实际人均纯收入的影响差别很大。其中，财政投入可以显著提高农民实际人均纯收入，自筹资金有助于农民实际人均纯收入的提高，而银行贷款则对农民实际人均纯收入具有一定的抑制作用。表7-17第2行显示，在所有模型中，财政投入ln*input*的系数均为正且在1%的水平上均为显著。例如，在第（7）

表 7-17　农业产业化经营资金来源方式对农民人均收入的影响

变量	(1) Income	(2) Income	(3) Income	(4) Income	(5) Income	(6) Income	(7) Income
L. Income	1.072*** (2253.35)	1.079*** (2002.19)	1.083*** (4536.34)	1.068*** (1220.79)	1.080*** (677.15)	1.046*** (356.28)	1.049*** (365.00)
ln*input*	117.4*** (31.30)			92.00*** (11.89)	101.8*** (9.47)	182.8*** (10.17)	258.8*** (8.22)
ln*loans*		-9.341*** (-8.27)		-12.40*** (-7.19)	-6.651*** (-4.06)	2.865 (1.09)	1.692 (0.60)
ln*funds*			27.38*** (13.34)	30.42*** (5.42)	36.02*** (8.97)	10.32 (0.59)	0.724 (0.05)
Cpi					73.81*** (69.08)	70.15*** (47.56)	69.94*** (43.00)
High						4451.2*** (10.21)	4429.4*** (9.68)
AG-output							-0.0501*** (-3.85)
_cons	-1058.8*** (-25.35)	284.0*** (33.27)	-80.63*** (-3.79)	-991.7*** (-14.95)	-8857.6*** (-69.83)	-9443.4*** (-38.68)	-10070.9*** (-29.09)
N	434	434	433	433	433	433	433
sargan	1	1	1	1	1	1	1
AR(1)	0.0003	0.0007	0.0008	0.0003	0.0026	0.0048	0.0051
AR(2)	0.0000	0.0000	0.0000	0.0000	0.0349	0.0364	0.0701

注：***、**、*分别表示在1%、5%、10%的水平上显著，括号内为t值。

列，ln*input* 的系数为 258.8，表示财政投入每提高 1%，将会引起农民人均纯收入提高 258.8%，即加大农业综合开发产业化经营项目财政投入是提高农民人均纯收入的有效手段。表 7－17 第 3 行的结果显示，银行贷款 ln*loans* 的系数在模型（2）、模型（4）、模型（5）中显著为负，而在模型（6）、模型（7）中并不显著。由此可得出结论，银行贷款作为金融资本参与农业综合开发生产经营项目的一种方式，政策性比较明显，但是其利用效率比较低，没有带来预期的社会效益。表 7－17 第 4 行的结果显示，自筹资金作为社会资本参与农业综合开发产业化经营项目的一种方式，在模型（3）、模型（4）、模型（5）中在 1% 的水平上显著为正，表明其能显著提高农民实际人均纯收入水平。

第三，物价水平（*Cpi*）和受教育程度（*High*）对农民实际人均纯收入具有显著的促进作用。表 7－17 第 5 行和第 6 行的结果表明，物价指数和受教育水平系数在 1% 的水平上显著为正。这说明，除了农业综合开发产业化经营项目各资金投入，物价指数和农民受教育程度也是农民的人均纯收入水平的促进因素。

3. 稳健性检验

上述 GMM 检验表明，农业综合开发产业化经营项目各资金投入对农民实际人均纯收入有不同影响。本部分截取 2005～2017 年的数据对其关系进行稳健性检验，继续观察 GMM 模型的实证结果。稳健性检验结果见表 7－18。

表 7－18　　稳健性检验

变量	(1) Income	(2) Income	(3) Income
L. Income	1.083*** (496.71)	1.048*** (345.32)	1.052*** (303.27)
ln*input*	61.38*** (4.37)	159.2*** (8.12)	235.8*** (6.90)
ln*loans*	－6.287*** (－5.43)	2.634 (0.92)	0.668 (0.27)

续表

变量	(1) Income	(2) Income	(3) Income
ln*funds*	32.22*** (5.64)	8.195 (0.41)	4.637 (0.52)
Cpi	74.32*** (48.50)	71.56*** (66.89)	71.27*** (40.87)
High		4525.2*** (11.87)	4268.3*** (10.03)
Ag-output			-0.0562*** (-3.53)
_cons	-8424.6*** (-52.93)	-9302.4*** (-52.64)	-9964.5*** (-23.79)
N	403	403	403
sargan	1	1	1
AR (1)	0.0028	0.0036	0.0040
AR (2)	0.0458	0.0299	0.0467

注：***、**、*分别表示在1%、5%、10%的水平上显著，括号内为t值。

由表7-18可以看出，在所有模型中，过去的农民人均纯收入水平与当前的农民人均纯收入水平显著相关，农业综合开发产业化经营项目财政投入依旧与农民实际人均纯收入在1%的水平上显著正相关，同时农业综合开发项目中自筹资金对于农民实际人均纯收入仍然呈现出正向影响。而农业综合开发产业化经营项目中银行贷款对于农民实际人均纯收入提升依旧没有呈现出应有的效果。截取2005~2017年的数据得到的稳健性检验结果与前文的GMM检验结论基本保持一致。

4. 异质性分析

由于不同地区农业综合开发项目的资金来源及农民实际人均纯收入存在差异，本部分将31个省（区、市）划分为西部①和中东部，以进一步了解不同

① 包含四川、云南、贵州、西藏、重庆、陕西、甘肃、青海、新疆、宁夏、内蒙古、广西。

地区之间农业综合开发项目的资金来源与农民实际人均纯收入的关系。异质性分析结果见表 7-19。

表 7-19　　异质性分析

变量	(1) 西部 Income	(2) 中东部 Income
L. Income	0.964*** (30.30)	1.054*** (106.83)
ln*input*	675.3*** (3.18)	308.7*** (4.36)
ln*loans*	-24.85* (-1.83)	-6.441 (-0.71)
ln*funds*	-57.64 (-1.62)	-3.585 (-0.13)
Cpi	39.72*** (5.94)	83.81*** (34.86)
High	1009.5 (1.59)	4068.2*** (8.79)
Ag-output	-0.112 (-0.49)	-0.0998*** (-3.73)
_cons	-10161.5*** (-4.11)	-11848.1*** (-14.00)
N	167	266
sargan	1	1
AR (1)	0.0175	0.0763
AR (2)	0.9634	0.3409

注：***、**、*分别表示在 1%、5%、10% 的水平上显著，括号内为 t 值。

由表 7-19 可以看出，不同地区农业综合开发项目的资金来源与农民实际人均纯收入的关系存在一定差异。具体表现为西部地区 ln*input* 系数（675.3）

是中东部地区 ln*input* 系数（308.7）的两倍多，即同样的财政投入水平下，西部地区农民实际人均纯收入的提升作用是中东部地区的两倍多。这说明，增加农业综合开发项目资金中的财政投入在西部产生的效应比中东部更加显著。同时，西部地区农业综合开发产业化经营项目中银行贷款对于农民实际人均纯收入的抑制作用更为显著，而中东部并未表现出显著的抑制作用。

第八章　社会资本参与基础设施建设与运营的经验借鉴

社会资本参与基础设施建设与运营已经成为各国新型的投融资方式，同时也是各国提供公共服务的一种新模式。国外一些发达国家较早在基础设施领域引入社会资本，积累了一些成功的经验；我国也开始了社会资本参与基础设施建设与运营的试点，形成了一些比较成功的模式。PPP 模式在我国的研究与应用起步较晚，而发达国家相关实践较早，取得了较好的成效并积累了一些经验。本书主要对国内外社会资本参与基础设施建设与运营的典型案例、国内外 PPP 典型模式及社会资本参与农业综合开发、养老服务等的先进做法进行剖析，以期对我国社会资本参与基础设施建设与运营实践提供有益参考和借鉴。

第一节　国内外社会资本参与城乡基础设施建设和运营的成功经验

近几十年来，国外许多国家都已尝试改革基础设施的建设和运营模式，其中以引入社会资本实现基础设施民营化和市场化最具代表性。通过允许社会资本进入城乡基础设施建设领域，获得相应的专业技术和资金来源，提高行业运营效率，减轻基础设施对政府财政资金的依赖和占用。

国内各地鼓励社会资本参与城乡基础设施建设和运营，进行了诸多尝试，积累了一些成功的经验。本部分主要对国内外社会资本参与城乡基础设施建设与运营典型案例进行介绍，以期对其成功经验进行总结。

一、国外社会资本参与城乡基础设施建设和运营的成功模式

在社会资本参与基础设施建设与运营实践中，各国有不同的做法，比如，

美国通过发行市政债券的方式吸引社会资本参与垃圾处理；英国伦敦实行公用事业私有化，在公共交通产业中采用 BOT 模式；日本采用 PFI 模式吸引民间资本主动融资；韩国实行社会组织支援融资，采取“新村运动”模式；印度采取银行贷款融资模式。这些模式都具有很强的代表性。

（一）美国垃圾处理产业 ABS 模式——发行市政债券

美国是世界上产生垃圾最多的国家之一，垃圾废弃物规模庞大，长期以来政府与民众之间的相关矛盾得不到真正合理的解决。20 世纪 80 年代，美国开始尝试公共事业民营化，由市场决定供需，将政府非核心业务委托给民间组织，其中包括监狱、医院、废弃物处理等领域业务。具体做法是，通过发行市政债券的方式吸引社会资本参与垃圾处理，即 ABS 模式。ABS（asset-backed securitization）模式即“资产支持证券化”融资模式。资产支持证券（asset-backed securities，ABS）是一种证券，通常是指债券，一般由金融资产（如房屋净值、信用卡应收账款和汽车贷款等）作为抵押，这些贷款的偿还被用来支付购买债券的投资者的利息，而贷款则通过证券化转化为有价证券。因而，ABS 模式即指以基础设施等资产作为抵押的金融投资；具体做法是，以债券或票据的形式，在一定期限内以固定利率支付收益，直至到期。这是基础设施等公共领域一种重要的融资方式。

美国市政债券是由州、市或县非营利组织、私营企业或其他公共实体发行的一种债务证券，为公路、桥梁、医院或学校等公共项目的建设提供资金，已有 100 多年的历史。美国市政债券可以被看作是投资者向地方政府发放的贷款，因而必须在具有律师意见书的情况下，通过政府、政府机构或其代理机构发行融资。美国市政债券依据其利息支付和本金偿还来源方式，主要可以分为两种类型，即一般责任债券（general obligation bond，GO）和收益债券（revenue bond）。其中，一般责任债券由政府发行，不以特定项目（如收费公路）的收入作为担保，而完全由发行人的信誉和向居民征税的能力作为担保，无须资产作为抵押。收益型债券模式的融资和偿还机制有严格规定，以项目收益作为担保，通过发行人或销售税、燃油税、酒店占用率或其他税收来保证本金和利息支付，能降低筹资成本且可以规模化筹集资金，因此更利于在操作过程中进行监管，保证债券的安全性。

在垃圾处理产业中，美国政府采用 ABS 模式来筹集资金。当地政府主要以发行市政债券和建立经营基础设施建设的股份制公司为重点，设立信息服务系统，为民间投资提供投资咨询服务，提高民营企业获取信息和投资决策的能力。比如，位于美国加利福尼亚州的 Norcal 废弃物处理中心公司开展垃圾回收、运输、加工和填埋等业务，客户量已经达到 570000 居民和 55000 个商业单位（刘广青等，2006）。

ABS 模式有以下三方面的优势。第一，有利于提高政府服务效率。ABS 筹资模式的一个重要做法是政府建立项目信息服务系统，为民间投资提供相关投资咨询服务。这不仅有助于提高民间投资者投资效率，而且也使政府公共服务效率得以改善。第二，有利于政府相关政策的完善和落实。美国不仅较早做出整体规划，同时也分别对各州提供法律保证，从而有利于更好地将政策落实到位。为改进垃圾处理的办法，为固体废物的处理工作提供可靠的标准，美国联邦政府先后颁布《固体废物处理法案》《资源再利用法》《资源保护和再生利用法》等法律。此外，各州也分别考虑到自身现状及影响能力，将政策落实到各州，如纽约市的《垃圾分类回收法》规定必须对垃圾进行分类处理，违者将面临环卫部门的罚款；加利福尼亚州出台对包装用品的回收押金制度。第三，有利于加强对项目的监督，提高项目运行效率。美国政府为拓宽市政债券的发展，组建市政债券法规制定委员会（MSRB）来监督债券业务活动；积极发挥乡村居民和非政府组织（NGO）的作用，鼓励居民和非政府组织积极参与监督和绩效考评，对处理效果不佳的地区，居民可直接向政府反映或向政府施压，相关机构及时落实反馈的意见，保证垃圾处理运营更加合理有效。

（二）英国伦敦公共交通产业 BOT 模式——实行公用事业私有化

英国拥有目前世界上规模最大、服务最完备的城市交通客运系统，但 20 世纪 70 年代末期尤其是 1979 年撒切尔执政以来，英国公共交通网络体系开始了私有化改革，城市铁路、公交也开始考虑私人投资。

英国在公用事业领域实行私有化，在公共交通产业中采用 BOT 模式，如伦敦的 Croydom 有轨电车和曼彻斯特的轨道交通系统项目就比较成功地采用了 BOT 模式。具体做法是，伦敦市政与中标私营企业签订公用事业特许经营权协议，将相关公用事业项目的投资、融资、建设、经营和维护等权利授予中标私营企业；该私营企业在特许期限内可收取费用以弥补成本并获得回报，待特许经营期限满，无偿将基础设施交付给政府。2000 年，经过伦敦运输部审核批准，三家私营企业分别承包伦敦地铁的轨道、信号系统和隧道的主要部分，有效期限长达 30 年。为服务市民中短距离的出行，通过积极吸纳社会资本，伦敦还补充了公共电汽车，发展线路 700 余条，车辆 6500 余辆，日均客运人次 540 万，运营企业达到 38 家①，大大缓解了伦敦的交通网络体系压力。

英国伦敦采用 BOT 模式建成公共交通体系对伦敦经济发展有着重要意义，主要表现在以下三个方面。

第一，采用多元化的融资渠道，有效缓解了政府的融资压力。英国公共交通的融资渠道主要有政府投资、财政补贴、银行信贷、政府发行债券融资、社会资本，以及交通建设附加费及营业收入等。20 世纪 80 年代开始私有化改革后，英国政府广泛吸纳私营企业参与公共交通建设与运营，对私营企业财务进行监督并保证其最大回报率，以此调动私营企业的积极性，减轻政府财政压力。目前，这种方式已经被普遍接受。

第二，对设施项目进行公开招投标，约束了国有企业的垄断行为。伦敦政府对公共交通路线采取竞争性招标，整个过程从项目策划到谈判签约始终按照规定程序依法操作，实现自由竞争，私营企业可投标获得运营权。对城市公用事业实行政企分离的管理体制，鼓励民间资本通过竞标承担公共事务。这样既有效地避免了国有企业效率低下的运营现状，又引入了那些实力雄厚、信誉度高、服务质量完善的私营企业，同时还能在一定层面上约束国有企业垄断的行为。

第三，制定了相关优惠政策，有助于缓解政府部门筹资难的困境。考虑到基础设施建设行业的风险，政府对私营企业制定了一系列的优惠措施，如税收优惠、免交个人所得税等，从而避免双重税收；在合同签订方面，保证投资方的最低回报率，并予以补贴，加强投资者的信心和投资者之间的竞争。而对于属于纯公共用品的项目，不能实行收费机制，英国政府采用的是私营部门与政府部门合作经营模式，通过政府购买服务，可以解决私营企业资金回笼问题，有效缓解政府部门筹资难的现状。

（三）日本 PFI 模式——吸引民间主动融资

PFI（private finance initiative，PFI）融资模式又称“私人融资计划”，是

① 参见“英国伦敦公交都市建设经验”，中国交通技术网，http：//www. tranbbs. com/Advisory/PTransit/Advisory_127840。

一种政府鼓励私人投资公共项目的计划，始于澳大利亚和英国，后被许多国家用于不同类型的基础设施项目。其具体是指，政府就基础设施建设项目与一家或多家私营企业达成协议，由私营企业筹集资金并利用其人员、技术、管理等方面的优势从事公共基础设施的建设与运营，政府无须直接支付相关费用。PFI 融资模式具体有独立运作、建设转让及综合运营三种运营方式。其中，第一类和第二类都是采取捆绑的方式，民营企业直接负责对基础设施项目所需资金、人员、技术的投入并从政府部门收取费用以回收成本，政府则直接获得企业提供的服务，双方合作，合理地解决基础设施建设与运营项目的投资效率问题。二者的区别在于，第一类方式中政府不提供任何资源，而由私营部门独立运营，独自承担风险。第三类为公私合营模式，主要针对难以直接获得项目收益的投资项目，由政府部门与民营机构联合投资，政府部门对民营部门给予一定的政府补贴。

21 世纪初，日本颁布实行《PFI 推进法》等相关法律法规，在基础设施领域广泛采用 PFI 融资模式，为其基础设施建设提供了良好的经济绩效和社会绩效。为此，日本政府成立了专门的管理机构——PFI 事业推进委员会，在公共基础设施建设运用中积极推进 PFI 融资模式。为了保证公平公开运用资金，对 PFI 融资运作程序进行了严格规定，具体如下。第一，项目筹备阶段。在签订投资协议书前，对项目进行综合筹备，如日本交通道路建设须严格按照规定组织专业团队，完成前期勘测、地址检查、项目设计、征地拆迁等工作。同时，进行项目可行性预测，对方案的成本、收益和运营费用预算进行评估分析，考察项目是否满足 PFI 融资模式。第二，招投标阶段。政府部门须进行公开招投标，确定项目负责机构，分别从资金、技术、法律规范等方面审查民营机构的开发能力，确定合同条款中双方的权利与义务，保证双方利益。第三，项目运营阶段。PFI 公司负责运营项目所需的资金、人员、技术，民营企业从政府部门收取费用以回收成本，政府则直接获得企业提供的服务，且仅负责对项目提供监督、协调等职能。同时，需要构建外界专家与咨询管理公司负责专业考评咨询、公众社会团体共同监督的体系。第四，转移经营权阶段。特许经营期满，PFI 公司负责妥善转交设施、清算资金，由政府接管运营。

PFI 融资模式因其公平、透明且效率高，尤其是政府可以将基础设施建设与运营所涉及的投融资问题转移给私营企业，克服了传统基础设施建设与运营中的弊端。日本PFI融资模式在实施后不到10年的时间内，就取得了很好的经济效益和社会效益。目前，PFI融资模式已经成为日本公共基础设施建设与运营的主要方式和重要力量。

（四）韩国“新村运动”模式——社会组织支援融资

20世纪60年代末，韩国受制于优先发展工业化政策，农村经济停滞不前，为扭转农村日益衰退的局面，积极探索民间资本参与基础设施建设和运营，加大了对农村经济的扶持与乡村改造力度。20世纪70年代初开始，韩国政府发起以“勤奋、自助、合作”为宗旨、为期10年的新村运动（New Village Movement），极大地促进了农村经济发展，使农村面貌焕然一新。为此，政府向全国3.3万个行政村的居民区无偿提供相关材料用于基础设施建设，并从中筛选出1.6万个村庄作为“新村运动”样本，使该项运动逐步演变为农民的自发行为（王晓瑞等，2019）。由于农村基础设施建设需要耗费巨大资金，政府财政难以独立完成，于是开展以“农业协同组织”为代表的社会组织扶持，通过社会组织进行农业融资。到20世纪70年代中期，用于新村运动中基础设施建设资金的75%来自农民个人存款。农民自助协会及其他社会组织先后自发成立了信用担保基金及多种专项基金，如畜产振兴基金、蚕业振兴基金、农地基金、农药管理基金、振兴农水产品基金等，旨在促进农村产业发展，提高农民收入水平（李晋国等，2006）。

以社会组织作为支援的韩国“新村运动”，将改善乡村居住的生活环境与居住条件作为目标，改善农民生活质量作为宗旨，通过政府主导、农业协同组织担保而独具特色。其特色主要体现在以下几个方面。

第一，政府发挥主导作用，保证民营企业利益。在韩国新村运动中，政府始终处于绝对主导地位。为加强法律制度建设，国会通过了《基础设施吸引民间资本促进法》《扩充基础设施对策》等一系列法规，促进外资融入基础设施领域，扩大内需，消化产能过剩；成立中央协议会，对参与基础建设的民间企业的审查制度、税收条款、贷款金额、投资收益保障制度等方面进行严格规定，保证民营企业的切实利益。

第二，农业协同组织积极组织农民投资，吸纳社会资本。韩国农业协同组织带动农民积极为农村建设融资，以“取之于民，用之于民”的原则吸纳社会资本。通过开展金融服务，不仅为农业生产的产前、产中和产后提供有效资金支持，而且还为农民的消费和住房等发放贷款，提高农民的收入水平和生活水平，使韩国农村居民的收入高于城镇居民的平均收入。

第三，担保银行贷款，改善农民福利。农业协同组织为农村地区提供贷款担保，进一步获得国家财政贷款银行贴息，按利率（7% ~8%）贷给基础设施企业，差额部分由政府财政向银行直接贴息补偿，以此来刺激基础设施建设和运营企业的积极性。据统计，20 世纪 70 年代，韩国民营企业基础设施贷款占贷款总额的 30% 以上（张璐，1998）；加强和完善农村地区经济文化建设，实现教育普及化和流通服务城市化；设立国民投资基金，以基金形式聚集民间资本投资基础设施领域；采取财政贴息等方式降低民间资本借款利率。

（五）印度融资模式——银行贷款

近年来，作为世界经济增长最快的经济体之一，印度进出口贸易量增长迅速，城市化发展水平逐渐提高，但印度的经济发展却长期受到城乡基础设施建设不足的制约。长期以来，印度政府集中管理开发模式及其引发的政府官僚主义作风导致基础建设效果比较差。为改善基础设施建设中存在的问题，印度政府于 20 世纪 90 年代开始尝试向民营企业开放基础建设领域，实现公共基础设施市场化，广泛吸收社会资金进入基础设施领域。印度的主要做法是向银行贷款用于基础设施建设。2007 年 3 月 20 日，印度基础设施发展金融公司以中央政府作为代表，向亚洲开发银行贷款 5000 万美元。2008 年 8 月 19 日，印度 ICICI 银行与美国进出口银行达成一致，签署了 2.5 亿美元贷款协议，以改善印度电力、运输、能源等领域的基础设施。

印度早在 20 世纪 60 年代就开始通过银行贷款的方式进行基础设施建设。1963 年印度成立了农业中间信贷和开发公司，主要为农业基础设施项目提供贷款并对其信贷活动进行监督。印度是亚洲基础建设领域银行贷款和吸引外资较为频繁的国家之一。

印度基础设施建设起步较晚，任务量较大，在基础设施建设方面具有以下特点。

第一，创造有利的宏观环境，强化政府宏观调控能力。印度政府创造有利的宏观环境，保护投资者投入基础设施项目建设的经营利益，提高银行贷款和外资进入的意愿和信心。除此以外，印度政府积极引导并鼓励金融机构、工业企业等向公共基础设施领域提供贷款；同时，发展农村金融机构和农村银行，创新农村金融产品服务，为农村小微企业及贫困群体提供小额贷款。

第二，改善基础建设经营模式，避免政府集中管理。印度以前所投资的基础设施项目建设都是由邦政府直接监督和管理，带来了一些弊端。之后，印度在基础设施领域推行改革，如印度政府积极主动吸引外资，对于基建项目的具体运作采取私营化，或采取公私合营模式，由私营企业负责招投标等，取得了较好的成效。

第三，设立专门金融机构，加强政府融资力度。政府专门设立基础设施信贷和开发公司等金融机构，用以加强对国家基础设施建设的融资力度。投资方式具体化，实行以“财政投资主导、私人投资辅助、金融机构配合”的投资方式。同时，加大政府融资力度，发展定期贷款、次级定期贷款、外汇贷款和产权贷款等融资方式。

二、国内社会资本参与城乡基础设施建设和运营的典型经验

近些年来，我国各地鼓励社会资本参与城乡基础设施建设和运营，进行了诸多尝试，出现了一些比较成功的模式。代表性模式主要有北京地铁 4 号线的 PPP 模式、成都自来水六厂的 BOT 项目模式、珠海高速公路的资产证券化模式、济南“09 济城建债”的债券融资模式等。

（一）北京地铁 4 号线融资——PPP 项目模式

北京地铁 4 号线是我国城市轨道交通领域的首个 PPP 项目，于 2004 年 8 月正式开工，2009 年 9 月 28 日全线通车。该项目是北京市区轨道交通线网中贯穿城区南北的一条交通主干线，南起丰台区南四环公益西桥站，与大兴线接轨，途经西城区，北至海淀区安河桥。该项目分为建设期（4 年）和运营期（30 年）两个阶段，工程投资建设分为土建工程（A）、设备投资（B）两个相对独立的部分，总投资 153 亿元。其中，土建工程部分（A）投资占项目总投资的 70%，由北京市政府国有独资企业京投公司成立的全资子公司四号线公司负责；剩余 30% 的总投资为设备投资（B），由 PPP 项目公司北京京港地铁有限公司（简称京港地铁）负责。4 年建设期完成，即项目竣工验收后，京港地铁负责 4 号线的运营管理、设施维护与更新，以及站内商业经营，其投资收益来自地铁票款收入及站内商业经营收入，同时通过租赁方式拥有土建工程（A）部分资产的使用权。30 年特许经营期结束后，京港地铁将设备投资（B）

部分项目设施无偿移交给市政府指定部门，土建工程（A）部分项目设施归还给四号线公司。

实践证明，北京地铁4号线项目积极引入市场竞争，引导社会资本积极参与，同时坚持政府主导，在很大程度上缓解了北京市政府的投资压力，实现了北京市城市轨道交通领域投资主体多元化及融资模式改革的突破，促进了城市轨道交通领域管理水平和服务水平的提高，实施效果良好。该模式的成功经验主要有以下几个方面。

第一，政府引导，政策先行。地铁4号线建设规模庞大，投资金额多，会占用大量政府财政资金。政府积极引入市场竞争，广泛引导投资者参与，坚持市区共建、多元化运作和多渠道筹资的基本原则。项目建设前，北京市政府对其运营环境和思路进行具体分析，对项目融资的典型模式充分了解，并具体到如何规划统筹，最终选择了PPP模式。此外，北京市政府先后颁布《北京市城市基础设施特许经营办法》《关于本市深化城市基础设施投融资体制改革的实施意见》等相关政策，积极鼓励社会资本参与基础设施建设，然后落实到地方政府。

第二，构建合理的收益分配与风险分担机制。为了提高城市轨道交通运营的管理与服务效率，同时不损害社会投资者的合理收益，需要在政府的公共利益与社会投资方的经济利益之间寻求有效平衡。为此，该项目通过对票价机制与客流机制的合理设计，构建了一个合理的收益分配与奉献分担机制。在项目风险管理方面，政府负责制定地铁运营票价，以“测算票价”作为投资运营收入的制定依据并进行调整，对其实施进行监督。政府定价使客流量成为影响项目收益的主要因素。为此，2006年4月12日，京港公司与北京市政府签订《特许协议》，其中规定特许公司将承担该项目的建设和运营风险，包括客流风险。北京市政府主要负责政策风险，如票价政策变动的风险。另外，北京市政府对4号地铁线项目建设与运营拥有足够的监管权，如建设期内可监督公司在机电设备方面的建设，必须按照有关运营和安全标准来运作。此外，北京市政府负责对公共利益进行监督并拥有介入权，即当特许公司违反协议时，北京市政府可以采取收回特许经营权的惩罚制裁措施。

第三，建立完善的政策保障体系和PPP项目监管体系。为了确保地铁4号线项目的有效实施，北京市政府成立了专门机构，负责招商引资及项目实施方案的制定、发包与谈判等全过程，同时制定了相关政策与实施办法，为项目实施提供全方位保障。在运营过程中，明确了政府与市场的边界，PPP 项目监管到位，体系完备，使项目得以顺利运营。

（二）成都自来水六厂融资——BOT 项目模式

成都市自来水六厂是国内重要的城市供水基地之一。1997 年 1 月，原国家计划委员会批准立项成都自来水六厂 BOT 项目，成为全国第三个 BOT 试点项目，也是城市供水基础设施领域全国首个 BOT 试点项目。该项目采取在国际市场进行公开招投标的方式，中标者为法国通用水务集团（CGE）和日本丸红株式会社的投标联合体（二者共同组建战略性联盟）。1999 年 8 月 11 日，成都市政府授予项目公司对成都自来水六厂工程的建设与经营权，并正式签署《特许权协议》，协议规定特许期限为 18 年，运营期为 15 年 6 个月①。经过两年的施工建设，项目工程于 2002 年 2 月 11 日按期完工。项目总投资为 1.065 亿美元（约合 8.8 亿元人民币），建设 27 千米输水管道，每日可达 80 万吨的取水规模，每日可向城市管网输送 40 万立方米的净水量（刘志宏，2004）。待 18 年的特许经营期结束，项目公司将无偿移交水厂给成都市政府，经营所得则作为公司建设投资的收益（陈勇，2004）。

从实施效果来看，该项目运营的总体效果较好，为我国 BOT 项目的实施积累了可贵的经验，具体包括以下几个方面。

第一，政府给予强有力的支持。从项目开始，成都市政府就对该项目高度重视，成立了专门的协调机构以确保施工过程中的问题能得到尽快解决，避免由于管理体制的混乱而产生的困难。

第二，招标程序公开透明。自成都自来水六厂 BOT 项目正式立项到进入招标准备过程（包括后期的项目融资程序、特许权协议的签订），一直坚持政策公开、招标程序公开、标价标准公开、谈判程序公开，全部按照国际竞争性招标惯例进行运作。为此，项目特别邀请了一些在行内口碑好、在大型水处理方面经验丰富的公司参与投标，并成立了由各方代表和专家（如国家计划委员会、建设部、成都市政府、大地桥基础设施投资咨询有限责任公司）等组

① 参见“成都自来水六厂 BOT 项目昨日投产”，新浪网，http：//news.sina.com.cn/c/2002-02-08/。

成的评标委员会。无论是竞标单位资格预审、投标，还是评标及确认性谈判阶段，严格按照各级程序流程进行，整个流程公平、公正、公开，没有“隐形壁垒”的存在。通过公开竞标方式，该项目最终确定法国通用水务公司和日本丸红株式会社为项目投资人。法国通用水务公司历史悠久，技术雄厚，在水务处理项目运作方面经验丰富；日本丸红株式会社业务覆盖面广，公司实力雄厚，具有很强的融资服务能力。同时，其特许期长短和技术复杂程度的匹配也值得学习和借鉴。

第三，定价机制较为合理。在该项目招标过程中，水价是考虑中标的一个主要因素，水价水平及走势占评标总分的2/3，其余1/3为融资、技术等指标。在各竞标单位中，法国通用水务集团（CGE）和日本丸红株式会社的投标联合体的水标价是最低的，为0.96元/吨（不含水资源费和税收），因而胜出。较低的水价保障了水用户的利益，同时又没有增加政府的财政负担。该项目还规定，水价原则上均由物价管理部门审批，这样可以避免该项目的违规操作，同时也能保证项目低回报率的承诺。

（三）珠海高速公路融资——资产证券化模式

珠海市作为中国经济改革开放的先头兵，社会经济快速发展的同时，基础设施建设也取得了较大进展，但高速公路的发展依然赶不上车辆数量不断增加的需要。由于高速公路项目资金需求量大、建设周期长，而地方政府因财政预算有限而难以承担。珠海市政府考虑到其高速公路项目收入来源稳定，可根据已有的经验和数据实现较为准确的预测，于是决定尝试将高速公路作为证券化的标的资产，实现珠海高速公路证券化，即ABS融资，以缓解车辆数量增加所带来的压力。具体做法是：珠海市政府在开曼群岛注册珠海高速公路有限公司，以此公司的车辆管理费和过路费为担保的资产证券化债券，约定15年的合同期，其中由中国国际金融公司策划，摩根士丹利投资银行承销，通过内部信用增级的方式发行。此债券共分为优先级债券和次级债券两个部分发行，总金额达2亿美元，其中优先级债券期限为10年，年利率9.125%，金额为8500万美元；次级债券期限为12年，年利率11.5%，金额为11500美元。

珠海高速公路证券化融资的交易特点是国内资产境外证券化，对国内其他基础设施融资提供具有重要的参考意义，具体经验可以总结为以下两个方面。

第一，由政府发起成立公司资产证券公司，发起人公司在海外注册。首先保证资产证券发起公司有责任和义务对该项目进行管理，为债券发行和还本付息提供信用担保。同时，资产证券发起公司在海外（开曼群岛）注册，使得其必须遵循当地会计、法律、税收安排，可以避免我国法律不完善的障碍，保证整个融资机构顺利运行。

第二，债券总体设计独特，涉及参与人较多，彼此从属关系较为复杂。具体包括路桥公司、珠海大道有限公司、特区 HY 公司和香港 HY 公司。路桥公司作为原始权益人，将其拥有的车辆收费权转让给珠海大道有限公司，约定 15 年的合同期，而特区 HY 公司和香港 HY 公司支持债券发行，前者支持大陆业务，后者支持海外业务。珠海高速公路所有权及控股结构（李曜，2001）如图 8－1 所示。

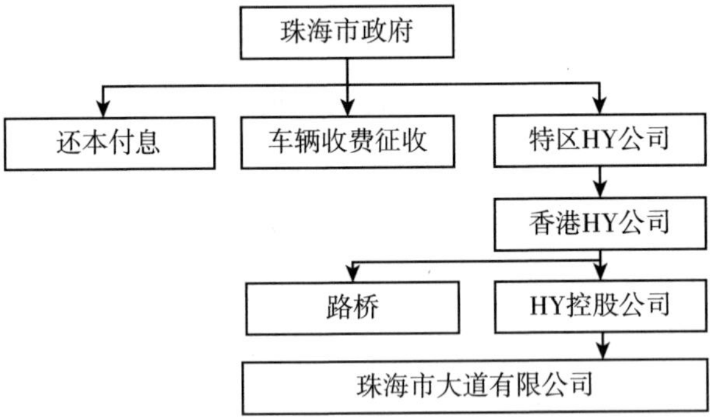

图 8－1　珠海高速公路所有权及控股结构

（四）济南“09 济城建债”融资——债券融资模式

面对全球金融危机的影响，为改善城市建设水平和增加政府支出，山东省济南市于 2009 年成功承办第 11 届全国运动会，开展以奥体中心全运动场馆为主的 80 项城市建设工作。由于该项目建设资金费用巨大，济南市政府财政压力较大，于是通过多种融资渠道吸纳资金，于 2009 年 3 月 26～27 日授权济南市城市建设投资有限公司发行公司债券（简称“09 济城建债”），共筹措资金 15 亿元，以济南钢铁集团为担保，该债券采用实名制记账式，固定利率向境内投资者公开募集，期限为 10 年，票面利率为 4.78%。

相对于银行贷款等融资方式，债券融资有着许多优势，主要有以下几个方面。第一，资金管理和信息披露更为严格。在债券募集的资金使用管理方面，济南市城市建设投资有限公司制定专门的资金管理制度，进行集中专户管理和统一调配，同时不定期对债券的使用情况进行核查，以保证项目的进展和出资人的合法权益。第二，可有效节约融资成本，降低政府的财政风险。该债券发行时采用固定利率，比同期银行拆借利率低 1.16 个百分点，同时固定利率也解决了利率变动而带来债务短期流动所导致的问题。第三，优化吸纳社会资本的融资结构，拓宽资金的融资渠道，实现资金的合理配置，为国内其他地区在城乡基础设施领域采取债券融资模式积累经验。

三、国外交通基础设施建设发展长期债券的经验①

发达国家城市化水平普遍较高，城市基础设施供应方便完善，这些都源自其在城市化推进过程中形成了较为完善的城市基础设施建设投融资体制，拥有政府投资、发行债券、银行信贷等丰富多元的融资渠道。其所发行债券品种主要包括政府债券、市政债券、政府支持企业债券及公司债券等；从债券期限看，主要有短期债券（1 年以下）、中期债券（1～10 年）和长期债券（10 年以上）等。其中，长期债券融资在交通基础设施建设中起到了非常重要的作用，比较典型的创新和成功经验有美国市政债券、日本高速公路专项债券等。

（一）美国市政债券

美国是世界上城市化率水平最高的国家之一，其基础设施建设主要通过竞争机制，以民间提供为主，资金也主要来源于民间资本的投入。但自 19 世纪 20 年代开始，美国发行长期债券用于大型基础设施建设融资，市政债券作为一项创新的融资工具，被广泛用于轨道、公路、人行道等交通基础设施建设项目的融资，至今已有 200 多年历史，现已形成十分成熟的融资模式。

美国市政债券主要有一般责任债券、特种税收债券和项目收益债券等（董普、李京，2017）。一般责任债券依据发行人（州或地方辖区）的所有收入来担保和偿还；特种税收债券以政府某种特定的税收收入作为还款来源；项目收益债券的发行人是项目或企事业单位，并通过向用户收费或以专门的税收收入进行偿还。

20 世纪 70 年代以来，美国政府活动主要依靠服务收费，收益债券占发行

① 参见陈银娥、李鑫和尹湘（2020）。

总量的比重超过一般债务债券，达到70%以上。美国市政债券的发行主体主要有地方政府、政府机构（含代理或授权机构），以及以债券使用机构出现的直接发行体，其中地方政府为主，其发行债券量占50%，其次是政府机构，占47%。各级地方政府及其代理机构都将市政债券作为重要的融资工具，以此方式筹集资金，用于交通基础设施、医院、公用事业等领域的投资。由于市政债券由地方政府发行或担保，投资风险小，属于注册豁免债券。同时，美国的证券市场非常发达，评级机构会对新发行及上市交易的市政债券进行评级，投资者通常也依靠评级机构的信用评级来判断一种市政债券的信誉；而市政债券的保险进一步提高了证券的信誉，降低了投资风险，使得市政债券的发行和流动更具活力。鉴于区域性特征，市政债券的交易和发行大部分都在柜台市场（OTC）上进行，只有很少一部分在交易所上市交易。

作为联邦制国家，美国各级政府预算独立，地方政府大多有发行市政债券的权力，同时发行种类丰富，短期债券和长期债券搭配，形成了不同的资产组合，有利于降低投资风险。比如，在早期铁路建设中，联邦政府主要推出了政府资助、无偿土地赠与和关税减免三种筹集资金政策，为铁路建设筹集资金，取得了很好的成效。比如，伊利运河的建设资金主要通过伊利河债券融资，该债券实际上是一种市政债券，购买者主要来自伦敦保险公司及纽约民众，发行债券的利息通过对盐贸易、过往轮船及运河25英里范围内的土地收税来支付。高速公路建设的资金主要来源于政府部门发行的收益债券（以燃油税为主）。特朗普执政后，通过了1.5万亿美元的基础设施重建计划，其中7430亿美元来源于市政债券和公司债券的融资，主要是以地方政府的燃油税等道路使用者税收作担保发行特种税收债券和以收费公路预期收益作为担保发行收益债券，该类债券所获利息收入免交联邦所得税。可见，债券融资，尤其是长期债券融资，在美国基建计划中发挥着重要作用。

（二）日本高速公路专项债券

20世纪90年代以来，日本经济转入衰退，基础设施建设融资开始转向民间，发行长期金融债券是引入民间投资的重要举措。

日本高速公路全部为收费公路，其建设资金主要以专项债券等低成本融资方式为主，主要有长期金融债券和地方债券。由于日本国内个人储蓄率水平较高，商业银行通过购买长期金融债券，可以将个人储蓄转化为基础设施建设发展需要的资金，而当商业银行面临资金需求时，再将其抵押或者转让向银行申请贷款。这一金融创新工具有助于解决基础设施建设的巨大资金缺口，提高了资金利用效率。地方债券主要有普通型和公共企业型两种形式，大部分交通运输设施、地方道路建设等融资需求通过发债满足。

为提高高速公路管理效率，加快化解高速公路存量债务，日本于2005年10月颁布了《高速公路资产持有及债务偿还机构法》，成立了日本高速公路资产持有及债务偿还机构（以下简称JEHDRA），全面承担日本收费公路资产管理和债务偿还职能。JEHDRA的身份为公益性独立行政法人，采取发行专项债券等低成本方式筹集公路资金。日本高速公路专项债券投资门槛低，对投资者没有任何限制，上至银行企业、养老基金，下至一般百姓甚至退休老人，都可以自由公平参与，投资渠道简单透明，公众与收费公路之间的利益容易达成一致。

（三）其他国家发行市政债券的案例

鉴于美国市政债券的成功和成熟，20世纪80年代，巴西、墨西哥、阿根廷等国家根据国内具体状况，通过发行市政债券都推动了各自交通基础设施建设的发展。90年代，波兰、俄罗斯和匈牙利等也通过大量发行市政债券来支持交通基础设施建设的发展。其中，波兰的地方政府尝试推行市政债券，主要集资用于基础设施建设。波兰的市政债券发行方式为私募发行，限制了个人投资者，但降低了地方政府的发行风险，融资成本更低。可见，发行市政债券筹集长期资金用于交通基础设施建设已被多个国家接受和运用。

四、国内外社会资本参与城乡基础设施建设的经验总结

综上所述，国内外社会资本参与城乡基础设施建设与运营虽采取了不同模式，但可以总结出其成功经验如下。

（一）坚持有效性和灵活性原则

进一步加强对基础设施建设的投资和经营力度是城乡经济健康发展的重要保证，通过始终坚持有效性和灵活性的原则，不断加强和完善国家对基础设施领域的宏观引导，创造有利的宏观环境，将最大限度地释放经济活力和创造力，提高银行贷款和外资进入的意愿和信心。印度政府为积极保护投资者投入基础设施项目建设的经营利益，引导各类不同金融机构向基础设施领域提供贷

款，同时完善农村金融机构，扩大农村地区金融网点，为农村贫困人群提供小额贷款。美国为充分调动民营企业的积极性，减轻财政直接投资的压力，采取合同租赁、业务分担等方式，与私营企业和其他社会团体合作，并且政府主动承担业务监督和绩效考评等责任。韩国则开展以农业协同组织为代表的社会组织进行扶持，积极确立农业协同组织在农村地区的重要扶持作用。而我国很多地区都初步尝试基础设施建设民营化，地方政府积极鼓励向国外学习，并给予充分的优惠保证，如避免双重税收、材料审核批准先行等。各国虽然侧重点不同，但都与本国实际相结合，建立较为有力的宏观环境，加强投资者投资信心，确保投资者与经营者的合法权益。

（二）加强和改进政府监督和宏观调控职能

国内外基础设施建设和运营成功的地区均十分重视政府监督和宏观调控职能，切实加强服务型政府的转型建设，在城乡基础设施建设和运营中推行精准细致化管理。美国、英国、日本、印度、韩国等国家在建设过程中先后制定和修改关于城乡基础设施建设方面的法律。例如，美国先后制定并出台了《联邦证券法》（1933 年）、《联邦证券交易法》（1934 年）、《投资公司法》和《投资顾问法》（1940 年）、《证券投资者保护法》和《联邦所得税法》（1970 年）等一系列法律法规，强调市场的自律管理，保证市场的灵活性和流通性。韩国国会通过了《基础设施吸引民间资本促进法》《扩充基础设施对策》等一系列法规，促进外资融入基础设施领域；并成立中央协议会，对能参与基础建设的民间企业的审查制度、税收条款、贷款金额、投资收益保障制度等方面做出严格规定，保证民营企业的利益。我国也对社会资本参与基础设施民营化做出详细规定，坚持政府主导、政策先行，从政策层面规范各种融资方式的审批程序和运作流程。比如，珠海高速公路建设采取招标发起人公司海外注册，合理规避我国部分法律不完善的障碍，只需要遵循当地会计、法律、税收安排，即可保证整个融资机构顺利运行。

（三）创新基础设施建设与运营投融资机制

基础设施之所以建设效果较好，一个很重要的原因是所在国家或地区能够根据项目的具体特点和背景，灵活运用和推广多元化的市场化融资方式，鼓励多层次的投融资主体以多样化的融资渠道进入基础设施领域。国内外融资无不如此，根据基础设施项目分类及其特点，坚持“因事、因物、因时制宜”的原则，推广应用国内外使用比较成熟和应用广泛的成功融资方式，如 BOT 项目融资模式主要针对具有经济实力的私营企业，ABS 模式适合引入居民闲散资金和机构投资者（如养老基金、保险基金等），债权融资和股票融资更适合私营企业账目规范、要求较高的企业参与投资，从而进一步满足不同投资者的投资需求。与此同时，尝试在同一项目中灵活运用各种融资方式，形成优势互补，以吸引社会资本。例如，在资金筹集方面，英国公共交通领域有许多投资来源渠道，包括政府财政、银行贷款、全体公民投资、国际财团参与等，广泛吸收社会资本；济南“09 济城建债”融资不仅采取债务融资，还尝试信贷融资，并取得了积极效果。总之，应灵活采取各种融资方式，鼓励多层次的投融资主体以多样化的融资渠道进入基础设施领域，拓宽基础设施建设的资金来源，吸收更多的社会资本参与基础设施建设。

（四）积极探索农村基础设施建设与运营的市场化融资发展模式

地区基础设施不完善的一个很重要的原因在于区域基本公共服务未实现均等化。这是由于农村地区社会经济运行发展水平相对较低、管理体制不够完善导致农村基础设施水平较低，体系不健全，教育普及度不高，医疗卫生条件相对落后，社会保障覆盖范围不大，等等，这些问题的存在又进一步阻碍了城乡统筹发展的可持续性。国内外基础设施建设与运营的成功模式均注重探索农村基础设施建设与运营的市场化融资模式，构建城乡统筹的公共物品提供模式，强调公共基础设施的普惠性和城乡基本公共服务均等化。例如，一些国家的政府对城乡基础设施建设进行有限度的扶持，并结合各自的实际情况，引入市场竞争机制，有限度地主导城乡基础设施建设，鼓励社会资本参与城乡基础设施建设。因此，政府应积极转变思路，探索农村基础设施建设的市场化融资发展模式，在城乡统筹的基础上体现公共物品提供的公共普惠性，推进城乡基本公共服务均等化。

（五）构建规范化的进出机制

各国在基础设施领域引入社会资本参与建设的成功经验表明，规范的进出基础是关键。比如，在进入机制方面，各国对基础设施建设与运营项目进行分类并根据其性质采取不同的融资模式，主要有 BOT、ABS、PPP 等。在退出机制方面，各国规定社会投资人的退出不能妨碍实施项目的持续稳定，投资人必须保证项目工程质量，期限结束时必须将项目完好地无偿移交给政府；政府部门也需要妥当处理投资回收等相关事宜，并加强对项目的监管，确保项目回报率。因此，完善的法律法规制度、健全的监管体系是社会资本参与城乡基础设施建设与运营项目顺利实施的保障。

（六）提升社会组织的社会治理能力

各国在城乡基础设施建设与运营的实践中都注重依靠社会组织动员和整合社会资源，积极加强与企事业单位、非政府组织等社会组织的合作，增加政府融资及城乡基础设施建设力度。例如，韩国专门制定《农业协同组合法》以扶持农业协同组织发展的经验，组织农民投资基础设施建设，为农民投资提供担保贷款。各级政府积极响应国家政策方针，加大对社会组织的扶持力度，从构建适宜的社会经济制度以及完善相关法律法规等方面，为社会组织的发展营造健康、宽松的外部条件，降低运营成本和规避发展风险。我国先后颁布了《中华人民共和国农民专业合作社法》《中华人民共和国中小企业促进法》等。在立法过程中，根据国家促进农村专业合作组织发展的要求和有关法规政策，整合已有扶持政策并制定完善的配套扶持政策。

第二节　国内外 PPP 模式运用的典型案例

为解决基础设施建设与运营中的资金瓶颈，欧盟国家及英美等国通常的做法是将大量基础设施建设项目纳入 PPP 项目平台，将项目推入市场（孙旭、吴忠和杨友宝，2015；陈银娥、叶爱华，2015），以项目自身收入或财政补贴为资本收益，寻求社会资本参与建设或运营，通过公共部门与私营部门在平等互利的基础上开展广泛合作的方式，实现公、私及使用者的多方共赢。PPP 项目最初由英国政府于 1982 年提出，以解决其保障性住房建设面临的政府长期财政拨款困难的难题。此后，PPP 模式逐渐发展成为英美等发达国家和一些发展中国家用于解决基础设施等公共服务领域最普遍的项目融资模式，在推动环保设施建设和节能产业发展方面优势明显，因而成为当前节能减排的一种重要模式。相对而言，我国 PPP 项目起步晚、发展慢，因此借鉴国外 PPP 项目成功的经验，吸取其失败的教训，可以让我国 PPP 项目参与各方少走弯路，加快 PPP 项目的推进过程。

一、国外 PPP 项目的运作模式[①]

PPP 模式作为新型的投融资和提供公共服务的模式，应用范围相当广泛。分行业来看，主要大量用于基础设施建设、一般公共服务产品等行业，甚至还包括国防、能源等重点行业。但在绝大多数国家和地区，基础设施领域应用 PPP 的范例最多，在各行业中所比重最大；分地区来看，PPP 模式在欧洲和北美地区发展最早，经验也最富借鉴意义；分国家来看，英国、澳大利亚、美国、德国和法国基础设施建设等公共领域 PPP 模式发展早，无论是项目规模还是管理水平都处于世界领先地位。

（一）国外 PPP 中心的职能范围及机构设置

一般来讲，PPP 中心是一国或地区对 PPP 进行顶层设计的部门，由于各国政治、经济及法律发展水平迥异，其 PPP 中心的职能范围不完全相同，但总体来看一般都包括如下几个方面：（1）在顶层设计层面发挥智囊团的作用，包括构建 PPP 制度框架、遴选可以实施 PPP 的行业范围、确定合作伙伴条件、选取合适的 PPP 模式和协调参与各方矛盾等；（2）参与项目论证，提高项目可行性；（3）提供技术支持，发挥第三方专业机构的作用，同时联系项目参与各方，促进参与方沟通互动；（4）支持项目融资，或者直接向项目提供融资，或者为项目商业贷款提供担保，为项目融资提供政策支持；（5）构建 PPP 网络平台，实现信息共享，促进公平有序竞争。

各国设立的 PPP 中心其职能范围虽各有不同，但其设置机构主要包括两个层面。一是国家层面。通常在国家财政部门设置 PPP 中心，统一负责部门协调、政策制定和总体规划。这是国际社会的普遍做法，也是这些国家 PPP 推广成功的基本前提，如英国、澳大利亚和南非等。二是地方层面。是否设立 PPP 中心由其本国的政治体系、经济结构和经济规模决定，如英国、澳大利亚、巴西、德国、印度、墨西哥等许多国家均同时设立国家 PPP 中心和地方 PPP 中心（罗天、孙志杰，2015），两个中心各司其职，又协同合作。一般来说，国家 PPP 中心负责顶层设计，地方 PPP 中心负责执行。地方 PPP 中心在接受国家 PPP 中心监督管理的前提下，可以因地制宜、有创造性地运行发

① 参见叶爱华、陈银娥（2017）。

展 PPP。

(二) PPP 融资模式

各国 PPP 项目的融资渠道多种多样。从国际社会来看，大多数 PPP 项目的融资方式为银行长期贷款、权益资本融资和发行债券，少量项目还会有出口信贷、国际银团贷款等融资方式。但 PPP 项目不同，融资结构差异显著，大多数 PPP 项目融资主要来源于债务融资且其所占比重比较大，项目公司的权益资本金比重较小。以较为典型的六个 PPP 项目[①]为例，在这六个项目中，总融资额中超过 80% 的资金来源于银行长期借款，贷款期限最短为 10 年，最长为 25 年；这些项目公司的平均自有资金占比为 30%[②]，其中澳大利亚悉尼港海底隧道项目公司自有资金仅 700 万澳元，自有资金占比为 9.33%，其余资金主要来源于银行长期借款。在大多数国家，政府会对 PPP 项目债务融资提供隐性支持，以降低项目公司的融资成本，这相当于增加了项目收益。在这六个案例中，所有项目的借款利率均与 10 年期国债收益率持平或略低，显著低于同期一般商业银行借款利率。例如，马来西亚南北高速公路项目的借款利率为 8%，期限为 15 年，与当期国债收益率基本持平；澳大利亚悉尼港海底隧道项目则通过发行企业债券融资，期限为 30 年，票面利率为 6%，比 10 年期国债利率低 50%，比商业银行利率低 14.89%。

(三) PPP 盈利模式

各国纳入 PPP 平台建设的项目具有一些共性，主要体现在两个方面：一是具有较强的公益性；二是盈利能力较差。由于运营收入和项目运转支出之间存在剪刀差，为保证私营部门能获取正当的投资回报，多数项目还需要拓展其他增收渠道，其中政府补贴是最直接的方式，特别是当项目收益达不到预期水平时，政府的支持则更显必要。总的来看，国外 PPP 项目最常见的盈利模式主要有以下三种。

第一，"运营收入 + 政府补贴"模式。这种盈利模式使用频率最高，通常用于项目预期收益低于合同中最低收益的项目。例如，马来西亚南北高速公路

---

① 这六个项目分别是马来西亚南北高速公路项目、法西高铁项目、中国香港东区海底隧道项目、南非豪登快铁项目、英国塞文河第二大桥项目、澳大利亚悉尼港海底隧道项目。

② 参见中国资本联盟，《吉人行研——海外 PPP 运作模式分析》，http://www.haokoo.com/money/1873641.html。

项目，车辆过路费是该项目的主要收入来源，但如果公路流量不足，实际收入降低，则由政府支付其与最低水平的差额部分。在这种模式下，由于政府为项目收益保底，因而项目能获得稳定的预期收益，项目公司的运营风险也随之降低。

第二，"运营收入+政府特许的其他相关延伸业务"模式。这种模式的特点是以运营收入为主，其他相关延伸业务收入作为补充。该模式最成功的典范是香港地铁公司。根据项目合同，香港地铁公司拥有定价权，乘客支付的车费是其最主要的经营收入。由于项目资金投入巨大，乘客支付的车费不足以维持项目预期收益，因此政府还授权香港地铁公司在地铁沿线进行地产开发。随着地铁沿线房地产的不断升值，香港地铁公司所建的大型住宅、写字楼和商场等物业价值水涨船高，这一延伸业务也使该公司获得了巨额利润。

第三，"完全政府补贴"模式。这种模式的具体做法是，项目运营收入不由项目公司支配，而由政府统筹分配，项目公司从政府获取固定费用用于日常运营和维护工作。例如，南非的豪登快铁项目，其运营收入全部归南非政府支配，政府每年固定向项目公司 Bombela 支付 3.6 亿兰特，同时政府还承担项目的电力成本。根据 PPP 项目合同，政府给 Bombela 公司支付的固定费用仅能保证公司不亏本，项目的日常运营管理工作由 Bombela 公司负责，而客流量的多少则不在公司职责范围之内，公司无须承担任何责任。这种模式大大降低了项目公司的运营风险，增加了项目的吸引力①。

二、国外节能减排 PPP 模式的典型经验②

自 1972 年联合国人类环境研讨会提出可持续发展（sustainable development）以来，一些主要发达国家为实现资源、环境的可持续发展，率先开始了节能减排的探索。例如，英国是低碳经济的倡导者和先行者，曾采取多种措施致力于国内节能减排，推动全球低碳经济的发展。美国是能源大国，自 20 世纪 70 年代开始采取了一系列措施致力于节能减排，支持清洁能源技术及低碳

① 参见中国资本联盟，《吉人行研——海外 PPP 运作模式分析》，http://www.haokoo.com/money/1873641.html。

② 参见陈建伟、陈银娥（2016）。

经济的发展，以应对全球气候的变化。德国则是一个能源紧缺国家，特别强调发展绿色经济，并以此刺激国内经济的发展。荷兰在节能减排方面较早开展自愿协议，实施覆盖范围广且效果好。美属维尔京群岛节能合伙开发在资源短缺的热带岛国中具有代表性。其中，尤以美属维尔京群岛节能合伙开发及荷兰自愿环保协议等独具特色，因而本部分主要对节能减排 PPP 模式的这两个典型案例进行剖析，以期对我国节能减排工作提供有益参考和借鉴。

（一）美属维尔京群岛：节能项目合伙开发模式

因能源供求状况差异较大，各国在节能减排方面特别注意根据各自的国情探索不同的模式。例如，美属维尔京群岛是美国的海外属地，年平均气温约 26 摄氏度，属比较典型的热带海洋性气候。由于其所处地区温差不大，常年气候湿润，需要大量电能保证空调系统对生活环境进行除湿换气，用电需求量比较大，对电力系统造成了严重的负担。近 20 年来，当地政府一直致力于寻找能够减少能源供给压力的方法，主要包括增加供给及适当控制需求等多个方面，如积极探索可再生能源、增设能源税、电价分时间段波动供给等；同时，当地政府于 2009 年通过并颁布《维尔京群岛可再生和替代能源法案》，以期在法律层面保证可再生能源项目的发展，减轻电力系统的供电压力。2010 年 2 月，美属维尔京群岛加入了岛国能源发展倡议（EDIN），由岛国能源发展倡议团队提供节能方案，最终选取 PPP 模式推进当地节能工作，也因此获得了 2011 年度美国 PPP 国家理事会（National Council for Public-Private Partnerships，NCPPP）奖。岛国能源发展倡议团队为维尔京群岛政府提出的节能方案是实施合伙开发模式，即政府与社会共同合作开发可再生能源，具体采用依靠私营部门投资者负责项目的大部分甚至全部投资，且合同期间资产归私人拥有的一种 PPP 模式。岛国能源发展倡议团队为维尔京群岛政府设立了 60% 的节能目标，其中计划采用高效节能的方法实现 38% 的目标，通过可再生能源计划实现另外 22% 的目标。

政府合作方以美属维尔京群岛政府与维尔京群岛能源办公室为代表。该项目实施以前，维尔京群岛的电力系统完全依靠燃油发电，因电力需求供给不足，政府迫切需要发展节能技术并研发可再生能源，但效果不明显。当地政府于 2008 年开始寻求合作伙伴，共同实施节能减排计划。维尔京群岛水电部门也作为政府合作方的一员，协助维尔京群岛能源办公室和能源联盟推进节能计划，提供项目开展前的供水供电工作，并辅助后期能源消费群体的评估工作。

社会资本方主要成员为 Bostonia 投资银行。该银行是一家向全美国政府和公司提供能源开发和融资方案的公司，是项目合伙开发模式的重要成员之一，是保证项目按合同约定计划执行的机构。该公司与政府合作方组建了维尔京群岛能源联合经营公司，并在维尔京群岛水电部门的支持下，根据不同能源群体的消费意向和需求情况，将该岛的消费群体划分为政府、大中型企业、小型企业与居民住宅，针对不同消费群体制订不同的解决方案。此外，该项目运转的社会资本辅助机构还包括：为项目的实施提供节能设施的 Energy Systems Group 有限公司和 FPL 能源有限公司；帮助维尔京群岛能源办公室提高能源效率资金、辅助开展小型企业工作的维尔京群岛东南能源效率联盟（SEEA），该联盟是一家非营利的运行机构；以及主要负责居民住宅消费群体节能项目的 Quality Electric Supply 有限公司与 Merit Electrical 有限公司。社会资本方主要负责提供专业技术支持，但需要达到可再生能源开发及其基础设施完善等要求。美属维尔京群岛节能项目主要参与方关系如图 8 -2 所示。

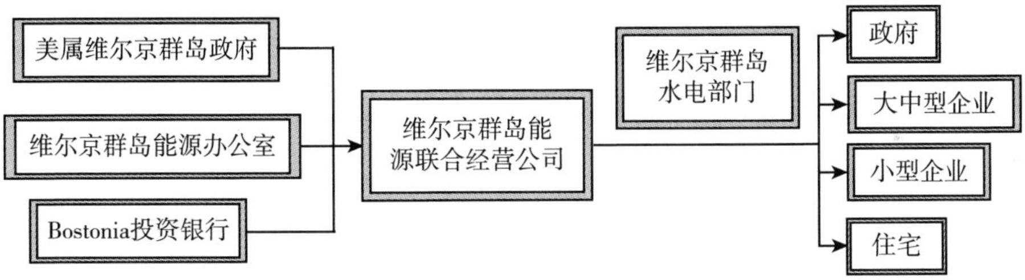

图 8 -2　美属维尔京群岛节能项目主要参与方的关系

根据合约，美属维尔京群岛政府为项目提供初始投资资金，该资金由维尔京群岛能源办公室统一管理，而该能源办公室的自身运转可从《美国复苏与再投资法案》（ARRA）中的“国家能源计划”获得额外经费补贴。在计划完成设计并得到落实后，项目经营者（即社会资本方）依赖节约下来的费用维持自身经营。为了推动可再生能源的开发，美国国家能源计划提供的补贴金额相对较大。例如，2011 ~ 2012 年，美属维尔京群岛政府获得的补贴资金高达 240 万美元，大约一个价值 60 万 ~ 80 万美元的试点项目在 2011 年夏季可从东南能源效率联盟中获得 20 万美元的补贴（孟春，2014）。Bostonia 投资银行在与政府方组建维尔京群岛能源联合经营公司时，必须明确双方的具体责任，具体到项目的各个环节，例如，如何寻找减少项目成本的契机和计划，提供项目服务的市场总体评估，评价基于绩效的合同结构对当地产业结构的适用性，对节水节能可再生能源的安装工程加以管理，等等。为了确保该项目各方负责机构履行合同中承诺的成本节约目标，还明确了各个流程的责任监督机构。具体来说，能源联盟专门负责统一监管节能设施的日常维护、年度维护和检测等；Bostonia 投资银行负责建筑物的节能效果、保养技术的评估，如政府、大中型企业、小型企业与居民住宅等消费群体的节约能效空间的评估、普通楼房温度失衡评估、机械系统新旧与否等，以确保项目的回报率。

维尔京群岛教育部门的节能改造项目是当地第一个能源合伙开发合作项目，成效非常明显。该项目为所在地区 44 所学校安装节能设备，总耗资约 700 万美元，其中 300 多万美元用于支付材料、工资、设备、住宿和其他费用开支；仅此项目就为当地工人提供了 25 个就业岗位。与此同时，节能减排成本的节约效果也非常明显，项目总投资约为 1200 万美元，以 2011 年的能源价格为基准，项目共计节约开支达 2430 万美元①。维尔京群岛能源联盟还建立专门管理业务基地，为当地带来就业机会，就业人员可获得新技能培训。美属维尔京群岛采用的 PPP 模式，政府仅负责提供初始投资资金，以合伙开发模式引进社会资本方，为当地节能计划提供设计、实施、部分融资和管理等工作，在当地政府、企业和居民共同实现节能方面起到了非常重要的作用。

（二）荷兰：自愿环境协议一体化开发模式

在节能减排的治理方面，荷兰通过企业与社会公众的合作，采用自愿环境协议一体化开发模式，即公共项目的建造、设计、维护和经营等一系列职能均由私营部门投资者负责的模式。荷兰也是节能减排开展自愿协议最早、覆盖范围最广、实施效果最好的国家之一。

荷兰位于北大西洋航路和欧陆出海通道的交界处，素有“欧洲门户”之称，每年保持不低于 3‰的人口增长速度，是欧洲人口密度最高的国家之一。荷兰的工业化程度高，尤以集约型园艺产业发展为特色，土壤和水污染问题比

① 参见财政部政府和社会资本合作中心，《国外 PPP 案例选编》，北京：中国商务出版社 2014 年版。

较严重；加之欧洲三大河流均流经荷兰入海，欧洲其他国家的污染物直接涌入荷兰境内，当地环境治理压力较大。因此，自 20 世纪 90 年代初期开始，荷兰积极探索引入社会资本实现节能减排，比较成功的方式是自愿环境协议节能减排。自愿环境协议（Voluntary Environmental Agreements，VEAs）是企业、政府和非营利组织三方基于利益方自愿原则而签订的一种协议，目的在于提升当地环境质量，加强自然资源的有效利用，是一种自下而上的节能减排管理手段。该协议是一种长期协议（Long Term Agreement，LTA），其目标是使 2000 年全国二氧化碳排放量比 1994 年减少 3% ~5%。政府与各个行业协会签订合作协议，承诺预期达到规定节能减排目标。

自愿环境协议一体化开发模式则是在 VEAs 中加入公私合作经营手段，将 PPP 模式与 VEAs 相结合而形成的一种综合开发模式。该模式建立在政府、企业和公众三大参与方的基础之上。不同于传统环境管理中政府、企业和公众三者的关系，自愿协议模式下，政府、企业与公众在环境改造项目实施过程中各司其职。政府方主要为其他参与者建立制度框架，负责制定有关管理规定和环境标准、加强节能减排立法工作等，工作内容主要包括为企业加强相应的配套政策扶持，如工业法规的协调、节能投资减税政策、财政补贴等，在清除相关障碍、开展节能技术等方面为企业方提供帮助。企业方是该模式的经营主体，基于企业自愿原则接受政府转交的治理环境工作。为此，企业方需要综合衡量行政义务、经济效益与企业社会形象等多方效益，进行一体化开发，将公共项目的建造、设计、维护和经营等一系列职能交由私营部门投资者负责。社会公众负责对企业履行自愿协议进行监督。政府、企业和公众三方关系如图 8 –3 所示。

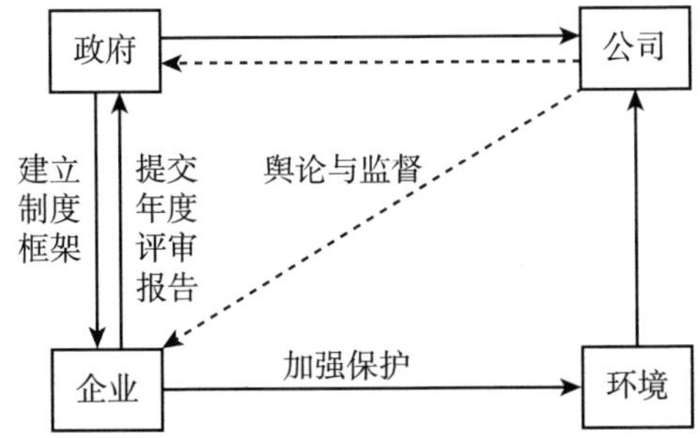

图 8 –3　自愿协议模式下政府、企业、公众、环境的关系

政府、企业和公众三大参与方签署 LTA 协议后，完全由企业方负责一体化开发节能项目。项目的运作资金主要来源于社会资本，包括企业机构和当地居民投资，政府无须垫付资金，但政府实施能源投资补贴返还政策，允许参与 LTA 项目的企业从所得税中扣除需要的节能投资。同时，企业接受政府的管理，尽可能节省建设成本、运营成本等各项成本，而且企业需要定期提供节能计划和年度评审报告，按时提交目标进展情况。如果企业不能按规定及时报告项目进展并提交具有法律效力的解释，政府方可以终止协议，从而对项目进展进行全面制衡。

自 20 世纪初期开始荷兰政府引入社会资本实施节能减排以来，效果明显，二氧化碳排放量逐年减少，环境质量得到明显改善，人民生活质量不断提升。荷兰自愿环境协议一体化开发模式是对传统节能减排方式的一种创新，其取得巨大的成就得益于企业与公众在节能减排方面的配合，而政府的角色主要表现在法律保护和制度创新方面。

三、社会养老事业发展中应用 PPP 模式的典型案例

自我国倡导并鼓励社会资本参与基础设施建设与公共服务以来，迄今已有 19 个公共领域采取 PPP 模式吸纳社会资本参与建设与运营。养老领域 PPP 模式发展比较滞后。武汉市社会福利院于 2017 年率先引入 PPP 模式，社会养老事业获得进一步发展。因而，本部分基于对武汉市社会福利院的实地调研，对其 PPP 养老项目进行重点分析，以期为我国社会养老事业发展提供参考和借鉴。

（一）项目概况

为积极响应国家民政部、国家发展改革委关于公办养老院改革的要求，武汉市政府、市民政局于 2015 年 4 月确定武汉市社会福利院进行“公营民营并行发展”的发展路径改革。武汉市社会福利院与九州通医药集团股份有限公司、上海人寿堂国药有限公司、新加坡鹏瑞利置地集团等联合体进行合作，进行社会养老 PPP 项目实践探索。

武汉市社会福利院综合大楼坐落于武汉市江汉区发展大道 198 号，其前身是创建于 1964 年的武汉市江汉区济民老年医院，在老汉口人心中的知名度颇高。武汉市社会福利综合大楼建设总投资规模达 5.5 亿元，净占地面积为 2.06

万平方米，总建筑面积为 9.94 万平方米，总床位规模为 2066 张，于 2016 年 7 月完工建成，是目前湖北省最大的综合性社会福利院。大楼按照“公营民营并行发展”的方案分为 A、B 两座。A 座福康楼实行“公建公营”，即政府投资建设和经营管理，主要服务对象为社会“三无”“五保”老人，并根据床位实际使用情况，有偿接收部分社会养老人员。B 座福寿楼采用 PPP 模式，实行“公建民营”，于 2016 年 5 月以政府发起的形式正式启动，引入社会资本投资并进行市场化运营以获得合理回报，主要投资方为武汉九州通人寿堂医疗养老服务有限公司，项目工程建设总投资额为 1.23 亿元，主要服务对象为社会养老人员，实行收费服务。

从规模和床位数来看，相比 A 座福康楼，B 座福寿楼占地面积更大、床位数更多，设施更先进。目前，B 座福寿楼和 A 座福康楼建筑面积分别为 4.8 万平方米和 3.7 万平方米，床位规模分别为 1077 张和 989 张。更重要的是，B 座福寿楼的床位根据不同老人的床位需要分为医疗、自理老人、半失能老人和失能老人等不同类型，而且具有花园式的养老环境、设施齐全的配套和整洁温馨的房间。该养老项目综合考虑了老年人居家、公寓和医护三种功能，较好地满足了老年人较高层次的养老服务需求。

武汉市社会福利院实行的“一院双制”标准化建设以及“医养结合”项目所取得的成绩得到了充分肯定，2016 年被确立为武汉市社会福利院的发展方向。该项目于 2017 年 2 月进入执行阶段，被列为湖北省首批 PPP 示范项目、全国第三批 PPP 示范项目。该项目综合考虑了智慧养老、康复、医疗、休闲娱乐等多种形式的养老需求，是一所综合性的社会福利院。

（二）项目运作模式

武汉市社会福利院 PPP 项目采用“改建—运营—移交”（ROT）的模式，政府和社会资本方共同组建项目公司，并就该项目的收益分配及价格调整、投融资方式和各自承担的风险等达成相关协议。项目公司注册资本为 2480 万元，社会福利院占有 10% 的股权。已建设完成的福利院 B 座大楼的楼宇及土地所有权归政府所有，武汉市政府授权武汉市民政局授予 PPP 项目公司特许经营权，由项目公司负责该项目的前期投融资准备、项目建设和改造，以及项目移交后的运营管理。在项目合作期内，项目公司拥有向社会代养老人的收费权并获取合理收益。

1. 收益分配及价格调整

该项目采用“使用者付费”和“政府补贴”的方式来回收成本，并实现投资回报。项目合作期内，项目公司向终端使用者收取相关服务费用。武汉市财政局和民政局等监督机构根据事先确立的项目绩效考核标准进行项目绩效考核，并根据实际考核结果发放政府补贴。政府回报机制由经营权使用费和超额收益按股权比例分配组成。经营权使用费为项目公司向市社会福利院财政账户缴纳的费用，纳入市财政统筹管理，每年缴纳一次，每三年调整一次，调整幅度为3%，调整基数为上一年度缴纳额度。在项目运营期间，合作方根据资本金内部收益比例进行分成。

由于养老服务 PPP 项目合作期较长，项目运营成本会随着时间发生变化，因而需要对价格进行适当调整。武汉市社会福利院养老服务 PPP 项目设立了调价机制，由初期调价和运营期调价两部分组成。初期调价指的是政府通过社会资本招投标报价和项目投资额估算，并根据项目的最终审计投资额调整付费价格；另外，其服务价格每三年进行一次调整，调价公式见式（8.1）。

$$P_n = P_0 \times K_n \tag{8.1}$$

式（8.1）中，n 为调整服务价格的年份；P_0 为调整前的服务价格；P_n 为第 n 年调整后的服务价格；K_n 为第 n 年的调价系数。

2. 项目风险分配

武汉市社会福利院养老服务 PPP 项目在实施过程中，武汉市民政局在项目方案制订前首先对该项目的实施环境（如地理、人文环境等）进行了实地调研，综合评估了项目风险、收益等。经过考察及多方论证，尤其是合作双方的讨论协调，明确了项目风险承担方式及类别，双方义务和所需要承担的风险。

武汉市社会福利院养老服务 PPP 项目风险是指可能导致项目损失的不确定因素，主要包括政治风险、市场风险、项目建设运营风险及不可抗力风险等。项目风险分配方案设计的基本原则是，最有能力控制风险的一方承担风险且承担的风险越大，所获收益也越大，合作各方承担的风险设有上限；若发生风险时，承担风险的一方应承担相应费用和损失，且不得将此费用和损失转移给对方。根据这一原则，一般由私营部门承担项目运营过程中的商业性风险，政府公共部门承担法律政策风险，双方共同承担不可抗力风险。项目风险具体分配如表8－1所示。

表8－1　　武汉市社会福利院养老服务PPP项目主要风险分配

类别	风险	产生原因	产生后果	解决方案	风险承担方
政治风险	政府干预	政府未按合同约定，无故或频繁干预项目决策	项目效率降低	在PPP合同中约定政府干预的责任	政府
	项目审批	政府相关部门未能按时履行项目审批责任	项目周期长，增加项目前期成本	政府应建立多部门协调机制，提高办事效率，PPP项目合同中应规定项目前期工作完成时间节点等	政府
	政府信用	政府未能履行或拒绝履行合同约定的责任和义务	PPP项目延期或PPP关系终止	引入第三方评估机制，加强政府公信力	政府
	法律变更	适用于本项目的法律法规发生了变更，包括税收政策的调整等	提高项目建设和运营的要求，增加项目成本	因为法律变更导致项目公司增加的费用超过一定额度，由政府进行补贴	政府/项目公司
	公众反对	因公众利益未得到保证或受到损害引起的公众反对	PPP项目延期，增加项目成本甚至项目终止	政府增强信息透明度，对项目立项、采购、确定中标人、项目过程监管、移交等环节对外公开信息，确保信息对称；社会资本将项目信息公开，与公众建立良好的沟通机制	政府/项目公司
市场风险	投融资及财务风险	融资失败、融资成本较高和财务管理不善等风险，以及因金融环境波动产生的风险	项目融资困难，融资成本增加，效率降低	政府协助进行融资机构的选择，政府提供融资担保或者提供政策优惠等	政府/社会资本
	项目延误风险	参与项目的第三方未履行或拒绝履行合同内容而造成的项目延误	PPP项目延期，增加项目成本	通过招投标机制选择合适的第三方合作伙伴，加强合同管理	项目公司/第三方

续表

类别	风险	产生原因	产生后果	解决方案	风险承担方
市场风险	项目移交风险	主要来源于移交后的设施不能正常运转	PPP 项目验收失败，增加项目后期成本	政府方应对项目进行定期绩效考核和中期评估，在 PPP 项目合同中约定项目移交条件、范围、验收程序，项目不满足移交条件的处理方案及惩罚措施等	政府
项目建设运营风险	项目设计	设计与实际工艺不相符	项目达不到预期效果	政府协助进行设计单位的选择，加强设计方案的审查	政府/项目公司/设计院
	项目完工	由于项目管理不善造成的不能完成项目、建设延误、成本超支、项目未达既定基数标准等	项目周期长，增加项目成本	加强保函的管理，通过协议条款约定履约保函，在工程进度延误、完工日期延误或者基数标准不达标且上述完工风险因项目公司原因引起时，政府按照约定从该保函中兑取相应的金额，以保证项目公司能够积极履行建设进度相关义务	项目公司
	成本超支	实际成本超出预期	项目利润下降或者亏损	加强项目成本管理，因项目公司原因导致的设备购置、装修期延长造成的建设成本或因工程质量引起的成本超支等由项目公司自行承担；人工费、材料费和装备费等变化幅度超过一定范围的，可依据相关规定进行调整，调整依据和方法在 PPP 项目合同中约定；因政府原因造成的成本超支，由政府承担，将因此而产生的费用计入项目总投资	政府/项目公司

续表

类别	风险	产生原因	产生后果	解决方案	风险承担方
项目建设运营风险	项目收益	项目日常运营管理需要耗费人力、动力和设备，其价格会随市场供求关系的变化和通货膨胀等发生变动	影响项目的利润水平	针对可变成本增长而造成的项目收入水平降低，项目公司与政府协商后在一定范围内提高使用者付费价格并提高自身管理效率与水平	政府/项目公司
	运营安全	老人伤残、死亡事故、医疗事故、运营安全事故等	影响项目公众形象	加强项目公司的运营及管理，做好员工护理、医疗等专业培训，使用智能化手段；在老人签订入院协议时，通过相关合同条款，合理规避非自身原因而造成的老人伤残、死亡事故、医疗事故	政府/项目公司
不可抗力	自然灾害	包括洪水、地震、海啸、火灾等	影响项目建设运营	项目合同中明确定义不可抗力事件及其应对措施。投资方遭遇不可抗力风险时，政府应允许其延长合同期限以弥补损失；社会资本可以通过投保，将风险转移给有承担能力的保险公司，保险承保作为融资成本的一部分	政府/社会资本/保险公司
	社会事件	包括战争、饥荒、罢工等			

四、国内外 PPP 模式成功经验总结

前文分别对国外 PPP 项目的运作模式及国外节能减排两种典型 PPP 模式进行了介绍，前者侧重于 PPP 模式运用的各个领域，后者重点分析节能减排领域中 PPP 模式的运用；同时，以武汉市社会福利院为例，介绍了养老服务中 PPP 模式的应用。这些 PPP 项目都有其独特的做法。

（一）国外 PPP 项目成功的经验①

每个成功的 PPP 项目都有其闪亮之处，如无论是项目规模还是项目管理经验，英国 PPP 模式都处于世界领先地位，其秘诀就在于管理理念先进、责任划分合理清晰、注重绩效；而澳大利亚 PPP 项目多集中在基础设施和公益事业领域，其成功之处在于 PPP 项目纳入法制化和规范化管理，政府与私营部门风险共担、利润共享。总的来说，国外 PPP 项目的成功经验主要是管理理念先进，权利义务界限清楚，利益分配合理，风险控制得当，等等。

第一，管理思维与时俱进不僵化。1992 年，英国经济进入衰退期，政府财政收入锐减，英国政府率先提出私人融资计划以弥补基础设施和公共服务建设资金缺口，即 PFI 模式（设计—建设—融资—运营—维护）；随后于 1993 年迅速在财政部门设立工作组，专门负责 PFI 模式的推广工作；1999 年成立英国伙伴关系组织（PartnershipUK），政府是唯一股东，并全面接管前期在财政部门设立的工作组，2001 年该组织转制，股权实现分化，私营部门也可以持股，但财政部仍是最大股东，持股比例为 44%（谢煊等，2014）。这一改革保证了英国政府拥有一票否决权。

第二，权利义务界限清楚，利益分配合理。例如，澳大利亚分级建立了 PPP 管理中心，各级中心分工明确，各司其职。国家层面的 PPP 管理中心为澳大利亚基础设施管理局，负责发布政策和各类指导性文件，并监督地方层面 PPP 中心的运行；地方层面的 PPP 中心为各州设立的 PPP 指导委员会，一般由基础设施和公益事业领域的相关部门人员和专家担任委员，负责发布本州的 PPP 项目的管理办法和监督管理本州 PPP 项目。各项目有统一标准，项目标准由 PPP 管理中心及外围专家充分论证后制定，可有效避免项目鱼龙混杂的局面，减少失败概率。PPP 项目参与各方有清晰的权利义务边界，项目监管及土地风险由公共部门承担，项目具体建设及风险则由私营部门承担。若私营部门还同时负责项目运营，则其还同时承担项目运营风险。PPP 项目经公共部门审批合格正式投入运营后，私营部门即可从项目或政府获取收益，政府需按合同付费。另外，若因项目收益低于正常水平导致私营部门利益受损，政府则会让利于民，以保障其有利可图。这些政策均有合同限制，不因政府更替而随意

① 参见叶爱华、陈银娥（2017）。

更改。

第三，风险控制操作规范，风险管理有效。英国较少采用特许经营，相比而言较为青睐 PFI 模式。即使有少量特许经营项目，也完全采取市场化运作，政府不承诺提供补贴，即不承担项目的经营风险。PFI 模式项目市场化程度高、风险转移路径清晰，项目的超期完工风险、超预算风险和经营风险均由私营部门承担。采用这种方式可以很好地管控风险。为了防控风险，英国 PPP 项目要求以项目合格为付款前提。例如，PFI 项目有严格的绩效监管机制，项目完工后，只有达到了预期的产出目标，政府才会启动付款机制。而且，实行动态调价机制。政府根据项目类别采取不同的定价机制，各种机制具有成熟稳定的操作流程，当项目所处的环境因素发生改变时，可启动重新谈判机制，实行动态调价。

第四，审计和绩效评级机制严格。澳大利亚合同法保证合同的履行有法可依、违法必究。若企业违法，则其生存将举步维艰，因为它将不仅失去企业声誉，也将被剥夺参与其他项目的机会。若政府决策失误，将在选举中付出代价。

由于不同国家的管理思维不同，每个国家 PPP 项目的具体管理模式也有差异。总的来看，任何一个成功的 PPP 项目都具有一些共性，即市场需求饱满，现金流入稳定，公私部门责任清晰，私营部门有利可图，应急预案具有前瞻性。

（二）国外节能减排 PPP 模式的典型经验[①]

各国节能减排 PPP 模式运用虽存在一定差异，但可以发现其成功经验主要有以下几个共同特点。

第一，将节能减排战略作为国家能源战略的重中之重。由于国情不同，各国能源战略的重点及倾向也有所不同，但各国能源战略的一个共同特点是都将节能减排战略作为重点和核心。例如，美属维尔京群岛的能源需求对外高度依赖，因而其能源战略的重点是提高能源使用效率，尽可能节约能源的使用，同时不断开发和使用节能技术，更多利用可再生能源。为此，推出了一系列政策工具和技术手段，严格控制碳排放。荷兰政府也制定了多个专项法

---

① 参见陈建伟、陈银娥（2016）。

律来防治污染，对部分行业企业提出明确的节能减排要求，强制要求企业控制污染，从源头上限制企业污染排放，同时实现生产成本与治污费用的均衡。

第二，市场调节与适当激励相结合，充分发挥各参与方的优势。例如，在项目进展过程中，各国都注意采用市场调整手段，尽可能发挥每个群体的优势。例如，美属维尔京群岛政府和大中型企业具有较丰厚的自由资金，因而其节能改造中使用自有资金投资更为有利；而小型企业和居民住宅的节能项目改造则需要外部资助，借助社会资本。同时，要因地制宜，实施适当的激励政策。例如，荷兰自愿环境协议将适当的激励措施作为其核心，并根据当地企业与社会公众的意见来确定环境目标，具体问题具体分析，使其措施具有很强的针对性。另外，鼓励企业开发利用新能源和新产品，如风能、太阳能等，促进节能，减少碳排放。

第三，关注民生，精准定位消费群体。节能减排项目的实施需要有效的资金来源、高质量的运营团队、准确的消费群体定位和明确的监督分工等，这是项目成功运营的重要保障，其中准确定位消费群体是关键。例如，美属维尔京群岛整个运营计划分阶段启动，在 PPP 项目安排上也有主次之分，先从政府开始实施项目，再逐步转化为对所有消费者节约成本，保证项目实施过程有的放矢。荷兰自愿环境协议则制定了严格的制衡机制，对未能完成预定目标的企业实行终止协议的处罚；同时，对节能住宅的购买和改造以及绿色车辆等的使用给予适当税收优惠。

（三）武汉市社会福利院社会养老 PPP 项目的示范价值

从建设规模、床位数量、设备设施配套等各个角度来看，武汉市社会福利院养老服务 PPP 项目均为武汉市最大的，受到省、市政府及社会各界的高度关注。项目通过 PPP 方式充分发挥九州通在医药和医院管理方面的优势，并结合人寿堂在综合养老方面的管理和运营经验，有利于充分提升项目养老、康复的综合服务水平，在传统机构养老服务模式基础上，开创性地打造了集智慧养老、互联网 + 、养老电商平台、辐射周边五千米范围居家养老等于一体的多元化养老服务模式。同时，建成社会带资养老、老年病康复治疗、互联网 + 养老等示范性养老模式，探索出一条适合我国国情的养老产业发展路径。

一方面，社会资本参与养老服务，其所具有的资金、技术、管理和运营等方面的优势有利于解决政府面临的财政支出困难、政府职能转换等诸多问题；另一方面，通过加强投资主体的多元化，有利于提高养老行业服务的质量和效率，充分发挥政府监督和社会资本市场化运营中各自的优势，实现资源互补、互惠互利，形成政府、社会资本和使用者多方共赢的局面，因此对 PPP 模式在养老事业发展中的应用有一定的积极借鉴作用，主要表现为以下三点。

第一，强有力的政策保证了项目资金的投入。PPP 项目通过政府与市场的有机结合实现优势互补，因而养老服务 PPP 项目的发展中，合理界定政府职能至关重要。武汉市政府一直在探索改善民生的养老问题，并做了大量的探索性工作。自 2014 年以来，政府先后颁布来了多项有关公共部门与民营企业合作的政策，为养老事业发展提供了强有力的政策支持。在养老服务中引入 PPP 模式，建立起项目投资、政府补贴与合理定价的协同机制，提高项目投资方的收益，大大提高了项目成功率。

第二，合理的风险分担机制、共享利益机制使项目合作者可以获得最大收益。该项目具体规定了合作双方风险承担的方式，即通过与项目公司签订《PPP 合同》《项目投资协议》《保险合同》，确定合作双方的主要权利和义务以及所承担的风险，使得项目合作双方均能够获得最大的收益。

第三，有效的项目成本控制机制保证了政府和私营部门合作的有效性。武汉市政府为养老服务项目成立合理的 PPP 项目公司，通过公开招标的形式，由最终入选的两家公司与代表政府部门的企业建立项目公司，负责项目建设运营各个方面的事务管理，制定科学有效的项目实施方案。建立项目公司不仅保证了项目的独立及高效运行，同时也形成了可持续的“融资—使用—偿还”机制，规避了诸多风险，使政府和私营部门的有效合作得到保障。

第三节　社会资本参与农业综合开发的国内外经验借鉴

为了促进农村经济和农业发展，许多国家和地区以政府为主导，多方筹集资金，如吸引社会资本参与农业综合开发，取得了显著成效，积累了许多有益的经验。本部分主要对国内外社会资本参与农业综合开发的成功做法进行介绍和总结，以期为我国农业综合开发提供经验参考。

一、社会资本参与农业综合开发的国外经验

许多国家为了促进农业发展，积极鼓励并引导社会资本或民间资本参与农业综合开发，加强农村流域综合治理及基础设施建设，促进农业现代化发展，积累了许多有益的经验。其中，美国田纳西河流域综合开发、日本土地改良长期计划、法国农村经济的重建、印度农业的“绿色革命”、巴西农业现代化建设等都十分有特色。

（一）美国田纳西河流域综合开发

田纳西河流域综合开发项目是美国版“西部大开发”的重要项目之一。田纳西河位于美国的东南部，发源于阿巴拉契亚山脉的西坡，长 1450 千米，流域面积大约为 11 万平方千米。由于地处山地，田纳西河流域水量充足、水能丰富、农业发达（刘旭辉，2010）。但在 19 世纪后期一段时间内，由于长期高强度种植棉花、无限制地扩大耕地以及工业企业造成的环境污染，田纳西河流域植被大量破坏、水土流失严重、生物消失灭绝。为改变田纳西河流域环境恶化的局面，美国政府于 1933 年开始整合资源，对田纳西河流域进行综合开发。

美国作为发达市场经济的典型国家，其农业发展一直由私人资本主导。私人资本的逐利性促使它们较多地投向收益高、见效快的项目，而对于投资回报周期长、见效慢的项目一般投入较少，因而私人资本对诸如田纳西河流域治理项目等这种收益低且见效慢的项目不愿意投入。政府为解决财政压力、鼓励私人资本进入田纳西河流域治理项目，整合多方力量、资源，以保证田纳西河流域治理的顺利实施。具体做法有以下几个方面。

1. 成立专门的流域综合开发领导机构

1933 年，美国议会通过《田纳西河流域管理局法》，并整合农民合作社资金、财政资金以及部分私人资本，成立田纳西河流域管理局（以下简称 TVA）。TVA 既具有一定的行政权力，又具有私营企业的灵活性、主动性，其组织形式类似于法人公司。从事业单位性质来看，TVA 直接接受美国政府控制，对田纳西河所流经的田纳西州、弗吉尼亚州、佐治亚州、北卡罗来纳州、

亚拉巴马州、肯塔基州和宾夕法尼亚州共计 4 万余平方英里的区域进行管理；负责防洪、土地治理、农民教育、卫生保健等各方面治理。从公司性质来看，TVA 投资于水电、航运、旅游等多个具有一定盈利性的项目，具有稳定的收入。另外，TVA 资本构成使其更像一个股份制公司。正是由于 TVA 的这些特性，美国政府能够以较少的财政资金对田纳西河流域内的水资源进行综合开发利用，完善农业基础设施投资，实现环境保护与旅游业协调发展。

2. 构建完善的资本进入渠道

美国在农业发展中“自上而下”构建了一个比较完整的农业发展金融支持体系，成立了一系列相关机构，负责进行农业综合开发。最上层的机构是农业信贷管理局，之下依次为联邦土地银行、联邦土地银行合作社等。其中，联邦土地银行是主体，在美国共有 12 个分支机构，向上接受联邦信贷局监管，向下与各地农民自发组织的联邦土地银行合作社相联系，在整个体系中处于轴心地位；联邦土地银行合作社作为连接农民与联邦土地银行的合作组织，由有借款需求的农民组成，主要负责农民贷款的初步审核与发放。各级机构分工负责，使美国完善的农村金融支持体系得到充分利用，使 TVA 能够实现多元化的融资以及资金的良性循环。在资金链上游形成了政府贷款资金、发行债券资金与项目盈利资金的良性循环；在资金链下游则通过贴息或者提供担保等方式，帮助农户购置农业生产设备，并引导农民合理开发、合理种植、保护土壤。

3. 建立项目可持续运行机制

20 世纪 50 年代以后，由于财政资金紧张，美国政府对 TVA 的财政支持逐年减少，TVA 一度面临破产。TVA 于 1955 年向美国国会提议，要求国会赋予其发行收益性债券的权力，试图通过自筹资金的方式实现继续运行。1959 年 8 月，《TVA 收益债券法》生效，田纳西河流域管理局可以通过发行债券的方式来进行融资，以解决田纳西河流域综合开发和治理的资金困难。《TVA 收益债券法》规定，TVA 可以其水电项目收入、旅游收入作为抵押发行债券，但原则上所发行的债券上限不能超过 7.5 亿元。通过持续发行债券获取运行资金，TVA 不仅成功地吸引了更多社会资本参与开发，极大弥补了资金短缺问题，而且还实现了资金的周转和促进项目可持续运行的目的[①]。

---

① 参见《美国掠影之田纳西》，新浪网，http://blog.sina.com.cn/s/blog_4b2b3a260101jq37.html。

（二）日本土地改良长期计划

第二次世界大战结束之后的日本百废待兴。日本政府决定重振经济，农业成为其发展的重点。由于日本耕地资源十分匮乏，日本政府对农业的改良特别注重农田水利建设和土地综合改良，尤其注重提高每一亩土地的产出效率和综合生产能力。1949 年，日本政府颁布《土地改良法》，正式开启了日本土地改良长期计划；随后又制定了《农业基本法》《水资源开发公团法》等一系列法规，为其土地改良计划提供保障。总的来看，日本土地改良计划经历了以扩大土地面积、兴建水田排灌设施和开垦农田为主，到以提高劳动生产率、加强农道建设和农地装备、实行农业机械化、加强农业基地建设为主，再到扩大土地经营规模、加强农业区划、改善农村居住环境为主，以及以地域性环境保全和创造景观为主等几个不同阶段，成效显著（衣保中、李红，2007）。在这一过程中，日本政府为缓解农业综合开发中的资金压力，鼓励社会资本、金融资本参与土地长期改良，其主要做法是充分发挥财政资金的引导作用，同时，综合采用农业基础设施投资优惠政策，构建了以“农协金融”为主导的三位一体的农村金融支持体系。

1. 充分发挥财政资金的引导作用

日本政府自《土地改良法》等法律法规颁布以后，不断增加政府财政投入，农村基础设施财政投资不断增加，农业基础设施建设水平不断提高。日本农业基本建设预算占农业预算的比例逐年增加，从 1990 年的 29.5% 提高到 1995 年的 49.1%；在 1993～2002 年的 10 年间，政府实施了投资规模达 41 万亿日元的“第四个土地改良长期计划”，积极发挥财政资金在土地治理、农田水利灌溉、农村道路规划与建设等农业基础设施建设方面的引导作用（王敏，2011）。农业协同组织（简称农协）不仅是财政资金发放者，也利用自身的优势广泛吸收社会资本、金融资本投入农业，并为众多中小企业、贫困农户提供信贷支持。

2. 综合采用农业基础设施投资的优惠政策

随着日本土地改良计划的深入进行，农业基础设施投资存量迅速增长，农业基础设施维护费用不断增加，新增农业基础设施投资等给日本财政带来较大压力。对此，日本政府综合采用农业基础设施投资的优惠政策，吸引外部资金参与部分基础设施建设，如通过采取农业投资优惠低息制度，采取低税率的政策降低进行农业基础设施建设企业的税收成本等，吸引民间资本积极参与农业综合开发，取得了明显成效。向政策性银行投资部门提供贷款的民间金融机构不断增加，极大地满足了农业基础设施资金需求。

3. 构建了以“农协金融”为主导的三位一体的农村金融支持体系

第二次世界大战结束以后，在联合国的帮助下，日本充分借鉴国外经验，致力于完善国内农村金融体系，形成了以农协金融为主导的“农协金融（合作金融）、政策性金融、保险”三位一体的农村金融支持体系。其中，农协金融在整个金融体系中起主导作用，包括三个层级。位于农协金融组织体系最基层的一级为基层农业合作社，负责向会员（主要为农民、基层企业）提供贷款，以及吸收会员的活期和定期存款。其次为由各个基层农协组成的县级信用农业协同组合联合会，与基层农协具有业务往来关系，主要作用是调节各农协之间的资金余缺。农协金融组织体系的最高一级为农林中央金库，主要统筹各个县级信联的资金，并结合国家农业政策安排资金预算。通过“三级”农协的分工合作，日本的合作金融既统一日本企业、农户等资金，又与政策性金融相辅相成，使得日本农村金融体系充满活力，为日本土地改良计划提供了有力的资金支持。

（三）法国农村经济的重建

法国农业基础设施在第二次世界大战以前还比较落后，在战争中法国农村经济更是受到重创，使农业远远落后于其工业发展。第二次世界大战结束以后，法国为快速恢复经济，首先大力发展工业，导致工农业之间的差距进一步加大，农村人口大量涌向城市，农村出现无人耕地的现象。这种产业结构极不平衡的状况导致法国粮食不能自给，只能依靠粮食进口，进而制约了其工业发展。为彻底改变这一现象，法国政府于 1960 年开始实施一系列有利于农村经济发展、农村基础设施建设的政策，对农村经济进行“重建”，以恢复农业生产，保障国家粮食安全，促进农村经济发展。法国是最早建立农村金融体系的国家之一，19 世纪末就颁布了《土地银行法》，开始全面构建农村金融体系。法国农村金融体系主要包括法国信贷银行、互助信贷联合银行、大众银行、法国土地信贷银行等组成的农业信贷体系和农业互助保险体系。该体系积极鼓励与引导社会资本参与农村经济发展，既能实现该体系的可持续运行，也为法国基础设施建设提供了便利资金进入与退出的渠道，具体做法如下。

1. 建立分类投资农村基础设施项目的机制

法国政府将农业基础设施建设项目分为纯公共品和半公共品，并根据不同性质的产品进行分类投资。政府主要投资于具有纯公共品性质的农业基础设施项目，并根据政府财政远期规划，通过政策性银行进行融资。而对于具有半公共品性质的农业基础设施项目，政府降低准入门槛，鼓励并吸引社会资本参与，通过政府与社会资本按照约定比例共同出资建设的方法，实现农业基础设施建设项目的公私合营。

2. 建立多元化的资本筹集渠道

一般情况下，私人资本不愿意投资于农村基础设施这种投资需求量多且回收慢、建设周期长的项目。因此，在法国农村经济重建中，法国政府建立了多元化的资本筹集渠道，除了财政投入、政策性信贷资金，还鼓励农场主自有资金、社会资本等积极参与，以满足恢复农村经济的资金需求。财政资金主要用于推进农业基础设施建设和改善，如乡村道路建设、农村水电供给、土地改良、水利建设等；农业政策性金融机构也为法国农村经济的重建提供了大量资金支持；法国农业信贷银行为农村基础设施建设项目（如农村电气化及农田水利工程等）提供10年以上的长期优惠低息贷款；法国农场主积极利用其从农业和农场外获得的收入，以自筹资金形式投入小型农业设施建设或农业再生产。通过建立多元化的资本筹集渠道，法国较好地缓解了农村经济重建的资金压力。

3. 形成了“资本—合作社—家庭农村（农户）”的社会资本参与模式

法国是一个土地私有制国家，农民所拥有的土地可以自由进行买卖。在法国农业组织机构中，农业合作社较为发达，因其有利于保护农民、抵抗市场风险而在农村经济重建及农业经济发展中起着十分重要的作用。法国农业合作社主要有两类：一类是包括家庭信贷合作社、农场经营主信贷合作社、家庭和农场经营主兼有的信贷合作社等在内的农业信贷合作社，如互助银行、合作银行、农业银行、人民银行等；另一类是非信贷农业合作社。其中，农业银行是第一大合作社性质的银行，规模大、分支机构多，在法国农村经济发展中起着不可或缺的作用（李先德，1999）。目前，农业合作社已经成为法国“农业社会化服务的主体和农业产业化经营的重要载体，并且是法国政府管理和支持农业发展的重要平台”（许锋，2015）。

法国农业合作社以家庭农场和农户为基础，建立了双层组织结构，农民向合作社缴纳年经营额的4%，并以“入股”方式加入农业合作社。也就是说，法国社会资本进入农村经济重建项目一般需要先以“入股”方式加入各地区的农业合作社，各地农业合作社获得资金后进行经营活动。其经营活动年利润的2/3根据农民入社时上缴股份比例及缴纳的年经营额进行分红，年利润剩余的1/3作为合作社的自我发展资金。在法国，有90%的农民参加了农业合作社[①]。社会资本以加入农业合作社的方式进入农村经济重建项目，既能使自身利益得到保障，又能使个体农户规避风险。因此，法国社会资本、金融资本参与农业基础设施建设采取“资本—合作社—家庭农村（农户）”的联结模式，该模式在法国农村经济重建中获得了极大成功。

（四）印度农业的“绿色革命”

印度在建国后的较长一段时间内粮食一直短缺，20世纪60年代粮食问题更加突出。从1960年开始，印度对粮食的进口依赖程度逐年增加。1961年，印度从国外进口粮食为349万吨，到1964年其粮食进口量达到626万吨，增加将近一倍，1966年更是突破1000万吨（长青，1995）。为此，印度政府积极采取措施，对农业进行综合性改革，自20世纪60年代开始到80年代一直推行以应用农业新技术为主要标志的农业“绿色革命”。其内容包括：改良并推广优良品种，引进农业技术以提高粮食产量，增加农村、农业信贷，推行农业机械化，加大农村基础设施建设力度，等等。印度农业“绿色革命”经过近20年的实践，取得了成功，农田面积不断扩大，粮食产量及其他农作物总产量显著提高，20世纪80年代中期以来印度粮食实现了自给并有结余，农田灌溉条件得到极大改善，农业基础设施和支农服务体系不断完善。

印度农业“绿色革命”离不开金融支持。20世纪60年代前后，印度的农村金融系统以合作制银行为主导。印度第二个五年计划期间（1955～1960年），已建立了具有三级结构的农村信用合作社，其目的在于满足农村地区中短期信用贷款需求（刘一砂，2012）。位于乡村的初级农业信用社是印度最基层的合作社，由村民自愿组织，当规模达到10人以上即可在政府登记备案。初级农业信用社主要负责吸收社内外存款、管理上级合作社的补充资金，以及

---

① 参见《法国90%的农民参加了农业合作社》，载于《经济日报》，2018年9月28日。

发放农业优惠贷款。中间级信用合作社（中心合作银行）主要衔接初级农业信用社与邦合作银行之间的业务往来，并弥补初级信用社资金的不足。最高一级合作社为邦合作银行，一般由各个邦的中心合作银行出资组建，负责调节所负责中心合作银行的资金余缺，是印度储备银行资金、印度各级政府资金以及其他社会资本等进入农村信用合作体系的主要端口。这种三级结构的农业信用合作社金融体系在印度农业“绿色革命”中发挥了重要作用。其具体做法主要是通过立法引导商业金融进入农村地区参与农业综合开发，着力改善农村金融生态环境，建立社会资本、金融资本参与农业综合开发的长效机制。

1. 通过立法引导商业金融进入农村地区参与农业综合开发

在“绿色革命”初期，印度政府通过大量立法与行政手段，引导金融机构向农村倾斜，以提高农村金融覆盖面和信贷投放水平。例如，印度储备银行规定，商业银行在城市地区新增一个营业网点，就必须先在农村地区新增2～3个网点或服务点。为促进农村金融机构积极作为并提高金融服务水平，印度实行“优先发展行业贷款”制度，设置向农业及农业相关产业贷款的最低比例，以保障农村信贷的实际投放水平。

2. 着力改善农村金融生态环境

印度农业“绿色革命”过程中，当地政府充分考虑金融生态环境的特点，曾采取多元措施改善农村金融生态环境。例如，实施农村信贷免除政策，即政府通过直接偿还商业银行向农村地区发放的部分贷款，降低银行的坏账压力；对农村人口创业提供优惠贷款，加强对农村人口金融素养的宣传与教育，提高农村人口金融素质；对农村实行特殊的金融监管手段，防控金融风险，为改善农村金融生态环境提供保障。

3. 建立社会资本、金融资本参与农业综合开发的长效机制

印度政府一方面采用行政手段激励社会资本参与农业综合开发和农村经济发展，投入了大量财政资金，另一方面又着力构建社会资本、金融资本参与农业综合开发的长效机制，并将其作为促进农业“绿色革命”成功的关键。为此，各地进行了大量尝试。例如，政府在大力推行农产品抵押贷款、小额贷款、农业产业链贷款，提高贷款安全性的同时，注意增加农民收入；一些地方尝试推行公司＋农户的合作机制，既减少项目公司的资金压力，同时又降低农户的风险；推动农村金融机构、农业企业等进行股份制改革，促使其通过市场

化运作方式实现其金融资本、社会资本良性循环等，以此实现社会资本参与农业综合开发的可持续性。

（五）巴西农业现代化建设

巴西是南美洲面积最大的发展中国家，自然资源丰富，国内劳动力比较充足，国内生产总值居南美洲第一位，是世界第七大经济体；巴西是一个农林牧渔全面发展的农业大国，农业、林业、渔业、畜牧业是其支柱产业，尤其是咖啡、可可、蔗糖、玉米、大豆等的产量位居世界第一，有“咖啡王国”之称，牛肉产量位居世界第二，玉米和禽肉位居第三[①]。巴西依托其自然资源优势及农业优势，20 世纪 70 年代开始进行绿色能源研发以来，成效比较显著，成为世界生物燃料生产和出口大国，更是世界绿色能源发展的典范。

20 世纪中期以前，巴西农业生产结构单一，以出口咖啡为主，生产方式比较落后，农业劳动生产率低下，粮食生产不能满足国内需求，依赖进口。为了促进农业发展，增加粮食供给，巴西政府从 20 世纪下半叶开始实施进口替代策略，大量开垦土地，兴办农学教育，调整农业政策，促进农业现代化，取得了成效。到 20 世纪末，巴西农业劳动生产率大幅度上升，粮食产量不断增加，农业生产快速发展，已经成为世界主要农业生产国和出口国（克莱因、卢纳，2019）。在巴西农业现代化过程中，尤其是现代农业形成阶段，即 20 世纪 60 年代到 80 年代，政府对农业实行最低限价保障政策，同时为农业提供了大量公共融资，用于农业技术改良、新设备研发和推广以及农村基础设施建设等；此外，鼓励社会资本、金融资本参与农业现代化建设。其具体做法是，鼓励多元主体参与农业基础设施投融资，政府实行农产品支持价格政策，并为农业生产提供多样化的信贷支持。

1. 鼓励多元主体参与农业基础设施投融资

巴西政府十分注重农业基础设施建设。为缓解政府资金不足，巴西政府实施农业服务支持政策，采取积极的农业资金投入政策，鼓励多元主体参与农业基础设施建设。一是明确政府投资的主导地位，如在州际公路等大型农业基础设施建设时，政府投资往往占据主体地位；二是采取有效的优惠措施（如财

---

① 参见中国经济网，http：//intl. ce. cn/zhuanti/2014/zjlm/zyspchqy/201402/10/t20140210_2268247.shtml。

政补贴、低息贷款)，吸引民间资本投入农业综合开发；三是积极吸引外资参与国内基础设施建设。但总体而言，在农业基础设施投入主体中，政府占主导地位。

20 世纪 80 年代开始，巴西政府加大了对农业基础设施，尤其是水利灌溉、农产品仓储和农村道路交通等的资金投入力度。例如，耗资 43 亿美元的"东北部百万公顷灌溉计划"（1985 年开始实施)，抵御农业生产风险、稳定农民收入的农业保险保费补贴计划（PSR）(2004 年实施)，耗资 13 亿美元的农村基础设施建设增长加速计划（PAC）(2007 年开始实施）等。这些农业基础设施建设计划的资金除了政府投入以外，主要来源于社会资本，其实施极大地推动了巴西农业生产效率的提高。

2. 政府为农业生产提供多样化的信贷支持

在巴西农业现代化过程中，政府为农业提供多种不同的信贷支持，构建了多样化的农业信贷支持体系，其目的在于确保农林牧渔业能够及时通过金融体系获得较低利率的贷款。一方面，政府推出了一系列农业支持计划，如实施农产品支持价格以保障农业生产者的利益，通过农业产业信贷、生产资料信贷等提供多样化的信贷支持，促进家庭农业及中等规模农业生产者的支持计划，低碳农业项目，针对中小微企业、低收入群体的优惠信贷政策等；另一方面，政府通过立法保障上述各类农业支持计划及农业信贷支持的实施。根据信贷政策要求，巴西各级银行商业贷款利率一般为 17%，但为小规模生产者和低收入农户提供的优惠利率为 2% ~6%，以此促进农业生产，增加农民收入。2017 年巴西政府宣布了一项总金额达 1902.5 亿雷亚尔（约合 582 亿美元）的农业信贷计划，大力支持本国农业生产、农产品、农业投资及保险等[①]。通过这一系列措施，不仅有效吸引了社会资本、金融投入农业生产及农业建设，同时也使农业现代化所需要的资金得到保障，从而促进了巴西的农业现代化。

3. 实行农产品支持价格政策

巴西政府一直十分强调农产品价格支持政策在农业发展中的重要作用。其农产品支持价格主要有两种形式，一是最低保障价格政策（PGPM)，二是食

① 参见《巴西推出大型农牧业信贷计划》，新华网，http：//www. xinhuanet. com/world/2017 -06/08/c_1121107447. htm。

品采购计划（PAA）。其中，最低保障价格政策于1966年开始实施。具体做法是，当农产品市场价格下跌时，政府实行收购以保证农业生产者收入不下降或者下降很少，目的是稳定农业生产者的收入，减轻农业生产者面临的市场风险。最低保障价格政策涵盖范围相当广泛，包括大米、小麦、玉米、棉花、大豆等农作物，以及牛奶、羊奶和蜂蜜等畜产品。除此以外，巴西政府还实施了诸如政府直接购买（AGF）、批发商购买（PEP）、政府通过公开拍卖从农户手中购买远期合约（COV）等不同形式的价格支持政策，以及针对中小型养殖企业的联邦政府收购计划（AGF）等，通过上述措施和手段规避农牧产品市场价格波动风险，平滑生产和消费。巴西农产品价格支持政策中的食品采购计划实际上是一种消费者补贴政策，即政府购买农民生产的食品并将其分发给有食品需要的家庭和个人（一般是贫困家庭和个人），以解决这些家庭的温饱问题（兰昌贤、张波，2017）。

二、国内社会资本参与农业综合开发的典型案例

近年来，国内各地在鼓励金融资本、社会资本参与农业综合开发方面进行了诸多有益尝试，有一些较为成功的发展模式，主要包括栖霞市苹果产业化运作的农业产业链融资模式、莱阳市朱桥镇小型农田水利设施建设多元主体合作供给模式、北京农业产业投资基金模式、哈尔滨市农业综合开发外资项目实践模式等。

（一）农业产业链融资模式——栖霞市苹果产业化运作

栖霞市位于山东省中部，地形主要为丘陵和山地，其地形特征被人们形象地称为“六山一水三分田”，又因其平均海拔高于山东省其他地区，因此被称为“胶东屋脊”。这里的地理自然环境与苹果的生长特性相适应，而栖霞人自古以来就有栽种苹果的历史。自改革开放以来，栖霞市为改变零散落后的苹果种植、销售模式，部分果农尤其是老龄果农思想守旧、分户经营体制导致集体经济薄弱等系列问题，加快栖霞市苹果产业结构调整，通过大力发展苹果产业链融资模式，广泛吸引社会资本、金融资本参与苹果产业化经营，提升栖霞苹果的质量与市场竞争力，改变落后的苹果产业模式。尤其是，2017年9月栖霞市获批国家级现代农业产业园项目后，于2018年成立了由政府、企业等共同参与的山东果都现代农业有限公司，构建了“农户+政府+企业”的经营

新模式，进行“苹果革命”，推动苹果产业升级。2019 年，栖霞市苹果种植面积达 128 万亩，年产苹果 22 亿公斤，果业年产值超 160 亿元，当地农民人均纯收入中的 80% 以上来自苹果产业[①]。苹果产业已成为栖霞市富民强市的支柱产业，栖霞市被誉为“中国水果第一市”[②]。

栖霞市现代农业产业园成立后，进行了一系列综合配套改革，通过创新驱动促进苹果产业转型升级和乡村振兴。具体做法是提升全产业链，培养龙头产业，完善产业链内部融资模式，创新产业链外部融资模式。

1. 培养苹果产业龙头企业

栖霞市政府在苹果产业综合配套改革实践中，坚持“政府引导、企业运营、农民主体不变”的原则，着力培养龙头企业，同时搭建具有混合所有制性质的农业现代化产业园平台运营公司（即山东果都现代农业有限公司），吸引社会资本和金融资本参与，全面承担栖霞现代农业产业园的建设、投资、管理、运营任务，将质量兴农、绿色发展贯穿于苹果产前、产中、产后各个环节，促进苹果生产质量的转型升级（张洽棠、尹明波，2019）。在苹果全产业链提升计划中，栖霞市成功培养和引进了一批拥有先进技术和服务经验的产业龙头企业，主要包括博士达集团、山东栖霞果品拍卖中心、烟台杏源工贸有限公司、栖霞宏海果蔬食品有限公司、烟台清田果蔬有限公司、安德利果汁股份有限公司等。同时，组建农业合作社，将分散的农民和零散土地集中起来，通过以龙头企业为核心的“龙头企业 + 苹果种植户 + 生产资料供应商”等产业链模式，推动企业积极参与农业产业链，吸引产业链外的社会资本、金融资本，实现苹果生产规模化、集约化、标准化经营。

2. 完善产业链内部融资模式

苹果产业链提升离不开资金支持，需要金融服务范围覆盖苹果种植、加工、销售科技研发等各环节，资金需求量比较大。尤其是，苹果种植规模小且分散，生产具有周期性，果农受地域限制，以及担保抵押体系不健全等，苹果产业融资存在一定困难。栖霞市为缓解苹果产业升级中的资金压力，不断完善

---

① 数据来源于中国产业经济信息网。

② 参见《山东栖霞成为“苹果托举之城”年产苹果 22 亿公斤　果业年产值 160 多亿元》，中国产业经济信息网，http：//www. cinic. org. cn/xy/tszx/652791. html。

产业链内部融资模式。产业链融资是指以某个产业链为基础，向该产业链上下游的各个参与主体提供金融服务，可以解决整个产业链的资金需求问题，推动整个产业链的价值增值，包括产业链内融资与产业链外融资两种模式。

栖霞市苹果产业链内部各个主体往往有着长期的合作关系，各自之间较为了解，而且在产业链内部，其主体利益也具有一致性。因此，产业链内部融资通过苹果价值链的方式，将链上各经营主体紧密联系在一起，融资约束力强，风险较低，不仅可以为各融资参与者提供金融服务，而且有助于为整个价值链提供充足资金供给保障。通过培育、引进产业龙头企业，让其成为产业链内部融资的主导者，向果农、生产资料提供商等资金需求者提供资金或担保；而龙头企业自身则可以通过苹果购买订单等方式，实现其对苹果价格、数量、质量的掌控（见图8－4）。通过这种双赢机制，实现整个苹果产业链价值的提升。

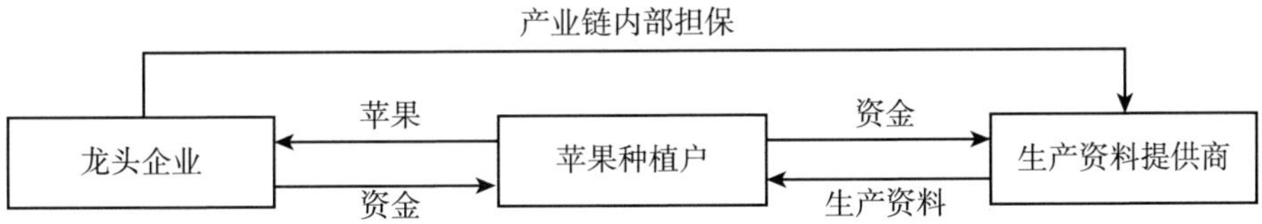

图8－4　栖霞市苹果产业链内部融资

3. 创新产业链外部融资模式

苹果产业链中的各主体，如苹果种植户、专业合作社、苹果产业龙头企业及其他提供苹果生产资料的中小企业，都是资金的需求者。然而，在这些生产经营主体中，产业龙头企业由于规模较大、资金流稳定，比较容易获得金融机构的资金支持；而苹果种植户、苹果种植专业合作社和其他中小企业却难以得到资金支持。为解决产业链中资金失衡现象，栖霞市农业综合开发办公室以苹果产业链为基础，完善担保机制，如通过产业龙头的担保，吸引金融机构为苹果种植户等资金需求者提供资金，充分保障产业链上游生产的顺利开展。例如，山东果都现代农业有限公司成立后，准备利用三年时间筹集35亿元社会资本，用于10万~18万亩老果园改造，以此带动并促进苹果产业升级（张洽棠、尹明波，2019），同时促进并壮大集体经济。

（二）多元主体合作供给模式——莱阳市朱桥镇小型农田水利设施建设

莱阳市朱桥镇位于山东烟台莱州市，是一个县级市，共辖105个行政村，总面积约为150平方千米；辖区内交通便利，是山东省的省级新型中心镇。2000年以来，莱州市积极推进农业综合开发和农村基础设施建设，进行土地综合治理，并在山东省形成示范效应。2010年，在全国小型农田水利建设重点县评审会上，莱州市脱颖而出，被列入全国第二批小型农田水利建设重点县，并获得大约5000万元的补助资金；2013年获批全国高标准农田水利建设示范县，建设期为三年，总投资6982.44万元①，建设项目范围包括改善灌溉、节水灌溉、铺设输水管道等农田水利基础设施建设与改造，以及农业新技术和新品种的推广应用、生态环境改善等农业综合开发项目。莱阳市朱桥镇小型农田水利设施建设的主要做法是，坚持“民办公助民营”原则，构建政府、企业、大户和农户的多元投资模式等。

1. 坚持“民办公助民营”原则

长期以来，莱阳市朱桥镇农田水利基础设施主要依靠农民以出工、出劳动力的方式修建，农田水利基础设施规模不足、质量不高，基础设施设备老化、技术相对落后，而且不同地区发展不均衡，尤其是水资源供求失衡，水污染，农村生态环境恶化，等等。这一系列问题成为制约莱阳市朱桥镇农村经济发展的重要瓶颈。为了解决这一系列问题，莱阳市朱桥镇以农田节水灌溉等农田水利基础设施建设为重点，积极推动农业综合改革，成为全国第二批小型农田水利重点建设试点单位。其具体做法是，以升级改造其现有农田水利工程和灌区末级渠系为基础，因地制宜地发展高效节水灌溉工程，积极新建小型水源工程②。在各级政府财政资金有限的情况下，莱州市政府、朱桥镇政府整合建设资金，坚持“民办公助民营”原则，在保证农户、大户以及企业合法权益的前提下，坚持政府引导、企业参与、群众筹资筹劳等多渠道的融资方式，多方筹措资金，鼓励社会资本参与，以保证水利建设工程顺利进行。

2. 构建政府、企业、大户和农户的多元投资模式

农田水利基础设施具有准公共品性质，所需要资金比较多、有些项目投入资金回收周期比较长，单个农户、私人资本一般不愿意投入，因而在莱阳市朱

① 参见《莱阳市获批全国高标准农田水利建设示范县》，胶东在线，http：//www.jiaodong.net/news/system/2013/09/13/012032313.shtml。

② 参见《“十二五”水利投资向农村倾斜》，中国社会科学网，http：//www.chinaccm.com/5/31/3101/Content/2012/0627/3101_759687.shtml。

桥镇小型农田水利设施建设过程中，莱阳市和朱桥镇两级政府积极发挥财政资金的带动作用，不断扩宽投资渠道，形成了政府、企业、大户、农户的多元投资模式。主要包括：第一，招商引资，兴建大型水利。对于投入较大的农田水利建设，朱桥镇积极招商引资，通过公开招标、政府奖助等方式吸引社会资本兴办民营水利，并积极尝试采用PPP、BOT、BT等公私合作模式，实现农户与引入企业的双赢。第二，大户合资兴建农田水利设施。政府鼓励那些有较强农田水利设施建设意愿的种植大户、养殖大户联合起来，共同出资进行建设。对于社会效益好，能便利地区农户的水利工程，政府则给予适当补助。第三，有农田水利需求的农户合作兴建。在小型水利项目实施过程中，政府按照“民主、自愿”原则，让有能力出资的农户联合兴建小型水利工程，政府给予适当补助并聘请专门机构进行技术指导。通过这种方式，莱阳市朱桥镇较好地解决了农田水利工程建设中的资金问题。

（三）农业产业投资基金——北京农业产业投资基金

我国政府一直十分重视“三农”工作。党的十七大报告和2009年中央一号文件曾明确指出要多渠道筹措资金，尤其是广纳社会闲散资金，加大对“三农”的资金投入，促进农业产业化和农村经济发展，提高农民收入，切实解决好“三农”问题。成立政策性农业投资公司和农业产业发展基金等都是广泛吸收社会闲散资金的重要方式。北京农业产业投资基金自2009年成立以来，力图搭建政策性扶持与市场化运作相结合的创新性农业投资平台，成效显著。该基金是北京市政府整合旗下农业投资公司成立的国内首家专业化的农业产业投资基金，由金石投资有限公司、北京市农业投资有限公司、建信信托有限责任公司共同发起，为封闭式、有限合伙基金，以“至诚如金，服务于农”为投资理念；基金首期规模为10亿元人民币，北京金石农业投资基金管理中心为其管理人①。当前，我国正积极推进乡村振兴，农村产业化发展十分关键，需要加快转变财政支农资金使用方式，提高财政资金使用效率，充分发挥农业补贴对金融资本、社会资本的撬动作用（程百川，2019）。在促进“三农”发展中，北京农业产业投资基金主要依托平台建立创新型农村金融服务体系，施行严格的投资对象选择标准，采取私募股权投资的运作模式，取得了

① 参见北京农业产业投资基金官网，http：//www.agri-fund.cn/。

较好成效。

1. 依托平台，建立创新型农村金融服务体系

北京农业产业投资基金依托其管理人北京金石农业投资基金管理中心，主要采用私募股权投资基金的运作模式，通过股权纽带关系，即通过股权投资及增值后服务，搭建了包括北京农业产业投资基金在内的10家农业基金、保险、融资公司的金融服务平台。依托该平台，构建农村金融服务体系，支持高科技农业产业及生态农业发展，为客户提供快捷、低成本、一站式的金融服务。

2. 施行严格的投资对象选择标准

北京农业产业投资基金的宗旨是服务于“三农”，助推农村经济发展，因而将高科技农业、生态农业、循环农业、农产品精深加工、食品饮料、食品安全相关业务链等作为其重点投资领域，同时大力支持新商业模式、“数字农业”和“互联网+农业”等在农业领域的推广与应用。为此，北京农业产业投资基金对投资对象的选择标准十分严格，要求投资对象具有良好的过往业绩和信用，有较高的资本市场盈利空间与盈利机会，具有可持续的商业模式，有畅通的资金退出渠道等。根据以上四条标准，北京农业产业投资基金管理公司得以有效控制投资风险，吸引更多风险厌恶型的社会资本投资于农业产业基金。

3. 采取私募股权投资的运作模式

私募股权（private equity，PE）是直接投资于私募公司的基金或参与收购上市公司的基金，其运作方式包括“融、投、管、退”四个步骤，以保障资金的有效增值。北京农业产业投资基金公司利用私募股权投资私募性与广泛性的特点，将各类分散的闲散资金（如富有的个人、风险基金、杠杆并购基金、战略投资者、养老基金和保险公司等资金）集中起来，投资于有发展潜力的非上市企业，包括农业高科技公司等。其运作方式具体可分为募资、投资、投后管理、退出四个步骤（见图8-5）。在募资阶段，基金管理中心向有限投资者（LP）宣传基金的投资理念、运作方式与盈利能力；在投资阶段，基金管理中心通过尽职调查，评估企业存在的问题和盈利能力，并形成可行性报告；在投后管理阶段，基金管理中心参与被投资公司的人力资源、技术研发、市场拓展、后续融资等全方位管理，保证投入资金的有效增值；在退出阶段，基金管理中心积极为被投资企业引入财务顾问、中介机构，辅助企业上市并实现基

金的增值①。

北京农业产业投资基金以其雄厚的资金实力，通过强强联合形成具有丰富的投资、管理、资本运作经验的投资团队等，为农业产业化经营提供专业化的资本运作增值服务，在农村经济发展中起着十分重要的作用。

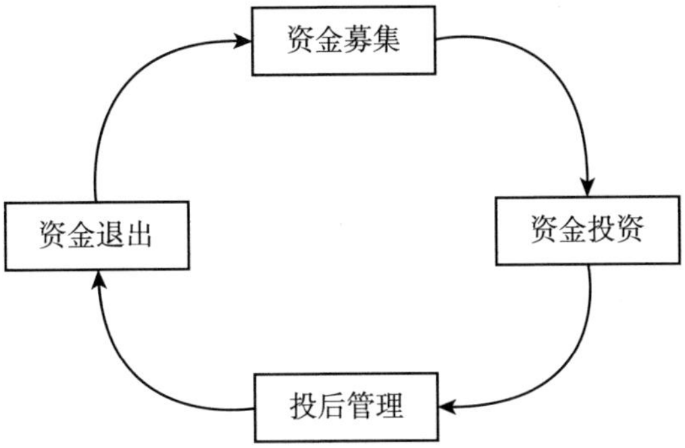

图 8-5　北京农业产业投资基金 PE 运作模式

（四）哈尔滨市农业综合开发外资项目实践

1998 年以来，我国农业综合开发积极利用世界银行、国际金融组织以及外国政府提供的贷款。农业综合开发中外资项目的实施不仅为我国农业开发工作带来了国际先进的发展理念及管理方法，而且吸引了大量资金。目前，我国农业综合开发外资项目资金主要来自世界银行贷款、亚洲开发银行贷款、英国国际发展署赠款、全球环境基金赠款等，主要用于加强灌溉农业、农业科技进步、面向农村贫困人口的农业水利改造、应对气候变化等诸多项目，投入资金已超过 10 亿美元②。

各地利用外资进行农业综合开发取得了一定成效，其中哈尔滨市依托黑龙江省实施的"两大平原综合配套改革试验"比较典型。哈尔滨市积极组织有潜力的农业企业申报农业综合开发外资项目。目前，该市主要有世界银行贷款项目和亚洲基础设施投资银行贷款项目两种农业综合开发利用外资项目。与内

① 参见《农业产业投资基金破冰创投谨慎布局相关企业》，和迅网，http：//stock. hexun. com/2010-01-26/122482190. html。

② 参见白忠涛，《农业综合开发实施外资项目的成功实践》，财政部国家农业综合开发办公室网站，http：//www. mof. gov. cn/mofhome/guojianongcunzonghekaifa/zhuantilanmu/zhongguonongyezonghekaifazazhi/201304/t20130417_827536. html。

资项目相比，农业综合开发中的外资项目的数量及资金数额均占比不大，但这些外资项目为哈尔滨市引进世界先进的农业项目管理理念、模式和经验，有助于其改善农业生产条件、提高农业科技含量、促进农业结构调整，因而在农业综合开发实践中起着十分重要的作用。哈尔滨市农业综合开发外资贷款项目的创新做法主要是积极努力提高农业科技含量，实行全程合同管理，建立完善的项目绩效考评机制。

1. 积极引进先进农业生产技术，提高农业科技含量

利用外资进行农业综合开发最重要的目标之一是提升农业科技含量，加快农业科技成果的转换，提高农户收入。哈尔滨市将世界银行项目、亚洲基础设施投资银行项目资金主要用于发展农业科技园区和壮大黑龙江省的农业主导产业，重点扶持奶牛、生猪、大豆、马铃薯、农业基础设施建设、食用菌、农产品加工等，积极引进农业生产新技术和新生产模式，发展高科技农业。同时，对农民进行技术培训，提高农民科学素养。例如，哈尔滨市红旗科技园区菁菁新能源项目使用东北农业大学的果蔬嫁接方法，将日本优质南瓜与我国津绿4号南瓜嫁接，不仅使园区内南瓜产量提高了15%，而且有效减少了南瓜病虫害发病率[①]。

2. 实行全程合同管理，建立权责一致的运作机制

哈尔滨市农业综合开发利用外资项目全程采用合同管理，即在项目建设前期、中期、后期各个阶段，均使用签订合同的方式来规范项目各个参与主体的行为。首先，在项目实施前，农业综合开发外资项目要求县农发办使用标准化合同，与各个利益相关方签订项目实施协议。其次，县级项目办、项目所在乡镇、项目公司和项目参与农户四方签订项目实施与建设合同，进一步落实各个主体的权利、义务与责任。最后，项目执行公司与参与农户签订产品收购合同，使弱势农户的利益得到保证。通过全程合同管理，使农业综合开发外资项目各参与方权责利相一致，有利于项目的运行，同时也能保证项目实施取得良好的效果。

---

① 参见《哈尔滨市农业综合开发利用外资项目建设成果的调查与思考》，哈尔滨市农业综合开发办公室网站，http：//www. hrbacd. com/news_show. asp？ id =446。

3. 实行项目监测评价，建立完善的项目绩效考评机制

由于农业综合开发利用外资项目资金投入大、项目周期长、涉及面广，因而对项目进行检测和绩效评价是农业综合开发利用外资项目成功的关键。哈尔滨市农业综合开发办公室综合采取项目进度监测、项目目标检测与农户收入检测三种方法，对农业综合开发利用外资项目进行监测与绩效评价。项目进度监测主要监测在建项目的建设进度、投资进度、采购进度和资金使用进度；项目目标检测则是建立包含经济社会和生态方面的指标体系，综合评价项目目标的完成情况；农户收入检测通过有项目典型农户跟踪调查和非项目典型农户跟踪对照的方法，将项目农户的收入变动情况进行横向和纵向对比，并评价项目效益。通过对项目进行全过程检测，有利于对项目完成绩效进行评估，确保项目顺利运行并取得良好效益。

总的来看，哈尔滨市农业综合开发外资项目的实施使其农业综合生产能力得到显著提高，农业新技术得以推广，农业结构进一步优化，农业劳动生产率和农民收入大幅提高，农业生态环境明显改善。

第四节　国内外社会资本参与基础设施建设与运营的启示与借鉴

国内外社会资本参与基础设施建设的经典案例及成功模式为我国社会资本参与基础设施建设与运营、发展 PPP 模式等提供了有益的启示与借鉴。

一、国内外社会资本参与城乡基础设施建设的启示

上述国内外社会资本参与基础设施建设的成功模式有效解决了基础设施领域资金短缺、融资困难、体制不完备等一系列问题，为当地基础设施建设及经济发展做出了巨大的贡献。其中许多尝试和方法都值得推广，对我国城市交通基础设施领域投融资体制改革有重要的启示作用。

（一）转变政府职能，提高政府治理能力

基础设施民营化改革较为成功的国家和地区（如英国、美国、韩国等），都十分重视政府职能建设。例如，美国的《联邦证券交易法》《联邦所得税

法》均立足于保障市场的流通性、灵活性，强调市场自律；韩国国会通过的《扩充基础设施对策》《基础设施吸引民间资本促进法》等一系列法律法规，旨在促进民间资本参与基础设施建设并保障民间投资者权益。我国也对基础设施领域市场化改革做出了相应的政策规定和引导，规范了我国基础设施领域投融资的操作流程，同时也保证了项目的顺利进行。因此，我国应尽快改进政府宏观调控和监督职能，促进政府职能转型，提高政府治理能力，促进治理体系现代化建设。

（二）加快构建灵活有效的基础设施投融资制度体系

国内外社会资本参与城乡基础设施建设的经验表明，我国应建立健全基础设施建设投融资制度，提高社会资本参与基础设施建设的信心和意愿。通过制定灵活有效的政策和法规，为社会资本参与城乡基础设施建设与运营创造良好的宏观政策环境，最大限度提高外资和金融机构参与基础设施建设的信心和意愿，进而释放经济发展的活力与创造力。美国政府通过合同租赁、业务分担的形式与民营企业和民间组织合作，韩国则利用社会组织和农村居民的力量，调动民间资本参与基础设施建设的积极性。在我国，很多地方政府也开始尝试在基础设施领域引入社会资本，全国乃至地方政府积极鼓励大型基础设施建设项目在引入社会资本时学习并借鉴国内外典型案例的成功经验，并制定了各种吸引社会资本的优惠政策。各国政策的侧重点虽各有不同，但都根据各国的实际需要，为民间资本参与提供了有利的宏观政策环境，增强了投资者信心并从法律层面上保证了投资者权益。

（三）创新基础设施投融资方式

国内外基础设施领域民营化改革取得良好效果，这很大程度上依赖于所在国家能够依据当地的实际情况及基础设施项目自身的特点，灵活运用融资方式。例如，ABS 模式主要用于吸引诸如养老基金一类的机构投资者和居民闲散资金，而 BOT 模式则适合具有较强经济实力的私营企业，债券和股票融资更适合具备规范的公司管理体制和财务制度的企业。此外，在同一项目中同时运用各种融资方式，能够利用不同融资方式的优势吸引社会资本参与，鼓励多元化投资主体以多种渠道参与基础设施建设，拓宽我国城市交通基础设施建设的资金来源。

（四）依靠与整合社会组织和团体的力量参与基础设施建设

国内外社会资本参与基础设施建设的成功经验表明，应积极发挥非政府组织、企事业单位的作用，通过借鉴韩国成立“农业协同组织”并颁布《农业协同组合法》的做法，组织农民和社会组织投资基础设施建设，为农民贷款提供担保。各级政府在国家大政方针的指导下，加大对社会组织的扶持力度，为社会组织的发展提供良好的宏观外部环境。当前，我国各地相继出台了一系列办法来促进社会组织的发展。通过政府促进社会组织发展的一系列法规政策和相关要求，整合已有的扶持政策，能够更好地发挥社会团体对我国基础设施建设的积极作用。

二、国外交通基础设施建设发展长期债券融资的特点及启示[①]

美国、日本等发达国家成功发行交通基础设施建设长期债券有其特殊背景和特点，其成功经验为我国发行交通基础设施建设长期债券提供了有益启示。

（一）国外交通基础设施建设发展长期债券融资的特点

总的来看，美国、日本等发达国家发行交通基础设施长期债券之所以取得成效，具有以下几个共同特点。

第一，政府持续性推进基础设施建设投融资体制改革，是长期债券作为融资方式产生的直接原因。在交通基础设施建设领域，为了解决巨大的资金难题，美国和日本一直注重对交通基础设施投融资体制进行改革。由于长期债券融资成本低、风险小，且使用期限长，能够有效解决中长期建设和资金需求量较大的基础设施建设，因而成为美国和日本等国交通基础设施建设融资的首选方式。

第二，充分发挥政府和市场各自的重要作用。对于美国和日本，在其交通基础设施建设领域，政府作用的范围随着市场经济的发展而确定，其经济发展的历史传统和金融创新的程度决定政府作用范围的大小。美国发行的交通基础设施债券大多属于政府支持类债券，很多项目都属于国家或地方政府重要战略项目，本身具有稳定的收益现金流，政府在土地拨付、免税、财政投入等方面也给予了大力支持，提高了债券的信用等级，有利于债券的发行。20 世纪 70

① 参见陈银娥、李鑫和尹湘（2020）。

年代以来，美国政府逐渐转变其职能，在基础设施产业发展中，政府由监管者成为“市场增进”者，积极引导和支持自由市场中各类经济主体参与基础设施建设。

日本为了将其有限的、稀缺的资源集中起来用于交通基础设施建设，并在短时间内提升交通基础设施数量和质量，政府在整个过程中起着至关重要的作用。交通基础设施建设长期债券的成功发行离不开日本政府的强力推动。例如，政府对基础设施投资提供诸多优惠和扶持政策，具体包括提供长期低息贷款、降低基础设施建设企业赋税、为发行债券主体提供担保等多种措施。

第三，成熟的银行业体系和发达的金融市场是长期债券得以成功发行的重要条件。长期债券由最初的数量少、品种单一、期限短等逐渐发展为数量多、品种丰富的市场常规品种，表明一个国家债券市场进入了成熟发展阶段。美国50年及更长期限国债可以做到与10年期国债相比没有风险溢价，主要原因是政府信誉等级高、金融市场发达，且有大量国外政府、养老基金等对长期性投资有需求的投资者。

第四，债券二级市场体系完备且可自由流动是交通基础设施长期债券发行的重要保证。美国交通基础设施长期债券之所以获得成功，主要原因在于其债券二级市场体系发达完备，且具有多层性。其债券交易大部分在场外交易市场（柜台）完成，而且大部分实行逐笔成交的询价式交易方式。二级市场的多层性满足了对企业债券交易流通的不同需求，具有安全性强、效益高的优点。另外，为保持债券的流动性，美国对于部分市政债券（如高速公路税收收益债券），还会指定地方商业银行每月购买一定数额债券，以增加其日常流动性。

（二）启示

发达国家成功发行交通基础设施建设长期债券的成功经验为我国提供了以下启示与借鉴。

第一，政府职能边界清晰，各级政府明确分工。基础设施的公共物品特性表明其需要政府的资金投入，但并非所有的基础设施建设都需要政府投资或财政支出。由于每个国家都由不同层级的政府构成，每个层级的政府对不同程度和不同范围的基础设施建设和投融资有差异，因而投资效率也不同。由此可见，划分明确的政府职能边界和分工是发行基础设施建设长期债券的先决条件。

第二，中央政府对地方政府发行交通基础设施建设债券规模实行严格控制。债券的发行需要考虑政府的负债能力和财政运行情况，尤其中央政府对各级地方政府的监控趋于严格。中央政府每年不仅需要制定地方政府的发债额度、发行方式、资金用途等，还通过成立财政监察机构对地方发债情况进行监控，防止过度发债，造成政府信用危机和金融市场风险。

三、国内外公共基础设施领域运用 PPP 模式的借鉴

PPP 模式作为解决基础设施等公共服务领域最普遍的项目融资模式，不仅在英美等发达国家和一些发展中国家得到广泛发展，近些年来我国基础设施建设与公共服务领域也大量采用 PPP 模式吸纳社会资本参与建设与运营。国内外 PPP 模式的成功经验为我国基础设施建设领域进一步推广 PPP 模式提供了诸多借鉴。

（一）国外 PPP 管理机制的经验借鉴①

国外 PPP 模式的成功经验为我国发展 PPP 项目提供了启示和借鉴。亚洲开发银行认为，我国已经具备推广 PPP 的能力，但需要对 PPP 项目的推进进行全周期设计，规范合作伙伴关系，包括项目论证、合作伙伴的选择、项目监管、违约责任等。概括来说，国外 PPP 管理机制为我国发展 PPP 项目提供的经验借鉴主要包括以下几个方面。

1. 确定清晰的项目标准

从国外 PPP 项目管理来看，挑选 PPP 项目时应设计一个规范的筛选程序，加强项目的可行性论证，以找出合理、有效、可行的 PPP 项目。参照国外设计的 PPP 项目标准，我国可将以下几个方面规定纳入遴选 PPP 项目的条件：一是确定 PPP 项目的最低价值和规模临界值；二是规定项目需要符合既定的技术标准；三是明确项目的风险转移路径，构建项目风险转移能力的科学评估指标体系；四是项目所有者需要具有 PPP 项目的实施能力，最好是具有成功经营 PPP 项目的实践经验；五是配套设施及副业经营等辅助项目可使私营部门获取收益，从而降低政府经营风险（徐维维、周潇枭，2014）。

---

① 参见叶爱华、陈银娥（2017）。

2. 以制度供给为保障，规范政府行为

以制度供给为龙头，构建 PPP 项目中参与各方平等合作伙伴关系，不仅有助于避免社会资本成为政府变相融资的受害者，也有助于避免资本和权力寻租。借鉴国外 PPP 项目的基本做法，我国发展 PPP 项目时，首先应制定规范的特许授权机制。PPP 项目参与各方的平等包括两方面的含义：一是政府与企业之间是平等主体的关系；二是各类资本之间应公平竞争。而特许授权机制是实现公平有序竞争、构建良好合作关系的基本途径，具体包括建立特许权的程序制度、强制性招投标制度、责任追究制度、听证制度等（杜亚灵、尹贻林，2015）。因而，规范的特许授权制度能实现各类资本充分竞争，避免出现新一轮“所有制歧视”，最终实现公共利益和社会资本利益的平衡。

其次，应引入第三方专业机构，提高 PPP 项目建设的公正性及有效性。一方面，专业机构因其技术性、独立性而在政企之间扮演着第三方的角色，可以运用其技术优势，客观公正地参与各种交易流程的制定，使 PPP 项目流程规范化、标准化和科学化；另一方面，第三方专业机构与社会资本接触，可以使项目运行更加透明、科学、合理，有助于更好地解决 PPP 项目预算收入、利益分配等重大问题，有效挤压寻租空间，预防腐败。

最后，强化 PPP 项目监管。PPP 项目监管主要包括两个准入监管和绩效监管两个方面。政府负责制定 PPP 项目的相关政策，如果还同时承担项目监管责任，两种角色一肩挑，容易导致项目其他参与方质疑这种监管的公平性及公正性。所以，建立独立的监管部门，形成立体化的监管体系，有利于提升管制能力与效率，使项目参与各方的互动合作透明化、公正化。

3. 强调 PPP 项目参与的权利共享、风险共担

清晰的权利义务边界是 PPP 项目建设成功的关键。通过分析以往一些失败的 PPP 项目案例可以发现，“权责不分、契约约束性偏弱”是 PPP 项目失败的主因。PPP 项目中的政企双方应以标准合同形式确定各自的权利和义务，避免权责界限不清晰，并明确重新谈判触发机制，确保社会资本获取合理收益，在合理收益受损时应积极补偿，保证合同的持续性、公正性和合理性。不能因为政府决策者变更或法律变更等原因而单方面撕毁合同，对政府擅自处分特许权而造成的损失，应承担违约责任。政府作为 PPP 项目的规划者、发起者、购买者以及项目运营的监督者，应遵守契约精神，限制和规范自身行为，在维

护和保障公共利益的同时，兼顾合作伙伴的利益，防止政府信用崩盘、与民争利。社会资本作为PPP项目的投资者、项目的主要股东、项目收益的受益人，或者一定时期的物权人，应与政府协调合作目标，兼顾商业利益和社会公共利益，与政府共同承担风险，实现风险与利益对等化（宫莹，2014）。

4. 拓宽项目收益来源

盈利能力不强导致预期收益不足常常成为PPP项目失败的重要原因。收益既包括货币收益，也包括非货币收益（如声誉提高、潜在收益等）。因此，优化收益结构能增强项目吸引力，为PPP项目成功提供有力保障。PPP项目如果涉及非经营性或准经营性公共产品或服务，收费困难或收费不足是该类项目运营的最大障碍。需要拓宽PPP项目收益来源，为该类项目公司捆绑提供其他未开发的政府资产，如出让项目周边的土地、旅游及矿产开发权等，以提高项目公司的整体盈利能力。同时，授权提供配套服务，延长盈利链条（宫莹，2014）。例如，通过授权PPP项目公司提供一些可以产生预期收益的配套服务（如餐饮、物业、绿化等），从而延长公司价值链，创建新的现金流。另外，还可授权PPP项目公司提高副产品的市场化运营水平（如广告、建筑作品知识产权的授权使用），以弥补主产品盈利能力的不足。最后，可允许PPP项目公司拥有公共产品冠名权，通过冠名公共产品，为社会资本增加声誉资本。

5. 优化项目成本结构

成本是社会资本在PPP项目建设和运营过程中为过程增值和结果有效已付出或应付出的资源代价。优化成本结构是进一步降低成本的有效途径。成本结构分为纵向结构和横向结构，前者指在不同时间的成本构成，后者指不同空间的成本构成。PPP项目建设周期长，所需资金量大，因此优化成本纵向结构可以减少一次性建设投入，降低资金利用成本。比如，对于建设周期长、投资规模较大、缺乏自身收益或收益不足的公共项目，可将项目进行适当的分割，有的放矢地选择是否实施PPP模式，如对与运营成本及投资收益相关性不突出的部分，应果断放弃采用PPP模式，或者对项目不同部分采取不同的PPP实施方法。在成本横向结构优化中，将不同类型的PPP项目捆绑建设，通过规模效应降低单位产品成本，或者通过技术升级、管理创新降低日常运营成本。例如，对公共产品或服务需求量较小的项目，可打包运作以形成规模效应，从而降低单位产品成本，达到节约成本、增加收益的目的，还能直接增强项目吸引力。

（二）国外实施节能减排 PPP 模式的启示及借鉴①

基于国外公共产品和服务供给项目实践的成功经验，可以获得促进我国节能减排 PPP 模式的有益启示。

1. 节能减排 PPP 项目的关键在于政府如何运作

自 1995 年国家计划委员会正式批准 BOT 试点项目以来，PPP 模式在我国的发展几经反复。随着近年来技术实践经验的丰富及商业实施环境的日趋成熟化，环保 PPP 模式前景可观。进一步加强节能减排的投资和经营力度是当前我国实现经济社会目标、促进资源优化配置、调整产业适应能力的重要保障。因此，政府应坚持有效性和灵活性相结合的原则，加强节能减排项目政策体系设计，提高社会资本参与节能减排的意愿和信心。通过完善地方政府对项目工作的宏观引导，形成更加有利的宏观环境，增强社会资本和国外投资的意愿和信心。

2. 节能减排 PPP 模式的核心在于多方共赢

从 PPP 模式在我国发展的时间维度和思路来看，PPP 项目的参与主体从 20 世纪 90 年代的世界银行及亚洲开发银行融资逐步拓展到外商投资、中介咨询机构等。在国家鼓励社会资本尤其是民间资本参与城乡基础设施建设和运营的大背景下，各级地方政府积极采取多种措施，鼓励社会资本参与城乡基础设施建设和运营，使得投融资渠道、投融资主体呈现出多元化、多层次的发展态势。不再局限于政府这一个独立的运作单元，而是形成了以政府购买公共产品和服务为核心的一个开放、包容、综合、复杂的 PPP 项目融资主体系统。另外，政府先后制定了各种措施，对各种 PPP 项目价格调整与监督、服务标准、风险防范和监督等做了详细规定，项目结构与合同范式的具体规则也已基本确立。从国外节能减排 PPP 模式运作的成功经验来看，尽可能依靠社会力量，包括政府机构、社会组织、公司企业、国际合作组织、社会居民等，多渠道募集资金，鼓励并引进社会资本参与节能减排等，是各国共同的做法。因此，我国应创新投融资机制，灵活运用和推广多元化的市场化融资方式，鼓励多层次投融资主体以多样化的融资渠道进入节能减排领域，实现多方参与、多方共

① 参见陈建伟、陈银娥（2016）。

建、多方共赢。

3. 节能减排 PPP 模式的重点在于技术的创新与应用

近年来，我国先后在基础设施、公共服务、资源环境及生态保护等多个领域启动了众多节能减排技术创新及应用示范点，取得了一定成效。但一些关键技术，如替代技术、减量技术、再利用技术、资源化技术、系统化技术等，还需要进一步创新与突破。这些关键技术的创新与突破无疑会更进一步促进节能减排 PPP 模式的顺利开展并促进物质资源的高效循环使用。因此，应积极探索节能减排社会资本参与方式，加大社会资本参与力度，在统筹发展的基础上实现公共普惠性，积极发展节能减排技术研发服务平台，着力于高效生态循环产业链的构建，确保节能减排 PPP 项目程序上和技术上的可操作性，提高节能减排的经济绩效。

4. PPP 项目成功运营的起点在于规范化的进出机制

PPP 模式如何推进？我国政府已先后出台了一些措施。例如，在进入机制方面，《国家发展改革委关于开展政府和社会资本合作的指导意见》规范了公共服务项目 PPP 模式的市场化运作模式，将基础设施建设项目分为经营类、准许经营类和非经营类项目，规定我国不同的项目采用不同的实践运作模式。其中，经营类项目可采用特许经营权这一操作模式进行推进，并适合采用 BOT、BOOT 等具体运作模式推进；准许经营类项目可采取特许经营权附加部分补贴或直接投资参股等操作模式，并适合采用 BOT、BOO 等模式推进；非经营类项目则适用于政府购买服务，并采用 BOO 和委托运营等市场化操作模式①。在退出机制方面，《国务院关于创新重点领域投融资机制鼓励社会投资的指导意见》规定，退出路径不能妨碍项目的持续稳定运转，投资人必须为质保期内的工程质量负责，政府部门需要妥善处理投资回收、资产处理等事项。在实际操作过程中，还需要进一步加强项目监管力度，明确各个流程的责任监督机构，保证项目回报率。因此，政府需要建立健全法律法规制度，健全和完善监管体系，规范引导 PPP 项目顺利实施并保障项目高效运行。

---

① 参见《国家发展改革委关于开展政府和社会资本合作的指导意见》。

四、国外社会资本参与农业综合开发的启示

国外社会资本参与农业综合开发的成功案例为我国支持“三农”发展，积极推进乡村振兴等提供了诸多有益启示。

（一）建立完善的农村金融体系，探索多元化融资渠道

完善的农村金融体系是社会资本参与农业综合开发的必要前提。它不仅为社会资本进入农业综合开发提供渠道，也为社会资本的顺利退出提供便利。美国自上而下的农村金融支持体系以及日本的农协金融、政策性金融与保险“三位一体”的农村金融支持体系的做法表明，完善的金融体系既能更好地发挥财政支农的重要作用，又能吸引更多的金融资本、社会资本参与农业综合开发。我国农村金融保障体系不健全，农村资金融通渠道受阻，难以保障社会资本的顺利进入与退出，导致我国农业综合开发资金不足。

在探索多元化融资渠道，吸引社会资本进入农业综合开发过程中，还需要合理运用财政优惠政策，充分发挥财政资金的引导作用。政府的财政支出是政府政策和投资的“指向针”。合理使用好有限的财政资金，积极发挥财政的带动作用，有助于实现财政资金在农业综合开发中“四两拨千斤”的杠杆效应。例如，日本在土地改良长期计划初期，政府投入很多，政府财政资金投入在日本土地改良及农业发展中起到了十分关键的作用。我国农业综合开发主要包括土地综合治理和农业产业化经营两大类，部分项目具有前期投入大、建设周期长等特点，导致金融资本、社会资本不愿意进入。因此，我国政府应充分借鉴发达国家的成功经验，在农业综合开发项目初期加大财政投入，通过采取政策性贷款、利息减免等手段，缓解资金不足等问题。

长期以来，我国农业综合开发面临着资金总量不足、结构单一、管理不科学等问题，而解决这些问题则需要拓展筹资渠道，实现农业综合开发筹资渠道的多元化。莱州市朱桥镇积极探索“多元主体合作供给”的资金筹集方式，吸引社会资金发展农村小型农田水利建设，以“农户共建”方式集合零散农户资金；以“大户合资兴建”的方式筹集种植大户、养殖大户的富余资金；以“招商引资”的方式吸引社会企业资金的参与，形成小型农田水利建设的多元化筹资渠道，成为土地综合治理项目的典型。我国其他地方在农村多元化筹资渠道建设、多元主体的经营方式方面已有初步探索，广泛吸引了金融资

本、社会资本参与农业综合开发。

总之，应通过合理使用公共财政资金，同时不断完善农村金融体系，多渠道筹集资金，鼓励和引导社会资本参与农业综合开发。

（二）坚持因地制宜的开发理念，创新社会资本参与农业综合开发模式

由于我国国土面积大，南北方、东西部气候和自然条件等各有其优势和不足，农村基本情况差异较大，各地农村土地综合治理和农业产业化经营方式各具特点。因而，单一的社会资本、金融资本参与农业综合开发的模式显然难以适合我国实际情况。山东省栖霞市考虑到其辖区内苹果种植户十分零散的特点，积极培育和引进龙头公司，形成了“产业链融资”的社会资本、金融资本参与苹果产业化经营模式。莱州市朱桥镇因其辖区内有104个行政村，镇内小型农田水利建设实施单一主体投资难度较大，因此朱桥镇政府通过“多元主体合作供给模式”，成功实现金融资本、社会资本参与各村的小型农田水利建设。这些地方创新社会资本参与农业综合开发模式的成功经验充分说明，我国各地区农村基础设施建设参差不齐，建设规模和水平差异较大，不同地市农村在金融生态环境、基础设施建设、人文风俗习惯等方面均有较大差异，因而在开展农业综合开发项目时应坚持因地制宜的开发理念，不断创新金融资本、社会资本参与农业综合开发的模式。

（三）探索市场化的运行模式，建立社会资本参与农业综合开发的可持续机制

农业综合开发市场化运作意味着政府对农业综合开发干预较少，主要通过市场机制的作用，实现农业综合开发项目的优胜劣汰，实现社会资本参与农业综合开发的可持续状态。在美国田纳西河流域综合治理中，田纳西河流域管理局（TVA）通过资本市场融资成功实现转型，在未获得政府补助时依然能够持续经营。在印度“绿色革命”中，通过采取订单融资、公司+农户、鼓励农村企业上市等方式，实现社会资本参与农业综合开发的长效机制。这些成功的案例表明，我国应建立健全农村基础设施投入长效机制，充分吸收国外的成功经验，积极探索“公司+农户”“多元化融资”“农村企业上市融资”等市场化运行模式。

同时，应建立完善的资金退出机制，实现资金的有效循环。资本的本质是逐利，只有让社会资本的供给者明确其在农业综合开发中获得收益，社会资本

才有可能投资于农业综合开发领域。山东省栖霞市在采取苹果产业链融资模式之前，金融机构不太愿意向苹果种植户等个体或者小企业提供贷款的原因在于无法判断其投入的资金与获得的收益是否能有效收回，金融资本、社会资本一般不愿意承担这种不确定风险。但通过产业链融资，有核心企业（龙头公司）为种植户、中小企业进行担保，资金的退出渠道变得明确，项目收益有了保障，社会资本、金融资本便会主动参与。同样，北京农业产业投资基金采取私募股权投资的运作模式，更加注重资金的退出问题，甚至为被投资企业提供财务管理、中介服务等，鼓励被投资企业进入资本市场，实现原始投资的回收与增值。目前，各地农业综合开发项目正稳步推进，乡村振兴战略有序推进，在引导社会资本参与农业综合开发时，明确资本的退出与收益实现机制显然有助于吸引更多的社会资本参与农业综合开发项目。

第九章　促进社会资本参与基础设施建设与运营的对策建议

近年来，各地创新投资方式，采取各种措施，鼓励和吸引社会资本参与基础设施建设与运营，取得了良好的成绩，但也暴露出一些问题，主要是缺乏必要的竞争机制、合作机制和传导机制。而且，其他一些比较新颖的融资方式，如股权融资、资产证券化融资、信托融资、债权融资、融资租赁、PPP 项目融资等，或使用较少，或仅处于试点阶段，难以实现引入竞争、打破垄断、促进市场开放的目的。因此，我国应创新机制，鼓励社会资本参与城乡基础设施建设；深化改革，构建科学高效的投融资体制；加大政府与私营部门的合作，推进公共基础设施领域 PPP 模式的运用；完善机制，促进社会资本进入农业综合开发领域等。

第一节　鼓励社会资本参与城乡基础设施建设

当前，人民日益增长的对美好生活的需要与现阶段城乡基础设施供需不均衡之间存在矛盾的背景下，如何更好地鼓励并引导社会资本参与我国城乡基础设施建设，关系到我国基础设施建设乃至我国经济的长远发展。因此，应多措并举，强化机制创新，弱化政府的垄断管制，建立多方合作关系，实现市场化管理，构建"过程管理机制 + 成本控制机制 + 风险预期机制"的"三位一体"运行机制，最大限度地鼓励社会资本流向城乡基础设施建设领域，同时提高其运营的效率，保障城乡基础设施建设和运营目标的顺利实施。

一、进一步放开基础设施投资领域和范围

根据《国务院关于创新重点领域投融资机制鼓励社会投资的指导意见》

(2014年)，应大力激活市场主体，保持基础设施领域投资的稳定，加强薄弱环节建设，创新生态环保投资运营机制，鼓励社会资本参与农业基础设施建设如农田水利工程等，推进市政基础设施投融资体制改革及运营市场化，改革交通投融资机制，加强能源设施尤其是清洁能源设施投资与建设，着力推进信息、民用空间基础设施投资主体多元化。具体措施主要有以下几个方面。

第一，进一步放开基础设施投资领域和范围，精心选择社会资本投资项目并精准施策。具体来说，应该在国家法律规定的特殊领域以外的其他领域积极向社会资本开放，不仅放开市政维护等公益性项目以及污水、垃圾处理等准公益性项目，还要逐步放开道路、轨道交通及城市供水、供电、供热、供气等基础设施项目。

第二，明确政府职能和自身角色定位，合理行使行政管理手段。政府应通过有效的管制和制约控制大局，将政府主管部门的工作重心转移到制定规则和标准、加强管理和监督、提高服务水平和质量等方面；对现有审批政策和相关政府文件进行调整改革，废止不顺应改革方向和经济发展现状的条例文件；适当放松对城乡基础设施建设的准入管制，按照基础设施的行业领域划分，分类设置社会资本的准入条件、时限、程度及方式，制定市场化运作模式、服务价格指导体系及项目绩效评估等配套实施细则；引导并规范社会资本参与城乡基础设施建设和运营的范围及市场化进程，提高其成功率和效率。

第三，设计好准入路径和方案。应按照基础设施的行业领域划分，分类设置社会资本的准入条件、时限、程度及方式，制定市场化运作模式、服务价格指导体系及项目绩效评估等配套实施细则。引导社会资本投向重点行业产业，如保障性住房建设、社会医疗、教育事业、国防科技工业、战略性新兴产业等重要领域。

第四，积极探索负面清单管理模式。主要是实施公开透明的权力清单制度，围绕优化城镇功能布局、改善和满足民生需求等目标，以清单方式明确列出对社会资本开放的行业领域、试点项目、业务范围等。具体来说，进一步优化政府投资方向，鼓励社会资本参与重点基础设施建设；改进投融资资本使用方式，如政府采取担保、补贴、贴息、补助及注资等多种方式支持社会资本进入基础设施领域；明确城乡基础设施经营性项目、准经营性项目和公益性项目之间的差异及边界；处理好政府与市场在城乡基础设施领域中的作用边界，政府作为投融资主体，主要投资于事关国计民生的自然垄断型经营性项目、公益性项目领域，市场中的社会资本作为投融资主体，可依法投资公益性项目领域、部分竞争性准经营性项目以及竞争性经营性项目。

二、探索创新多途径、多模式的融资方式

充分调动和吸引社会资本是增加城乡基础设施建设资金来源的重要途径，而社会资本进入城乡基础设施建设和运营过程，需要摒弃传统投融资模式，改制重组投融资平台，实现投融资渠道多元化，培育多层次投融资主体，探索创新多途径、多模式的融资方式。具体措施包括以下几个方面。

第一，深化各省、市、县区基础设施现有投融资平台改革。具体做法是，推进投融资平台公司向现代企业制度转变，确立各类投资主体的平等合作地位，合理配置使用基础设施资源，有效实现国有资本与民间资本发展目标相融合。同时，进一步规范城乡公用事业特许经营权市场，按公用事业行业分类以及项目属性分类实行差异化改革。

第二，进一步拓宽融资渠道。例如，加强国内外行业协会的交流与沟通，争取国外政府和国际金融组织贷款，以及国内银行业金融机构的信贷投入。充分发挥多层次资本市场的作用，加速发展债券市场，进一步拓宽融资渠道，如发行企业债、短期融资券、优先/次级结构债券、偿还基金债券、债券信托等。同时，积极引进保险资金，利用私募股权投资、风险投资，运用信托基金、社保基金以及产业化投资基金、小城镇发展基金等基础设施产业投资基金进行融资。

第三，创新融资方式，打好“组合拳”。根据基础设施项目分类及特点，按照因事、因物、因时制宜的原则，推广应用国内外比较成熟和应用广泛的成功融资方式，如项目融资、债券融资、融资租赁、基础设施产业发展基金等。同时，努力推动运营模式方式、交易技术、投资技术、融资技术和担保技术的创新，优化、组合使用信托融资、资产证券化融资、资产支持票据融资，以及“基金 + PPP 等项目融资”“融资租赁 + PPP 等项目融资”“资产证券化 + PPP 等项目融资”的组合融资等多种模式，形成系统化、整体化、多元化的城乡基础设施建设和运营模式。

三、引入竞争性的过程管理机制

在社会资本参与城乡基础设施建设与运营过程中，为了避免一些不规范的操作行为，提高建设效率和投资效益，应在各个环节引入透明、规范的竞争机制，实行过程管理。

第一，营造良好的竞争环境。一是放宽社会资本进入城乡基础设施建设运营领域的限制，减少政府行政指令，放开投资市场，鼓励竞争。二是针对社会资本参与城乡基础设施建设项目制定相关标准，通过招投标方式选择合适企业，通过特许经营或租赁方式委托社会资本参与企业投资建设，并提供相应服务。在引入竞争机制时，将原来的单一主体分解成多个不同主体，通过管理创新推动商业化经营。当社会资本顺利参与城乡基础设施建设和运营后，再将这一企业提供的不同服务进行分解，使企业内部也实现竞争，从而推动技术进步，管理创新，提高建设和运营效率。总之，通过在各个环节引入竞争机制，为社会资本参与城乡基础设施建设运营创造良好环境。

第二，建立公开竞争的公私合作机制。一是对于已建成的城乡基础设施项目，政府可以将服务外包给社会资本投资主体，由其负责对基础设施的运营和维护，但政府保有项目所有权，并承担项目的融资风险。二是对于扩建和改造的城乡基础设施项目，由政府发放特许经营权，社会资本参与建设并负责项目建成后的运营和维护。社会资本参与主体可获取商业利润，并向政府提交相关费用。三是对于新建的城乡基础设施项目，可选择“政府设计和建设—社会资本运营”“政府设计—社会资本建设和运营”等模式，以提高基础设施建设和运营的质量和效率。

第三，形成良性互动的传导机制。社会资本参与城乡基础设施建设运营基本以直接投资为主，并通过社会资本的行为和结果、投资绩效的反馈以及根据反馈结果对制度、政策、结构、行为的调整等，对社会所有产业部门产生影响，引发产业结构升级和社会总产出、社会经济结构的变化。因此，在社会资本参与城乡基础设施建设与运营的过程中，应以社会经济发展作为传导的最终目标，根据结果反馈信息，调整投资规则和决策行为，形成有机联系的投资传导机制，按照投资规则规定的投资秩序、投资主体格局、产业政策导向、宏观调控手段等信息对投资运行进行调控，根据调控内容决定基础设施投资的规模和结构，同时通过基础设施产业输出，对经济社会发展产生间接影响。

四、强化项目成本控制机制

成本控制是项目运行管理的重要内容，也是项目在建设和运营过程中必须要关注的重点。社会资本参与城乡基础设施建设和运营项目成本控制应从以下几个方面进行。

第一，科学编制项目实施方案。主要是采用科学方法编制和拟定项目的工作目标、成本预算等，协调项目质量保证与项目费用耗费之间的关系，掌控好进度目标。根据项目界定、项目顺序、项目工期进行分析和规划，尽量控制和节约项目时间，保证项目按期保质顺利完成。

第二，实行成本分配与成本控制，解决整合、分配产品和服务等问题。主要是事先编制成本预算并严格执行预算，在实现成本最小化的同时，提高建设项目运营绩效。具体工作包括定期检查项目实际支出与预算是否产生偏差及其原因，并根据偏差大小及原因，采取相应的补救措施，调整控制成本支出，将项目实际成本控制在预算范围。

第三，注重投资回报补偿，形成可持续的“融资—使用—偿还”机制。主要是提升科学的投入与产出水平，推进基础设施建设事业价格改革，解决投融资价格倒挂问题；同时完善社会资本的退出机制，保护社会资本投资合法权益。

五、建立风险预期防范机制

社会资本参与城乡基础设施建设和运营主要面临三类风险。一是建设技术风险。由于各种建设技术不达标，可能会引起建筑缺陷、设计漏洞等，导致进度延误和成本造价增加；项目实施过程中因涉及房屋拆迁和征地，以及水、电、迁移、交通等事宜，也可能导致进度延误。二是社会资本能力风险。如果对社会资本投资能力审核不到位，可能会出现建设资金不到位或外包、转包等，造成项目管理混乱，最终影响项目工程的质量。三是社会资本管理能力风险，如在建设标准、建设内容、施工进度、项目管理等方面出现管理不到位的现象，最终留下工程隐患，使得项目总体质量得不到保证。上述风险仅靠社会资本自身的能力难以协调解决，需要政府管理部门建立风险预期防范机制，进行事先防范。

第一，提升政府主要职能部门自身管理水平，充分发挥政府的引导职能。政府应采取各种政策和措施，通过各种渠道，如互联网、报刊报纸、电视传媒等，向社会投资者提供政府投资项目招投标等信息，引导社会资本的投资方向，尤其是针对投资风险较大的城乡基础设施项目进行正确引导，以确保社会资本参与与政府政策方向相一致。

第二，建立健全全程化的履约保障和监督机制，保障项目健康高效运行。具体来说，在前期招商阶段，改革和完善政府投资管理、引导、监管等体制，强化社会资本参与城乡基础设施建设实施方案的评估论证，减少社会资本能力风险，同时优化市场准入的审批机制，使审批便利化。在建设阶段，加强城乡基础设施建设项目的进程、质量、成本、程序等方面监管，尽可能减少建设技术风险，同时及时修订并严格执行服务质量和安全标准，为后期运营阶段的监管提供准确信息。在项目运营阶段，定期对城乡基础设施建设项目的服务质量、服务诚信与信用、设备维护、价格制定与调整、环境治理等方面进行监管；从严审查环境评价和治污方案，加强对排污行为的惩戒，推行环境污染治理设施第三方运营等合同环境服务模式，降低社会资本管理风向。在后期管理阶段，政府与社会资本投资主体提前联合设立城乡基础设施建设和运营项目的退出路径，保障项目持续而稳定运行。

第三，构建完善的法律法规保障机制，严格监管城乡基础设施建设进程中的每一阶段，合理规避基础设施建设和运营中遇到的风险。一是及时整理归纳国家及地方政府颁布的政策法规，合理运用现有政策，创造社会资本融入的良好法制环境；二是出台更多的优惠政策吸引社会资本；三是进一步修改和完善城乡基础设施建设事业的法律法规，明确社会资本投资主体、经营和管理主体权责利关系，厘清政府、相关部门、投资者、经营者之间的法律关系；四是以法律法规方式对改革过程中的市场准入、产品和服务标准、产权界定、定价机制、政府相关政策、项目经营期限等予以明确和保障；五是完善社会保障政策体系，优化社会资本条件；六是加强执法监督力度，严格监管城乡基础设施建设进程中的每一阶段，促使社会资本参与城乡基础设施建设和运营工作沿着法治轨道发展。

六、统筹城乡规划

良好的投资环境是社会资本参与城乡基础设施建设和运营的前提，因此，应以国家发展战略和规划为导向，立足于区域平衡发展，构建主动对接、主动服务、主动配套的发展模式，实行城乡基础设施建设和运营的跨区域合作、集约经营和共建共享。具体包括以下几个方面。

第一，优化配置城乡基础设施资源。各地应结合新型城镇化、城乡一体化发展要求，在发展规划编制和执行中体现城乡并重，构建城市、城镇、农村协调发展的新型城镇体系，实现城乡基础设施在跨地区、跨行业、跨部门的统筹发展，以及城乡基础设施一体化和公共服务均等化发展。

第二，努力缩小城乡基础设施建设差距。各地应努力提高城乡基础设施和公共服务供给效率，强化美丽乡村建设、少数民族特色村寨建设与城乡基础设施建设的对接，大力推动农村基础设施现代化建设。

第三，推进城乡基础设施信息化建设，搭建高效敏捷的城乡信息服务平台，实现城乡基础设施建设信息资源共享。

七、构建人才保障机制

为营造良好的人才氛围，应着力建立健全人才培养机制、人才引进机制、人才流动机制与人才激励机制。其具体措施包括以下几个方面。

第一，强化人才培养机制。坚持城乡基础设施建设与人才培养相结合原则，推进和改善人才发展环境建设，改进各地人才培养方案，打造高水平的城乡基础设施建设、运营和科研人才队伍。同时，联合国内外科研院所、高等院校及科技企业等单位，积极建立科技协同创新平台，为城乡基础设施科技成果的推广与转化提供服务。

第二，改进人才引进机制。制定与城乡基础设施建设发展相配套的人才计划，吸引和凝聚国内外有丰富经验的高层次创新人才。同时，针对目前各地基础设施建设行业人才比较匮乏的现状，结合紧缺的人力资源，制订引进人才计划，给予政策、福利方面的支持；破除“五唯”，改革人才的选拔体制与人才环境，按照公平、公正、择优录取的原则选才用才，优化人才创新创业环境，充分调动人才工作积极性。

第三，增加人才流动机制，加强区域间人才交流。各地政府应带领企业参与人才交流活动，搭建人才沟通交流平台；尝试与社会资本参与基础设施建设与运营的地区进行产业对接合作，形成经验交流学习、人才培养的合作援助方案。

第二节 构建科学高效的投融资体制

投融资体制不健全是制约我国基础设施领域市场化改革的重要因素。在鼓励和引导社会资本参与基础设施建设过程中，应不断深化改革，进一步健全投融资体制，为社会资本参与基础设施建设营造良好的投资环境。

一、深化公共事业领域投融资体制改革

良好的投资环境是社会资本参与城市交通基础设施建设的基本前提。因此，各级政府应立足于国家发展战略及产业导向，深化投融资体制改革，以促进政府与社会资本双方共赢为目的，进一步优化现有的投资环境。

第一，深化政府资金管理、资金投入、项目组织管理模式的改革。一是通过制定和完善公共财政预算资金的具体操作规则，提升政府财政补助资金配给社会资本的进度；设立财政担保基金，以完善城市交通公共事业项目的收益保障及风险防范机制，同时注重项目合理的投资回报机制，形成“融资—使用—偿还”的可持续循环机制。二是推动各投融资机构进行现代化企业改革，确立社会资本与国有资本的平等地位，实现社会资本在公共项目中的合法权益；同时，依据项目的属性分类及行业细分，对公共基础设施行业实施差异化的改革，进一步规范公用事业的特许经营权；进一步发挥政策性金融机构、保险资金、国际金融机构在我国基础设施建设领域的作用。三是打破公共事业领域的地区、所有制及行业垄断，通过开放城市公共基础设施领域项目，并根据项目自身的特点，选择最好的政府与社会资本间的合作模式，通过政策引导“政企银”三方合作，对项目出现的问题进行及时协调，推动银行加大信贷投入力度，深入推动公私合作模式。

第二，规范投融资行为。一是通过引入信用评价机构对项目所涉及的主体、专家、设计等进行信用评价，使项目运行更加规范。二是加快推动政府与金融机构的项目对接工作，增强金融机构对项目的信任度，提升其参与项目的意愿。三是结合各地公共事业发展要求，优化城乡之间基础设施资源配置，实现基础设施在不同地区、不同行业、不同部门间的统筹发展。四是深化各级政府的投融资体制及平台改革，赋予城市基础设施各投资主体平等合作的地位。通过搭建信息服务平台，有效提高城市基础设施建设和公共服务的供给效率，实现城市基础设施建设的信息资源共享。五是加强国内外行业协会的交流，争取国外政府及金融机构的有效信贷资金支持，以及国内金融机构以委托贷款、银保合作等方式对国内城市基础设施建设领域进行有效的信贷投入。

第三，探索多元化融资渠道，提供多元化金融产品与服务。一是转变传统观念，将更多公共基础设施建设项目推向市场。通过行之有效的措施，切实降低社会资本参与城市交通基础设施领域的准入门槛及突破资金瓶颈，为市场主体提供更为多元的金融产品。二是通过培育一批新的产业项目，引导社会资本进入能源环保、文化教育、休闲旅游及服务业等行业，形成新的投资热点领域。三是深化互联网思维，将“互联网 +”与基础设施建设有机结合，依托互联网行业在大数据、物联网等方面的信息及技术优势，推动公共事业从以往单纯依靠资源投入的方式向依靠技术更新的方向发展，不断提升我国城乡基础设施的现代化水平。四是鼓励市场投资主体积极借鉴发达国家市场化改革的成功经验，灵活用于股权、债权、产权等多元化方式进行项目融资，合理通过资产证券化、发行市政债权等方式解决项目资金问题。五是积极发挥保险资金的职能，鼓励建立支持基础设施行业的产业投资基金和股权投资基金，利用风险投资或私募股权投资的方式，运用城市发展基金、社保基金、产业化投资基金等基础设施产业投资基金渠道，为公共基础设施项目提供更为广泛的资金来源。六是充分利用债券融资工具，鼓励投资主体通过发行短期融资债券、债券信托、中期票据、长期债券等债券融资产品进行项目融资，筹集资金。

二、发行长期债券，为我国交通基础设施建设融资①

根据《交通运输部关于深化交通运输基础设施投融资改革的指导意见》的具体要求，借鉴国外发展交通基础设施建设长期债券的成功经验，同时结合我国当前交通基础设施建设投融资改革的现实需要，我国交通基础设施建设融资可采取长期债券融资的方式。为此，需要采取以下措施。

第一，摸清交通部门存量债务家底。交通部门应密切跟踪地方政府存量债务消解情况，协助地方政府进行债务调查和甄别工作，摸清纳入预算管理的交通部门存量债务家底。针对存量债务，积极争取地方政府和财政部门的支持，通过发行长期限的地方政府置换债券予以置换，解决好到期债务偿还和债务结构优化等问题；针对新增交通基础设施建设资金的需求，可以考虑再次发行债券或增加债券发行额度。

第二，明确交通基础设施建设长期债券的适用类型。针对交通行业特点和我国基础设施建设发展实际与投融资现状，建议考虑以发行交通基础设施建设长期限专项国债的方式，为交通基础设施建设和发展筹集资金。例如，可以结合中央与地方财政事权和支出责任划分改革工作进展，以国家公路局（公司）名义发行中国公路建设债券，参照中国铁路建设债券，定位为政府支持债券，以车购税和成品油消费税增量等中央交通专项资金作为偿债来源，对企业和居民购买公路建设债券取得的利息收入施行税收优惠。此外，对应政府收费高速公路实行低费率、长期限的收费政策，研究调整目前收费公路专项债的发行，做到债券资金供给期和项目收费期相匹配。

第三，提高交通基础设施建设长期债券的流动性。一是大量引入专门从事债券投资的机构投资者，包括基金管理公司、证券公司和其他社会法人，特别是更看重收益稳定性的社保资金和保险资金。二是建立互联互通的债券二级市场体系。发达国家的债券二级市场一般是互联互通的，而我国两个主要的债券二级市场（银行间市场和交易所市场）在一定程度上是互相割裂的，建议打通两个市场，形成批发和零售市场互联互动的协调局面。三是建立企业债券的场外交易市场。场外交易市场具有门槛低、交易成本低的优势。四是推广做市

① 参见陈银娥、李鑫和尹湘（2020）。

商制度。较普通投资者而言，做市商因对市场信息充分了解，且具有较强的价值分析和判断能力，有利于活跃证券市场，其推广和应用不仅有利于保证债券市场的流动性，而且能承担相应的市场风险以及公司风险，有利于增强市场投资的信心。

第四，提高交通基础设施建设长期债券的吸引力。一是对于交通运输企业就重要交通项目发行的长期债券，政府通过财政预算补助、土地补偿等多种手段为其进行增信，增加长期债的吸引力。二是建立企业债券保险制度，充分发挥信用评级风险预警功能，保障投资者利益的安全性，及时规避交通基础设施建设长期债券融资风险的传染、转移和扩散，及时切断风险产生根源。三是当风险产生时，由行业自律协会或主承销商等及时与债券发行人协商，并采取债券提前赎回、资产保全等手段实现风险分散与弱化，从而保护投资者利益，维护市场信心。

第五，进一步深化交通基础设施领域投融资体制改革。一是简化申请审批流程及行政审批手续，提高审批效率，放松对社会资本的管制，减少债券发行周期，提高债券融资的积极性。二是改革财政体制，设立财政担保基金，以完善交通基础设施项目的收益保障及风险防范机制（赵新峰、宋立根，2015）。三是规范投融资行为，建立信息共享平台，加快推动政府、金融机构与交通行业的有效对接（杨建平、史艳艳，2013）。

第六，建立健全交通基础设施长期债券的市场体系。一是提高交通部门财务报告的真实性、及时性及准确性，完善交通基础设施长期债券市场运行体系。二是以专门化保险公司为交通基础设施建设长期债券提供担保，实现信用风险控制及分散。三是完善以机构为主、个人为辅的二元投资者结构，以及公募、私募并重的债券发行结构，确立合理的长期债券市场框架。

第七，完善交通基础设施建设长期债券的法律法规和政策保障体系。一是完善我国交通基础设施建设长期债券领域相关法律，以《国务院关于加强地方政府性债务管理的意见》为依据，制定与交通基础设施建设长期债券相关的地方性法规。二是完善优惠政策，为交通基础设施建设长期债券提供发展的动力。以2013年出台的《财政部 国家税务总局关于地方政府债券利息免征所得税问题的通知》税收优惠政策为基础，制定交通基础设施长期债券投资减免利息所得税的优惠政策，增加对投资者的吸引力。三是健全交通基础设施建设长期债券的监管体系，如美国证监会（SEC）和美国市政债券交易委员会（MSRB），确定一个主导监管部门，明确其监管手段和监管内容，以防止滥发债券的行为。

第三节 推进公共基础设施领域 PPP 模式的运用

为进一步鼓励和引导社会资本参与公共基础设施建设，我国应从政策体系、运行体系、保障机制等多个路径，进一步完善 PPP 模式的政策和制度，规范 PPP 模式的运行，保障 PPP 模式的顺利开展。

一、制定促进 PPP 模式发展的政策体系

促进 PPP 模式发展，做好相关政策体系设计，应注重产业政策的设计，保护有利于 PPP 模式产业的形成与发展；同时，制定有利于 PPP 模式发展的财政补贴政策，发挥政府的导向作用；综合运用财政政策和税收政策，破解 PPP 模式发展的困境；消除对私营经济体的歧视以及诸多限制性条件，拓宽 PPP 模式的融资渠道；让科技创新成为 PPP 模式发展的动力源所在。因 PPP 模式的应用领域十分广泛，不同领域 PPP 模式的应用既有共性要求，也有其各自领域的特殊要求，本部分主要阐述促进节能减排 PPP 模式发展的对策建议。

（一）注重产业政策的设计

以节能减排 PPP 模式发展为例，在推进我国节能减排 PPP 项目发展中，应通过对节能减排 PPP 项目产业形成和发展的政策引导，弥补市场缺陷，增强产业的适应能力，提升节能减排绩效，实现经济社会可持续发展。

1. 调整产业结构，实现产业结构的优化升级

一是发展低耗能的第三产业并提高其在国民经济中的比重。打破行业垄断，引导社会资金流向生产与生活服务业。创造条件，促进我国第三产业的发展，实现产业结构优化升级。二是发展高新技术产业和绿色产业，淘汰并关闭小水泥厂、小造纸厂、小钢铁厂等，重点发展信息产业和数字产业，加速经济社会信息化和数字化进程。三是加快传统产业的改造升级，鼓励企业进行污染物控制，进行清洁生产。四是以供给侧结构性改革为契机，促进企业深化改

革，提高规模效益，发展集约型经济增长方式，构建经济结构调整优化升级的体制机制。

2. 优化产业布局，鼓励新兴战略性产业发展

根据我国国民经济发展水平及深化改革的需要，进一步挖掘、掌握产业发展的重点，确定节能减排 PPP 模式的推进、推广；根据不同地区的资源禀赋差异，优化区域产业布局；鼓励战略性新兴产业、资源节约型和环境友好型产业的发展。

（二）实行有利于 PPP 发展的财政补贴政策

PPP 模式的发展离不开政府政策引导，因而合适的财政政策有利于激励并引导社会资本的投资方向，促进 PPP 项目的发展。

1. 制定有利于 PPP 模式发展的财政补贴政策

一是根据不同 PPP 项目发展需要，制定合适的财政补贴政策，对项目进行激励。对于生产节能产品、高新环保材料等在节能减排工作中有较大贡献的产业，政府应配套专项资金，对节能减排产品进行间接补贴，鼓励企业研发创新。二是发挥政府绿色采购的导向作用，通过政府对节能减排产品和服务的大规模采购导向，引导和激励企业加大对节能减排绿色产品的研发和生产；同时，引导消费者进行绿色消费，以促进节能降耗和绿色环保。三是整合财政政策，加大政府财政资金投入力度，提高使用效率，真正发挥政策导向性的作用；对节能减排示范城市给予更大的政策倾斜，调整政府财政支出结构，建立环境保护投入的长效增长机制；建立专项资金，对节能减排产品的销售、使用及信息传播等进行专项投入，提高财政资金的使用效率。

2. 充分发挥税收政策的调节作用

为实现节能减排 PPP 模式发展的目标，需要通过政府综合运用财政政策和税收政策等多种措施，破解节能减排 PPP 模式发展的困境。

第一，征收环境税、资源税，遏制和减少污染物的排放，实现资源环境保护的目的。在征税对象方面，重点将高污染高耗能的企业以及不可再生资源作为税收对象，待条件成熟后，再逐步扩大范围；改变环境税、资源税的计价方式，将传统的从量计税转变为从价计税，促进能源、资源的合理利用；可适当提高国家重点保护或限制开采的不可再生能源、资源等的税率，促进节能减排。

第二，在生产、研发等各个环节提供更多的税收优惠政策。将税收优惠政策运用于从生产到研发的整个过程，并扩大研发税收优惠政策的适用范围；加大节能减排 PPP 项目设备和产品研发费用的税前抵扣比例，当节能减排工作中涉及新技术、新产品、新工艺的研发设备、产品费用时，允许参与企业税前列支。

第三，完善其他相关的税收政策。改革、完善现行消费税，对于汽油、柴油等大气污染源，提高其消费税，出台新的燃油税；增加煤炭、不可回收利用的材料制造，以及使用中产生严重污染的产品的消费税，进而优化能源结构，刺激技术创新，提高能源利用效率；调整增值税税收优惠政策，如取消农药、化肥、耗能产品低税率的优惠及高耗能、高污染、资源型产品的出口退税率；完善企业所得税法，对符合国家产业政策规定的企业生产的产品减计其所得税，对企业用于环境保护、节能节水等专用设备购置实行税额优惠；加速污水处理厂、垃圾处理厂等治污固定资产的折旧；对企业和个体经营者的治污、节约能源等绿色生产及绿色投资行为实行适当税收抵免。

（三）完善 PPP 模式发展的融资政策

各级政府在推进节能减排 PPP 模式时，为解决私营部门、企业的融资困境，需要建立多层次、多样化的资本市场体系，消除政策中对私营经济体的歧视以及诸多限制性条件，拓宽节能减排 PPP 模式的融资渠道。

1. 拓宽 PPP 模式发展的融资渠道

在融资政策设计环节，鼓励引导社会资本、金融资本向节能减排 PPP 重点项目集中，吸引信贷、保险、资本等市场的融资支持。同时，将金融市场的发展与节能减排 PPP 项目基础领域改革和产业结构调整相结合，制定有利于节能减排 PPP 项目发展的金融支持政策，金融政策适当向节能减排 PPP 项目倾向，促进节能减排基础产业发展。同时，利用资本市场盘活节能减排 PPP 项目基础领域涉及的国有资产，放宽项目原始权益人自身条件的限制，规避客观存在的壁垒，实现节能减排 PPP 项目与金融产业的互动双赢。

2. 进一步改善 PPP 模式融资环境

应加快推进政府融资体制改革进程，促进节能减排 PPP 投融资主体多元化。政府部门是节能减排 PPP 模式的重要参与者，应不断完善和创新管理方式及运行机制，建立多部门联合共建的管理模式；积极规划投融资方案、项目选择、项目规划、项目设计、发展条件、供应方式等工作，增强对于拓宽节能减排 PPP 项目的融资创新工作的服务意识；不断改善 PPP 投融资环境，拓宽融资渠道，鼓励社会资本进入节能减排项目的建设和运营领域。

（四）制定促进节能减排的科技政策

节能减排离不开技术创新，因而科技创新是节能减排 PPP 模式发展的动力源泉。政府应加快制定促进节能减排 PPP 项目的科技政策，促进节能减排 PPP 模式的发展。

1. 对节能减排 PPP 项目进行基础调研分析

建立节能减排统计、报告、审计等制度，厘清不同地区、不同行业，以及重点企业、产品的资源环境状况、发展强度、能耗及科技发展现状等基础数据；以此为基础，加强企业环境监管能力建设，对节能减排 PPP 项目重点地区、重点企业和产品、重点污染源等，通过动态监测等手段对项目的投入、产出、运行、转化等环节进行监测和统计；建立宏观、中观、微观不同层次的科技政策体系，把握节能减排 PPP 项目的整体效应。

2. 对重点行业进行技术升级，重点区域实施科学规划

在重点行业技术升级方面，一是对传统产业进行改造创新，通过先进技术升级、传统产业创新，改进或淘汰落后、高能耗的工艺、技术和装备，为其提供资金保障和技术援助，整合产业资源，延伸产业链条，促进节能减排；二是遵循循环经济、绿色经济发展理念，推动煤炭等高耗能传统产业循环式生产和循环式布局；三是大力发展绿色低碳的新兴产业，开发太阳能、风能、地热能及清洁能源等可再生资源，重点研究新型能源生产技术，推进新兴能源产业的规模化，扩大高新技术产业和低耗能产业的比重，大力发展新型能源产业和节能型产业。

在重点区域实施科学规划方面，充分结合各地区的发展规划、节能减排工作情况和融资现状，合理调配发展资金，加大对重点地区的支持力度，加大对重点地区的技术推广，重视地方特色，加强体现地方发展要求的重点项目建设。例如，在大气污染较重的地区，控制高污染、高能耗企业的发展，加快热电联产和供热节能改造，减少能耗及污染排放；在物质资源丰富的地区，挖掘可再生资源，充分利用可再生能源，减少耗能；在林业资源丰富的地区，支持林业综合开发，着力改善区域生态环境。

3. 积极制定科技政策，鼓励科技研发

通过制定绿色科技研发及绿色创新扶持政策，对节能减排项目的技术创新给予更多优惠和奖励，促进节能减排技术创新。同时，加强国际合作，积极引进节能减排先进技术和经验，促进节能减排产业新型材料、技术、工艺的研究开发和推广应用，推动产业的优化和产品的升级。另外，将重大节能减排技术研究列入国家重大科技项目，加大科研资金的投入，激励政府和消费者对节能减排项目产品的采购规模和购买意愿。

二、建立健全节能减排 PPP 模式发展的运行机制

节能减排 PPP 模式的发展涉及政府、私营企业等合作方，因而应从政府、私营企业等维度进行科学、合理规划。应围绕机构设置及业务分配、组织结构关系、组织模式分析等方面构建一个完善的组织体系；同时，根据节能减排 PPP 模式发展的具体特点，将项目的运行体系分为机构选择、公司成立、建设阶段、运营阶段、移交阶段等阶段。

（一）合理规划 PPP 发展项目

促进 PPP 模式的发展，政府、私营企业等首先要做好项目规划。从政府发起方来看，应根据区域发展规划、经济发展状况、社会需求等因素，提出适用于节能减排 PPP 模式开发的项目规划建议。从私营企业发起方来看，则应根据自身发展的需要、政府建设规划的重点、满足市场的需求等，在基础设施项目规划前期向政府申请，提出节能减排 PPP 项目建设建议，供政府进行选择和决策。由于节能减排 PPP 项目基本都是准公共产品，项目的规划、设计和投资等均有一定程序和条件，立项申请主要由政府部门提出，因而节能减排 PPP 模式的可行性研究不仅包括项目经济效益、市场效益和能源使用及技术等方面的评价，还要对项目引进社会资本的实力、吸引力和风险承受能力等方面进行综合评价，尤其需要明确是否使用 PPP 模式及 PPP 模式的条件、内容与适用范围。在确认项目的可行性后，政府部门才能启动招标工作。因此，PPP 项目前期规划的合理性、科学性相当重要。

（二）建立健全组织体系

节能减排 PPP 模式的顺利推进需要围绕机构设置及业务分配、组织结构关系、组织模式分析等方面构建一个完善的组织体系，明确各参与方的权责利

关系，选择合适的 PPP 类型。

1. 机构设置及业务分配

由于 PPP 项目的参与方及需求者等不同主体的利益诉求存在一定差异，因而应根据节能减排 PPP 项目管理的需要来设立相关机构，明确不同利益主体各自的权责利关系。例如，政府部门考虑的是节能减排 PPP 项目的社会效益，重点关注私营企业项目实施完成情况、完成质量，以保障公众利益。政府部门虽不参与具体的公司运营，但可以全资、控股或参股的方式成为公司所有者监督其运营。贷款人希望通过节能减排 PPP 项目的建设和运营，能够顺利收回其向项目提供的贷款，并通过利息的方式获取一定的利益。私营企业更注重经济效益，希望其与政府合作投资的节能减排 PPP 项目能获得稳定的投资收益汇报，确保其资金实现优化配置。

2. 组织结构关系

参与节能减排 PPP 项目的政府部门与私营企业之间存在相互协调、共同决策的机制，因而双方在项目建设运营中应各司其职，协调处理好组织结构关系。其中，政府部门与私营企业以特许权协议为基础，共同确认合作项目并进行可行性研究，同时对项目的整个建设周期负责。政府部门与私营企业通过项目建设而形成的共赢合作形式使节能减排 PPP 项目实现了社会效益的最大化，符合公用事业建设的宗旨。政府部门不仅是项目的投资者，也是项目的监督者，在项目整个过程中占据重要的地位。

3. 选择合适的 PPP 类型

节能减排 PPP 项目主要包括外包类、特许经营类和私有化类等不同类型。其中，外包类由政府负责，通过节能减排 PPP 基础设施项目融资，将项目外包给私营企业；特许经营类要求私营企业参与节能减排 PPP 项目的投资，与政府部门建立合作机制，风险共担，收益共享；私有化类节能减排 PPP 模式中，私营企业承担项目的全部过程，对项目具有永久所有权。节能减排 PPP 项目应根据具体情况，结合自身的特点和参与主体的能力来选择合适的模式，在项目的实施中要发挥出政府、企业等多方主体的优势，以达到 PPP 项目预期的效果。

（三）完善 PPP 项目运行体系

根据节能减排 PPP 模式发展的具体特点，可将 PPP 项目的运行体系分为机构选择、公司成立、建设阶段、运营阶段、移交阶段等阶段。要促进 PPP 模式的发展，必须完善其运行体系，确保每一个环节的顺利进行。

第一，选择合适的投资机构。这是节能减排 PPP 项目运作程序中的首要环节。政府主要采取招投标的方式来选择综合实力强的投资机构。机构的选择实施步骤包括：一是项目招标，政府首先确定项目采取的模式，之后发布招标公告，对投标机构进行资格审查，从中预选多家投资机构并发售招标文件；二是项目投标，参与竞标的投资机构需要向政府部门提供投标函、可行性研究报告、总投资预算、预期目标等文件；三是项目评定，在投标环节结束后，政府部门对投资机构提交的投标书就项目方案、面临风险、经济和技术实力等多个方面进行评估，拟定综合条件较好的投资机构作为暂定中标者。

第二，成立 PPP 项目公司。政府首先与第一个中标机构就特许权协议等内容进行谈判，如达成一致意见，则与其签订特许权协议；若谈判失败，政府再与第二个中标机构进行协商谈判，以此类推。若谈判成功，政府依据相关规定，批准成立 PPP 项目公司并与之签订特许权协议；项目公司获得特许权之后，还需要与金融机构、材料供应商等签订合同，并提出完整的开工报告。

第三，促进项目建设与顺利运营。PPP 项目正式开工报告获得政府等相关部门批准后，进入项目的建设阶段。PPP 项目公司根据特许权协议中关于项目的相关技术、进度、质量等规定进行设计和施工。项目施工建设结束通过竣工验收后开始运营。项目运营与维护事关 PPP 项目的经济效益，必须熟悉业务、精通相关技术，不断加强管理，以保证 PPP 项目的运行效率。

第四，确保 PPP 项目顺利移交。特许经营期满后，节能减排 PPP 项目公司根据协议相关规定，将项目整体打包移交给政府。政府接受项目时应注意检查项目运行状态，保证后续运营质量。

三、完善节能减排 PPP 模式运行的保障机制

资源环境承载能力的有限，以及气候变化等使得经济社会发展正面临着能源和资源紧缺、利用效率低下和环境急剧恶化等严峻问题。目前，节能减排已成为我国实现“双碳”目标、发展绿色经济的重要内容。因此，必须从多个层面不断完善节能减排 PPP 模式运行的保障机制。

（一）完善法律法规保障机制，规范引导项目顺利实施

为确保节能减排 PPP 模式能够顺利开展，应建立一套完善的法律法规制度，增强投资者信心、降低 PPP 项目风险。目前，我国正在探索基础设施领域市场化改革，而法律法规体系不完善导致 PPP 项目法律法规软约束，投资者权益得不到法律保障，私营部门的参与热情受到直接影响。因此，需要完善法律法规保障机制，在法律层面上界定责任、义务和风险，保护各方利益。

1. 完善 PPP 项目的相关法律法规

一是制定规范 PPP 模式的法律法规，明确界定有权实施 PPP 模式的政府或部门，明确 PPP 立项的条件和资格。为保障私营企业的利益，防止随意变更、撤销协议的行为，要监督政府严格履行 PPP 模式发展协议中的规定义务。二是制定规范化、标准化的 PPP 项目交易流程，规范节能减排实施项目的筹备、运行、实施和维护。当政府与私营部门在合作过程中出现纠纷时，经济或法律手段将成为首要解决手段。三是制定相应的法律配套措施或实施细则，以解决法律与政策法规之间、新旧政策或法律法规间的不一致问题。

2. 完善节能减排的法律法规

一是将节能减排理念渗透至其他相关法律，实现跨域制度互补。例如，通过法律要求企业必须进行节能减排并明确其责任范围，强制建立企业实行节能减排的参与制度。在节能减排实践中，可根据相关法律实现跨域制度互补，使其在任何时期都有法可依、有制可循。例如，进一步规范碳排放权交易，使能源法、环境法等相关法律可以跨域制度互补。二是建立健全节能减排法规制度体系。明确参与节能减排实施项目主体的责任、权利、义务，以及项目开展的方式、渠道、资金来源等，使参与主体的权利在明确的法律条文中得以保障；明确节能减排项目的组织者、程序、形式、相关保障机制等，实现节能减排项目的联动和协同。

（二）建立健全监督管理机制，保障项目健康高效运行

为保证节能减排 PPP 项目能有效运行，不仅要对其项目进行监督，而且应对其运行效率进行监管。

1. 建立节能减排 PPP 项目的监管机制

一是建立专业监管为主、社会监督为辅的监督管理机制，即建立全国性的统一监管机构，同时在各不同地区设立分支部门机构以负责对 PPP 项目进行

监管，实行垂直型管理。社会监督则要求建立来自不同领域的代表消费者权益的消费者组织，该组织独立于社会监管机构与私人运营部门。二是围绕项目设计、建设、运营等阶段，对节能减排 PPP 项目制定不同的监督管理依据和措施，实行全过程、全周期监督管理。三是构建 PPP 项目绩效评价体系，确保项目建设达到预期目标。四是将事前监督和事后监管相结合，同时充分发挥媒体的监督作用，让更多的公众参与对 PPP 项目的监督，提高监督管理的效率。

2. 加强对节能减排效率的监管

一是推进节能减排环保标准体系建设。制定建筑节能、交通运输能耗、工业产品能耗、节约型考核等节能标准，以及覆盖污染物排放标准；建立各单位节能监测管理平台，加强对重点考核企业的能源审计。二是加强对项目技术经济评价的监管。由于现行企业项目的技术经济评价质量较低，大部分企业仍然将重心放在经济效益的评价上，而忽略了对社会环境影响效益的评价。因此，必须制定配套的、合适的项目技术经济评价监测监管方案，一方面，强化对高耗能、高污染企业的监管，同时建立重点污染源的特殊监管系统，严格把关排污许可证的发放程序，对重点监控的企业实施国家联网监管；另一方面，针对项目技术经济评价监督管理过程中的行政失职行为，制定相应的惩罚措施。

（三）设计合理的风险分担机制，规避和降低项目风险

节能减排 PPP 项目面临的风险因素众多且结构复杂，规避风险问题、构建风险分担机制成为节能减排 PPP 项目成功与否的重要因素。因此，必须设计合理的风险分担机制，主要内容包括以下几个方面。

第一，树立风险意识。合理的风险机制，将促进企业采用先进的生产手段和实现高效经营来降低风险，保证项目的顺利实施，避免建设经营的低效率。因此，节能减排 PPP 项目实施过程中，必须将风险意识贯穿于项目建设与运营全流程，同时政府承担一定风险，这不仅有助于降低调动企业参与项目的风险从而提高其项目参与的积极性，同时也有利于控制项目风险。

第二，坚持风险承担与收益相匹配原则。私营企业投资基础设施项目的目的是获取收益。如果收益与承担的风险不一致，私营企业无疑会将其资金转向其他收益更高的行业。因此，合作双方应在自己擅长且风险可控的领域发挥优势，合理分配风险。私营企业主要参与项目的建设、管理和运营，承担项目具体运营过程中产生的风险，而政府将主要承担法律变更风险、政治风险

等。除此以外，还必须设置风险承担上限原则。PPP 项目实施过程中，因不确定性会产生一些不可预期风险，从而给项目参与者带来风险和损失，应避免由一方单独承担这些不可预知风险的情况，提高风险承担者参与项目的积极性。

第三，加强风险管理。节能减排 PPP 项目的风险管理内容包括可预计的事前防范、有把握的事中控制、及时的事后补救等。可预计的事前防范要求在项目进行之前制定相关风险防范措施以规避风险发生，将可能的损失降到最低；有把握的事中控制要求在风险发生时，把握风险的发展方向，缩小风险波及范围，使风险朝有利的方向发展；及时的事后补救要求在风险发生后，采取紧急应对措施。

第四，建立风险分担的动态管理机制。由于节能减排 PPP 项目建设和运营的长期性，各个阶段将出现不同的风险种类，且风险的大小也各不相同，因而应结合项目规划，因时、因地对风险分担进行动态调整，尽可能降低不同阶段的风险所带来的损失。

（四）构建信息联动共享机制，加强部门间的信息沟通

在推进节能减排 PPP 模式发展过程中，应构建信息联动共享机制，实现政府部门、私营企业、公众等多方主体之间的信息共享。

第一，建立 PPP 项目信息公开制度。由于 PPP 项目的相关信息大多由政府发布，私营企业在项目信息方面处于劣势，在项目决策中往往出于不利地位。私营企业只有在掌握较充分的项目信息的情况下，才能深入研究讨论项目以及有效决策。因此，政府应公开 PPP 项目信息，在方便私营企业做出决策的同时，也有利于公众进行监督。

第二，完善节能环保信息沟通机制。节能环保信息沟通机制包括项目的内容及其范围、部门以及机构分工、原则、保障机制、注意事项等，涉及信息公开的部门包括相关的党政机关，企业及其他主体。公开节能环保信息有助于私营企业获知相关信息，有助于其他行为主体对其形成有效监督。

第三，加强与金融机构的信息沟通。应建立由地方发展改革委、环保部门、银行系统等单位参与的信息沟通机制，定期更新环保政策法规及企业实行情况、企业节能减排责任履行情况、信贷政策变化趋势、银行机构对节能减排环保领域的特殊支持；通过金融机构调整信贷结构，支持节能减排和循环经济发展；及时向金融机构反馈环保信息，引导金融机构调整信贷结构，加大对节能环保领域的金融支持。

第四节　鼓励社会资本进入农业综合开发领域

农业综合开发是促进乡村振兴、实现共同富裕的重要举措。为此，必须进一步推进农业综合开发投资管理体制改革，落实农业综合开发投资支持政策与配套服务，培育适宜社会资本投资的市场环境，健全农业综合开发项目投资机制，以农业现代化为农业综合开发投资目标，建立金融资本、社会资本进入农业综合开发的风险控制体系。

一、推进农业综合开发投资管理体制改革

推进农业综合开发投资管理体制改革必须以农业现代化为目标，同时转变政府职能，提高政府管理效能；加强 PPP 项目规划指导，科学推进项目实施；完善监管体系，保障项目投资质量。

（一）以农业现代化作为农业综合开发目标

农业综合开发的目标是构建现代农业体系，实现农业现代化。为此，必须夯实农业发展基础，提高农业综合开发能力，同时实现农业适度规模化经营。

1. 夯实农业发展基础，提高农业综合开发能力

乡村振兴的目标不仅是要建立美丽乡村，而且要实现农业现代化，增加高标准农田建设投入，提高农产品竞争能力及农业综合开发能力。

第一，积极稳妥选择农业综合开发项目试点，培育农业农村发展创新动力。重点选择综合实力较强、土地经营已成规模、对农田基础设施改善要求强烈的社会资本经营主体，进行项目试点。通过体制改革和机制创新，优化低碳农业产业体系和生产服务体系，提高土地使用率、能源利用率以及农业生产率；逐步发展推广清洁能源技术，开发利用农村新能源和可再生资源，促进农村产业结构转型升级（陈银娥、陈薇，2018）。

第二，因地制宜，发展特色产业和生态农业。以实现区域主要作物高产稳产、提升耕作效率为目标导向，进行项目建设投入；综合分析各地区差异，根

据2014年国务院发布的《高标准农田建设通则》①，按山区、丘陵区、平原区分类制定区域高标准农田建设标准，并采取综合治理及重点治理措施，整合各类支农资金，积极推进高标准农田建设，因地制宜发展各地特色农业，促进优势产业转型升级，打造地区特色品牌，推动绿色农业产业化发展。推进农业绿色发展行动，实施林业重点生态工程，推动森林质量精准提升工程，加强重点区域水土流失综合治理和水生态修复治理；重点治理农业环境突出问题，扩大农业农村污染综合治理范围，重点防范、治理、管理农村污染排放，实施动态监督；推进农业清洁生产，实行高效生态循环的种养模式，鼓励农作物综合开发利用，推行农业废弃物资源化利用；推进国家农业可持续发展试验示范区及农业现代化试验示范平台创建；优化农业综合节水标准体系建设，推广现代化农田高效节水灌溉技术（陈银娥、陈薇，2018）。

第三，将金融资本、社会资本的资金资源和项目资源向粮食主产区、种粮大县（市）进行倾斜，鼓励并支持粮食主产区率先进行高标准农田建设，建立特色农业、绿色农业产业化发展示范基地，对其他地区形成示范效应；支持地方政府财政资金通过 PPP 模式撬动金融资本、社会资本进行农村基础设施改造升级，提高农村基础设施建设水平。

2. 优化资金配置，推动农业适度规模化经营

第一，调整投入比例，优化区域投资布局。根据《农业综合开发扶持农业优势特色产业规划（2016—2018 年）》确定发展方向，形成具有完整产业链、有较强示范带动作用的优势农业产业集群；支持在此基础上建成适应农业产业发展的农村电商体系，推进“互联网 +”现代农业发展。

第二，构建立体产业扶持格局。针对社会资本参与的同一农业产业不同建设项目，有重点分阶段进行扶持，确保资金投入的可持续性，构建立体产业扶持格局；鼓励实力雄厚的社会资本参与农业综合开发，引入现代企业管理制度，实现农业生产集团化，大力发展新型经营主体并起到辐射和带动作用；加

① 《高标准农田建设通则》（GB/T30600—2014）于 2014 年 6 月 25 日发布并实施，旨在为高标准农田“建什么”“怎么建”提供标准，是规范推进高标准农田建设的重要依据。2018 年农田建设管理职能整合归并至农业农村部，农业农村部牵头对该通则进行了修订，修订后的《高标准农田建设通则》（GB/T30600—2022）于 2022 年 10 月 1 日颁布并实施。修订后的通则更加强调绿色发展理念，注重标准可操作性。

强土地治理并与农业产业化有机结合，推进农业生态工程建设，促进农业机械化、产业升级（陈银娥、陈薇，2018）。

第三，推广发展“新型农业经营主体+适度规模经营”的农业经营模式。将“一家一户”式分散经营整合加入农业适度规模经营；发展农业产业化合作组织，作为连接企业、农户、生产基地和政府的纽带，对外代表农户与企业进行交易谈判，对内向农户负责，约束农户行为。

（二）转变政府职能，提高政府管理效能

农业综合开发的一些项目具有准公共品属性，因而长期以来主要由政府主导财政投资开发。吸引社会资本进入农业综合开发领域，政府必须转变职能，提高管理效能。

第一，完善制度。以完善市场机制、促进有效竞争为目标出台相关政策，完善相关配套政策；推进简政放权，优化服务；农业综合开发办公室适当放权，如将大部分项目的审批权下放至地方部门，落实审批事项目录管理；处理好政府与市场的关系，提高政府管理效率，如发布农业综合开发项目投资负面清单，实行清单动态管理。

第二，加强各涉农部门之间的分工协调。完善农业综合开发统筹管理部门职能，强化涉农部门联席会议制度，形成政策合力，提高管理效能；精简农业综合开发管理部门组织，将通过社会竞争招标而完成的职能部门剥离，使之社会化和公司化发展。

第三，促进政府农业综合开发部门与涉农金融机构联合。例如，搭建社会资本与农业综合开发项目对接平台；发挥政府指引作用，解决项目与资本之间信息不称的难题，促进社会资本与农业综合开发相关项目的有效对接；政府部门提供社会资本投资项目经营企业设立、变更无偿帮办服务。

（三）规范项目管理，科学推进项目实施

社会资本进入农业综合开发领域主要通过投资于具体项目来实施，因而项目实施效果直接影响到社会资本参与农业综合开发的积极性。因此，必须科学推进项目实施，规范项目管理。

1. 加强项目规划指导

第一，完成调查基础性工作。主要是整理各地区高标准农田建设、农业产业区域布局和运行状况等数据，“以数据说话”，提高规划的科学性；促进校企合作，吸引农业高等院校及科研机构等参与农业综合开发项目规划的制定，开展农业综合开发重点课题研究，强化农业综合开发规划制定理论指导。

第二，建立农业综合开发项目投资信息服务平台。定期发布农业发展研究报告及相关政策信息，帮助社会资本及时掌握情况；培育和发展与农业综合开发投资相关的行业咨询、会计、法律等中介机构，为社会资本提供专业化指导服务，减少投资失误。

第三，制定与现阶段农业发展战略目标相适应的农业综合开发投资规划。例如，将农业综合开发投资项目与新时期打赢脱贫攻坚战的战略目标相结合，以实现农业生产“稳产”“效益”及增加农民收入为最终目标，使社会资本在实现收益的同时，完成地区脱贫攻坚战略任务；围绕“藏粮于地、藏粮于技”的粮食安全新战略，加大高标准农田建设的社会资本投入。

2. 规范项目管理，维护项目投资秩序

第一，完善立项阶段的项目实施方案联评联审机制。通过优化项目实施审批程序，开通农业综合开发重点项目审批“绿色通道”；直接进行项目可行性研究报告审批，去除项目建议书审批环节；涉及专业性审核的，需要由县级主管单位聘请专家评审团或第三方专业机构进行评审；以公开性、竞争性原则，严格社会资本参与资格遴选，优先选择具有较强管理水平、融资能力以及良好信誉状况的金融资本、社会资本投资方；完善立项信息实时公布机制，以农业综合开发办信息发布网站为主要平台，及时公示项目立项情况；控制项目立项数量，严格保证项目质量和规模；对项目实行建档立卡，明确专人管理项目档案、资料，严格执行档案管理制度；调整立项分布，使农业综合开发项目立项向主要粮、油产区，以及资源相对集中、向配套设施齐全的地区倾斜。

第二，选择适合社会资本进入的项目。在建设运营阶段，建立农业综合开发项目储备库，选择适合社会资本进入的项目，同时鼓励社会资本自主推荐可以与政府部门合作的项目，各合作项目批次推进、滚动实施、动态管理；在国土部门现有信息系统平台基础上，全面推进高标准农田建设项目“上图入库”，将其纳入高标准农田建设总体规划①；实施项目分类管理，加大营利性

① 参见《关于推进农业领域政府和社会资本合作的指导意见》，国家发展和改革委员会网站，http：//www.sdpc.gov.cn/zcfb/zcfbtz/201612/t20161216_830306.html。

项目开放力度，公益性较强的项目则以政府财政投资为主、社会资本参股经营。另外，强化项目绩效管理，建立基于项目绩效目标设定、跟踪管理以及事后评价的全生命周期绩效管理机制，从建设情况、运营管理、产出水平、成本费用、服务质量等维度进行全面综合评价；实行项目绩效专员评价制度，各地农业综合开发机构积极配合省级专员开展绩效评价；建立项目绩效奖优罚劣激励约束机制，确保项目效益最大化。

第三，规范社会资本参与农业综合开发项目的退出机制，培育市场化、多元化退出渠道。政府设立项目接管机构，对于由自然灾害等不可抗力而导致其建设与运营未按计划完成的农业综合开发项目，采取及时接管措施，保证项目持续运营；通过到期移交、股权回购、售后回租等方式，保证金融资本、社会资本有序退出农业综合开发项目（胡静林，2016）。

（四）完善监管体系，保障项目投资质量

促进社会资本参与农业综合开发项目，必须完善监管体系，建立相关项目质量保障体系。第一，健全农业综合开发项目投资监管体系。主要是加强社会资本准入监管、立项监管、建设质量监管、安全监管以及评估验收和监测评价，在权力下放的同时强化监管；建立监管协调机制，明确部门监管范围，成立独立综合监管部门进行统筹协调；加强属地化管理和层级化监管，土地治理项目和产业化发展项目分别由省级、市级及县级农业综合开发机构负责；建立乡级自查、县级巡查、省市抽查的三级监察体系；建立省、市、县、乡、村的“五级”一体的全方位联动监管模式；建立农业综合开发项目在线审批监管平台；制定项目开发质量标准体系，规范项目可行性评估程序；建立项目建设安全质量追溯机制。

第二，在项目村组建农业综合开发项目工程质量监督员队伍。比如，组建由乡、村干部、人大代表、社会资本投资方以及村民代表等组成的农业综合开发项目质量监督小组，配合项目工程监理师及建设单位对项目质量进行全方位监督；建立常态化项目巡视专员制度以及农民义务监督员制度；落实责任机制，完善建设违规名单管理制度；建立社会资本投资信用评价体系。

二、落实农业综合开发投资支持政策与配套服务

社会资本参与农业综合开发涉及多个环节、多个方面，因而需要完善相关

配套政策支持，如投资法律保障、土地政策、金融支持政策等。

（一）加强农业综合开发项目投资法律保障

社会资本进入农业综合开发领域必须有法可依，因而应完善相关法律法规。

第一，梳理并完善农业综合开发投资有关法律法规。以国家法律法规为基础，根据各地发展情况，出台更多优惠政策吸引金融资本、社会资本进入，同时为社会资本获得合法合理收益提供法律保障。

第二，完善立法保障社会资本投资。例如，出台相关法律法规，明确社会资本的市场主体地位，规范农业综合开发项目准入、市场特许权授予、项目经营性用地、国有资产转让等合同管理。

第三，通过立法明确政府与社会资本各方的权利与义务。尤其是明确政府主管机关和监管部门的职责范围，保障政府在介入相关争端时有法可依；在制定相关法律时，保证立法公开性，并防止政府的权力寻租。

（二）改革农村土地政策，保障项目建设用地

社会资本参与农业综合开发，尤其是涉及农村产业化发展的项目，离不开建设用地，因而必须完善农村土地政策。

第一，规范农村产权流转市场运行。进一步完善农村土地“三权分置”办法，规范农村土地经营权流转市场化交易机制，保证社会资本经营主体通过流转合同鉴证、交易鉴证等方式公平地获得农村土地经营权。在不同地区建立不同层次和不同范围的农村产权流转交易服务平台、农村集体资产管理交易中心、农村综合产权交易市场、乡镇农村产权流转交易窗口及村级服务点；提高市场信息发布、产权评估等服务水平；引导当地农户在自愿互利的基础上进行土地互换，将农户分散的“插花田”相对集中并按户集中连片耕种；加快建立农村土地经营权流转纠纷调解机制；建立农民承包权有偿退出机制，通过量化退出土地剩余承包期的预估价值，对农户退出承包地进行直接经济补偿，保障退地农户的基本权益。

第二，规范农村土地确权登记工作。明确农村土地归属，稳定土地承包关系；健全农村土地确权登记制度，完善土地承包网签管理系统，提升土地承包管理信息化水平；充分利用报纸杂志、广播电视、互联网等新闻媒介宣传确权登记工作，强化确权工作公开性。

第三，完善社会资本经营主体用地扶持政策。支持社会资本在村庄整治、宅基地整理的基础上，通过多种方式（如经营权流转、股份合作、代耕代种、土地托管等）形成规模经营；优先支持绿色农业发展及农产品冷链、仓储等设施建设，严格农村生产土地用途及其管理；对重大农业综合开发项目实施省、市、县、乡统筹耕地占补平衡，严格落实耕地占补平衡责任。

（三）加强金融政策支持，保障项目资金来源

社会资本进入农业综合开发领域离不开金融支持，因此必须制定相关金融支持政策，确保农业综合开发项目资金来源。

第一，加快推进涉农资金整合。以担保补助、贷款贴息、农业保险及投资基金等形式，建立财政金融协同支农机制；建立健全农业信贷担保体系并不断扩大其业务范围；加大对金融支农的政策支持，提高金融机构涉农贷款增量奖励额度；优化涉农金融机构信贷结构，主要向新型农业经营主体、农业种植业养殖业、大宗农产品保险及农户小额贷款等重点领域倾斜；规范发展各地区农村资金互助组织，支持并推广农民合作社内部信用及农业互助保险的发展，倡导并支持合作社社员以自有资金参与农业合作经营；深化中国农业银行、邮政储蓄银行、农村商业银行等正规金融机构"三农"金融事业部改革，对信用县、信用乡、信用村实施优惠存款准备金利率。

第二，提升农村金融的普惠性，健全农村金融服务体系。支持农村信用社、村镇银行等金融机构增加县、乡、村服务网点，提高 ATM 机、POS 机等农村金融终端覆盖率，适当下放县域金融分支机构业务审批权限；支持和鼓励金融资本和社会资本以参股或控股方式参与农村信用社改革，以及设立小额贷款公司、金融租赁公司、村镇银行、资金互助社等新型农村金融机构。同时，健全农村金融机构内部控制和风险管理制度，落实涉农贷款增量奖励政策，提高农村金融服务渗透度；因地制宜开展信用合作试点，鼓励和推进互联网金融和科技金融服务低碳农业开发，为多元农业经营主体提供普惠金融服务，增强农业综合生产能力以及市场抗风险能力；开发满足特色农业现代化发展需求的保险产品，强化对使用低碳生产技术、生产资料的农户给予补贴；对使用新能源和可再生能源等实行低息或免息贷款，支持低碳农业开发和农村基础设施建设（陈银娥、陈薇，2018）。

第三，完善信用担保体系和农业保险制度。主要是建立覆盖全省（区、市）的政府支持融资担保网络；建立并完善农村资产价值评估体系和流转体系，积极构建“银行＋保险＋征信＋财政＋担保＋监管”的农村金融风险分担和补偿机制；推进农民土地经营权、住房财产权及农业生产设施、农机具抵押贷款试点，探索实施以奖代补等多种方式支持各地开展特色农产品保险。

第四，加大农村金融生态环境建设。例如，发展农村金融交易市场和中介组织，建立健全农业金融社会化服务体系；鼓励各地方金融机构发行“三农”专项金融债，积极引导社会资本利用期货市场、期权市场降低经营风险，稳步推进省、市、县“保险＋期货”模式服务“三农”工作。

（四）提高税收政策优惠，吸引社会资金投入

促进社会资本进入农业综合开发领域必须采取适当的税收优惠政策。

第一，建立并完善社会资本投资项目税收优惠政策体系，提高金融资本、社会资本进入农业综合开发的税收优惠力度。比如，列出享受税收优惠政策的项目清单，实施项目建设固定资产加速折旧，对农业科技研发投入加计扣除；放宽乡镇企业免征增值税、营业税条件，提高免税额度；等等。

第二，扩大社会资本参与农业综合开发项目的税收优惠范围。整合并完善扶持农业综合开发项目的过渡性、临时性税费优惠政策，扩大覆盖面并使其成为“常态性”“普惠性”税收优惠；明确税收优惠对象，区分公益性项目和营利性项目的税收优惠程度。

第三，采取措施避免重复税收。应将针对政府主体实施的税收优惠政策转变为对整个项目的税收优惠，加快出台解决重复税收问题的方案；适当调整税收优惠期限至项目实施结束环节，以适应农业项目期限较长的特点。

三、培育适宜社会资本投资的市场环境

公平、公正、公开的市场竞争环境是社会资本投资于农业综合开发项目的重要条件，因而必须培育营造良好的市场竞争环境，完善价格形成机制，健全农村信用体系，吸引社会资本进入农业综合开发领域。

（一）营造公平、公正、公开的市场竞争环境

第一，降低市场准入门槛，放宽社会资本进入条件。重点瞄准政府财政资金投资不足的领域，鼓励社会资本与国有企业或外资企业建立联合经营体参与

农业综合开发项目，学习对方先进技术和管理经验，使之逐步成为独立战略投资者；加强社会资本与高校、科研组织以及领域专家合作；加大农业综合开发项目人才储备，建立符合社会资本要求的行业技术人才团队。

第二，加大对社会资本的政策支持。首先必须树立社会资本与政府财政资本同等的社会地位，同时，加大项目选址、用地及资金支持，并加大宣传农业综合开发项目市场化发展给农村、农民带来的效益。

（二）完善价格形成机制，发挥市场资源分配基础性作用

第一，充分发挥市场机制的作用，提高农业生产效率。例如，建立基于项目成本及质量评价的农业生产定价机制，建立项目成本考核及质量评价体系；同时，考虑行业平均利润水平、实际物价水平及农业生产率水平，选择适当的投资回报价格管理模型，通过市场价格机制的调节，优化社会资本参与农业综合开发项目，提高社会资本参与项目效率。

第二，建立动态调价机制。在农业综合开发产品价格上限规制的基础上建立动态调价机制，完善价格听证制度，确定价格承受上限；根据农村经济实际发展情况，对农业综合开发产品价格进行调整，保证社会资本获得合理收入。

第三，进行项目分类价格监管。具体来说，竞争性业务由市场供求决定价格；自然垄断业务遵循公平可行的定价方式，实施价格上限规制；同时，强化社会监督及成本管理，严格规范项目成本和价格构成；按项目不同实施时期，采取不同的价格管制，项目初期采取边际成本定价法，项目成熟稳定后采取限制定价；根据社会资本参与农业综合开发项目发展程度，政府适时转换价格监管方式。

（三）健全农村信用体系，优化农村投资生态环境

第一，坚持依法行政。政府应全面推进立项审批流程公开，规范政府决策机制，提高决策透明度，完善农业综合开发项目公示、社会听证制度；建立政府信用监督机制和失信惩罚机制，完善政府信用调查报告制度，规范政府信用档案管理及信用评估体系建设，对政府失信进行惩戒。

第二，建立行业信用数据库。健全社会资本信用信息数据，推进社会资本自身信用建设，完善企业财务审核制度及管理方式，提升企业信用等级；健全社会资本信用等级外部评价机制，增加社会公众、媒体舆论等方面的监

督。从农户角度来看，应建立农户个人和涉农企业的信用信息数据库；联合金融机构和信用评级机构进行信用评级；金融机构根据农户和企业的信用等级进行借贷。

第三，加强金融机构信用风险监测与预警系统建设。主要包括涉农金融机构的资本充足率、流动性风险、盈利性风险等方面的监测，避免出现农村金融市场风险；建立农户、企业与农村金融机构的信用共同体，优化农村信贷机制。

四、健全农业综合开发项目投资机制

社会资本参与农业综合开发项目还必须完善投资机制，拓宽资金来源，创新金融产品和服务方式，规范农村金融发展，提高社会资本获益能力。

（一）加大农业投资力度，拓宽资金来源渠道

第一，加强财政扶持政策与金融资本、社会资本的配套和衔接。采取“主体自筹、银行贷款、财政贴息”的财政贴息方式，财政资金给予贷款资金全额贴息，由社会资本方偿还本金；采取贷补结合方式，社会资本负责总投资30%以上的资本金，负责偿还贷款本息，财政资金“先建后补”，对建成项目投资给予补助等配套措施，加大财政资金扶持力度。

第二，积极探索多种方式筹措资金。例如，成立“股权投资基金”及“股权引导基金”等，探索财政参股、财政担保等多种方式，扶持农业产业化龙头企业，推动金融资本、社会资本向产业资本转化；设立农业投资保险基金，同时完善农业保险、小额贷款保证保险等配套保险，采取“投保联动”的方式，引导金融资本、社会资本投资于现代农业企业，发展绿色农业。

第三，加快推进与各类金融机构的协作，形成项目开发合力；继续加大与世界银行、亚洲开发银行等国际金融机构的合作力度，进一步拓宽外资引进渠道。

（二）推进投融资机制创新，创新金融产品和服务方式

第一，多种方式拓宽融资渠道。比如探索建立“互联网＋普惠金融＋农业项目＋信用”创新融资平台，通过P2P网络贷款、众筹融资、基于大数据小额贷款融资等方式拓宽融资渠道；培育农村资本市场，扩大直接融资规模；

推动扩大涉农企业发行私募债券、债券信托、供应链票据、股票融资等债务融资工具规模；支持涉农企业通过区域性股权交易市场进行股权质押融资和定向私募融资；积极开展涉农信贷资产证券化试点。

第二，创新金融产品和服务方式。积极推进银行金融机构创新信贷产品和发行涉农企业专项金融债券；探索开发针对产业化龙头企业、农民合作社、家庭农场、专业大户等新型农业经营主体的贷款专项产品；创新保证担保模式和质押抵押担保范围；根据农业综合开发项目分类及特点展开项目融资，规范贷款程序，创新服务方式；适当放宽重点扶持公益性项目审批条件；支持金融资本、社会资本设立 PPP 项目投资基金及开展涉农金融租赁业务；鼓励中小社会资本投资者采取互助担保方式进行融资，组团向金融机构申请贷款；成立小型企业联盟，建立企业信用担保体系，发放债券和股份。

第三，实施农村金融网点全面改造升级。对分散居住、交通不便的山区设立简易金融服务网点，创办“流动银行”，推动金融服务下乡。

（三）放低农村金融市场准入门槛，规范农村金融发展

第一，全面放开农村金融市场的准入门槛。健全和完善政策性金融、商业性金融、合作性金融和农村新型金融的新型农村金融体系；发展农村股份制小型金融机构，提供小额贷款。

第二，构建农村金融差异化监管体系。建立分层、分业、分类农村金融审慎监管框架，同时建立农村存款保险机制、市场准入与退出机制、风险预警机制、信息披露机制和利率市场化机制等配套机制；健全民间金融的监管体系，出台民间金融的监管规则和条例；建立民间融资规范交易平台，设立民间借贷登记服务公司，建立非上市公司股权流转平台，促进民间金融合法化、规范化和阳光化发展；规范和完善社会资本以 PPP 模式进入农业综合开发领域的制度及监管体系。

第三，不断完善信用体系。积极促进农村信用体系、农村保险体系、信贷体系和担保体系等规章制度的完善；完善农业贷款政策，推进农村新型产权抵押创新，优化地方支行的精准授权，创新涉农金融产品权限。

（四）建立合理资金回报机制，提高社会资本获益能力

建立区分经营性、准公益性和公益性农业项目的多种收费方式，对不同的项目分别适用使用者付费机制、可行性缺口补助机制以及政府付费机制。同时，根据农业基础设施特点制定合理的价格形成机制及调解、补偿机制建设，确保社会资本获得合理收益；针对价格调整不到位的实际情况，地方政府适当安排财政资金，对社会资本经营主体给予合理补偿。

五、建立社会资本进入农业综合开发的风险控制体系

社会资本进入农业综合开发体系风险防控体系的构建必须实施合理的成本管理，建立分工明确的风险防控机制。

（一）实施科学合理的成本管理，促进农业综合开发增产节支

第一，强化成本预测与控制。全面掌握农业综合开发项目建设信息，建立科学的成本预测与控制体系；实施动态管理办法，核算每个时点的项目建设实际成本与预期成本的差异数额，明确差异原因，严格控制项目实际成本；对项目成员、项目过程进行管理，实行成本控制，节约成本。

第二，坚持节约原则，优化管理。在实施成本管理过程中，坚持节约原则，通过优化项目方案和项目管理达到节约成本的目的；注意成本降低的可能性及合理性，避免消极限制和监督。

第三，完善过程管理。资金及时到位是项目顺利开展、按时完成的基本保障。因而，完善过程管理首先必须考察社会资本是否按合同约定，按期全额到位；其次，必须以农业产出增长、农民增收以及土地治理、生态改善情况等为导向，考察项目完成质量好坏。同时，必须完善项目工程质量监理制度，落实监理工程师对工程全程监理责任；实行第三方监理，理顺工程监理方与政府农发机构及社会资本投资方的关系。

（二）建立分工明确的风险防控机制

第一，明确政府和社会资本各自承担的风险。首先，必须明确政府和社会资本投资方共同承担的风险，即自然灾害等不可抗力所造成的风险损失，并以各方利益获得多少为基础，考虑相应的风险承担比例，设定风险承担上限。其次，明确政府和社会资本投资方各自承担的风险。比如，对于农业综合开发项目因灾害造成重大损失，政府部门可以给予一定补贴，不能让社会资本单独承担全部风险，以免降低其后续工作的积极性；逐步建立金融资本、社会资本参与农业综合开发项目全生命周期风险识别与防控体系，准确掌握项目开展各阶段风险防控流程。

第二，鼓励保险机构根据农业综合开发项目的建设、运营需求开发保险产品。例如，细分保险产品，扩大农业保险覆盖面；加快完善农业生产经营保险体系，除了全面开展政策性农业保险制度，应建立多种农业保险基金。同时，参考国内外相关经验，探索建立地区特色优势农产品价格指数保险；发展农业贷款保证保险和农村信用保险等业务，强化涉农保险业务深度；对农业基础设施、农机具等保险保费予以补贴。

参考文献

[1] [美] 安迪·樊. 融资奔向民间资本市场 [M]. 北京：石油工业出版社，2013.

[2] 安徽省财政厅"支持农民合作组织发展"课题组. 积极支持农民实行新的联合与合作——安徽农民合作组织调研报告 [J]. 财政研究，2003 (12)：34-37.

[3] 边燕杰. 城市居民社会资本的来源及作用：网络观点与调查发现 [J]. 中国社会科学，2004 (3)：136-146，208.

[4] [美] 布坎南. 自由、市场和国家：20世纪80年代的政治经济学 [M]. 吴良健，桑伍，曾获，译，北京：北京经济学院出版社，1988.

[5] 财政部政府和社会资本合作中心. 国外PPP案例选编 [M]. 北京：中国商务出版社，2014.

[6] 曹远征. 公共事业公私合作利于实现效率最大化 [N]. 南方周末，2005-09-22.

[7] 长青. 印度的绿色革命及其带给我们的启示 [J]. 中国软科学，1995 (10)：95-104.

[8] 陈建伟，陈银娥. 国外节能减排两种典型PPP模式的经验及启示 [J]. 经济纵横，2016 (9)：114-118.

[9] 陈时兴. 民间融资的风险成因与制度规范——以温州金融综合改革试验区为例 [J]. 国家行政学院学报，2012 (5)：99-103.

[10] 陈银娥，叶爱华. 城镇化建设进程中的资金保障体系构建——基于以现代金融服务为主体的视角 [J]. 内蒙古社会科学，2015 (4)：2，99-105.

[11] 陈银娥，孙琼. 中国基础设施发展水平测算及影响因素——基于省级面板数据的实证研究 [J]. 经济地理，2016 (8)：23-30.

［12］陈银娥，王丹．社会资本参与城乡基础设施建设运营的机理与对策［J］．经济纵横，2017（1）：101－104.

［13］陈银娥，尹湘．普惠金融发展助推精准脱贫效率研究——基于中国贫困地区精准脱贫的实证分析［J］．福建论坛（人文社会科学版），2019（10）：190－200.

［14］陈银娥，李鑫，尹湘．中国发展交通基础设施建设长期债券的思考［J］．宏观经济研究，2020（2）：154－164.

［15］陈银娥，陈薇．农业机械化、产业升级与农业碳排放关系研究——基于动态面板数据模型的经验分析［J］．农业技术经济，2018（5）：122－133.

［16］程百川．农业产业基金：发展背景与构建方案［J］．金融市场研究，2019（1）：57－68.

［17］迟福林，王景新，唐新，等．促进非国有经济参与基础领域改革的建议［J］．中国投资，2000（12）：14－18.

［18］崔健，刘东．金融生态环境与区域经济发展的相关性分析——以京津冀为例［J］．经济研究导刊，2012（7）：115－117.

［19］［美］达霖·格里姆赛，［澳］莫文·K. 刘易斯．PPP 革命：公共服务中的政府和社会资本合作［M］．济邦咨询公司，译．北京：中国人民大学出版社，2016.

［20］［英］大卫·休谟．人性论［M］．石碧球，译．北京：中国社会科学出版社，2009.

［21］邓黎桥，王爱俭．供应链金融缓解中小企业融资约束：理论与实践［J］．国际金融，2019（5）：23－28.

［22］邓淑莲．基础设施的非政府融资［J］．财政研究，2001（5）：16，49－52.

［23］董明涛，孙钰．我国农村公共产品供给制度演变及其完善研究［J］．求实，2011（5）：83－86.

［24］董普，李京．国外城市基础设施建设融资模式的启示［J］．中国财政，2017（13）：63－65.

［25］杜亚灵，尹贻林．基于典型案例归类的 PPP 项目盈利模式创新与发展研究［J］．工程管理学报，2015（5）：50－55.

［26］樊纲．论“基础瓶颈”［J］．财经科学，1990（5）：8－12．

［27］樊丽明，石绍宾．公共品供给机制：作用边界变迁及影响因素［J］．当代经济科学，2006（1）：63－68，126．

［28］范明泰．刍议农业综合开发财政资金支出——以广西为例［J］．经济研究参考，2016（23）：14－16．

［29］方芳，钱勇，柳士强．我国农业基础设施投资的实证分析［J］．财经研究，2004（2）：89－96．

［30］凤亚红，李娜，左帅．PPP 项目运作成功的关键影响因素研究［J］．财政研究，2017（6）：51－58．

［31］G．英格拉姆．有利于发展的基础设施［J］．经济资料译丛，1996（1）：16－19．

［32］甘娟，朱玉春．民间资本介入农村基础设施研究——基于晋陕蒙资源富集区 31 个乡镇的调查［J］．经济问题探索，2011（11）：153－158．

［33］［美］格林沃尔德．经济学百科全书［M］．李滔主编，译．北京：中国社会科学出版社，1992．

［34］宫莹．将 PPP 项目的政府支付义务纳入政府综合财务报告［N］．中国会计报，2014－12－05．

［35］辜胜阻，刘江日，曹誉波．民间资本推进城镇化建设的问题与对策［J］．当代财经，2014（2）：5－11．

［36］郭海丽，王礼力，李敏．资金来源方式与农民收入的动态关系研究——以农业综合开发产业化经营项目为例［J］．软科学，2012（7）：81－85．

［37］［美］H．钱纳里，等．工业化和经济增长的比较研究［M］．吴奇等译，上海：上海三联书店，上海人民出版社，1989．

［38］［美］赫伯特·克莱因，［巴西］弗朗西斯科·卢纳．巴西农业现代化发展的经验与结构性问题［J］．拉丁美洲研究，2019（5）：60－84，156．

［39］何小锋，黄嵩．从资产证券化的理论体系看中国突破模式的选择——兼论现有的八大建议模式［J］．学习与探索，2002（1）：66－71．

［40］［英］霍布斯．利维坦［M］．黎思复，黎廷弼，译．北京：商务印书馆，1985．

［41］［美］霍利斯·钱纳里，莫伊思·赛尔昆．发展的型式：1950－

1970 [M]. 李新华，等译，北京：经济科学出版社，1988.

[42] 胡静林. 服务大局 求实创新 推动农业综合开发工作再上新台阶 [J]. 中国财政，2016 (13)：6-9.

[43] 贾康，孙洁. 社会主义新农村基础设施建设中应积极探索新管理模式——PPP [J]. 财政研究，2006 (7)：40-45.

[44] 贾康，孙洁. 公私伙伴关系（PPP）的概念、起源、特征与功能 [J]. 财政研究，2009 (10)：2-10.

[45] 姜向群，张钰斐. 社会化养老：问题与挑战 [J]. 北京观察，2006 (10)：22-24.

[46] 金钟范. 韩国续新村运动之农村发展政策——专项事业开发特点与启示 [J]. 经济社会体制比较，2007 (5)：128-132.

[47] 华坚，吴祠金，任俊. 基于委托代理模型的农村水利基础设施供给投入激励模式选择 [J]. 水电能源科学，2015 (1)：141-144.

[48] 黄永明，郑凌云. 论城镇设施建设的投融资体制改革 [J]. 财政研究，2004 (12)：34-36.

[49] J. 卡布尔. 产业经济学前沿问题 [M]. 于立，张婕，王小兰，译. 北京：中国税务出版社/北京图腾电子出版社，2000.

[50] 兰昌贤，张波. 巴西农业支持政策对我国的启示 [J]. 价格理论与实践，2017 (12)：74-77.

[51] 莱斯特·C. 梭罗. 中国的基础设施建设问题 [J]. 经济研究，1997 (1)：59-65.

[52] 李建平，吴洪伟. 农业综合开发理论·实践·政策 [M]. 北京：中国农业科学技术出版社，2016.

[53] 李晋国，金瑛. 韩国建设新乡村运动的成功经验 [J]. 当代韩国，2006 (2)：43-48.

[54] 李俊杰，李建平，牛云霞，张春霞. 农业综合开发投资增长的经济效果评价——基于各省面板数据模型的实证分析 [J]. 农业技术经济，2016 (11)：87-94.

[55] 李立. 给民间资本一个公平竞争的环境 [J]. 陕西师范大学学报（哲学社会科学版），2005 (S1)：390-392.

［56］李丽华，张守凤. 融资租赁在基础产业中的应用分析［J］. 商业时代，2005（12）：47-48.

［57］李澎，赵阳光，孟春. PPP模式助力地方政府投融资创新［J］. 中国财政，2017（3）：39-40.

［58］李鹏飞. 中国基础设施建设与供给侧结构性改革［J］. China Economist，2016（7）：84-103.

［59］李祺，孙钰，崔寅. 基于DEA方法的京津冀城市基础设施投资效率评价［J］. 干旱区资源与环境，2016（2）：26-30.

［60］李先德. 法国农业合作社［J］. 世界农业，1999（3）：44-46.

［61］李先德，孙致陆. 法国农业合作社发展及其对中国的启示［J］. 农业经济与管理，2014（2）：30-40，52.

［62］李妍，赵蕾. 新型城镇化背景下的PPP项目风险评价体系的构建——以上海莘庄CCHP项目为例［J］. 经济体制改革，2015（5）：17-23.

［63］李曜. 资产证券化基本理论与案例分析［M］. 上海：上海财经大学出版社，2001.

［64］厉以宁. 来宾模式——BOT投资方式在中国的实践［J］. 改革与战略，1999（5）：11-13.

［65］林江鹏，樊小璞. 我国财政农业投入产出效率研究——以农业综合开发中的土地治理项目为例［J］. 经济学家，2009（8）：31-36.

［66］林南. 社会资本：关于社会结构与行动的理论［M］. 张磊，译. 上海：上海人民出版社，2005.

［67］林晓言. 基础设施的民营化［M］. 北京：方志出版社，2005.

［68］刘安学，张莹，陈晓茹. 基于DEA的农业综合开发财政支出效率省际差异分析［J］. 西安财经学院学报，2014（5）：78-84.

［69］刘广青，董仁杰，王凤宇. 美国城市生活垃圾处理模式及思考［J］. 节能与环保，2006（5）：17-20.

［70］刘辉，申玉铭，孟丹，薛晋. 基于交通可达性的京津冀城市网络集中性及空间结构研究［J］. 经济地理，2013（8）：37-45.

［71］刘晓娜，邱宇. 公共住房资产证券化与帕累托改进［J］. 金融理论与实践，2014（5）：41-43.

［72］刘星．制约我国民间资本投资的制度因素分析［J］．延安大学学报（社会科学版），2003（2）：76－78．

［73］刘旭辉．美国田纳西河流域开发和管理的成功经验［J］．老区建设，2010（3）：57－58．

［74］刘一砂．浅析巴西农业信贷政策及效果影响［J］．经济视角（上），2012（5）：35，39－40．

［75］卢洪友．中国公共品供给制度的缺陷分析［J］．财经问题研究，2002（5）：40－44．

［76］卢扬帆，郑方辉．区域一体化视域下城市综合基础设施发展水平评价——基于珠三角9市的实证分析［J］．城市问题，2014（10）：2－9．

［77］陆迁，何学松．民间资本介入农业基础设施领域的障碍与建议［J］．西北农林科技大学学报（社会科学版），2006（3）：1－4．

［78］［美］罗纳德·H．科斯．经济学中的灯塔//科斯著．企业、市场与法律［C］．盛洪等，译．上海：上海三联书店，1990．

［79］罗天，孙志杰．PPP模式下的政商关系分析［J］．中华工商时报，2015（9）．

［80］马克思恩格斯全集（第24卷）［M］．中共中央编译局编译，北京：人民出版社，1972．

［81］马克思恩格斯全集（第25卷）［M］．中共中央编译局编译，北京：人民出版社，1972．

［82］茅于轼．公用事业的收费原则和标准［J］．长江建设，2003（6）：28－29．

［83］［美］米尔顿·弗里德曼．资本主义与自由［M］．张瑞玉，译．北京：商务印书馆，1988．

［84］闵秀珍，刘跃前．农村基础设施建设投资资金来源探析［J］．农村经济，2007（4）：45－46．

［85］孟春．美属维尔京群岛运用PPP模式推动节能减排［N］．中国经济时报，2014－07－14．

［86］亓霞，柯永建，王守清．基于案例的中国PPP项目的主要风险因素分析［J］．中国软科学，2009（5）：107－113．

[87] 钱文荣，应一逍．农户参与农村公共基础设施供给的意愿及其影响因素分析［J］．中国农村经济，2014（11）：39－51.

[88] 潘彬，张震宇，柯园园．促进民间资本与重大公共投资项目对接的实践与启示——来自温州创新地方债券融资的调研案例［J］．财政研究，2015（3）：70－74.

[89] 彭清辉．我国基础设施投融资研究［D］．长沙：湖南大学，2011.

[90] 秦虹．市政公用事业改革为城市发展注入活力［J］．城市发展研究，2003（9）：64－67.

[91] 沈富荣．信托方式与基础设施投融资体制改革［J］．上海金融，2002（9）：18－20.

[92] 沈纬莹．BOT——北京经济技术开发区引进外资法律形式的最佳选择［J］．法学杂志，1995（5）：12－13.

[93] 盛洪．开拓市场经济的边疆——谈谈公用事业的民营化问题［J］．金融经济，2003（2）：16－17.

[94] 石亚东，李传永．我国城市基础设施投融资体制改革的难点分析［J］．中央财经大学学报，2010（7）：62－65.

[95]［美］斯蒂芬·奥斯本．新公共治理？——公共治理理论和实践方面的新观点［M］．包国宪，赵晓军，等译，北京：科学出版社，2016.

[96] 宋安平．对湖南农村公共基础设施建设的思考［J］．湖南社会科学，2010（4）：73－76.

[97] 孙洁．城市基础设施引入非公有资本的方式选择［J］．中国财政，2004（9）：46－47.

[98] 孙旭，吴忠，杨友宝．特大城市新型城镇化质量综合评价及其空间差异研究——以上海市为例［J］．东北师大学报，2015（3）：154－160.

[99] 万伦来，马娇娇，朱湖根．中国农业产业化经营组织模式与龙头企业技术效率——来自安徽农业综合开发产业化经营龙头企业的经验证据［J］．中国农村经济，2010（10）：27－35.

[100] 汪厚安，王雅鹏．粮食主产区农业综合开发财政资金使用效率评价［J］．统计与决策，2010（15）：96－98.

[101] 王彬生．产业投资基金：加强基础设施建设的新尝试［J］．投资

研究，1998（12）：38－40.

［102］王国定，宋瑞卿．改革开放以来山西基础设施建设存在的问题和教训［J］．生产力研究，2000（6）：85－87.

［103］王建国．农业综合开发二十年发展历程回顾［J］．中国财政，2008（18）：32－34.

［104］王俊豪，鲁桐，王永利．发达国家基础设施产业的价格管制政策及其借鉴意义［J］．世界经济与政治，1997（10）：37－41.

［105］王俊豪．英国公用事业的民营化改革及其经验教训［J］．公共管理学报，2006（1）：65－70，78，110.

［106］王丽娅．对农村公共产品供给制度的研究［J］．金融与经济，2007（1）：32－35.

［107］王敏．农业基础设施投融资的国际经验及启示［J］．安徽农业科学，2011（7）：13221－13223.

［108］王鹏，谢丽文．污染治理投资、企业技术创新与污染治理效率［J］．中国人口·资源与环境，2014（9）：51－58.

［109］王晓瑞，徐翠兰，施振斌，黄晓阳．国土空间综合整治助推乡村振兴的路径思考［J］．国土资源情报，2019（7）：8－13.

［110］王秀云．我国基础设施投融资体制变迁及改革路径［J］．中国城市经济，2008（10）：80－82.

［111］王昭军．我国农村基础设施建设项目融资研究［J］．农业经济问题，2008（S1）：92－96.

［112］王震．市政债券发展的美国经验与启示［J］．理论与改革，2014（4）：122－124.

［113］温来成，刘洪芳，彭羽．政府与社会资本合作（PPP）财政风险监管问题研究［J］．中央财经大学学报，2015（12）：3－8.

［114］吴家梅，郝宇欣．利用民间资本发展基础设施的几个问题［J］．经济纵横，2000（11）：40－42.

［115］吴敬琏．政府和市场的界限在哪里？——评“制高点——重建现代世界的政府与市场之争”［J］．学习与实践，2002（1）：62－63.

［116］吴青华．发展信托融资功能　促进自治区基础设施建设［J］．北

方经济，2003（10）：38.

［117］肖兴志．中国自然垄断产业规制改革模式研究［J］．中国工业经济，2002（4）：20－25.

［118］肖兴志，韩超．中国垄断产业改革与发展40年：回顾与展望［J］．经济与管理研究，2018（7）：3－15.

［119］谢煊，孙洁，刘英志．英国开展公私合作项目建设的经验及借鉴［J］．中国财政，2014（1）：66－69.

［120］徐立成，何乐平，冷忠晓．从“供给驱动”到“需求引导”：农村社区公共产品供给转型论［J］．湖南农业大学学报（社会科学版），2015（4）：75－81.

［121］徐维维，周潇枭．互有侧重　两部委PPP指导文件齐发［N］．21世纪经济报道，2014－12－05.

［122］许锋．珠三角农村经济发展状况、问题与对策［J］．当代经济研究，2015（6）：120－121.

［123］［英］亚当·斯密．国民财富的性质和原因的研究（下卷）［M］．郭大力，王亚南译，北京：商务印书馆，1972.

［124］严成樑，龚六堂．基础设施投资应向民间资本开放吗?［J］．经济科学，2014（6）：41－52.

［125］杨安文，潘泽江，陈池波．农业综合开发投入促进农民增收的实证分析［J］．统计与决策，2013（10）：105－107.

［126］杨建平，史艳艳．保险资金投资交通基础设施的路径分析［J］．交通建设与管理，2013（12）：78－80.

［127］杨天荣，陆迁．民间资本投资农业基础设施的必要性和可行性［J］．管理观察，2009（16）：37－38.

［128］杨寅·内蒙古民间资本在城市基础设施建设中的应用研究［J］．北方经济，2011（13）：70－71.

［129］叶爱华，陈银娥．海外PPP项目的模式分析及对完善我国PPP管理机制的启示［J］．求是学刊，2017（2）：57－63.

［130］衣保中，李红．战后日本农业综合开发及其对我国的启示［J］．现代日本经济，2007（5）：40－44.

［131］余佶．我国农村基础设施：政府、社区与市场供给——基于公共品供给的理论分析［J］．农业经济问题，2006（10）：21－24，79.

［132］余晓钟，张丽俊，郎文勇．伙伴关系视角下 PPP 项目风险控制模型研究［J］．贵州社会科学，2017（6）：116－120.

［133］喻建中．农村专业经济协会的发展现状及对策——基于湖南农村专业经济协会的实证分析［J］．农业经济，2008（2）：38－39.

［134］俞云峰．农村基础设施投资：浙江实践与长效机制［J］．中共浙江省委党校学报，2013（3）：16－22.

［135］苑德宇．民间资本参与是否增进了中国城市基础设施绩效［J］．统计研究，2013（2）：23－31.

［136］［美］詹姆斯·麦吉尔·布坎南、戈登·塔洛克．同意的计算：立宪民主的逻辑基础［M］．陈光金译，北京：中国社会科学出版社，2009.

［137］张传明，吴守荣，王扬．城市基础设施证券化融资的研究［J］．当代经济，2009（2）：156－157.

［138］张川川，陈斌开．“社会养老”能否替代“家庭养老”？——来自中国新型农村社会养老保险的证据［J］．经济研究，2014（11）：102－115.

［139］张浩然，衣保中．基础设施、空间溢出与区域全要素生产率——基于中国 266 个城市空间面板杜宾模型的经验研究［J］．经济学家，2012（2）：61－67.

［140］张军，吴桂英，张吉鹏．中国省际物质资本存量估算：1995—2000［J］．经济研究，2004（10）：35－44.

［141］张璐．日韩两国在基础设施建设中引入民间资本的措施［J］．中国财政，1998（10）：64.

［142］张洽棠，尹明波．山东栖霞苹果革命：创新驱动促乡村振兴［N］．中国经济导报，2019－07－12.

［143］张学良．中国交通基础设施促进了区域经济增长吗——兼论交通基础设施的空间溢出效应［J］．中国社会科学，2012（3）：60－77，206.

［144］张玉明，赵瑞瑞．共享金融缓解中小企业融资约束的机制研究［J］．财经问题研究，2019（6）：58－65.

［145］张悦，李志铭．大型农业综合开发项目的 BOT 模式分析——以德

州市铁西农产品批发市场建设项目为例［J］. 农村经济，2009（12）：83－86.

［146］张朝祥，王勇. 从“瓶颈”制约到宽松超前——广东基础设施产业化发展的启示［J］. 瞭望新闻周刊，1997（22）：22－23.

［147］张志英，夏丽萍，张丽宇. 我国农村基础设施建设引入民间资金的思考［J］. 农村经济，2004（3）：66－68.

［148］赵佳丽，郭惠英，程光辉. 我国农业综合开发资金投资效率研究［J］. 农业经济问题，2018（11）：49－60.

［149］赵京，杨钢桥，汪文雄. 政府农村公共产品投入对农业生产效率的影响分析——基于DEA和协整分析的实证检验［J］. 经济体制改革，2013（3）：76－80.

［150］赵连章，刘祺. 论民间资本与基础设施投资［J］. 经济纵横，2001（4）：17－19.

［151］赵新峰，宋立根. 公路交通基础设施投融资现状与改革模式研究——基于河北省A市的调研［J］. 中国行政管理，2015（5）：115－117.

［152］［日］植草益. 微观规制经济学［M］. 朱绍文，胡欣欣，等译，北京：中国发展出版社，1992.

［153］占纪文. 民间资本参与农村基础设施建设问题探讨［J］. 重庆科技学院学报（社会科学版），2008（9）：91－92.

［154］郑春美，唐建新，汪兴元. PPP模式在我国农村基础设施建设中的应用研究——基于湖北宜都农村水利设施建设的案例分析［J］. 福建论坛（人文社会科学版），2009（12）：23－27.

［155］郑立均. 法国城市基础设施委托管理［J］. 中国投资，2000（6）：53－54.

［156］郑思齐，孙伟增，吴璟，武赟. “以地生财，以财养地”——中国特色城市建设投融资模式研究［J］. 经济研究，2014（8）：14－27.

［157］周密，赵芙卿. PPP模式：中美基础设施建设合作的新空间［J］. 国际经济合作，2018（12）：24－28.

［158］周学武. 新时期农业综合开发制度创新的思考［J］. 科技进步与

对策，2005（11）：31－33.

[159] 周志忍．政府治理新理念［N］．光明日报，2002－03－18.

[160] Acharya V V, Parlatore C, Sundaresan S M. A Model of Infrastructure Financing [R]. CEPR Discussion Paper, 2020, No. DP15288.

[161] Akintoye A, Beck M, Hardcastle C. Public-Private Partnerships: Managing Risks and Opportunities [M]. Blackwell Publishing Ltd, 2003.

[162] Albert O. Hirschman, The Strategy of Economic Development. New Haven: Yale University Press, 1958.

[163] Alessi L D. Property Rights, Transaction Costs, and X-Efficiency: An Essay in Economic Theory [J]. American Economic Review, 1983, 73: 64－81.

[164] Ammar S B, Eling M. Common Risk Factors of Infrastructure Investments [J]. Energy Economics, 2015, 49: 257－273.

[165] Anderson L R, Mellor J M, Milyo J. Social Capital and Contributions in a Public-Goods Experiment [J]. American Economic Review, 2004, 94 (2): 373－376.

[166] Andersen P, Petersen N C. A Procedure for Ranking Efficient Units in Data Envelopment Analysis [J]. Management Science, 1993, 39 (10): 1261－1264.

[167] Anheier H K, Seibel W. The Third Sector in Comparative Perspective. Four Propositions [J]. Rural Social Work Practice, 2015.

[168] Bagheri Moghadam N, Hosseini S H, Sahaf Zadeh M. An Analysis of the Industry-Government-University Relationships in Iran's Power Sector: A Benchmarking Approach [J]. Technology in Society, 2012, 34 (4): 284－294.

[169] Bajracharya B, Hastings P A. Public-Private Partnership in Emergency and Disaster Management: Examples from the Queensland Floods 2010－2011 [J]. Australian Journal of Emergency Management, 2015, 30 (4): 30－36.

[170] Barr A, Owens T, Perera A. Collective Action When Public Good Returns are Heterogeneous [R]. CREDIT Research Paper, 2017.

[171] Barros C P, Dieke P U C. Performance Evaluation of Italian Airports: A Data Envelopment Analysis [J]. Journal of Air Transport Management, 2007,

13 (4): 184 - 191.

[172] Bennett D L. Infrastructure Investments and Entrepreneurial Dynamism in the U. S. [J]. Journal of Business Venturing, 2019, 34 (5): 1 - 28.

[173] Black D. On the Rationale of Group Decision-Making [J]. Journal of Political Economy, 1948, 56 (1): 23 - 34.

[174] Bourdieu P. The Forms of Capital [M]. Blackwell Publishers Ltd, 1986: 280 - 291.

[175] Boettke P, Prychitko D. Is An Independent Non-profit Sector Prone to Failure? Toward an Austrian School Interpretation of Nonprofit and Voluntary Action [J]. Conversations on Philanthropy I, 2004: 1 - 40.

[176] Bradford D J, Summers H L. The "New Economy": Background, Historical Perspective, Questions, and Speculations [J]. Federal Reserve Bank of Kansas City Economic Review, 2001: 29 - 59.

[177] Buchanan J M, Tullock G. The Calculus of Consent: Logical Foundations of Constitutional Democracy [M]. Liberty Fund Inc., 1962.

[178] Buchanan J M. An Economic Theory of Clubs [J]. Economica, 1965, 32 (125): 1 - 14.

[179] Cable J. Current Issues in Industrial Economics [M]. The MacMillan Press Limited, 1984: 16 - 21.

[180] Casini P, Vandewalle L, Wahhaj Z. Public Good Provision in Indian Rural Areas: The Returns to Collective Action by Microfinance Groups [J]. The World Bank Economic Review, 2017, 31 (1): 97 - 128.

[181] Ceran N. Private Participation in Infrastructure: A Risk Analysis of Long-term Contracts in Power Sector [M]. George Mason University, 2002: 1 - 5.

[182] Chalmers J M R. Default Risk Cannot Explain the Muni Puzzle: Evidence from Municipal Bonds that are Secured by U. S. Treasury Obligations [J]. Review of Financial Studies, 1998, 11 (2): 281 - 308.

[183] Chan A P C, Yeung J F Y, Yu C C P, Wang S Q, Ke Y J. Empirical Study of Risk Assessment and Allocation of Public-Private Partnership Projects in China [J]. Journal of Management in Engineering, 2010, 27 (3): 136 - 148.

[184] Coase R H. The Lighthouse in Economics [J]. Journal of Law and Economics, 1974, 17 (2): 357 - 376.

[185] Coleman J. Social Capital in The Creation of Human Capital [J]. American Journal of Sociology, 1988, 94: S95 - S120.

[186] Crampes C, Estache A. Regulating Water Concessions: Lessons from the Buenos Aires Concession [R]. World Bank Other Operational Studies 11610, The World Bank, 1996.

[187] Damacena E F, Wanke P F, Correa H L. Infrastructure Expansion in Brazilian Airports: A Slack Analysis Using a Distance Friction Minimization [J]. Decision, 2016, 43: 181 - 198.

[188] Daniels K, Vijayakumar J. The Competitive Impact of Commercial Bank Underwriting on the Market for Municipal Revenue Bonds [J]. Journal of Financial Services Research, 2001, 20 (1): 57 - 75.

[189] DeLong J B, Summers L H. The "New Economy": Background, Historical Perspective, Questions, and Speculations [A]. Hole J. Federal Reserve Bank of Kansas City Proceedings - Economic Policy Symposium [C]. 2001: 47 - 52.

[190] Demsetz H, Why Regulate Utilities? [J]. The Journal of Law and Economics, 1968, 11 (1): 55 - 65.

[191] Demsetz H, The Private Production of Public Goods [J]. The Journal of Law and Economics, 1970, 13 (2): 293 - 306.

[192] De Clerck D, Demeulemeester E. Experience Pays Heavily in a PPP Environment, but Government Has the Power to Increase Competition [R]. KU Leuven Faculty of Economics and Business Working Paper, 2013, KBI_1308.

[193] De Clerck D, Demeulemeester E. Towards a More Competitive PPP Procurement Market: A Game-Theoretical Analysis [J]. SSRN Electronic Journal, 2014, 7. https: //ssrn. com/abstract = 2464054.

[194] Dinda S. Social Capital in the Creation of Human Capital and Economic Growth: A Productive Consumption Approach [J]. Journal of Socio-Economics, 2008, 37 (5): 2020 - 2033.

[195] Douglas Greewald, Encyclopedia of Economics. McGraw-Hill Book Company, 1982.

[196] Drucker P. The Age of Discontinuity: Guidelines to Our Changing Society [M]. London: Heinemann, 1969.

[197] Durham J B. The Effects of Stock Market Development on Growth and Private Investment in Lower-Income Countries [J]. Emerging Markets Review, 2002, 3 (3): 211 -232.

[198] Ebel R D, Yilmaz S. On the Measurement and Impact of Fiscal Decentralization [R]. Policy Research Working Paper, 2002, 2809.

[199] Erenbury S J. The Relationship Between Public and Private Investment [R]. Economics Working Paper, 1993, 85.

[200] Fielding K T. Nonexcludability and Government Financing of Public Goods [J]. The Journal of Libertarian Studies, 1979, 3 (3): 293 -298.

[201] Flinders M. The Politics of Public-Private Partnerships [J]. The British Journal of Politics and International Relations, 2005, 7 (2): 215 -239.

[202] Forrer J, Kee J E, Newcomer K E, Boyer Eric. Public-Private Partnerships and the Public Accountability Question [J]. Public Administration Review, 2010, 70 (3): 475 -484.

[203] Fukuyama F. Trust: The Social Virtues and the Creation of Prosperity [M]. Francis Fukuyama/Free Press, 1995.

[204] Freeman P K, Pflug G C. Infrastructure in Developing and Transition Countries: Risk and Protection [J]. Risk Analysis, 2003, 23 (3): 601 -609.

[205] Furceri D, Sousa R M. The Impact of Government Spending on the Private Sector: Crowding-out versus Crowding-in Effects [J]. Kyklos, 2011, 64 (4): 516 -533.

[206] Fyfe N R. Making Space for "Neo-communitarianism"? The Third Sector, State and Civil Society in the UK [J]. Antipode, 2005, 37 (3): 536 -557.

[207] Gans J S. Regulating Private Infrastructure Investment: Optimal Pricing for Access to Essential Facilities [J]. Journal of Regulatory Economics, 2001, 20 (2): 167 -189.

[208] Garrett Hardin. The Tragedy of the Commons [J]. Science, Vol. 162, No. 3859, December 1968.

[209] Gassner K, Popov A, Pushak N. Does Private Sector Participation Improve Performance in Electricity and Water Distribution? [R]. The World Bank Publications, The World Bank, Trends and Policy Options, 2009, 6.

[210] Ghura D, Goodwin B. Determinants of Private Investment: A Cross-Regional Empirical Investigation [J]. Applied Economics, 2000, 32 (14): 1819 - 1829.

[211] Gidron B, Kramer R M, Salamon L M. Government and the Third Sector: Emerging Relationships in Welfare States [n]. Francisco: Jossey-Bass Publishers, January 1992.

[212] Greco L. Public-Private Partnerships [J]. Encyclopedia of Law and Economics, 2018, 28. https://doi.org/10.1007/978-1-4614-7883-6_715-1.

[213] Grimsey D, Lewis M K. Evaluating the Risks of Public Private Partnerships for Infrastructure Projects [J]. International Journal of Project Management, 2002, 20 (2): 107-118.

[214] Grimsey D, Lewis M K. The Governance of Contractual Relationships in Public Private Partnerships [M]. Edward Elgar Publishing, January 2004.

[215] Grimsey D, Lewis M K. Public Private Partnerships: The Worldwide Revolution in Infrastructure Provision and Project Finance [M]. Edward Elgar Publishing, 2007.

[216] Groenendijk N. A Principal-Agent Model of Corruption [J]. Crime, Law and Social Change, 1997, 27: 207-229.

[217] Hammami M, Ruhashyankiko J F, Yehoue E B. Determinants of Public-Private Partnerships in Infrastructure [R]. MF Working Paper, 2006, 6 (99).

[218] Hanifan L J. The Rural School Community Center [J]. The Annals of The American Academy of Political and Social Science, 1916, 67 (1): 130-138.

[219] Hansmann H B. The Role of Non-Profit Enterprise [J]. The Yale Law Journal, 1980, 89 (5): 835-901.

[220] Hoekman B M. Maskus K E, Saggi K. Transfer of Technology to Developing Countries: Unilateral and Multilateral Policy Options [J]. World Development, 2004, 33 (10): 1587 - 1602.

[221] Holcombe R G. A Theory of the Theory of Public Goods [J]. The Review of Austrian Economics, 1997 (10): 1 - 12.

[222] Hollis B. Chenery, The Structuralist Approach to Development Policy [J]. The American Economic Review, Vol. 65, No. 2, May 1975: 310 - 316.

[223] Hood C. A Public Management for All Seasons? [J]. Public Administration, 1991, 3 (1): 3 - 19.

[224] Hughes O E. Public Management and Administration: An Introduction [M]. Palgrave MacMillan, 1998.

[225] Islam M M, Ehsan M. From Government to E-Governance: Public Administration in the Digital Age [M]. Information Science Reference-Imprint of IGI Publishing, 2012.

[226] Jasinski P, Brezinski H. Privatisation. Competition and Regulation in Transforming Economies: The Cases of the Electricity Supply Industry and Telecommunications [A]. Welfens P J J, Yarrow G, Grinberg R, Graack C (eds.). Towards Competition in Network Industries: Telecommunications, Energy and Transportation in Europe and Russia [C]. Springer, Berlin, Heidelberg, 1996: 57 - 78.

[227] Jefferies M, Gajendran T, Brewer G. Public Private Partnerships: The Provision of Healthcare Infrastructure in Australia [A]. Smith S D, Ahiaga-Dagbui DD (eds), Procs 29th Annual ARCOM Conference [C]. 2013: 2 - 4.

[228] Kang S C, Mulaphong D, Hwang E, Chang C K. Public-Private Partnerships in Developing Countries: Factors for Successful Adoption and Implementation [J]. International Journal of Public Sector Management, 2019, 32 (4): 334 - 351.

[229] Kavishe N, Chileshe N. Identifying Project Management Practices and Principles for Public-Private Partnerships in Housing Projects: The Case of Tanzania [J]. Sustainability, 2018, 10 (12): 1 - 23.

[230] Ke Y J, Wang S Q, Chan A P C, Lam P T I. Preferred Risk Allocation in China's Public-Private Partnership (PPP) Projects [J]. International Journal of Project Management, 2010, 28 (5): 482 - 492.

[231] Kessides C. Institutional Options for the Provision of Infrastructure [R]. The World Bank Discussion Paper, 1993.

[232] Kettl D F. The Global Public Management Revolution [M]. Brookings Institution Press, 2000.

[233] Khanom N A. Conceptual Issues in Defining Public Private Partnerships (PPPs) [J]. International Review of Business Research Papers, 2010, 6 (2): 150 - 163.

[234] Khanom N A. Improving the Effects of Public Private Partnerships on Ultra Poor Households in Bangladesh [J]. International Review of Business Research Papers, 2011, 7 (1): 118 - 133.

[235] Kim T, Nguyen Q H. The Effect of Public Spending on Private Investment: Evidence from Census Shocks [R]. Midwest Finance Association 2013 Annual Meeting Paper, September 2012.

[236] King C S, Stivers C M. Government is Us: Strategies for an Anti-Government Era [M]. SAGE Publications, Inc, 1998.

[237] Kirkpatrick C, Parker D. Domestic Regulation and the WTO: The Case of Water Services in Developing Countries [J]. World Economy, 2005, 28 (10): 1491 - 1508.

[238] Kirwan R M. Finance for Urban Public Infrastructure [J]. Urban Studies, 1989, 26 (3): 285 - 300.

[239] Klein M U. Public-Private Partnerships: Promise and Hype [R]. World Bank Policy Research Working Paper, April 2016, 7340.

[240] Koppenjan J. The Formation of Public-Private Partnerships: Lessons from Nine Transport Infrastructure Projects in The Netherlands [J]. Public Administration, 2005, 83 (1): 135 - 157.

[241] Koppenjan J, Enserink B. Public-Private Partnerships in Urban Infrastructures: Reconciling Private Sector Participation and Sustainability [J]. Public

Administration Review, 2009, 69 (2): 284 -296.

[242] Kramer R. Government is Us: Public Administration in an Anti-Government Era [J]. Journal of Organizational Change Management, 1999, 12 (6): 562 -578.

[243] Kwak Y H, Chih Y Y, Ibbs C W. Towards a Comprehensive Understanding of Public Private Partnerships for Infrastructure Development [J]. California Management Review, 2009, 51 (2): 3, 51 -78.

[244] Laopodis N T. Effects of Government Spending on Private Investment [J]. Applied Economics, 2001, 33 (12): 1563 -1577.

[245] Link H. Unbundling, Public Infrastructure Financing and Access Charge Regulation in the German Rail Sector [J]. Journal of Rail Transport Planning & Management, 2012, 2 (3): 63 -71.

[246] Loury G C. A Dynamic Theory of Racial Income Differences [A]. In Wallace, P., LeMund, A. eds. Women Minorities and Employment Discrimination [C]. 1977, 153: 86 -153.

[247] Mancur Olson. The Logic of Collective Action: Public Goods and the Theory of Groups. Harvard University Press, 1965.

[248] Megginson W L, Netter J M. From State to Market: A Survey of Empirical Studies on Privatization [J]. Journal of Economic Literature, 2001, 39 (2): 321 - 389.

[249] Meyer J R, Peck M J, Stenason J, Zwick C. The Economics of Competition in the Transportation Industries [M]. Harvard University Press, 1959.

[250] Moore M A, Boardman A E, Vining A R. Risk in Public Sector Project Appraisal: It Mostly Does Not Matter! [J]. Public Works Management & Policy, 2017, 22 (4): 301 -321.

[251] Moore M A, Boardman A E, Vining A R. Social Discount Rates for Seventeen Latin American Countries: Theory and Parameter Estimation [J]. Public Finance Review, 2019, 48 (1): 43 -71.

[252] Musgrave R A. The Voluntary Exchange Theory of Public Economy [J]. Quarterly Journal of Economics, 1939, 53 (2): 213 -237.

[253] Musgrave R A. The Theory of Public Finance: A Study in Public Economy [M]. New York: McGraw-Hill, 1959.

[254] Myers S C, Majluf N S. Corporate Financing and Investment Decisions When Firms Have Information That Investors Do Not Have [J]. Journal of Financial Economics, 1983, 13 (2): 187 -221.

[255] Nahapiet J, Ghoshal S. Social Capital, Intellectual Capital, and the Organizational Advantage [J]. Academy of Management Review, 1998, 23 (2): 242 -266.

[256] Nan L. Social Capital, a Theory of Social Structure and Action [M]. Cambridge: Cambridge University Press, 2001.

[257] Nevitt P K, Fabozzi F. Project Financing (7th edition) [M]. Euromoney Books, 2000.

[258] Nilufa Akhter Khanom, Improving the Effects of Public Private Partnerships on Ultra Poor Households in Bangladesh [J]. International Review of Business Research Papers, Vol. 7, No. 1, January 2011.

[259] Njuru S G, Ombuki C, Wawire N, Okeri S. Impact of Government Expenditure on Private Investment in Kenya [J]. Journal of Economics, 2014, 2 (8): 2347 -8233.

[260] Nurkse R. Problems of Capital Formation in Underdeveloped Countries [M]. New York: Oxford University Press, 1953.

[261] Olson M. The Logic of Collective Action: Public Goods and the Theory of Groups [J]. Social Forces, 1973, 52 (1).

[262] Osei-Kyei R, Chan A P C. Risk Assessment in Public-Private Partnership Infrastructure Projects: Empirical Comparison Between Ghana and Hong Kong [J]. Construction Innovation, 2017, 17 (2): 204 -223.

[263] Perez M, Fabricio J C, Brada Z D. Illicit Money Flows as Motives for FDI [J]. Journal of Comparative Economics, 2012, 40 (1): 108 -126.

[264] Pessoa A. Reviewing PPP Performance in Developing Economies [R]. FEP Working Papers, 2010, 362.

[265] Putnam R. The Prosperous Community: Social Capital and Public Life

[J]. The American Prospect, 1993, 4 (13): 35 -42.

[266] Ramamurti R, Doh J P. Rethinking Foreign Infrastructure Investment in Developing Countries [J]. Journal of World Business, 2004, 39 (2): 151 - 167.

[267] Ranasinghe M. Private Sector Participation in Infrastructure Projects: A Methodology to Analyse Viability of BOT [J]. Construction Management and Economics, 1999, 17 (15): 613 -623.

[268] Ravinder Reddy C, Wani S P, Reddy L M, Reddy G T, Koppula P, Alur A S. Medicinal and Aromatic Plants for Diversifying Semi-Arid Tropical (SAT) Systems: A Case of Public Private Partnership (PPP) [R]. Global Theme on Agroecosystems Report, 2008, 44.

[269] Richard Abel Musgrave. The Theory of Public Finance: A Study in Public Economy [M]. New York: McGraw-Hill, 1959.

[270] Robert B. Denhardt. The Pursuit of Significance: Strategies for Managerial Success in Public Organizations [M]. Long Grove, IL: Waveland Press, 2000.

[271] Rosenstein-Rodan P N. Problems of Industrialization of Eastern and South-Eastern Europe [J]. The Economic Journal, 1943, 53 (210/211): 202 - 211.

[272] Rostow W W. The Stages of Economic Growth [J]. The Economic History Review, 1959, 12 (1): 1 -16.

[273] Sabol P, Puentes R. Private Capital, Public Good: Drivers of Successful Infrastructure Public-Private Partnerships [R]. Brookings Metropolitan Infrastructure Initiative, 2014, 2 (10): 1 -30.

[274] Sadka E. Public-Private Partnerships: A Public Economics Perspective [J]. CESifo Economic Studies, 2007, 53 (3): 466 -490.

[275] Samii R, Wassenhove L V, Bhattacharya S. An Innovative Public Private Partnerships: A New Approach to Development [J]. World Development, 2002, 30 (6): 991 -1008.

[276] Samuelson P A. The Pure Theory of Public Expenditure [J]. The Review of Economics and Statistics, 1954, 36 (4): 387 -389.

[277] Samuelson P A. Diagrammatic Exposition of a Theory of Public Expenditure [J]. The Review of Economics and Statistics, 1995, 21 (1): 350 -356.

[278] Savas E S. Privatization and Public-Private Partnerships (2nd) [M]. Chatham House, 1999.

[279] Savas E S. Competition and Choice in New York City Social Services [J]. Public Administration Review, 2002, 62 (1): 82 -91.

[280] Sharma C. Determinants of PPP in Infrastructure in Developing Economies [J]. Transforming Government: People, Process and Policy, 2012, 6 (2): 149 -166.

[281] Simon L, Jefferies M, Davis P, Newaz M T. Developing a Theoretical Success Factor Framework for the Tendering Phase of Social Infrastructure PPPs [J]. International Journal of Construction Management, 2020, 20 (6): 613 -627.

[282] Spielman D J, Grebmer K V. Public-Private Partnerships in Agricultural Research: An Analysis of Challenges Facing Industry and the Consultative Group on International Agricultural Research [R]. EPTD Discussion Paper, 2004, 113.

[283] Spielman D J, Grebmer K V. Public-Private Partnerships in International Agricultural Research: An Analysis of Constraints [J]. The Journal of Technology Transfer, 2006, 31: 291 -300.

[284] Stephenson M O. Exploring the Connections Among Adaptive Leadership, Facets of Imagination and Social Imaginaries [J]. Public Policy and Administration, 2009, 24 (4): 417 -435.

[285] Stivers C M, King C S. Government is Us: Public Administration in an Anti-Government Era [M]. SAGE Publications, Inc, 1998, 2.

[286] Taylor M. The Possibility of Cooperation (Studies in Rationality and Social Change) [M]. Cambridge: the Press Syndicate of the University of Cambridge, 1987.

[287] The National Council for Public-Private Partnerships. For the Good of the People: Using PPP to Meet America's Essential Needs [R]. Working Paper, 2002, 4.

[288] Thompson M. Social Capital, Innovation and Economic Growth [J]. Journal of Behavioral and Experimental Economics, 2018, 73: 46-52.

[289] Tiebout C M. A Pure Theory of Local Expenditure [J]. Journal of Political Economy, 1956, 64 (5): 416-424.

[290] Tiong R L, Yeo K T. Positive Management of Differences for Fisk Reduction in BOT Projects [J]. International Journal of Project Management, 2000, 18 (4): 257-265.

[291] Toma E. State University Boards of Trustees: A Principal-Agent Perspective [J]. Public Choice, 1986, 49 (2): 155-163.

[292] Van Ham H, Koppenjan J. Building Public-Private Partnerships: Assessing and Managing Risks in Port Development [J]. Public Management Review, 2010, 3 (4): 593-616.

[293] Vining A R. Anthony E. Boardman. Public-Private Partnerships: Eight Rules for Governments [J]. Public Works Management & Policy, 2008, 13 (2): 149-161.

[294] Vogel S K. Freer Markets, More Rules: Regulatory Reform in Advanced Industrial Countries [M]. Cornell University Press, 1996: 58-66.

[295] Voss G M. Public and Private Investment in the United States and Canada [J]. Economic Modelling, 2002, 19 (4): 641-664.

[296] Wallstern S J. Telecommunications Investment and Traffic in Developing Countries: The Effects of International Settlement Rate Reform [J]. Journal of Regulatory Economics, 2001, 20 (3): 307-323.

[297] Wanke P F. Efficiency of Brazil's Airports: Evidences from Bootstrapped DEA and FDH Estimates [J]. Journal of Air Transport Management, 2012, 23: 47-53.

[298] Wanke P F. Physical Infrastructure and Flight Consolidation Efficiency Drivers in Brazilian Airports: A Two-stage Network-DEA Approach [J]. Journal of Air Transport Management, 2013, 31: 1-5.

[299] Weingast B A. The Congressional-Bureaucratic System: A Principal Agent Perspective (With Applications to the SEC) [J]. Public Choice, 1984, 44

(1): 147 - 191.

[300] Weisbrod B A, Dominguez N D. Demand for Collective Goods in Private Nonprofit Markets: Can Fundraising Expenditures Help Overcome Free-Rider Behavior? [J]. Journal of Public Economics, 2011, 30 (1): 83 - 96.

[301] World Bank Staff, World Development Report 1994: Infrastructure for Development [M]. Oxford University Press, 1994.

[302] World Bank Staff, *World* Development Report 1994: Infrastructure for Development. Oxford University Press, 1994.

[303] Wuthnow R, Anheier H K. Between States and Markets the Voluntary Sector in Comparative Perspective [M]. Princeton University Press, 1991.

[304] Xu Y L, Yeung J F Y, Chan A P C, Chan D W M, Wang S Q, Ke Y J. Developing a Risk Assessment Model for PPP Projects in China-A fuzzy Synthetic Evaluation Approach [J]. Automation in Construction, 2019, 19 (7): 929 - 943.

[305] Yarrow G. The Regulation of the Privatised Railways in Britain [A]. Welfens P J J, Yarrow G, Grinberg R, Graack C (eds.). Towards Competition in Network Industries: Telecommunications, Energy and Transportation in Europe and Russia [C]. Springer, Berlin, Heidelberg, 1996: 467 - 485.

[306] Yehoue E B, Hammami M, Ruhashyankiko J F. Determinants of Public Private Partnerships in Infrastructure [R]. IMF Working Paper, 2006, 6 (99).

[307] Yusuf J. Privatizing Transportation Through Public-Private Partnerships: Definitions, Models, and Issues [R]. Kentucky Transportation Center, Research Report, 2006.

附录A　关于养老事业发展中应用PPP模式的调查

尊敬的先生、女士：

您好！感谢您花费宝贵的时间参与此次调查，希望您能为我国养老事业发展中PPP模式的应用提出自己宝贵的意见和建议，并认真完成此份问卷。再次感谢您的参与！

本次调查主要用于养老事业发展中PPP模式应用现状及其未来发展趋势等的理论研究，不做其他用途。

您需要在相应方框内打钩（√），您可以直接在这里复制对钩：√。

一、受访人基本情况

1. 请问您的性别是？

□男　　□女

2. 您的户籍所在地？

□城市　　□乡/村/镇

3. 您的年龄？

（男）□15～24岁　□25～44岁　□45～59岁　□≥60岁

（女）□15～24岁　□25～44岁　□45～54岁　□≥55岁

4. 您的职业是？

□学生　□企业管理人员　□企业一般员工

□公务员　□自由职业者　□家庭妇女

□农民　□离退休人员　□军人

□其他

5. 您的受教育程度？

□初中及以下　□高中及中专　□大专

□本科　□硕士及以上

6. 您的个人年收入是？

□5 万元及以下　　□6 万～10 万元

□11 万～19 万元　　□20 万元及以上

二、对 PPP 模式养老服务的兴趣度、认知程度

1. 您或您家中的老人之前享受过养老机构服务吗？

□有　　□没有

2. 您以前对 PPP 模式了解吗？

□非常清楚　　□了解　　□一般

□不了解　　□从未听说

3. 您如何得知养老机构采用 PPP 模式的服务信息？

□亲朋好友介绍　　□广播电视　　□网络

□报纸、杂志　　□其他__________

4. 您或您家中的老人为何选择采用 PPP 模式的养老机构？

□价格合理　　□综合服务水平　　□居住环境

□交通方便　　□离家远近　　□其他

5. 您会向其他人推荐 PPP 模式养老服务吗？

□会　　□不会

三、对 PPP 模式养老服务的质量评价

1. 请您对以下评估指标进行打分。

服务质量评价

性质	领域	评估指标	非常满意	满意	一般	不满意	非常不满意
服务质量评价	环境及设备	床位数及单位床位可使用面积					
		老人居室内各种设施的安全性、稳固性					
		设置无障碍设施					
		设置垃圾专门存放区并分类管理					
		设置可吸烟/禁止吸烟区域					

续表

性质	领域	评估指标	非常满意	满意	一般	不满意	非常不满意
服务质量评价	服务与改进	开展机构服务考核					
		开展满意度调查					
		第三方评估服务质量					
	PPP 参与养老效果	价格与资质					
		环境及设备					
		服务质量					

2. 您对养老事业发展中应用 PPP 模式有什么意见和建议?

____

____

____

____

____

____

附录B　关于PPP模式在养老事业发展中的应用研究的调查

尊敬的先生、女士：

您好！感谢您花费宝贵的时间参与此次调查，希望您能为我国养老事业发展中PPP模式的应用提出自己宝贵的意见和建议，并认真完成此份问卷。再次感谢您的参与！

本次调查主要用于养老事业发展中PPP模式应用现状及其未来发展趋势等的理论研究，不做其他用途。

您需要在相应方框内打钩（√），您可以直接在这里复制对钩：√。

一、对养老服务PPP项目的影响因素评价

1. 请您评价以下各因素对于养老事业发展中应用PPP模式的影响程度。

投入指标

性质	领域	评估指标	非常重要	重要	一般	不重要	非常不重要
投入指标	人力资源	医护人员占养老机构工作人员比例					
		本科以上学历医护人员占比					
	资金投入	项目总资本					
		PPP项目中政府财政投资占比					
		PPP项目中民间资本投资占比					
		人均社保支出					
		人均公共医疗卫生支出					

过程产出指标

性质	领域	评估指标	非常重要	重要	一般	不重要	非常不重要
过程产出指标	机构服务资质	持有养老机构设立许可证书					
		持有食品经营许可证书					
		持有医疗机构许可证书					
	PPP投资方参与管理	参与管理范围					
		参与管理程度					
	人力资源	明确机构工作人员岗位职责					
		医护人员配置满足服务需求					
		机构工作人员应掌握相应的知识和技能，且持证上岗					
		对机构工作人员定期进行培训					
		对机构工作人员进行健康体检					
	价格	价格得到物价部门审批					
		价格公开透明					
		收费标准合理					
	机构服务能力	出入院评估服务					
		生活照料服务					
		膳食服务					
		清洁卫生服务					
		医疗护理服务					
		文化娱乐服务					
		心理/精神支持服务					
		安宁服务					

二、对养老服务PPP项目应用效果评价

1. 请您从以下四个方面对养老事业发展中引用PPP模式进行打分，在方框内打钩。评价得分由低至高，1分为最低分，5分为最高分，得分越高，代

表评价越高。

项目	1分	2分	3分	4分	5分
资金利用率高，供给有效					
过程管理规范，操作性强					
价格控制合理，物有所值					
服务质量周到，满意度高					

2. 您对于养老事业发展中应用PPP模式有什么意见和建议？

____

____

____

____

____

____

附录 C　PPP 模式在养老事业发展中的应用访谈提纲

尊敬的先生/女士：

您好！非常感谢您能接受此次关于养老事业发展中应用 PPP 模式的访谈！本次访谈主要是为了更好地研究我国养老事业发展中 PPP 模式的应用这一课题，了解养老事业发展中 PPP 模式的应用现状及其关于发展趋势，以期为我国养老事业发展中 PPP 模式的应用提供参考，仅供学术研究，不做其他用途。

1. 据您了解，当前 PPP 模式在养老事业发展中的应用状况如何？

2. 您如何评价在养老事业发展中采用 PPP 模式？

3. 您认为在养老事业发展中采用 PPP 模式取得了哪些成效？体现在哪些方面？

4. 您认为当前养老事业发展中采用 PPP 模式存在哪些问题？产生这些问题的原因是什么？

5. 对于在养老事业发展中完善 PPP 模式的应用，您还有哪些好的意见或建议？

非常感谢您能接受此次关于 PPP 模式在养老事业发展中应用的访谈。

后　　记

社会资本是一个非常重要的概念。其虽源自经济学中的“资本”概念，以一个经济学术语出现，但后来演变为社会资本，在社会学、经济学、组织行为学、管理学、政治学等学科中得到广泛运用。因社会资本涉及不同学科，正式进入社会科学研究的话语体系始于20世纪80年代，至今尚未形成统一概念。2014年4月23日，李克强总理在其主持召开的国务院常务会议上明确指出，要在基础设施等领域推出一批鼓励社会资本参与的项目，从此正式拉开了在基础设施领域引入社会资本参与建设与运营的帷幕。

早在20世纪90年代末，我在主持教育部人文社科基金项目“西方福利经济制度演变研究”（1998年）时，就开始关注社会资本问题。后来在主持湖北省社科基金项目一般项目“湖北失地农民就业和社会保障问题研究”（2006年）、教育部人文社科基金项目“微型金融对贫困减少的影响：理论、实证与中国的选择”（2009年）、国家社科基金后期资助项目“中国微型金融发展与反贫困问题研究”（2012年）等多个项目的研究中，曾更多地基于社会学学科范畴中的社会资本分析了社会资本对妇女农民工就业的影响。2014年和2015年我先后承担了湖南省社科基金重大招标项目“我省鼓励社会资本参与城乡基础设施建设和运营的政策与机制研究”（2014年）、湖南省社科基金重大招标项目“我省鼓励金融资本、社会资本进入农业综合开发的政策措施研究”（2015年）等项目的研究，主要基于经济学学科范畴，将社会资本大致等同于具有公共品性质的“基础设施”领域投资的资本进行了专门研究。我与团队成员围绕“社会资本参与城乡基础设施建设和运营”及“金融资本、社会资本进入农业综合开发”等问题进行理论研究与实地调研，取得了一系列相关研究成果。同时，基于上述两个项目最终研究成果，完成了《社会资本参与基础设施建设与运营研究》一书的写作。

本书以问题为导向，通过实地调研、统计分析及理论研究和比较研究相结合的方法，阐述了社会资本参与基础设施建设与运营的理论依据及作用机理、我国基础设施发展状况及社会资本参与基础设施建设及农业综合开发项目的现状及其影响因素；同时，对我国当前基础设施投融资体制存在的突出问题、原因和发展趋势等进行了深入分析；对社会资本参与基础设施建设和运营及其他公共领域的贡献及经验进行了比较分析；在借鉴国内外社会资本参与公共基础设施建设和运营成功经验的基础上，提出了适合我国社会资本参与基础设施建设和运营的对策建议。在研究工作中，我们力求在研究视角、学术观点、理论方法和政策设计等方面有所创新，但受知识水平、知识结构及所掌握数据和资料的限制，本书有许多不足之处，恳请相关专家和读者提出宝贵意见。

本书是集体劳动的结晶。陈银娥负责全书的总体框架及写作提纲的设计与确定、对书稿文字和内容的统一与修订等。全书的写作人员及撰稿分工如下：陈银娥（第一章、第二章、第三章第一节、第四章第一节和第三节、第五章第二节和第五节、第六章第三节、第七章、第八章，以及第九章第二节、第三节、第四节），王丹（第一章、第二章、第三章、第四章第一节和第二节、第五章第一节和第三节、第六章第一节和第二节、第八章第一节、第九章第一节），邓洋（第二章第一节、第三章第一节、第四章第三节、第五章第二节、第六章第三节、第八章第四节、第九章第二节和第四节），杨起城（第五章第四节、第六章第四节、第八章第四节），叶爱华（第三章第一节、第八章第二节和第三节、第九章第三节），李鑫（第五章第二节、第八章第一节、第九章第二节），孙琼（第四章第一节、第五章第五节、第七章第二节），陈建伟（第八章第二节和第四节、第九章第三节），林诗乐（第一章第二节、第七章第一节和第二节），钟学思（第五章第五节），钟学进（第七章第一节、第九章第四节），张德伟（第八章第三节和第四节），尹湘（第五章第二节、第九章第二节），金润楚（第九章第四节），唐益（第七章第二节）。另外，李春燕更新了第三章第二节、第四章第三节、第五章第五节、第七章第二节的数据，陈洁更新了第六章第一节、第二节和第三节的数据，在此一并致谢。同时，特别感谢经济科学出版社为本书的出版所付出的辛勤劳动。

陈银娥

2021 年 2 月 28 日